テーマ・ジャンルからさがす
学習支援本 2024

社会・生活・暮らし／状況・行動・現象／
科学・化学／自然・環境／星・宇宙・地球／生物／
動物／恐竜・絶滅生物・古生物・古代生物／
情報・通信・メディア／物質・物体・資源

刊行にあたって

　本書は、調べ学習や自由研究のテーマさがしなど、子どもたちの学びを支援するような、物語、ノンフィクション、実用書、学習まんが、伝記など幅広い分野の学習関連本をテーマやジャンルから引ける索引となっている。

　テーマ・ジャンルは、「社会・生活・暮らし」「科学・化学」「自然・環境」「星・宇宙・地球」「生物」「動物」「恐竜・絶滅生物・古生物・古代生物」「情報・通信・メディア」「地域情報」「作品情報」等の 22 項目に大分類し、「社会・生活・暮らし/状況・行動・現象/科学・化学/自然・環境/星・宇宙・地球/生物/動物/恐竜・絶滅生物・古生物・古代生物/情報・通信・メディア/物質・物体・資源」「産業・技術/立場・職業/歴史上の人物・著名人/歴史/道具・装置・機械/交通・乗りもの/年代・時代/文化・芸能・スポーツ/場所・建物・施設・設備/学問・理論/地域情報/作品情報」の 2 分冊にまとめた。大分類の下には、例として「社会・生活・暮らし」の場合は、「教育、学習、学校生活」「憲法、法律」「言葉、言語」「社会問題、国際問題」などに中分類し、さらに必要ならば、小分類・細分類も設けている。

　学習支援本に複数のテーマが存在する場合は、各々の大分類のテーマ・ジャンルに分類。さらに大分類の中でも本に複数のテーマが存在する場合は、同じ大分類に対して、複数の中分類や小分類が付与されていることもある。

　本書は、推し活について書かれた本を探している、憲法や法律が学べる本を探している、深海生物について書かれた本が知りたい、情報管理への理解が深まる本を探しているなど、様々な用途や目的に応じて本を見つけられるような索引となっている。調べ学習の参考本や、子どもの知的好奇心を育む本など、選書、レファレンス、テーマ展示やイベントなどの参考資料として利用していただくだけでなく、新たな学習支援本を知るきっかけとなれば幸いである。

　姉妹刊の「テーマ・ジャンルからさがす学習支援本 2024②産業・技術/立場・職業/歴史上の人物・著名人/歴史/道具・装置・機械/交通・乗りもの/年代・時代/文化・芸能・スポーツ/場所・建物・施設・設備/学問・理論/地域情報/作品情報」シリーズや、「テーマ・ジャンルからさがす児童文学」などとあわせて活用いただけることを願ってやまない。

2025 年 4 月

DBジャパン編集部

凡例

1. 本書の内容

　本書は日本国内で刊行された、子どもたちの学びを支援するような、物語、ノンフィクション、実用書、学習まんが、伝記など幅広い分野の学習関連本を、テーマ・ジャンル別に分類したもので、テーマ・ジャンル・キーワードなどから作品を探す索引である。

　テーマ・ジャンルは「社会・生活・暮らし」「状況・行動・現象」「科学・化学」「自然・環境」「星・宇宙・地球」「生物」「動物」「恐竜・絶滅生物・古生物・古代生物」「情報・通信・メディア」「物質・物体・資源」「産業・技術」「立場・職業」「歴史上の人物・著名人」「歴史」「道具・装置・機械」「交通・乗りもの」「年代・時代」「文化・芸能・スポーツ」「場所・建物・施設・設備」「学問・理論」「地域情報」「作品情報」の 22 項目に大分類。

　「社会・生活・暮らし/状況・行動・現象/科学・化学/自然・環境/星・宇宙・地球/生物/動物/恐竜・絶滅生物・古生物・古代生物/情報・通信・メディア/物質・物体・資源」「産業・技術/立場・職業/歴史上の人物・著名人/歴史/道具・装置・機械/交通・乗りもの/年代・時代/文化・芸能・スポーツ/場所・建物・施設・設備/学問・理論/地域情報/作品情報」の 2 分冊にまとめた。

　本書はその一冊、「テーマ・ジャンルからさがす学習支援本 2024①社会・生活・暮らし/状況・行動・現象/科学・化学/自然・環境/星・宇宙・地球/生物/動物/恐竜・絶滅生物・古生物・古代生物/情報・通信・メディア/物質・物体・資源」である。

2. 採録の対象

　2024 年（令和 6 年）の一年間に国内で刊行された学習支援本の中から 1,943 冊を採録した。

3. 記載項目

本の書名 / 作者名;訳者名/ 出版者（叢書名）/ 刊行年月【作品の付属情報※該当作品のみ】

（例）

社会・生活・暮らし＞推し活

「13歳からの行動経済学 ： 推し活中学生のお小遣い奮闘記」　太宰北斗監修　ナツメ社 2024年9月【物語形式（フィクション）】

「かいた絵をはるだけ！はじめての推しぬい」　寺西恵里子作　汐文社　2024年9月

「きせかえたい！推しコスチューム」　寺西恵里子作　汐文社　2024年12月

自然・環境＞観察、調査、探査、観測

「カブトムシみっけ！―ふしぎみつけた！」　里中正紀構成・文　徳間書店　2024年7月

「こおりのせかいなんきょくへいこう―しぜんにタッチ！」　ひさかたチャイルド　2024 年12月

「シロツメクサはともだち」　鈴木純著　ブロンズ新社　2024年3月

生物＞糞、便、おなら、尿

「うんこ化石 ： 地球と生命の歴史がわかる！」　泉賢太郎著;藤嶋マル絵　飛鳥新社　2024 年6月

「うんこ虫を追え ＝ THE MYSTERIOUS ECOLOGY OF JAPANESE DUNG BEETLES」　舘野鴻文・絵　福音館書店（たくさんのふしぎ傑作集）　2024年5月

「これってホント？世界の〇×図鑑」　タダユキヒロ絵;ウソホント調査隊編　文響社 2024年

1)　大分類の下には、例として「社会・生活・暮らし」の場合は、「教育、学習、学校生活」「憲法、法律」「言葉、言語」「社会問題、国際問題」などに中分類し、さらに必要ならば、小分類・細分類も設けている。

2) 学習支援本に複数のテーマが存在する場合は、各々の大分類のテーマ・ジャンルに分類。さらに大分類の中でも本に複数のテーマが存在する場合は、同じ大分類に対して、複数の中分類や小分類が付与されていることもある。

3) 該当する作品のみ、以下の【作品の付属情報】から情報を付与している。

・英語つき…英語が併記されていたり、英語を学べる要素がある作品

・韓国語つき…韓国語が併記されていたり、韓国語を学べる要素がある作品

・中国語つき…中国語が併記されていたり、韓国語を学べる要素がある作品

・マンガ形式・マンガつき…一冊まるごと、もしくは一部にストーリー性のあるマンガが描かれている作品

・物語形式（フィクション）…架空のストーリーが描かれている作品

・物語形式（ノンフィクション）…史実や実際にあったストーリーが描かれている作品

・CD・CD-ROM つき…CD や CD-ROM が付いている作品

・DVD・DVD-ROM つき…DVD や DVD-ROM が付いている作品

・指導者用解説つき…指導者が利用する解説が入っている作品

4. 排列

1) テーマ・ジャンル別大分類見出しの下は中・小・細分類見出しの五十音順。

2) テーマ・ジャンル別中・小・細分類見出しの下は本の書名の英数字・記号→ひらかな・カタカナの五十音順→漢字順。

5. テーマ・ジャンル別分類見出し索引

巻末にテーマ・ジャンル別の中分類から大分類の見出し、小分類から大

分類＞中分類の見出し、細分類から大分類＞中分類＞小分類の見出しを引けるように索引を掲載した。

（例）

運動能力→状況・行動・現象＞スキル、技＞運動能力

ADHD→社会・生活・暮らし＞病気、医療、衛生＞発達障害＞ADHD

餌、えさ→生物＞餌、えさ

エシカル消費→自然・環境＞環境問題＞エシカル消費

SNS（ソーシャル・ネットワーキング・サービス）→情報・通信・メディア＞インターネット、ウェブ＞SNS（ソーシャル・ネットワーキング・サービス）

SDGs（持続可能な開発目標）→社会・生活・暮らし＞SDGs（持続可能な開発目標）

エゾモモンガ→動物＞モモンガ＞エゾモモンガ

エックス線、ガンマ線→科学・化学＞エネルギー、力＞放射線＞エックス線、ガンマ線

テーマ・ジャンル別分類見出し目次

【社会・生活・暮らし】

アイデンティティ	1
安全	1
安全＞交通安全	1
育児、子育て	1
育児、子育て＞しつけ	2
いじめ	2
祈り、礼拝、祈祷	3
SDGs（持続可能な開発目標）	3
LGBTQ、性的マイノリティ	5
お金	5
お金＞おこづかい	7
お金＞貯金	8
お金＞賃金	8
推し活	8
おしゃれ	8
音、音声	9
音、音声＞超音波	9
買い物	9
買い物＞ネットショッピング	9
カウンセリング	9
数、数字	10
数、数字＞完全数	11
数、数字＞虚数	11
数、数字＞小数	11
数、数字＞素数	11
数、数字＞対数	11
数、数字＞複素数	12
数え方	12
家族、家庭	12
家族、家庭＞親子	13
家族、家庭＞親子＞親孝行	13
家族、家庭＞きょうだい	14
家族、家庭＞祖父母	14
家族、家庭＞毒親	14
家族、家庭＞母親	14
家族、家庭＞ひとり親家庭	14
家族、家庭＞夫婦	14
家庭経済	14
危機管理	15
起業、独立	15

起業、独立＞スタートアップ	15
儀式	15
紀年法＞元号、年号	15
休日、休暇	16
教育、学習、学校生活＞アクティブラーニング	16
教育、学習、学校生活＞アクティブラーニング＞自由研究	16
教育、学習、学校生活＞アクティブラーニング＞調べ学習	16
教育、学習、学校生活＞お楽しみ会	17
教育、学習、学校生活＞学級通信	17
教育、学習、学校生活＞学習指導要領	17
教育、学習、学校生活＞学級委員	18
教育、学習、学校生活＞家庭教育	18
教育、学習、学校生活＞キャリア教育	19
教育、学習、学校生活＞給食	19
教育、学習、学校生活＞教育、学習、学校生活一般	20
教育、学習、学校生活＞教科、科目	21
教育、学習、学校生活＞教科書	21
教育、学習、学校生活＞教科書＞実語教	21
教育、学習、学校生活＞クラブ活動	21
教育、学習、学校生活＞校則	22
教育、学習、学校生活＞校則＞ブラック校則	22
教育、学習、学校生活＞作文	22
教育、学習、学校生活＞授業	22
教育、学習、学校生活＞宿題	22
教育、学習、学校生活＞進路、進学	22
教育、学習、学校生活＞性教育	23
教育、学習、学校生活＞成績	23
教育、学習、学校生活＞登下校	23
教育、学習、学校生活＞読書感想文	24
教育、学習、学校生活＞特別支援教育	24
教育、学習、学校生活＞習い事	24
教育、学習、学校生活＞部活	24
教育、学習、学校生活＞部活＞写真部	25

教育、学習、学校生活＞不登校	25	グローバル化、グローバリゼーション	34
教育、学習、学校生活＞勉強、勉強法	25	軍隊、兵力＞自衛隊	34
教育、学習、学校生活＞勉強、勉強法＞ノート術	27	経済、金融	34
教育、学習、学校生活＞勉強、勉強法＞予習、復習	27	経済、金融＞暗号資産（仮想通貨）	37
教育、学習、学校生活＞偏差値	27	経済、金融＞インフレーション、デフレーション	37
教育、学習、学校生活＞放課後	27	経済、金融＞価格	37
教育、学習、学校生活＞学び直し	28	経済、金融＞株式	37
教育、学習、学校生活＞幼児教育	28	経済、金融＞為替	37
教育、学習、学校生活＞理系	28	経済、金融＞金融リテラシー	38
教育、学習、学校生活＞レクリエーション	28	経済、金融＞GDP（国内総生産）	38
教育、学習、学校生活＞レポート、論文	28	経済、金融＞資産形成、資産運用	38
教訓、生き方、教え	28	経済、金融＞投資	38
教訓、生き方、教え＞啓蒙	31	憲法、法律	38
行事、イベント	31	憲法、法律＞いじめ防止対策推進法	39
行事、イベント＞アースデイ	32	憲法、法律＞刑法	39
行事、イベント＞お花見	32	憲法、法律＞こども基本法	39
行事、イベント＞お祭り	32	憲法、法律＞生活保護法	39
行事、イベント＞学校行事	32	憲法、法律＞読書バリアフリー法	39
行事、イベント＞学校行事＞校外学習	32	憲法、法律＞日本国憲法	40
行事、イベント＞学校行事＞修学旅行	33	憲法、法律＞民法	40
行事、イベント＞学校行事＞入学式	33	憲法、法律＞労働法	40
行事、イベント＞学校行事＞発表会	33	権利、人権	40
行事、イベント＞学校行事＞文化祭	33	権利、人権＞国民主権	41
行事、イベント＞クリスマス	33	権利、人権＞子どもの権利条約	41
行事、イベント＞高校化学グランドコンテスト	33	権利、人権＞所有権	42
行事、イベント＞大会、コンテスト	33	権利、人権＞世界人権宣言	42
行事、イベント＞茶会	33	権利、人権＞知的財産権＞著作権	42
行事、イベント＞日本ジュニア数学オリンピック	33	国際関係＞国際協力	42
行事、イベント＞バレンタインデー	34	国際関係＞国際社会	43
行事、イベント＞ハロウィン	34	国際関係＞国際条約	43
行事、イベント＞万国博覧会、国際博覧会	34	国際関係＞国際条約＞国際連合憲章、国連憲章	43
近代化	34	国際関係＞国際条約＞生物生物多様性条約	43
空間	34	国際関係＞国際条約＞世界遺産条約	43
		国際関係＞国際条約＞日米安全保障条約	43
		国際関係＞国防	43
		国際関係＞国家安全保障	43
		国際関係＞世界・国際情勢	44

個性	44	時事	56
言葉、言語＞あいさつ	44	思春期	56
言葉、言語＞アルファベット、ローマ字	44	自助	57
		思想、信仰、理念	57
言葉、言語＞オノマトペ、擬音語、擬態語	44	思想、信仰、理念＞アントレプレナーシップ	57
言葉、言語＞カタカナ	44	思想、信仰、理念＞陰陽五行思想	57
言葉、言語＞言葉、言語一般	44	思想、信仰、理念＞政治思想、社会思想＞学生運動	57
言葉、言語＞言葉遣い、敬語	45		
言葉、言語＞日本語	45	思想、信仰、理念＞政治思想、社会思想＞資本主義	57
言葉、言語＞平仮名	45		
言葉、言語＞文法	45	思想、信仰、理念＞政治思想、社会思想＞社会運動	57
言葉、言語＞文字	45		
言葉、言語＞類語、言い換え	46	思想、信仰、理念＞政治思想、社会思想＞ファシズム	58
ごみ	46		
ごみ＞海洋ごみ	46	思想、信仰、理念＞政治思想、社会思想＞民主主義	58
暦、カレンダー＞干支	46		
サービス	46	思想、信仰、理念＞政治思想、社会思想＞ルッキズム、外見至上主義	58
雑学	46		
ジェンダー	47	社会、生活、暮らし一般	58
資格、免許、検定	47	社会問題、国際問題＞一揆	60
資格、免許、検定＞国家資格、国家試験	48	社会問題、国際問題＞エネルギー問題	61
時間	48	社会問題、国際問題＞飢餓、貧困、飢饉	61
時間＞スケジュール	48		
事故	48	社会問題、国際問題＞虐待	61
事故＞交通事故	49	社会問題、国際問題＞国際紛争	61
事故＞水難事故	49	社会問題、国際問題＞児童買春、児童ポルノ	61
自己啓発	49		
仕事＞経営、商売	49	社会問題、国際問題＞社会格差	62
仕事＞経営、商売＞経営管理	49	社会問題、国際問題＞社会病理	62
仕事＞経営、商売＞生産管理	50	社会問題、国際問題＞社会問題、国際問題一般	62
仕事＞経営、商売＞製品計画	50		
仕事＞経理	50	社会問題、国際問題＞少子高齢化、高齢化	62
仕事＞仕事一般	50		
仕事＞就職活動	55	社会問題、国際問題＞食品ロス	62
仕事＞障害者と仕事	55	社会問題、国際問題＞植民地	62
仕事＞職場・職業体験	55	社会問題、国際問題＞食糧問題、食糧危機	62
仕事＞人事	55		
仕事＞天職	56	社会問題、国際問題＞人権、差別、偏見	63
仕事＞働き方	56		
仕事＞販売	56	社会問題、国際問題＞人権、差別、偏見＞人種差別	63
仕事＞ワークルール	56		
		社会問題、国際問題＞人権、差別、偏見＞性差別	63

(3)

社会問題、国際問題＞人口減少	64	
社会問題、国際問題＞人身売買	64	
社会問題、国際問題＞性暴力	64	
社会問題、国際問題＞戦争＞戦争一般	64	
社会問題、国際問題＞戦争＞地域紛争	65	
社会問題、国際問題＞デモ（デモンストレーション）	65	
社会問題、国際問題＞ドメスティック・バイオレンス（DV）＞デートDV	65	
社会問題、国際問題＞難民	65	
社会問題、国際問題＞迫害	66	
社会問題、国際問題＞パレスチナ問題	66	
社会問題、国際問題＞米軍基地問題	66	
社会問題、国際問題＞暴力	66	
社会問題、国際問題＞薬物乱用	66	
習慣、生活習慣	66	
住居	67	
宗教＞イスラム教	67	
宗教＞イスラム教＞断食、ラマダーン、ラマダン	67	
宗教＞キリスト教	67	
宗教＞キリスト教＞カトリック	69	
宗教＞キリスト教＞洗礼	69	
宗教＞キリスト教＞秘蹟	70	
宗教＞幸福の科学	70	
宗教＞地獄、天国、極楽	70	
宗教＞宗教一般	70	
宗教＞創価学会	70	
宗教＞仏教	70	
宗教＞仏教＞禅、禅宗	71	
宗教＞仏教＞密教	71	
種類	71	
証拠、根拠、エビデンス	71	
食事、食生活	71	
食生活＞食育、栄養	72	
食文化	74	
食文化＞郷土料理	74	
人口	74	
図、図形	74	
水道、下水道	75	

睡眠	75	
税金	75	
政治	75	
政治＞外交	77	
政治＞行政	77	
政治＞行政＞地方自治体	77	
政治＞国際政治	77	
政治＞国会	77	
政治＞財政	77	
政治＞社会保障	77	
政治＞社会保障＞生活保護	78	
政治＞出入国管理	78	
政治＞需要と供給	78	
政治＞政策	78	
政治＞政治体制＞君主制、王制	78	
政治＞政治体制＞主権国家体制	78	
政治＞選挙	78	
政治＞選挙＞投票	79	
政治＞発展途上国、開発途上国	79	
整理、収納、片付け	79	
世界的な賞＞イグノーベル賞	79	
世界的な賞＞ノーベル賞	79	
葬儀、葬式	79	
掃除、清掃	79	
食べもの、食品＞インスタントラーメン	80	
食べもの、食品＞飲料	80	
食べもの、食品＞飲料＞お茶	80	
食べもの、食品＞飲料＞お茶＞緑茶、日本茶	80	
食べもの、食品＞飲料＞牛乳	80	
食べもの、食品＞飲料＞酒	80	
食べもの、食品＞宇宙食	80	
食べもの、食品＞うどん	80	
食べもの、食品＞おにぎり、すし	80	
食べもの、食品＞お弁当	81	
食べもの、食品＞菓子、スイーツ＞アイスクリーム、シャーベット	81	
食べもの、食品＞菓子、スイーツ一般	81	
食べもの、食品＞菓子、スイーツ＞グミ	82	
食べもの、食品＞菓子、スイーツ＞ゼリー	82	

食べもの、食品＞菓子、スイーツ＞チョコレート	82
食べもの、食品＞菓子、スイーツ＞どら焼き	82
食べもの、食品＞菓子、スイーツ＞和菓子	82
食べもの、食品＞かまぼこ	82
食べもの、食品＞カレー	82
食べもの、食品＞魚介、シーフード	83
食べもの、食品＞魚介、シーフード＞魚＞魚卵	83
食べもの、食品＞魚介、シーフード＞魚＞魚一般	83
食べもの、食品＞魚介、シーフード＞魚＞干物	83
食べもの、食品＞ご当地グルメ	83
食べもの、食品＞米	83
食べもの、食品＞さつまあげ	84
食べもの、食品＞ジャム	84
食べもの、食品＞食品成分表	84
食べもの、食品＞大豆	84
食べもの、食品＞食べもの、食品一般	84
食べもの、食品＞たまご	85
食べもの、食品＞調味料＞塩	85
食べもの、食品＞豆腐	86
食べもの、食品＞丼もの	86
食べもの、食品＞肉＞肉一般	86
食べもの、食品＞煮物	86
食べもの、食品＞乳製品＞チーズ	86
食べもの、食品＞発酵食品＞納豆	86
食べもの、食品＞パン	86
食べもの、食品＞麺	86
食べもの、食品＞麺＞ラーメン	86
多様性	86
知恵、工夫	87
知識、教養	88
地方創生、地域活性、地域社会	89
地方創生、地域活性、地域社会＞地産地消	89
地理＞世界の地理＞国章	89
地理＞世界の地理＞国旗	89
地理＞世界の地理＞世界の地理一般	90

地理＞地理一般	91
地理＞日本の地理＞日本の地理一般	91
地理＞日本の地理＞日本列島	93
強み、長所	93
デザイン	94
デザイン＞ユニバーサルデザイン	94
伝承、しきたり、伝説	94
伝承、しきたり、伝説＞悪魔	95
伝承、しきたり、伝説＞鬼	95
伝承、しきたり、伝説＞怪人、怪物	95
伝承、しきたり、伝説＞神、神様	95
伝承、しきたり、伝説＞幻獣、モンスター	96
伝承、しきたり、伝説＞小人	96
伝承、しきたり、伝説＞都市伝説	96
伝承、しきたり、伝説＞魔女	96
伝承、しきたり、伝説＞未確認生物、UMA	96
伝承、しきたり、伝説＞未確認生物、UMA＞イエティ	97
伝承、しきたり、伝説＞未確認生物、UMA＞チュパカブラ	97
伝承、しきたり、伝説＞幽霊	97
伝承、しきたり、伝説＞妖怪	97
トイレ	97
統計	98
統計＞アンケート	98
特産物、特産品、お土産	98
都市計画、まちづくり	99
名前	99
名前＞地名	99
名前＞名字	99
匂い、香り	99
ニュース	100
ニュース＞フェイクニュース、デマ	100
人間関係	100
人間関係＞恋人	102
人間関係＞チームワーク、チームプレー	102
人間関係＞友達、仲間	102
人間関係＞ライバル	103
発想、アイデア	103
犯罪、事件	104

犯罪、事件＞詐欺	105
犯罪、事件＞殺人	106
犯罪、事件＞テロ	106
犯罪、事件＞闇バイト	106
表、グラフ	106
表、グラフ＞周期表	106
病気、医療、衛生＞アレルギー＞食物アレルギー	106
病気、医療、衛生＞依存症	106
病気、医療、衛生＞依存症＞アルコール依存症	107
病気、医療、衛生＞依存症＞インターネット依存症	107
病気、医療、衛生＞ウイルス、感染症、伝染病	107
病気、医療、衛生＞ウイルス、感染症、伝染病＞コレラ	107
病気、医療、衛生＞ウイルス、感染症、伝染病＞性感染症	107
病気、医療、衛生＞外傷、けが	107
病気、医療、衛生＞外傷、けが＞やけど	108
病気、医療、衛生＞緩和ケア、緩和医療	108
病気、医療、衛生＞筋萎縮性側索硬化症（ALS）	108
病気、医療、衛生＞健康	108
病気、医療、衛生＞健康＞健康観察	108
病気、医療、衛生＞健康＞健康管理	108
病気、医療、衛生＞健康＞健康法	109
病気、医療、衛生＞健康＞健脳法	109
病気、医療、衛生＞健康＞セルフメンテナンス	109
病気、医療、衛生＞口腔衛生、歯磨き、虫歯治療	109
病気、医療、衛生＞催眠、催眠療法、催眠術	109
病気、医療、衛生＞手術	110
病気、医療、衛生＞食品衛生	110
病気、医療、衛生＞身体障害＞視覚障害	110
病気、医療、衛生＞身体障害＞聴覚障害	110

病気、医療、衛生＞生活習慣病	110
病気、医療、衛生＞精神衛生、精神保健	110
病気、医療、衛生＞摂食障害	111
病気、医療、衛生＞躁うつ病（双極性障害）、うつ病	111
病気、医療、衛生＞知的障害	111
病気、医療、衛生＞治療	111
病気、医療、衛生＞手洗い、消毒	111
病気、医療、衛生＞低体温症	111
病気、医療、衛生＞認知行動療法	111
病気、医療、衛生＞認知症	112
病気、医療、衛生＞熱中症	112
病気、医療、衛生＞脳性麻痺	112
病気、医療、衛生＞発達障害	112
病気、医療、衛生＞発達障害＞ADHD	113
病気、医療、衛生＞発達障害＞学習障害	113
病気、医療、衛生＞発達障害＞自閉症、自閉症スペクトラム	113
病気、医療、衛生＞発達障害＞発達性協調運動症（DCD）	113
病気、医療、衛生＞鼻水	113
病気、医療、衛生＞被爆	113
病気、医療、衛生＞病気、医療、衛生一般	114
病気、医療、衛生＞病気予防、けが予防	114
病気、医療、衛生＞不安症、不安障害	115
病気、医療、衛生＞腹痛	115
病気、医療、衛生＞風呂	115
病気、医療、衛生＞予防接種	115
平等	115
福祉、介護、ボランティア	115
福祉、介護、ボランティア＞義肢＞義足	116
福祉、介護、ボランティア＞高齢者福祉	116
福祉、介護、ボランティア＞児童福祉	116
福祉、介護、ボランティア＞社会福祉	116

福祉、介護、ボランティア＞障害者福祉	117
福祉、介護、ボランティア＞点字	117
福祉、介護、ボランティア＞動物福祉	117
福祉、介護、ボランティア＞動物福祉＞アニマルウェルフェア	117
福祉、介護、ボランティア＞フードバンク	117
不公平、不平等	117
復興	118
プライバシー	118
文章＞手紙	118
平和	118
ペット	119
方位、方角	120
防災	120
防災＞非常持出袋	121
防災＞避難、避難所	121
防犯	121
マスコット＞ご当地キャラクター	122
未来、将来	122
民族＞アイヌ	123
民族＞アボリジニ	124
民族＞インディアン	124
民族＞日本人	124
民族＞遊牧民	124
民族＞ロヒンギャ	124
郵便、宅配	124
由来	124
弱み、苦手、弱点	125
リスク	125
流行、ヒット商品	125
料理	125
料理＞献立	128
料理＞調理器具	128
料理＞レシピ	128
倫理、道徳	131
ルール、マナー、モラル	131
ルール、マナー、モラル＞交通ルール	132
ルール、マナー、モラル＞礼儀、礼儀作法	132
留守番	132

労働	132
労働＞労働時間	133

【状況・行動・現象】

愛情	134
遊び	134
遊び＞アスレチック	136
遊び＞鬼ごっこ	136
遊び＞紙工芸	136
遊び＞ごっこ遊び	136
育成、世話＞栽培、園芸	136
育成、世話＞飼育	137
育成、世話＞飼育＞養蜂	139
意見＞議論	139
飲酒	139
ウェルビーイング	139
噂	139
運転	139
運動、体育	139
運動、体育＞試合、レース	139
運動、体育＞試合、レース＞観戦	140
運動、体育＞ヨガ	140
開発	140
革命	140
かわいい	141
観察、調査、探査、観測	141
観察、調査、探査、観測＞海洋観測	143
観察、調査、探査、観測＞バードウォッチング	144
観察、調査、探査、観測＞標本	144
観察、調査、探査、観測＞フィールドワーク	144
鑑賞	144
感情、心＞アンガーマネジメント	144
感情、心＞怒り	144
感情、心＞生きづらさ	145
感情、心＞驚き	145
感情、心＞思いやり、親切	145
感情、心＞悲しみ	145
感情、心＞感謝	146
感情、心＞感情、心一般	146
感情、心＞感動、感激	148

感情、心＞気づき	149	記録＞ギネス世界記録	163
感情、心＞共感	149	空想、仮定	163
感情、心＞恐怖	149	空想、仮定＞仮説	164
感情、心＞苦しみ、苦労	150	癖	164
感情、心＞好奇心、探求心	150	結婚	164
感情、心＞克服	151	結婚＞再婚	164
感情、心＞心得	152	結婚＞離婚	164
感情、心＞コンプレックス、劣等感	152	検証、考証、考察	164
感情、心＞寂しさ	152	減少、衰退	164
感情、心＞残念	152	建築、工事	164
感情、心＞幸せ、幸福	152	建築、工事＞築城	165
感情、心＞自己肯定感	153	広報	165
感情、心＞自信	153	広報＞POP	165
感情、心＞衝動	154	攻略	165
感情、心＞心配	154	孤独	165
感情、心＞心理トレーニング、メンタルケア	154	困りごと	166
感情、心＞好き	154	コミュニケーション、触れ合い	166
感情、心＞ストレス	154	探し方、採集	167
感情、心＞楽しさ、喜び	154	作戦＞戦術	168
感情、心＞トラウマ	155	サステナビリティー、サステナブル	168
感情、心＞バイアス	155	撮影	168
感情、心＞反省	155	錯覚	168
感情、心＞不安、憂鬱	156	サバイバル	168
感情、心＞ポジティブ、前向き	156	仕組み、成り立ち	170
感情、心＞やる気	156	試験、受験	173
感情、心＞勇気	157	試験、受験＞高校受験	173
感情、心＞理不尽	157	試験、受験＞大学受験	174
感情、心＞笑い、笑顔	157	試験、受験＞中学受験	174
感情、心＞感性、センス	158	試験、受験＞入学試験	174
簡単、シンプル	158	実験	174
企画	158	実験＞核実験	176
喫煙	158	実験＞動物実験	176
疑問、質問、悩み	158	失敗	176
疑問、質問、悩み＞問題解決	161	自由	177
逆境、ピンチ	161	収穫	177
キャンプ、アウトドア	162	取材	177
キャンプ、アウトドア＞焚き火	162	循環	177
ギャンブル	162	準備	178
共生	162	進化、成長、進歩	178
共生＞多文化共生	163	進化、成長、進歩＞自立	179
共存	163	推理、ミステリー	179
協働	163	スキル、技＞暗記	180
		スキル、技＞生きる力	180

スキル、技＞運動能力	180	相談	195
スキル、技＞回復力、レジリエンス	180	測量	195
スキル、技＞観察力	180	体験、経験	196
スキル、技＞記憶力＞ワーキングメモリ	181	対立	196
スキル、技＞聞く力、傾聴力	181	誕生、誕生日	197
スキル、技＞行動力	181	段取り、手順	197
スキル、技＞コミュニケーション力	181	断面図	197
スキル、技＞思考力、考え方	182	超能力	197
スキル、技＞思考力、考え方＞批判的思考、クリティカルシンキング	185	釣り	197
		手助け、支援	197
スキル、技＞思考力、考え方＞マインドマップ	185	手助け、支援＞救助	198
		点検	198
スキル、技＞思考力、考え方＞論理	186	展示、発表、スピーチ、プレゼンテーション	198
スキル、技＞思考力、考え方＞論理＞パラドックス、逆説	186	読書	198
		読書＞音読	198
スキル、技＞思考力、考え方＞論理＞ロジカルシンキング、論理的思考	186	読書＞読書案内	198
		読書＞朗読	199
スキル、技＞自己分析	186	特徴、性能	199
スキル、技＞集中力	186	特徴、性能＞習性	201
スキル、技＞推論	188	トラブル	201
スキル、技＞スキル、技一般	188	ノウハウ、指南	202
スキル、技＞造形力	188	発見、発明、研究	206
スキル、技＞想像力	188	発見、発明、研究＞郷土研究	207
スキル、技＞ソーシャルスキル	188	発見、発明、研究＞発掘	207
スキル、技＞直感	189	発酵	207
スキル、技＞使い方	189	バトル、戦い	207
スキル、技＞作り方	190	比較	209
スキル、技＞伝える力、表現力	191	比較＞選択	210
スキル、技＞データリテラシー	192	飛行	210
スキル、技＞読解力	192	風景、景色	211
スキル、技＞努力	192	不思議、謎、秘密	211
スキル、技＞話し方	192	不思議、謎、秘密＞暗号	217
スキル、技＞判断力	193	分布	217
スキル、技＞ひらめき	193	変態	217
スキル、技＞魔法、魔力	194	保育	217
スキル、技＞ライフハック	194	冒険、探検	217
スキル、技＞リーダーシップ	195	冒険、探検＞学術探検	218
成功	195	瞑想、マインドフルネス	218
制作、製造	195	目標達成、目標設定	218
生産	195	模様、文様	218
セルフコンパッション	195	役割	219
		有害、毒	219

夢	219
予測	219
旅行、観光	219
恋愛	220
練習、トレーニング	220
練習、トレーニング＞訓練	223

【科学・化学】

明るさ	224
アルコール	224
イオン	224
エネルギー、力	224
エネルギー、力＞カロリー	224
エネルギー、力＞放射線	225
エネルギー、力＞放射線＞エックス線、ガンマ線	225
重さ	225
温度	225
科学、化学一般	225
科学技術	232
科学技術＞バイオミメティクス	232
科学技術＞フードテック	232
化学反応	232
化学物質	233
空気	233
空気＞温室効果ガス	233
空気＞酸素	233
空気＞二酸化炭素（炭酸ガス）	233
原子	233
元素	234
元素＞水素	234
元素＞炭素	234
自然科学	234
自然科学＞宇宙科学	234
自然科学＞地球科学	234
素粒子	234
素粒子＞ヒッグス粒子	234
電気、磁気	235
速さ	235
光	235
振り子	235
分子	235

ミクロの世界、微視的世界	236
有機物	236
溶液＞水溶液	236

【自然・環境】

池	237
色	237
海	237
海＞有明海	239
海＞海辺	239
海＞深海	239
海＞地中海	240
温泉	240
火山、噴火	240
川、河原	240
川、河原＞荒川	241
環境保全＞カーボンニュートラル	241
環境保全＞再生可能エネルギー	241
環境保全＞森林保護、自然保護	241
環境保全＞脱炭素社会	242
環境保全＞動物保護	242
環境問題＞エシカル消費	242
環境問題＞海洋汚染	242
環境問題＞環境問題一般	243
環境問題＞産業廃棄物、廃棄物処理	244
環境問題＞資源再利用（リサイクル）	244
環境問題＞水質汚染	244
環境問題＞大気汚染	244
環境問題＞地球温暖化	245
環境問題＞プラスチックごみ	246
環境問題＞水不足	246
環境問題＞リデュース	246
環境問題＞リユース	246
岩石、鉱物、化石＞化石	246
岩石、鉱物、化石＞岩石、鉱物、化石一般	247
岩石、鉱物、化石＞宝石	247
気象、気候	247
気象、気候＞異常気象	248
気象、気候＞気温	249

気象、気候＞気候変動	249		天気＞雪	259
季節＞秋	249		洞窟	259
季節＞季節一般	249		マグマ	259
季節＞旬	250		水	259
季節＞夏	250		湖＞琵琶湖	260
季節＞春	251		水辺	260
季節＞冬	251		森、林	260
雲	251		森、林＞熱帯雨林、ジャングル	261
高原	251		森、林＞熱帯雨林、ジャングル＞ア	261
災害	251		マゾン	
災害＞大雨、豪雨、浸水、洪水	252		山、里山	261
災害＞火事	252		夜、夜間	262
災害＞地震	253		湾＞駿河湾	262
災害＞地震＞関東大震災	253			
災害＞地震＞首都直下地震	253		**【星・宇宙・地球】**	
災害＞地震＞津波	253			
災害＞地震＞南海トラフ地震	254		天の川、銀河系	263
災害＞地震＞阪神・淡路大震災	254		宇宙	263
災害＞地震＞東日本大震災	254		宇宙＞宇宙人	265
災害＞地震＞プレート	254		宇宙開発	265
災害＞自然災害	254		火星	266
災害＞水害	255		重力	266
災害＞水害＞治水	255		空	266
災害＞台風、ハリケーン	255		空＞夜空	266
災害＞竜巻	255		太陽	266
災害＞鳥獣害	255		太陽系	266
災害＞土砂災害	255		地球	267
自然、環境一般	255		月	269
自然現象＞つらら	256		月＞皆既月食、月食	269
島	256		月＞月の満ち欠け	269
草原、草地	256		月＞日食	270
地形＞平野	257		天体＞惑星	270
地形	257		天体観測	270
地形＞盆地	257		ブラックホール	270
地形＞陸	257		星、宇宙、地球一般	270
地質、地層	257		星、星座	270
地底	257		星、星座＞オリオン座	271
土	258		星、星座＞流れ星、流星群	271
天気	258			
天気＞雨	258		**【生物】**	
天気＞雷	259			
天気＞天気予報	259		赤ちゃん	272
天気＞虹	259		依存	272

遺伝、遺伝子	272	危険生物	281
遺伝、遺伝子＞ゲノム	272	希少種、稀少種	281
遺伝、遺伝子＞DNA、デオキシリボ核酸	272	寄生生物、寄生虫	281
命	272	機能＞くしゃみ	281
命＞死	274	機能＞五感、感覚	281
命＞出産	275	機能＞五感、感覚＞視覚＞色覚	282
命＞寿命	275	機能＞五感、感覚＞味覚	282
命＞妊娠	275	機能＞呼吸	282
命＞妊娠＞胎児	275	機能＞時間知覚	282
餌、えさ	275	機能＞消化	282
外見、容姿、見た目	275	機能＞神経＞運動神経	282
海洋生物	275	機能＞発声、声	283
外来生物	276	機能＞発声、声＞鳴き声	283
体の部位、組織＞足	276	求愛行動	283
体の部位、組織＞汗	276	菌、菌類	283
体の部位、組織＞尾、しっぽ	276	菌、菌類＞カビ	283
体の部位、組織＞顔	276	菌、菌類＞細菌	283
体の部位、組織＞体の部位、組織一般	276	細胞	283
体の部位、組織＞キバ	277	姿勢	284
体の部位、組織＞筋肉	277	植物、樹木、花＞アサガオ	284
体の部位、組織＞筋肉＞筋力	277	植物、樹木、花＞イネ	284
体の部位、組織＞筋肉＞体幹筋	277	植物、樹木、花＞オシロイバナ	284
体の部位、組織＞血液	277	植物、樹木、花＞海藻＞昆布	284
体の部位、組織＞触覚	278	植物、樹木、花＞カカオ	284
体の部位、組織＞ツノ	278	植物、樹木、花＞カタバミ	284
体の部位、組織＞爪	278	植物、樹木、花＞花粉	284
体の部位、組織＞歯	278	植物、樹木、花＞寄生植物	285
体の部位、組織＞鼻	278	植物、樹木、花＞茎	285
体の部位、組織＞プライベートゾーン	278	植物、樹木、花＞果物＞果物一般	285
体の部位、組織＞骨	279	植物、樹木、花＞木の実	285
体の部位、組織＞骨＞骨格	279	植物、樹木、花＞木の実＞ギンナン	285
体の部位、組織＞耳	279	植物、樹木、花＞木の実＞ドングリ	285
体の部位、組織＞目、眼	279	植物、樹木、花＞サクラ	285
体の部位、組織＞目、眼＞視力	279	植物、樹木、花＞雑草	286
体の部位、組織＞目、眼＞視力＞近視	279	植物、樹木、花＞食虫植物	286
器官、臓器＞性器、生殖器官、生殖器	280	植物、樹木、花＞植物、樹木、花一般	286
器官、臓器＞腸	280	植物、樹木、花＞シロツメクサ	289
器官、臓器＞脳	280	植物、樹木、花＞スイートピー	289
		植物、樹木、花＞ススキ	289
		植物、樹木、花＞スズラン	289
		植物、樹木、花＞スミレ	289
		植物、樹木、花＞種、種子	289

植物、樹木、花＞タンポポ	290
植物、樹木、花＞チューリップ	290
植物、樹木、花＞蕾	290
植物、樹木、花＞トウモロコシ	291
植物、樹木、花＞トゲ	291
植物、樹木、花＞ナノハナ	291
植物、樹木、花＞根っこ	291
植物、樹木、花＞葉、葉っぱ	291
植物、樹木、花＞ハーブ	291
植物、樹木、花＞ハス	291
植物、樹木、花＞発芽	292
植物、樹木、花＞ヒマワリ	292
植物、樹木、花＞ヒルガオ	292
植物、樹木、花＞ベゴニア	292
植物、樹木、花＞ホウセンカ	292
植物、樹木、花＞マメ＞ダイズ	292
植物、樹木、花＞マングローブ	292
植物、樹木、花＞ミズバショウ	292
植物、樹木、花＞野菜＞カブ	292
植物、樹木、花＞野菜＞ダイコン	293
植物、樹木、花＞野菜＞トマト＞ミニトマト	293
植物、樹木、花＞野菜＞ブロッコリー	293
植物、樹木、花＞野菜＞野菜一般	293
植物、樹木、花＞野草	293
植物、樹木、花＞ユリ	293
植物、樹木、花＞ワスレナグサ	293
食物連鎖	294
深海生物	294
身長、体長	294
人類	294
水生生物	294
性	294
性格	295
性質	295
生息地、生息環境	295
生存競争、生存戦略	296
生態	296
生態＞擬態	301
生態＞脱皮	302
生態＞冬眠	302
生態系	302

生物一般	302
生物多様性	305
生理	305
絶滅種、絶滅危惧種	306
第二次性徴	306
淡水生物	306
手形、足形	306
人間、人体＞体温	306
人間、人体＞人間、人体一般	306
認知	309
フィールドサイン	309
糞、便、おなら、尿	309
ミクロ生物、微生物	310
ミクロ生物、微生物＞プランクトン	310
ミクロ生物、微生物＞ミジンコ	310
有毒生物	310

【動物】

アザラシ	311
イカ＞ダイオウイカ	311
イヌ	311
イヌ＞盲導犬、聴導犬、介助犬	311
イノシシ	311
イルカ	312
イルカ＞バンドウイルカ	312
ウサギ	312
ウシ	312
エビ＞イセエビ	312
オランウータン	312
害虫、益虫	312
カタツムリ	313
家畜	313
カニ	313
カニ＞タカアシガニ	313
カバ	313
カワウソ	313
魚類、貝類＞アロワナ	313
魚類、貝類＞アワビ	313
魚類、貝類＞ウツボ	313
魚類、貝類＞カキ(牡蠣)	314
魚類、貝類＞カレイ	314
魚類、貝類＞魚類、貝類一般	314

魚類、貝類＞キンギョ	314	昆虫類＞ゴミムシ＞ミイデラゴミムシ	320
魚類、貝類＞クラウンローチ	314	昆虫類＞昆虫類一般	320
魚類、貝類＞サケ	315	昆虫類＞サナギ	323
魚類、貝類＞サメ	315	昆虫類＞成虫	323
魚類、貝類＞サメ＞オオメジロザメ	315	昆虫類＞セミ	323
魚類、貝類＞サメ＞ジンベエザメ	315	昆虫類＞セミ＞アブラゼミ	323
魚類、貝類＞タイ	315	昆虫類＞チョウ	323
魚類、貝類＞稚魚、幼魚	315	昆虫類＞チョウ＞モンシロチョウ	323
魚類、貝類＞テッポウウオ	315	昆虫類＞トンボ＞ヤゴ	324
魚類、貝類＞テングノタチ	315	昆虫類＞ハチ	324
魚類、貝類＞熱帯魚	315	昆虫類＞ハチ＞スズメバチ	324
魚類、貝類＞ハマグリ	316	昆虫類＞ハチ＞ミツバチ	324
魚類、貝類＞ハリセンボン	316	昆虫類＞バッタ	324
魚類、貝類＞ヒラメ	316	昆虫類＞ホタル	324
魚類、貝類＞フグ	316	サソリ	324
魚類、貝類＞メダカ	316	サンゴ	325
魚類、貝類＞リュウグウノツカイ	316	シマウマ	325
クジラ	316	巣	325
クジラ＞カツオクジラ	316	脊柱動物	325
クジラ＞マッコウクジラ	317	節足動物	325
クマ＞クマ一般	317	ゾウ	325
クマ＞シロクマ、ホッキョクグマ	317	ダイオウグソクムシ	325
クマ＞ツキノワグマ	317	タコ	325
クマ＞ヒグマ	317	タコ＞クラゲダコ	325
クマ＞マレーグマ	317	タスマニアデビル	325
クモ	318	ダニ	326
クラゲ	318	卵	326
コウモリ	318	卵＞産卵	326
昆虫類＞アメンボ	318	ダンゴムシ	326
昆虫類＞アリ	318	鳥類＞インコ	326
昆虫類＞アリ＞ヒアリ	318	鳥類＞ウ	326
昆虫類＞アリ＞ミツツボアリ	318	鳥類＞エナガ	326
昆虫類＞イモムシ	319	鳥類＞カワセミ	326
昆虫類＞オオセンチコガネ	319	鳥類＞キツツキ	326
昆虫類＞カ	319	鳥類＞国鳥、県鳥	327
昆虫類＞ガ	319	鳥類＞シマエナガ	327
昆虫類＞カブトムシ	319	鳥類＞スズメ	327
昆虫類＞カマキリ	319	鳥類＞鳥類一般	327
昆虫類＞クワガタムシ	320	鳥類＞ツバメ	328
昆虫類＞クワガタムシ＞ノコギリクワガタ	320	鳥類＞ニワトリ、ヒヨコ	328
昆虫類＞ゴキブリ	320	鳥類＞ハヤブサ	328
		鳥類＞フクロウ	328

鳥類＞ペンギン	328
鳥類＞ペンギン＞コウテイペンギン	328
鳥類＞メジロ	328
鳥類＞モズ	328
チンパンジー	328
動物一般	329
トラ	331
トラ＞アムールトラ、シベリアトラ	331
軟体動物	331
ネコ	331
ネズミ	332
ネズミ＞トガリネズミ	332
ネズミ＞モルモット	332
ハムスター	332
パンダ	333
ビーバー	333
ヒツジ	333
哺乳類	333
マナティー	333
ミミズ	334
虫一般	334
無脊柱動物	334
猛獣	334
モグラ	334
モモンガ	334
モモンガ＞エゾモモンガ	334
野生動物	334
ヤドカリ＞ヤシガニ	335
ヤマアラシ	335
有袋類	335
幼虫	335
ライオン	335
ラッコ	336
両生類、は虫類＞イグアナ	336
両生類、は虫類＞カエル	336
両生類、は虫類＞カエル＞アマガエル	336
両生類、は虫類＞カエル＞オタマジャクシ	336
両生類、は虫類＞カメ	336
両生類、は虫類＞カメ＞ウミガメ	336
両生類、は虫類＞カメ＞リクガメ	337
両生類、は虫類＞カメレオン	337

両生類、は虫類＞トカゲ	337
両生類、は虫類＞トカゲ＞カナヘビ	337
両生類、は虫類＞トカゲ＞コモドオオトカゲ	337
両生類、は虫類＞ヘビ	337
両生類、は虫類＞ヘビ＞アナコンダ	337
両生類、は虫類＞ヘビ＞キングコブラ	337
両生類、は虫類＞ヤモリ	337
両生類、は虫類＞両生類、は虫類一般	338
両生類、は虫類＞ワニ	338
両生類、は虫類＞ワニ＞イリエワニ	338
レッサーパンダ	338

【恐竜・絶滅生物・古生物・古代生物】

イグアノドン	339
カムイサウルス、むかわ竜	339
恐竜、絶滅生物、古生物、古代生物一般	339
サーベルタイガー（剣歯虎）	341
サーベルタイガー（剣歯虎）＞スミロドン	341
サイカニア	341
三葉虫	341
デイノニクス	341
ドロマエオサウルス	341
フクロオオカミ	341

【情報・通信・メディア】

IT、情報技術	342
アプリ	342
アルゴリズム	342
インターネット、ウェブ	342
インターネット、ウェブ＞SNS（ソーシャル・ネットワーキング・サービス）	343
インターネット、ウェブ＞ネットリテラシー	344
ゲーム	344
ゲーム＞課金	344
ゲーム＞マインクラフト	345
ゲーム＞桃太郎電鉄	345

広告、チラシ、ポスター	346	電池	353
広告、チラシ、ポスター＞キャッチコピー	346	プラスチック	353
コンピュータ・リテラシー	346	プラスチック＞ペットボトル	353
情報、通信、メディア一般	346	放射性物質	353
情報＞個人情報	346		
情報科学	346		
情報管理	347		
情報機器＞コンピュータ	347		
情報機器＞コンピュータ＞パソコン	347		
情報機器＞コンピュータ・グラフィック	347		
情報機器＞スマートフォン	347		
情報通信技術（ICT）	348		
情報倫理	348		
人工知能（AI）	349		
人工知能（AI）＞生成AI	349		
人工知能（AI）＞生成AI＞ChatGPT	350		
新聞、新聞紙、雑誌	350		
セキュリティ	350		
データ	350		
デジタル	350		
PCソフト＞CLIP STUDIO PAINT	351		
プログラミング	351		
プログラミング＞コンピュータ言語、プログラミング言語、マークアップ言語＞Scratch	351		
プログラミング＞コンピュータ言語、プログラミング言語、マークアップ言語＞Python	351		
メディアリテラシー	351		

【物質・物体・資源】

ガラス	352
金属	352
薬	352
薬＞エピペン	352
結晶	352
氷	352
氷＞霜柱	352
氷＞氷河	352
資源、燃料＞石油	352
磁石、マグネット	353

【社会・生活・暮らし】

アイデンティティ

「じぶんであるっていいかんじ：きみとジェンダーについての本」テレサ・ソーン作;ノア・グリニ絵;たかいゆとり訳 エトセトラブックス 2024年4月

「だれか、ふつうを教えてくれ!―よりみちパン!セ ; YP15」倉本智明著 新曜社 2024年1月

安全

「こどものためのもしもマニュアル：「きんきゅうじたいにつかうもの」がわかる本 1」佐藤健監修 理論社 2024年1月

「こどものためのもしもマニュアル：「きんきゅうじたいにつかうもの」がわかる本 2」佐藤健監修 理論社 2024年1月

「そうなんだ!子どもの権利」手丸かのこマンガ;渡辺大輔監修 子どもの未来社（スクールコミック）2024年10月【マンガ形式・マンガつき】

「どっちを選ぶ?クイズで学ぶ!こども防犯サバイバル 1」国崎信江監修 日本図書センター 2024年1月

「どっちを選ぶ?クイズで学ぶ!こども防犯サバイバル 2」国崎信江監修 日本図書センター 2024年1月

「にぼしとかつおの子どもあんぜん絵本」くまみね絵;舟生岳夫監修 ポプラ社 2024年3月

「はじめての船ずかん」 スタジオタッククリエイティブ 2024年7月

「子どもだけでつくれる焼かないお菓子：とかす、混ぜる、冷やしてかためる・凍らせる、しあわせレシピ」原亜樹子著 東京書籍 2024年12月

「子ども版これで死ぬ：外遊びで子どもが危険にあわないための安全の話」大武美緒子文;羽根田治ほか監修 山と溪谷社 2024年7月

「親子でチャレンジ!防犯クイズブック」清永奈穂監修・解説文;ゆきのゆみこ構成・文 チャイルド本社 2024年12月

安全＞交通安全

「こうつうあんぜんなぞなぞ：どうろのやくそく」平田昌広さく;オカダケイコえ あかね書房 2024年5月

「小学生になったらえほん」長谷川康男監修 ポプラ社 2024年1月

育児、子育て

「きみがだいすき1・2・3：脳が喜ぶ親子の指さしコミュニケーション：英語・日本語3語文」あいばしづか文・絵 文芸社 2024年5月【英語つき】

社会・生活・暮らし

「気づくことで未来がかわる新しい人権学習 5」稲葉茂勝著;こどもくらぶ編 岩崎書店 2024年2月

「未来のために知っておきたいみんなの子育てスキル」水野正司著 マイクロマガジン社 2024年10月【マンガ形式・マンガつき】

育児、子育て>しつけ

「いただきます!のまえのぴかぴかてあらい」八木橋かずよ絵;中野貴司監修 少年写真新聞社（たべるってたのしい!）2024年11月【物語形式（フィクション）】

「おかねにようかい?」おおのこうへいさく・え;キッズ・マネー・ステーション監修 赤ちゃんとママ社 2024年3月

「おさるのジョージきょうこれできた?」小学館 2024年7月

「かみさまにあいされる子になろう―OR BOOKS」大川隆法原作;大川紫央絵本監修;『かみさまにあいされる子になろう』作画プロジェクト編・絵 幸福の科学出版 2024年5月

「こうつうあんぜんなぞなぞ：どうろのやくそく」平田昌広さく;オカダケイコえ あかね書房 2024年5月

「じじょろんのたいせつさ―OR BOOKS」大川隆法原作;大川紫央絵本監修;『じじょろんのたいせつさ』作画プロジェクト編・絵 幸福の科学出版 2024年3月

「しっぱいしたっていいんだよ―ガストンのソーシャルスキルえほん」オーレリー・シアン・ショウ・シーヌぶん・え;垣内磯子やく 主婦の友社 2024年6月

「ぞうちんとぱんつのくに：おとこのことおかあさんのための「性」のえほん」ゆままま作画・構成;石嶺みき原作・監修 KADOKAWA 2024年4月

「それってほんとにざんねんかな?」たかいよしかずさく 大日本図書 2024年3月

「チーズではがげんき」さかいあけみさく;サワイワタルえ リーブル出版 2024年4月【物語形式（フィクション）】

「ディズニープリンセスおでかけかがみえほん：マナーがみにつく10のレッスン」ポプラ社 2024年3月

「てんぐちゃんにならないようにしよう―OR BOOKS」大川隆法原作;大川紫央絵本監修;『てんぐちゃんにならないようにしよう』作画プロジェクト編・絵 幸福の科学出版 2024年6月

「はんせいするこころのたいせつさ―OR BOOKS」大川隆法原作;大川紫央絵本監修;『はんせいするこころのたいせつさ』作画プロジェクト編・絵 幸福の科学出版 2024年6月【物語形式（フィクション）】

「鼻をかみましょう：絵本でまなべる、鼻の正しいかみ方：星野書房の発育絵本」武田桃子著;星野友絵構成;遠藤庸子絵 星野書房 サンクチュアリ出版 2024年2月

いじめ

「10代のカラダのハテナ：図書館版」高尾美穂監修 あかね書房 2024年1月

社会・生活・暮らし

「あなたが学校でしあわせに生きるために：子どもの権利と法律手帳」平尾潔著 子どもの未来社 2024年11月

「きみを守る「こども基本法」3」喜多明人監修 汐文社 2024年2月【マンガ形式・マンガつき】

「こどもリスクマネジメント：なぜリスクマネジメントが大切なのかがわかる本」小林宏之監修;バウンド著 カンゼン 2024年11月

「これから大人になるアナタに伝えたい10のこと：自分を愛し、困難を乗りこえる力」サヘル・ローズ著 童心社 2024年11月

「ネットでいじめられたら、どうすればいいの？：5人の専門家と処方箋を考えた—14歳の世渡り術」春名風花著 河出書房新社 2024年7月

「子どもカウンセリングいじめ：いじめられちゃった いじめちゃった いじめを見ちゃった自分を助ける方法」寺戸武志著 少年写真新聞社 2024年7月【マンガ形式・マンガつき】

祈り、礼拝、祈祷

「14歳からの南無妙法蓮華経：生きる勇気が湧き出る本」小島弘之 日蓮宗新聞社 2024年9月

「ゆるしの秘跡：子どものための手引き」山野内公司編;村岡マリイラスト ドン・ボスコ社 2024年10月

SDGs（持続可能な開発目標）

「10代からのサステナブル：持続可能な社会をめざして：輝く心と学ぶ喜びを」野田将晴著 高木書房 2024年9月

「SDGsから考える世界の食料問題」小沼廣幸著 岩波書店（岩波ジュニア新書）2024年4月

「SDGsってなぁに？：みらいのためにみんなができること[4]—やさしくよめるSDGsのえほん」関正雄監修;WILLこども知育研究所編・著 金の星社 2024年1月

「SDGsってなぁに？：みらいのためにみんなができること[5]—やさしくよめるSDGsのえほん」関正雄監修;WILLこども知育研究所編・著 金の星社 2024年1月

「SDGsってなぁに？：みらいのためにみんなができること[6]—やさしくよめるSDGsのえほん」関正雄監修;WILLこども知育研究所編・著 金の星社 2024年2月

「SDGs環境編：キミならどう解決する？：水不足、ゴミ問題、大気汚染、絶滅危惧種…：世界が抱える環境問題に向き合おう—子ども教養図鑑」由井薗健;粕谷昌良監修;小学校社会科授業づくり研究会著 誠文堂新光社 2024年10月

「SDGs用語大事典基本400語」古沢広祐監修 金の星社 2024年2月

「キャラ絵で学ぶ!江戸の暮らしと文化図鑑」伊藤賀一監修;いとうみつる絵;千羽ひとみ文 すばる舎 2024年11月

「こどもSDGs達成レポート：SDGs達成に向けて、何を取り組むべきかがわかる本」秋山宏次郎監修;バウンド著 カンゼン 2024年2月

社会・生活・暮らし

「ジオパークに出かけよう!：地球・自然・くらしの歴史旅行 4」あかつき教育図書 2024年3月

「しっかりわかる「脱炭素=カーボンニュートラル」3」こどもくらぶ編 岩崎書店 2024年2月

「ぞうのうんちはまわる」重松彌佐文;しろぺこり絵 新日本出版社 2024年6月

「どうぶつに聞いてみた：アニマルSDGs」益田文和;イアン筒井著;藤田咲恵絵;ときわ動物園監修;マリルゥキャラクター監修 ヌールエデザイン総合研究所 太郎次郎社エディタス 2024年5月

「ビジュアル脱炭素のしくみ 2」名古屋大学未来社会創造機構脱炭素社会創造センター編 ゆまに書房 2024年3月

「フードテックとSDGs 1」石川伸一監修 フレーベル館 2024年11月

「フロントランナー = Front Runner 3」朝日新聞be編集部監修 岩崎書店 2024年10月【物語形式（ノンフィクション）】

「ペットボトルくんのねっけつ!リサイクルものがたり—SDGsの絵本」田中六大作;滝沢秀一監修 佼成出版社 2024年11月

「ぼくらのまちがいさがし：動物と地球環境」バースデイ 2024年4月

「ポプラディアプラス地球環境 = POPLAR ENCYCLOPEDIA PLUS Global Environment 2」ポプラ社 2024年4月

「ポプラディアプラス地球環境 = POPLAR ENCYCLOPEDIA PLUS Global Environment 3」ポプラ社 2024年4月

「マンガでわかる!10才までに覚えたい社会のしくみ：政治 経済 生活 国際 SDGs」高濱正伸;加藤崇浩監修 永岡書店 2024年7月【マンガ形式・マンガつき】

「めざせ!持続可能な農林水産業 3」中野明正監修 大月書店 2024年1月

「めざせ!持続可能な農林水産業 4」中野明正監修 大月書店 2024年2月

「もっと教えて!ドラえもん：記事とまんがで社会のしくみ丸わかり!!」藤子・F・不二雄キャラクター原作;朝日新聞社監修 小学館 2024年6月【マンガ形式・マンガつき】

「ライフライン = LIFE LINE：ネット・電力・水"見えないシステム"から知る世界のなりたち—14歳の世渡り術プラス」ダン・ノット著;桃井緑美子訳 河出書房新社 2024年2月【マンガ形式・マンガつき】

「空気を変える：地球で生きつづけるために、今わたしたちができること」デビー・リヴィ文;アレックス・ボーズマ絵;宮坂宏美訳 あすなろ書房 2024年7月

「社会科学からみるSDGs = Reaching the sustainable development goals: perspectives from the social sciences」桜井愛子;平体由美編著 小鳥遊書房 2024年3月

「人は見た目!?ルッキズムの呪いをとく! 1」矢吹康夫監修 フレーベル館 2024年10月

「地球が悲鳴をあげている：さっちゃんと梅子おばあちゃんのSDGs 2」水谷久子著 文芸社 2024年6月【物語形式（フィクション）】

社会・生活・暮らし

「変えよう!ごみから資源へ——SDGs地球のためにできること；3」田崎智宏監修 国土社 2024年8月

LGBTQ、性的マイノリティ

「10代のカラダのハテナ：図書館版」高尾美穂監修 あかね書房 2024年1月

「あなたの権利を知って使おう：子どもの権利ガイド」アムネスティ・インターナショナル；アンジェリーナ・ジョリー；ジェラルディーン・ヴァン=ビューレン著；上田勢子訳 子どもの未来社 2024年9月

「じぶんであるっていいかんじ：きみとジェンダーについての本」テレサ・ソーン作；ノア・グリニ絵；たかいゆとり訳 エトセトラブックス 2024年4月

お金

「13歳からの「お金」のキホン：一生お金に困らない!」横山光昭 PHP研究所 2024年2月

「14歳からのアンチワーク哲学：なぜ僕らは働きたくないのか?」ホモ・ネーモ著 まとも書房 2024年6月

「FPママの親と子で学ぶお金のABC：13歳からのマネーレッスンの本!」山内真由美著 河出書房新社 2024年4月

「アイスちゃんのおかねのこころえ；ギンコウくんのおかねのこころえ」みに真実絵・文；松本えつを；日比享光；野本公康技能監修 WCC 365＋1 label 2024年12月

「あそびながら楽しく学ぶ!マインクラフトはじめてのおかねのほん」浜田節子監修；せいらんイラスト KADOKAWA 2024年6月

「アメリカの子どもが読んでいるお金のしくみ」ウォルター・アンダル著；木村満子訳 ダイヤモンド社 2024年1月

「いますぐ知りたいお金のしくみ：子どもにもできる資産形成」盛永裕介；吉田友哉監修；さいとうかおりイラスト マイクロマガジン社 2024年6月

「おかねにようかい?」おおのこうへいさく・え；キッズ・マネー・ステーション監修 赤ちゃんとママ社 2024年3月

「お金のクイズ図鑑——学研の図鑑LIVE Q；6」Gakken 2024年7月

「お金のこと——学校では教えてくれない大切なこと；3」関和之マンガ・イラスト 旺文社 2024年3月【マンガ形式・マンガつき】

「お金のデザインと歴史」貨幣博物館カレンシア監修 岩崎書店（調べる学習百科）2024年8月

「お金の使い方で未来を変えよう! 1」松葉口玲子監修 童心社 2024年3月【マンガ形式・マンガつき】

「お金の使い方で未来を変えよう! 2」松葉口玲子監修 童心社 2024年3月【マンガ形式・マンガつき】

社会・生活・暮らし

「お金の使い方で未来を変えよう! 3」松葉口玲子監修 童心社 2024年3月【マンガ形式・マンガつき】

「お金の使い方で未来を変えよう! 4」松葉口玲子監修 童心社 2024年3月【マンガ形式・マンガつき】

「お金の使い方で未来を変えよう! 5」松葉口玲子監修 童心社 2024年3月【マンガ形式・マンガつき】

「お金の図鑑 : お金の使い方×自分らしい人生の歩き方 : 夢、仕事、生き方が見つかる」あんびるえつこ監修 新星出版社 2024年2月【マンガ形式・マンガつき】

「お金を大切にできる8つのミッション : noltyキッズワークブック—Nolty kids」八木陽子監修 日本能率協会マネジメントセンター 2024年3月

「がけっぷち!アララはお金を増やしたい! = ARARA WANTS TO MAKE MORE AND MORE MONEY!」大野正人作;トミムラコタ;津村根央マンガ;土屋剛俊監修 ポプラ社 2024年12月【マンガ形式・マンガつき】

「カネオくんと学ぶおどろき!現代社会とお金のヒミツ : 数字とクイズで楽しくわかる」NHK「有吉のお金発見突撃!カネオくん」制作班編 翔泳社 2024年5月

「カネオくんと学ぶなるほど!現代社会とお金のヒミツ : 数字とクイズで楽しくわかる」NHK「有吉のお金発見突撃!カネオくん」制作班編 翔泳社 2024年10月

「こども経済学—イラスト学問図鑑」池上彰監修;講談社編;モドロカイラスト・デザイン 講談社 2024年3月

「ちびまる子ちゃんのお金の使いかた—満点ゲットシリーズ. せいかつプラス」さくらももこキャラクター原作;沼田晶弘監修 集英社 2024年3月

「なるほどよくわかる金融 2」教育画劇 2024年4月

「なるほどよくわかる金融 3」教育画劇 2024年4月

「はじめての地理学—世界基準の教養forティーンズ」ミナ・レイシー;ララ・ブライアン;サラ・ハル文;ウェスレー・ロビンズ絵;ロジャー・トレンド監修;水野一晴日本語版監修;清水玲奈訳 河出書房新社 2024年11月

「はたらくってなぁに?—ぜいけんえほんシリーズ」税務研究会さく;つむぱぱえ 税務研究会出版局 2024年7月

「マンガ&図解新しい紙幣の物語 : 渋沢栄一 津田梅子 北里柴三郎ほか」Gakken 2024年2月【マンガ形式・マンガつき】

「マンガでわかる!小学生から知っておきたいお金のトラブル回避術—こどもと生活シリーズ」菊地幸夫監修;ぽぽこ漫画 主婦と生活社 2024年8月【マンガ形式・マンガつき】

「マンガ新しい紙幣の感動物語」木平木綿編 Gakken 2024年6月【マンガ形式・マンガつき】

「億万長者も知らない!?お金のびっくり事典—びっくり事典」中村浩訳文;植村峻;中島真志;二橋瑛夫監修;うのき絵 ポプラ社 2024年2月

社会・生活・暮らし

「会社をつくろう：お金と経済のしくみがよくわかる本 1」あんびるえつこ;福島美邦子監修 岩崎書店 2024年2月【マンガ形式・マンガつき】

「会社をつくろう：お金と経済のしくみがよくわかる本 2」あんびるえつこ;福島美邦子監修 岩崎書店 2024年3月【マンガ形式・マンガつき】

「会社をつくろう：お金と経済のしくみがよくわかる本 3」あんびるえつこ;福島美邦子監修 岩崎書店 2024年3月【マンガ形式・マンガつき】

「気をつけよう!課金トラブル 2」高橋暁子監修 汐文社 2024年1月

「気をつけよう!課金トラブル 3」高橋暁子監修 汐文社 2024年3月

「失敗を成功にかえるお金のつかい方―1日5分!タイプ別診断でわかる ; 3」八木陽子監修;MICANOイラスト ポプラ社 2024年11月

「社会がよくわかるみのまわりのおかねのこと」泉美智子監修 高橋書店 2024年3月【マンガ形式・マンガつき】

「親子で学ぼう!お金のえほん」鈴木アツコ文・絵;たけやきみこ監修 チャイルド本社 2024年7月

「世界お金の大図鑑：謎と秘密」青柳正規監修;コンスタンティノフ文・絵;若松宣子訳 西村書店東京出版編集部 2024年9月

「知っておきたいお金と経済 1」泉美智子監修 金の星社 2024年2月

「知っておきたいお金と経済 2」泉美智子監修 金の星社 2024年3月

「中学3年生の息子に贈る、学校では教わらない「お金の真実」」安田修著 Gakken 2024年6月【物語形式（フィクション）】

「投資家と考える10歳からのお金の話」レオス・キャピタルワークス株式会社ひふみ金融経済教育ラボ著;遠田おと表紙イラスト/マンガ;伊藤和人イラスト 講談社 2024年2月【マンガ形式・マンガつき】

「突撃!カネオくん10歳からのお金のきほん」横山光昭監修 ワン・パブリッシング 2024年6月【マンガ形式・マンガつき】

「突撃!カネオくんお金でみる都道府県データ図鑑」伊藤賀一監修 宝島社 2024年3月

「入門高校生のための金融リテラシー図鑑」泉美智子監修 学事出版 2024年2月

「名探偵コナンの小学生のうちに知っておきたいお金と世の中103」青山剛昌原作;大河内薫監修 小学館 2024年2月【マンガ形式・マンガつき】

お金＞おこづかい

「13歳からの行動経済学：推し活中学生のお小遣い奮闘記」太宰北斗監修 ナツメ社 2024年9月【物語形式（フィクション）】

「FPママの親と子で学ぶお金のABC：13歳からのマネーレッスンの本!」山内真由美著 河出書房新社 2024年4月

社会・生活・暮らし

「お金を大切にできる8つのミッション：noltyキッズワークブック—Nolty kids」八木陽子監修 日本能率協会マネジメントセンター 2024年3月

「ちびまる子ちゃんのお金の使いかた—満点ゲットシリーズ. せいかつプラス」さくらももこキャラクター原作;沼田晶弘監修 集英社 2024年3月

「失敗を成功にかえるお金のつかい方—1日5分!タイプ別診断でわかる；3」八木陽子監修;MICANOイラスト ポプラ社 2024年11月

「突撃!カネオくん10歳からのお金のきほん」横山光昭監修 ワン・パブリッシング 2024年6月【マンガ形式・マンガつき】

お金＞貯金

「13歳からの「お金」のキホン：一生お金に困らない!」横山光昭 PHP研究所 2024年2月

「ちびまる子ちゃんのお金の使いかた—満点ゲットシリーズ. せいかつプラス」さくらももこキャラクター原作;沼田晶弘監修 集英社 2024年3月

「突撃!カネオくん10歳からのお金のきほん」横山光昭監修 ワン・パブリッシング 2024年6月【マンガ形式・マンガつき】

お金＞賃金

「なるほどよくわかる金融 3」 教育画劇 2024年4月

「働きはじめる前に知っておきたいワークルールの超きほん」佐々木亮監修 旬報社 2024年5月

推し活

「13歳からの行動経済学：推し活中学生のお小遣い奮闘記」太宰北斗監修 ナツメ社 2024年9月【物語形式（フィクション）】

「かいた絵をはるだけ!はじめての推しぬい」寺西恵里子作 汐文社 2024年9月

「きせかえたい!推しコスチューム」寺西恵里子作 汐文社 2024年12月

「きほんのソーイングで本格推しぬい」寺西恵里子作 汐文社 2024年11月

「神級にレベルアップする!推しかわイラストレッスン」denほか著 JTBパブリッシング 2024年12月

「針も糸もつかわない超かんたん推しぬい」寺西恵里子作 汐文社 2024年10月

おしゃれ

「2分でつくれるかんたんおりがみ 3」竹井史郎作;イグルーダイニング絵 あかね書房 2024年2月

「わたしもまわりも笑顔になる小学生のメイク本」イガリシノブ著 講談社 2024年12月

社会・生活・暮らし

音、音声

「さわって学べる科学図鑑」探究学舎日本語版監修;岡田好惠訳 Gakken 2024年4月

「ドラえもん学びワールド音楽をはじめよう―ビッグ・コロタン；224」藤子・F・不二雄まんが;藤子プロ;久保田慶一監修 小学館 2024年3月【マンガ形式・マンガつき】

「のびーる理科エネルギー：音・光・電気・力」小川眞士監修;美濃ぶち子まんが作画 KADOKAWA 2024年10月

「音のサイエンス―学習まんがドラえもんふしぎのサイエンス」藤子・F・不二雄キャラクター原作;ひじおか誠まんが;戸井武司監修 小学館 2024年1月

「力と電気、音、光がわかる―ドラえもんの学習シリーズ.ドラえもんの理科おもしろ攻略」藤子・F・不二雄キャラクター原作;浜学園監修 小学館 2024年2月【マンガ形式・マンガつき】

音、音声＞超音波

「音のサイエンス―学習まんがドラえもんふしぎのサイエンス」藤子・F・不二雄キャラクター原作;ひじおか誠まんが;戸井武司監修 小学館 2024年1月

買い物

「FPママの親と子で学ぶお金のABC：13歳からのマネーレッスンの本!」山内真由美著 河出書房新社 2024年4月

「あそびながら楽しく学ぶ!マインクラフトはじめてのおかねのほん」浜田節子監修;せいらんイラスト KADOKAWA 2024年6月

「お金の使い方で未来を変えよう! 1」松葉口玲子監修 童心社 2024年3月【マンガ形式・マンガつき】

「お金の使い方で未来を変えよう! 2」松葉口玲子監修 童心社 2024年3月【マンガ形式・マンガつき】

「お金の使い方で未来を変えよう! 3」松葉口玲子監修 童心社 2024年3月【マンガ形式・マンガつき】

「心理学の学校―ニュートン科学の学校シリーズ」横田正夫監修 ニュートンプレス 2024年6月

買い物＞ネットショッピング

「便利!危険?自分を守るネットリテラシー [3]」遠藤美季監修 金の星社 2024年1月【マンガ形式・マンガつき】

カウンセリング

「13歳からの自分の心を守る練習」谷本惠美著 PHP研究所 2024年5月

「ADHDの子どものためのマインドフルネス」シャロン・グランド著;タイア・モーリーイラスト;芦谷道子訳 創元社 2024年9月

社会・生活・暮らし

「マインドフル・セルフ・コンパッション：批判的な内なる声を克服する」カレン・ブルース著;岩壁茂監訳;浅田仁子訳 金剛出版 2024年11月

「まわせP循環！：マンガで学ぶセルフ・カウンセリング」東豊著;見那ミノル画 遠見書房 2024年2月【マンガ形式・マンガつき】

「もやもやすっきり!10歳からのこころケア」横山恭子監修 くもん出版 2024年3月

「気もちのミカタ：エモーショナル・リテラシーが身につく35のワーク」八巻香織著;ナムーラミチヨイラスト 合同出版 2024年5月

「子どものためのセルフ・コンパッション：マインドフルネスで自分を思いやる81のワーク」ロレイン・ホッブス;エイミー・バレンティン著;小林亜希子監修;遠藤康子訳 創元社 2024年9月

「大人に言えない小さな悩みが少しだけ軽くなる本 第1巻」田村節子監修 Gakken 2024年2月

「大人に言えない小さな悩みが少しだけ軽くなる本 第2巻」田村節子監修 Gakken 2024年2月

「大人に言えない小さな悩みが少しだけ軽くなる本 第3巻」田村節子監修 Gakken 2024年2月

数、数字

「SDGs用語大事典基本400語」古沢広祐監修 金の星社 2024年2月

「あしの多い虫図鑑 = Arthropods with many legs：あしが8本以上あるのはどんな虫たち?」小野展嗣著;鈴木知之写真 偕成社 2024年1月

「ウィリアム・モリス123」ウィリアム・モリスオリジナルデザイン;リズ・キャッチポールイラスト;井口紀子英語監修 東京書店(NEW世界一美しいファーストブック) 2024年11月【英語つき】

「カネオくんと学ぶなるほど!現代社会とお金のヒミツ：数字とクイズで楽しくわかる」NHK「有吉のお金発見突撃!カネオくん」制作班編 翔泳社 2024年10月

「ゼロからわかる!みるみる数字に強くなるマンガ」Team.StoryG著;オヨンア訳 マガジンハウス 2024年8月【マンガ形式・マンガつき】

「だれかに教えたくなる!感動する数学：おどろきの定理、数式、図形……数学にハマる60のはなし―中・高生からの超絵解本」小山信也監修 ニュートンプレス 2024年8月

「どろどろ～んオバケーヌのうらない」小泉マーリ著 西東社 2024年10月

「ニッポンの数字：「危機」と「希望」を考える」眞淳平著 筑摩書房(ちくまプリマー新書) 2024年2月

「はじめてのかず」わらべきみか作・絵 ポプラ社 2024年6月【英語つき】

「はってはがせるシールでおけいこ：すいぞくかんへいこう!：知育」小櫻悠太絵 エムピージェー 2024年10月

「びっくり算数―教科別びっくり!オモシロ雑学；2」算数オモシロ雑学研究会編 岩崎書店 2024年3月

社会・生活・暮らし

「ようこそ、数学クラブへ : 暗記もテストもない、もっと自由な「数」と「形」の世界」キムミニョン著;
須見春奈訳 晶文社 2024年1月

「るるぶマンガとクイズで楽しく学ぶ!数の世界 : 算数センスが身につくパズル付き」松野陽一郎
監修 JTBパブリッシング 2024年3月【マンガ形式・マンガつき】

「見つける算数」大野寛武著;フジイカクホ立体制作 東京書籍 2024年8月

「見つける数学」大野寛武著;北村みなみキャラクターイラスト 東京書籍 2024年8月

「最強に面白い数学 数と数式編—ニュートン超図解新書」木村俊一監修 ニュートンプレス
2024年8月【マンガ形式・マンガつき】

「数字に強くなる知育シールブック」ダニエル・ネイヤーイーほか著 文響社 2024年3月

「数字に強くなる知育シールブックきょうりゅう」イン・チェン著 文響社 2024年

「数字に強くなる知育シールブックむし」ダニエル・ネイヤーイーほか著 文響社 2024年9月

「数字のトリックを見ぬけはじめてのデータリテラシー 1」前田健太監修 汐文社 2024年11月

「数字のトリックを見ぬけはじめてのデータリテラシー 2」前田健太監修 汐文社 2024年12月

「大人も子どもも知らない不都合な数字 : 13歳からの社会問題入門」チャリツモ著 フォレスト出
版 2024年3月

数、数字＞完全数

「数学の研究をはじめよう 9」飯高茂著 現代数学社 2024年10月

数、数字＞虚数

「最強に面白い虚数—ニュートン超図解新書」和田純夫監修 ニュートンプレス 2024年1月

数、数字＞小数

「ゼロからわかる!みるみる数字に強くなるマンガ」Team.StoryG著;オヨンア訳 マガジンハウス
2024年8月【マンガ形式・マンガつき】

数、数字＞素数

「最強に面白い数学 数と数式編—ニュートン超図解新書」木村俊一監修 ニュートンプレス
2024年8月【マンガ形式・マンガつき】

「図解はじめて学ぶ数学のせかい」サラ・ハル;トム・マンブレイ文;ポール・ボストンイラスト;浜崎
絵梨訳;植野義明監修 晶文社 2024年1月

数、数字＞対数

「最強に面白い対数—ニュートン超図解新書」今野紀雄監修 ニュートンプレス 2024年2月

社会・生活・暮らし

数、数字＞複素数

「最強に面白い虚数―ニュートン超図解新書」和田純夫監修 ニュートンプレス 2024年1月

数え方

「ウィリアム・モリス123」ウィリアム・モリスオリジナルデザイン;リズ・キャッチポールイラスト;井口紀子英語監修 東京書店(NEW世界一美しいファーストブック) 2024年11月【英語つき】

家族、家庭

「NPOあいんしゅたいん理科実験シリーズ 1」小伊藤麦;くさばよしみ著;知的人材ネットワーク・あいんしゅたいん監修 ゆまに書房 2024年11月

「いまは、ここがぼくたちの家：ウクライナから戦争を逃れてきた子ども」バルバラ・ガヴリルク文;マチェイ・シマノヴィチ絵;田村和子訳 彩流社 2024年12月【物語形式(ノンフィクション)】

「おうちでカンタン!おもしろ実験ブック化学反応」寺本貴啓監修 秀和システム 2024年11月

「おとうとのねじまきパン：ずっとむかし、満州という国であったこと」高橋うらら著 合同出版 2024年4月【物語形式(ノンフィクション)】

「そうさくのたね：子どもと大人の〈工作×アート〉アイデアブック」金沢21世紀美術館編著 グラフィック社 2024年11月

「なのはな学級はみんなの教室：自閉症の娘と家族の夢のような6年間」まさきっち文・絵 石田製本 2024年4月【物語形式(ノンフィクション)】

「ねえねえ、なに見てる?」ビクター・ベルモント絵と文;金原瑞人訳 河出書房新社 2024年5月

「ビジュアルクジラ&イルカ大図鑑」エリック・ホイト著;田島木綿子日本語版監修;片神貴子訳 日経ナショナルジオグラフィック 日経BPマーケティング 2024年2月

「びっくり発見!おうちのなかのサイエンス：NOLTYキッズワークブック」川村康文;小林尚美監修 日本能率協会マネジメントセンター(Nolty kids) 2024年8月

「マンガでわかる10代のための人間関係の「ピンチ!」自分で解決マニュアル」山田洋一著;明野みるマンガ 小学館 2024年4月【マンガ形式・マンガつき】

「マンガとクイズで楽しく学べるすごい理科」辻義夫著 高橋書店 2024年5月【マンガ形式・マンガつき】

「マンガと動画で楽しむオールカラー科学のはなし：生きもの、ものの性質、光、力、AI……：自分で考え、探求する力が身につく!―ナツメ社やる気ぐんぐんシリーズ」レイユール監修 ナツメ社 2024年6月【マンガ形式・マンガつき】

「今日から楽しい科学実験図鑑」川村康文著 SBクリエイティブ 2024年7月

「死ぬのは、こわい?―よりみちパン!セ；YP11」徳永進著 新曜社 2024年1月

「自分でできる!心と体のメンテナンス：もやもやしたら、どうする? 1」荒川雅子監修;WILLこども知育研究所編著 岩崎書店 2024年11月

社会・生活・暮らし

「人間関係ってどういう関係?」平尾昌宏著 筑摩書房(ちくまプリマー新書) 2024年1月

「大人に言えない小さな悩みが少しだけ軽くなる本 第2巻」田村節子監修 Gakken 2024年2月

「迷いのない人生なんて:名もなき人の歩んだ道」共同通信社編 岩波書店(岩波ジュニア新書) 2024年5月

家族、家庭＞親子

「13歳からの自分の心を守る練習」谷本惠美著 PHP研究所 2024年5月

「3歳から親子でできる!おうち実験&あそび」いわママ著 ワニブックス 2024年7月

「FPママの親と子で学ぶお金のABC:13歳からのマネーレッスンの本!」山内真由美著 河出書房新社 2024年4月

「オランウータン:森のさとりびと」前川貴行写真・文 新日本出版社 2024年6月

「きみがだいすき1・2・3:脳が喜ぶ親子の指さしコミュニケーション:英語・日本語3語文」あいばしづか文・絵 文芸社 2024年5月【英語つき】

「ジブリの食卓魔女の宅急便―子どもりょうり絵本」スタジオジブリ監修;主婦の友社編 主婦の友社 2024年4月

「ふしぎな光のしずく:けんたとの約束」木村真紀;田村弘美著 金港堂出版部 2024年3月【物語形式(フィクション)】

「昆虫ハンター・牧田習と親子で見つけるにほんの昆虫たち」牧田習著 日東書院本社 2024年7月

「子ども起業家スクール:親子で学ぶ起業の本」柴崎方惠著 平成出版G 星雲社 2024年1月【指導者用解説つき】

「信州版森の子クマの子」中下留美子;瀧井暁子;橋本操;濵口あかり作・文;柏木牧子絵 信州ツキノワグマ研究会 2024年5月

「信州版森の子クマの子」中下留美子;瀧井暁子;橋本操;濵口あかり作・文;柏木牧子絵 信州ツキノワグマ研究会 2024年6月

「親子で学ぼう!お金のえほん」鈴木アツコ文・絵;たけやきみこ監修 チャイルド本社 2024年7月

「親子で読もう「実語教」」齋藤孝著 致知出版社 2024年6月

「能力で人を分けなくなる日:いのちと価値のあいだ―あいだで考える」最首悟著 創元社 2024年4月

「脳がぐんぐん育つ!おりがみ:うまくできなくても大丈夫!親子で楽しむ―脳がぐんぐん育つシリーズ」小林一夫著;奥山力監修 ポプラ社 2024年4月

家族、家庭＞親子＞親孝行

「孝道作文選集 第2集」孝道文化財団編 創藝社 2024年2月【中国語つき】

社会・生活・暮らし

家族、家庭＞きょうだい

「自分らしく、あなたらしく：きょうだい児からのメッセージ」高橋うらら著 さ・え・ら書房 2024年9月

家族、家庭＞祖父母

「ボクのおじいちゃん」ほしきいわく著 小学館スクウェア 2024年1月【物語形式（ノンフィクション）】

家族、家庭＞毒親

「13歳からの自分の心を守る練習」谷本惠美著 PHP研究所 2024年5月

家族、家庭＞母親

「ぞうちんとぱんつのくに：おとこのことおかあさんのための「性」のえほん」ゆままま作画・構成；石嶺みき原作・監修 KADOKAWA 2024年4月

家族、家庭＞ひとり親家庭

「おてらおやつクラブ物語：子どもの貧困のない社会をめざして」井出留美著 旬報社 2024年10月

家族、家庭＞夫婦

「はたらく中華料理店」吉田亮人写真；矢萩多聞文 創元社（写真絵本はたらく）2024年9月

「鳥居きみ子：家族とフィールドワークを進めた人類学者」竹内紘子著 くもん出版 2024年2月【物語形式（ノンフィクション）】

家庭経済

「お金の使い方で未来を変えよう! 1」松葉口玲子監修 童心社 2024年3月【マンガ形式・マンガつき】

「お金の使い方で未来を変えよう! 2」松葉口玲子監修 童心社 2024年3月【マンガ形式・マンガつき】

「お金の使い方で未来を変えよう! 3」松葉口玲子監修 童心社 2024年3月【マンガ形式・マンガつき】

「お金の使い方で未来を変えよう! 4」松葉口玲子監修 童心社 2024年3月【マンガ形式・マンガつき】

「お金の使い方で未来を変えよう! 5」松葉口玲子監修 童心社 2024年3月【マンガ形式・マンガつき】

「お金を大切にできる8つのミッション：noltyキッズワークブック—Nolty kids」八木陽子監修 日本能率協会マネジメントセンター 2024年3月

社会・生活・暮らし

「ちびまる子ちゃんのお金の使いかた―満点ゲットシリーズ. せいかつプラス」さくらももこキャラクター原作;沼田晶弘監修 集英社 2024年3月

「失敗を成功にかえるお金のつかい方―1日5分!タイプ別診断でわかる ; 3」八木陽子監修 ;MICANOイラスト ポプラ社 2024年11月

「入門高校生のための金融リテラシー図鑑」泉美智子監修 学事出版 2024年2月

「名探偵コナンの小学生のうちに知っておきたいお金と世の中103」青山剛昌原作;大河内薫監修 小学館 2024年2月【マンガ形式・マンガつき】

危機管理

「こどもリスクマネジメント : なぜリスクマネジメントが大切なのかがわかる本」小林宏之監修;バウンド著 カンゼン 2024年11月

起業、独立

「いますぐ知りたい会社づくりのしくみ : 子どもにもなれる社長」澤田聖士;大町侑平監修;さいとうかおりイラスト マイクロマガジン社 2024年11月

「チャレンジャーBASE」小林日路光文;山里璃沙絵 三恵社 2024年8月

「会社をつくろう : お金と経済のしくみがよくわかる本 1」あんびるえつこ;福島美邦子監修 岩崎書店 2024年2月【マンガ形式・マンガつき】

「会社をつくろう : お金と経済のしくみがよくわかる本 2」あんびるえつこ;福島美邦子監修 岩崎書店 2024年3月【マンガ形式・マンガつき】

「会社をつくろう : お金と経済のしくみがよくわかる本 3」あんびるえつこ;福島美邦子監修 岩崎書店 2024年3月【マンガ形式・マンガつき】

「子ども起業家スクール : 親子で学ぶ起業の本」柴崎方惠著 平成出版G 星雲社 2024年1月【指導者用解説つき】

「料理人という仕事」稲田俊輔著 筑摩書房(ちくまプリマー新書) 2024年7月

起業、独立＞スタートアップ

「ねこ店長の経営学 : ゲームで学ぼう!」嶋崎万太郎著;鵜飼宏成監修 双申 2024年8月【マンガ形式・マンガつき】

儀式

「ハマりスイッチで勉強が好きになる」篠原菊紀著 高橋書店 2024年10月

紀年法＞元号、年号

「標準日本史年表」児玉幸多編 吉川弘文館 2024年4月

社会・生活・暮らし

休日、休暇

「きみにむいてる時間のつかい方―1日5分!タイプ別診断でわかる;2」吉武麻子監修 ;WOODYイラスト ポプラ社 2024年10月

教育、学習、学校生活＞アクティブラーニング

「音読で育てる読解力：国語のアクティブラーニング 小学2年～4年対応3」小田原漂情著 言問学舎 2024年5月

「中学生からの絵本のトリセツ」川口かおる著 岩波書店 2024年6月

教育、学習、学校生活＞アクティブラーニング＞自由研究

「おうちでカンタン!おもしろ実験ブック化学反応」寺本貴啓監修 秀和システム 2024年11月

「できる!自由研究 小学1・2年生」ガリレオ工房編著 永岡書店 2024年6月

「できる!自由研究 小学3・4年生」ガリレオ工房編著 永岡書店 2024年6月

「できる!自由研究 小学5・6年生」ガリレオ工房編著 永岡書店 2024年6月

「学研の中学生の理科自由研究 お手軽編」尾嶋好美監修 Gakken 2024年6月

「学研の中学生の理科自由研究 差がつく編」尾嶋好美監修 Gakken 2024年6月

「自分だけの「フシギ」を見つけよう!：NHKカガクノミカタ」NHK「カガクノミカタ」制作班編;ヨシタケシンスケ絵 NHK出版 2024年3月

「森の演出家ツッチーの自然あそびハンドブック」土屋一昭著 スタジオタッククリエイティブ 2024年8月

「知れば楽しいクモの世界：網のひみつと忍者のような能力!?―ちしきのもり」馬場友希著 少年写真新聞社 2024年12月

教育、学習、学校生活＞アクティブラーニング＞調べ学習

「おうちでカンタン!おもしろ実験ブック化学反応」寺本貴啓監修 秀和システム 2024年11月

「カエル君と学ぶ!著作権」三坂和也;井髙将斗著 秀和システム 2024年12月

「ズーミング!動物園：疑問を拡大していけば仕組みが見えてくる!」小宮輝之監修 秀和システム 2024年8月

「ズーミング!旅客機：疑問を拡大していけば仕組みが見えてくる!」チャーリィ古庄著 秀和システム 2024年1月

「ずかんハチのおしごと：★見ながら学習調べてなっとく」井手竜也著 技術評論社 2024年8月

「ずかん古生物のりれきしょ：★見ながら学習調べてなっとく」土屋健著;土屋香絵;芝原暁彦監修 技術評論社 2024年8月

社会・生活・暮らし

「みんなが知りたい!気象のしくみ：身近な天気から世界の異常気象まで―まなぶっく」菅井貴子著 メイツユニバーサルコンテンツ 2024年4月

「ロボットのずかん [1]」本田幸夫監修 金の星社 2024年2月

「ロボットのずかん [2]」本田幸夫監修 金の星社 2024年3月

「ロボットのずかん [3]」本田幸夫監修 金の星社 2024年3月

「音のサイエンス―学習まんがドラえもんふしぎのサイエンス」藤子・F・不二雄キャラクター原作;ひじおか誠まんが;戸井武司監修 小学館 2024年1月

「森の演出家ツッチーの自然あそびハンドブック」土屋一昭著 スタジオタッククリエイティブ 2024年8月

「中高生のための「探究学習」入門：テーマ探しから評価まで」中田亨著 光文社（光文社新書）2024年4月

「調べて伝えるわたしたちのまち 1」梅澤真一監修 あかね書房 2024年1月【マンガ形式・マンガつき】

「調べて伝えるわたしたちのまち 2」梅澤真一監修 あかね書房 2024年1月【マンガ形式・マンガつき】

「調べて伝えるわたしたちのまち 3」梅澤真一監修 あかね書房 2024年1月【マンガ形式・マンガつき】

「調べて伝えるわたしたちのまち 4」梅澤真一監修 あかね書房 2024年1月【マンガ形式・マンガつき】

「調べる学習子ども年鑑 2024」朝日小学生新聞監修 岩崎書店 2024年3月

「調べ学習に役立つ地球と平和を守る国際条約 1」遠藤研一郎監修 汐文社 2024年3月

「調べ学習に役立つ地球と平和を守る国際条約 2」遠藤研一郎監修 汐文社 2024年2月

「調べ学習に役立つ地球と平和を守る国際条約 3」遠藤研一郎監修 汐文社 2024年3月

教育、学習、学校生活＞お楽しみ会

「遊びのアイデア学級レク 2」汐文社 2024年2月

「遊びのアイデア学級レク 3」汐文社 2024年3月

教育、学習、学校生活＞学級通信

「石高での3年間は永遠に私たちの宝物です!：ある県立高校の『学年通信』：36ヵ月のドラマ・青春の輝跡」山上修 22世紀アート 2024年11月

教育、学習、学校生活＞学習指導要領

「こども学習指導要領」石井英真監修;こども学習指導要領編集委員会編 日本標準 2024年3月

社会・生活・暮らし

「世界の歴史 10―集英社版学習まんが」集英社 2024年10月【マンガ形式・マンガつき】

「世界の歴史 11―集英社版学習まんが」集英社 2024年10月【マンガ形式・マンガつき】

「世界の歴史 1―集英社版学習まんが」集英社 2024年10月【マンガ形式・マンガつき】

「世界の歴史 12―集英社版学習まんが」集英社 2024年10月【マンガ形式・マンガつき】

「世界の歴史 13―集英社版学習まんが」集英社 2024年10月【マンガ形式・マンガつき】

「世界の歴史 14―集英社版学習まんが」集英社 2024年10月【マンガ形式・マンガつき】

「世界の歴史 15―集英社版学習まんが」集英社 2024年10月【マンガ形式・マンガつき】

「世界の歴史 16―集英社版学習まんが」集英社 2024年10月【マンガ形式・マンガつき】

「世界の歴史 17―集英社版学習まんが」集英社 2024年10月【マンガ形式・マンガつき】

「世界の歴史 18―集英社版学習まんが」集英社 2024年10月【マンガ形式・マンガつき】

「世界の歴史 2―集英社版学習まんが」集英社 2024年10月【マンガ形式・マンガつき】

「世界の歴史 3―集英社版学習まんが」集英社 2024年10月【マンガ形式・マンガつき】

「世界の歴史 4―集英社版学習まんが」集英社 2024年10月【マンガ形式・マンガつき】

「世界の歴史 5―集英社版学習まんが」集英社 2024年10月【マンガ形式・マンガつき】

「世界の歴史 6―集英社版学習まんが」集英社 2024年10月【マンガ形式・マンガつき】

「世界の歴史 7―集英社版学習まんが」集英社 2024年10月【マンガ形式・マンガつき】

「世界の歴史 8―集英社版学習まんが」集英社 2024年10月【マンガ形式・マンガつき】

「世界の歴史 9―集英社版学習まんが」集英社 2024年10月【マンガ形式・マンガつき】

「北海道とアイヌ民族の歴史―講談社学習まんが」桑原真人;川上淳監修;神宮寺一漫画 講談社 2024年9月【マンガ形式・マンガつき】

教育、学習、学校生活＞学級委員

「これでだいじょうぶ!はじめてリーダーになるきみへ 1」鹿嶋真弓監修;渋谷唯子文;よこてさとめマンガ・イラスト 汐文社 2024年11月【マンガ形式・マンガつき】

教育、学習、学校生活＞家庭教育

「FPママの親と子で学ぶお金のABC : 13歳からのマネーレッスンの本!」山内真由美著 河出書房新社 2024年4月

「家庭でできる!読み書きサポートブック 小学校中高学年〈3〜6年生〉」小池敏英監修;成田まい;松尾麻衣著;すぎやまかずみまんが 日本標準 2024年12月【マンガ形式・マンガつき】

「家庭でできる!読み書きサポートブック 小学校低学年〈1・2年生〉」小池敏英監修;成田まい;松尾麻衣著;すぎやまかずみまんが 日本標準 2024年12月【マンガ形式・マンガつき】

社会・生活・暮らし

教育、学習、学校生活＞キャリア教育

「キャリア教育に活きる!仕事ファイル：センパイに聞く 43」小峰書店編集部編著 小峰書店
2024年4月

「キャリア教育に活きる!仕事ファイル：センパイに聞く 44」小峰書店編集部編著 小峰書店
2024年4月

「キャリア教育に活きる!仕事ファイル：センパイに聞く 45」小峰書店編集部編著 小峰書店
2024年4月

「キャリア教育に活きる!仕事ファイル：センパイに聞く 46」小峰書店編集部編著 小峰書店
2024年4月

「キャリア教育に活きる!仕事ファイル：センパイに聞く 47」小峰書店編集部編著 小峰書店
2024年4月

「キャリア教育支援ガイドお仕事ナビ 28」お仕事ナビ編集室著 理論社 2024年2月

「キャリア教育支援ガイドお仕事ナビ 29」お仕事ナビ編集室著 理論社 2024年10月

「キャリア教育支援ガイドお仕事ナビ 30」お仕事ナビ編集室著 理論社 2024年12月

「ジブン未来図鑑：職場体験完全ガイド+ 11」ポプラ社 2024年4月

「ジブン未来図鑑：職場体験完全ガイド+ 12」ポプラ社 2024年4月

「ジブン未来図鑑：職場体験完全ガイド+ 13」ポプラ社 2024年4月

「ジブン未来図鑑：職場体験完全ガイド+ 14」ポプラ社 2024年4月

「ジブン未来図鑑：職場体験完全ガイド+ 15」ポプラ社 2024年4月

教育、学習、学校生活＞給食

「ごくごくぎゅうにゅうげんきなからだ」ささきみお絵;五関正江監修 少年写真新聞社(たべるっ
てたのしい!) 2024年10月

「ザ・給食：学校給食のすべてがわかる!」赤松利恵監修 岩崎書店(調べる学習百科) 2024年
11月

「そらくんのすてきな給食―えほんのもり」竹内早希子作;木村いこ絵 文研出版 2024年6月

「食物アレルギーのおんなのこのおはなし」くりたようこ絵と文 三恵社 2024年9月【物語形式
(フィクション)】

「数字のトリックを見ぬけはじめてのデータリテラシー 1」前田健太監修 汐文社 2024年11月

「風になった優ちゃんと学校給食」馬場錬成著 評論社 2024年6月【物語形式(フィクション)】

社会・生活・暮らし

教育、学習、学校生活＞教育、学習、学校生活一般

「10代からのサステナブル：持続可能な社会をめざして：輝く心と学ぶ喜びを」野田将晴著 高木書房 2024年9月

「あした話したくなるおもしろすぎる学校のひみつ」山口正監修;朝日新聞出版編著 朝日新聞出版 2024年3月

「あなたが学校でしあわせに生きるために：子どもの権利と法律手帳」平尾潔著 子どもの未来社 2024年11月

「キャラで決まる?学校の人間関係：マンガでわかる!―小学生が身につけたい!考えるチカラ」木村翔太監修 ベネッセコーポレーション 2024年3月【マンガ形式・マンガつき】

「ココロちゃんの記録：白ひげ先生の幸せカルテ―子どもの未来応援プロジェクト」原田みれいゆ作;日比享光絵;小柳憲司監修 三恵社 2024年5月【物語形式(フィクション)】

「こども学習指導要領」石井英真監修;こども学習指導要領編集委員会編 日本標準 2024年3月

「ゼロからの著作権：学校・社会・SNSの情報ルール」宮武久佳著 岩波書店(岩波ジュニア新書) 2024年9月

「どうして黒くないのに黒板なの?―ちしきのもり」加藤昌男著 少年写真新聞社 2024年8月

「なぞなぞMAXチャレンジ!4008問：頭の回転無限大」嵩瀬ひろし著 新星出版社 2024年7月

「なのはな学級はみんなの教室：自閉症の娘と家族の夢のような6年間」まさきっち文・絵 石田製本 2024年4月【物語形式(ノンフィクション)】

「ニコラ学園楽しい学校生活ヒントブック」「ニコラ」編集部監修 Gakken 2024年9月

「ヒーロー&ヒロインが5分でわかる!マンガ人物大百科 4」荒俣宏監修 日本図書センター 2024年4月【マンガ形式・マンガつき】

「ロボット大図鑑：どんなときにたすけてくれるかな? 1」佐藤知正監修 ポプラ社 2024年4月

「学校に染まるな!：バカとルールの無限増殖」おおたとしまさ著 筑摩書房(ちくまプリマー新書) 2024年1月

「教育漫才のススメ：君の学校、笑いで変えない? 3」田畑栄一監修 フレーベル館 2024年2月【指導者用解説つき】

「高校進学でつまずいたら：「高1クライシス」をのりこえる」飯村周平著 筑摩書房(ちくまプリマー新書) 2024年3月

「高校生活の強化書」西岡壱誠;萩原俊和著 東京書籍 2024年4月

「国際学科高校：中学生のキミと学校調べ―なるにはBOOKS. 高校調べ」木村由香里著 ぺりかん社 2024年4月

「最高の友達を作るための人間関係を学ぶ本：友達作りに悩んでいる小学生の必読本!」すわべしんいち著 repicbook 2024年7月【マンガ形式・マンガつき】

社会・生活・暮らし

「子どもカウンセリングいじめ：いじめられちゃった いじめちゃった いじめを見ちゃった自分を助ける方法」寺戸武志著 少年写真新聞社 2024年7月【マンガ形式・マンガつき】

「小学校の生活ずかん」はまのゆか絵 Gakken 2024年4月

「小学生になったら図鑑：入学準備から小学校生活までずっと役立つ366」長谷川康男監修 ポプラ社 2024年11月【指導者用解説つき】

「親子で読もう「実語教」」齋藤孝著 致知出版社 2024年6月

「石高での3年間は永遠に私たちの宝物です！：ある県立高校の『学年通信』：36ヵ月のドラマ・青春の輝跡」山上修 22世紀アート 2024年11月

「津田梅子のことばと人生―心を強くする！ビジュアル伝記；10」高橋裕子監修 ポプラ社 2024年12月【物語形式（ノンフィクション）】

「理数科高校：中学生のキミと学校調べ―なるにはBOOKS. 高校調べ」漆原次郎著 ぺりかん社 2024年1月

教育、学習、学校生活＞教科、科目

「13歳からの「身になる読書術」：探し方・読み方がわかる本：今こそ読みたい&教科にも役立つ240冊―ジュニアコツがわかる本」大居雄一著 メイツユニバーサルコンテンツ 2024年12月

「頭の良くなるクイズ100：中高生から大人まで：一日一問。ムリせずコツコツたのしめる毎日のクイズ 001」加藤才明著 GTO 2024年8月

「頭の良くなるクイズ100：中高生から大人まで：一日一問。ムリせずコツコツたのしめる毎日のクイズ 002」加藤才明著 GTO 2024年10月

「読んだら勉強したくなる東大生の学び方」西岡壱誠著 笠間書院 2024年11月

教育、学習、学校生活＞教科書

「教科書に出てくる生きものになったら：発見！体験！ 1」小宮輝之監修 Gakken 2024年2月

「教科書に出てくる生きものになったら：発見！体験！ 2」小宮輝之監修 Gakken 2024年2月

「教科書に出てくる生きものになったら：発見！体験！ 3」小宮輝之監修 Gakken 2024年2月

「教科書に出てくる生きものになったら：発見！体験！ 4」小宮輝之監修 Gakken 2024年2月

教育、学習、学校生活＞教科書＞実語教

「親子で読もう「実語教」」齋藤孝著 致知出版社 2024年6月

教育、学習、学校生活＞クラブ活動

「とびたて！みんなのドラゴン：難病ALSの先生と日明小合唱部の冒険」オザワ部長著 岩崎書店 2024年9月【物語形式（ノンフィクション）】

社会・生活・暮らし

教育、学習、学校生活＞校則

「あなたが学校でしあわせに生きるために：子どもの権利と法律手帳」平尾潔著 子どもの未来社 2024年11月

教育、学習、学校生活＞校則＞ブラック校則

「わたしはわたし。あなたじゃない。：10代の心を守る境界線「バウンダリー」の引き方」鴻巣麻里香著 リトルモア 2024年9月

教育、学習、学校生活＞作文

「孝道作文選集　第2集」孝道文化財団編 創藝社 2024年2月【中国語つき】

「授業でつかえるうごくおもちゃの作り方 1」岩穴口康次監修・制作 汐文社 2024年1月

「授業でつかえるうごくおもちゃの作り方 2」岩穴口康次監修・制作 汐文社 2024年2月

「授業でつかえるうごくおもちゃの作り方 3」岩穴口康次監修・制作 汐文社 2024年2月

教育、学習、学校生活＞授業

「高校進学でつまずいたら：「高1クライシス」をのりこえる」飯村周平著 筑摩書房（ちくまプリマー新書）2024年3月

「授業でつかえる!おもちゃを作ってせつめいしよう 1」ささぼう監修 文研出版 2024年9月

「授業でつかえる!おもちゃを作ってせつめいしよう 2」ささぼう監修 文研出版 2024年10月

「授業でつかえる!おもちゃを作ってせつめいしよう 3」ささぼう監修 文研出版 2024年11月

「授業でつかえるうごくおもちゃの作り方 1」岩穴口康次監修・制作 汐文社 2024年1月

「授業でつかえるうごくおもちゃの作り方 2」岩穴口康次監修・制作 汐文社 2024年2月

「授業でつかえるうごくおもちゃの作り方 3」岩穴口康次監修・制作 汐文社 2024年2月

教育、学習、学校生活＞宿題

「天才デイビッドの大実験!：ぼくたちが宿題をサボる理由：10歳からの行動経済学」ダン・アリエリー著;オマー・ホフマン絵;金原瑞人訳 静山社 2024年9月

教育、学習、学校生活＞進路、進学

「「好き!」の先にある未来：わたしたちの理系進路選択」加藤美砂子編著 岩波書店（岩波ジュニアスタートブックス）2024年2月

「高校生と考える人生の進路相談―桐光学園大学訪問授業」桐光学園中学校;桐光学園高等学校編;AKIINOMATAほか述 左右社 2024年4月

「高校生に知ってほしい心理学：どう役立つ?どう活かせる?」宮本聡介;伊藤拓編著 学文社 2024年8月

社会・生活・暮らし

「石高での3年間は永遠に私たちの宝物です！：ある県立高校の『学年通信』：36ヵ月のドラマ・青春の輝跡」山上修 22世紀アート 2024年11月

「体育科高校：中学生のキミと学校調べ」山下久猛著 ぺりかん社(なるにはBOOKS. 高校調べ) 2024年10月

「大人に言えない小さな悩みが少しだけ軽くなる本 第1巻」田村節子監修 Gakken 2024年2月

「夢も金もない高校生が知ると得する進路ガイド」石渡嶺司著 星海社 講談社(星海社新書) 2024年7月

教育、学習、学校生活＞性教育

「10歳までに知っておきたい子どもを一生守る「からだ・こころ・権利」の話：自分とまわりの人を大切にできる力を育てます」やまがたてるえ;渡邉安衣子著 青春出版社 2024年7月

「12歳までに知っておきたい男の子のためのおうちでできる性教育」高橋幸子著 日本文芸社 2024年3月【マンガ形式・マンガつき】

「13歳までに伝えたい女の子の心と体のこと：マンガでよくわかる！」やまがたてるえ著;藤井昌子マンガ かんき出版 2024年9月【マンガ形式・マンガつき】

「ぞうちんとぱんつのくに：おとこのことおかあさんのための「性」のえほん」ゆままま作画・構成;石嶺みき原作・監修 KADOKAWA 2024年4月

「学校では教えてくれない性の話：みんなでひらく包括的性教育のとびら」樋上典子著 皓星社 2024年7月

「性のモヤモヤをひっくり返す！：ジェンダー・権利・性的同意26のワーク」ちゃぶ台返し女子アクション著;染矢明日香監修 合同出版 2024年3月

「中高生のための新しい性教育ワークブック からだの発達と生殖編」高橋幸子監修・編著 学事出版 2024年7月

「中高生のための新しい性教育ワークブック 性の多様性と人間関係編」高橋幸子;丸井淑美監修;水野哲夫編著 学事出版 2024年7月

教育、学習、学校生活＞成績

「アカデミックマインド育成講座：10代から身につけたい探究型思考力」西岡壱誠監修;東大カルペ・ディエム著 東京書籍 2024年9月

「一生の武器になる勉強法：やる気ゼロからでも成績が必ずアップする」葉一著 KADOKAWA 2024年8月

「成績上位1%が実践している勉強法」ラオ先生著 イースト・プレス 2024年7月

教育、学習、学校生活＞登下校

「どっちを選ぶ？クイズで学ぶ！こども防犯サバイバル 1」国崎信江監修 日本図書センター 2024年1月

社会・生活・暮らし

「小学校の生活ずかん」はまのゆか絵 Gakken 2024年4月

教育、学習、学校生活＞読書感想文

「必ず書けるあなうめ読書感想文」青木伸生監修;粟生こずえ文 Gakken 2024年6月

教育、学習、学校生活＞特別支援教育

「ADHDといっしょに!：自分の強みがわかって自信がつく60の楽しいワーク」ケリー・ミラー著;池田真弥子訳;日戸由刈監修 東洋館出版社(TOYOKAN BOOKS) 2024年7月

「くらしに役立つ国語 = Japanese Language for Daily Life」明官茂監修 東洋館出版社 2024年3月

「くらしに役立つ社会 = Social Studies for Daily Life」明官茂監修 東洋館出版社 2024年3月

「くらしに役立つ数学 = Mathematics for Daily Life」明官茂監修 東洋館出版社 2024年3月

「くらしに役立つ理科 = Science for Daily Life」明官茂監修 東洋館出版社 2024年3月

「家庭でできる!読み書きサポートブック 小学校中高学年〈3～6年生〉」小池敏英監修;成田まい;松尾麻衣著;すぎやまかずみまんが 日本標準 2024年12月【マンガ形式・マンガつき】

「家庭でできる!読み書きサポートブック 小学校低学年〈1・2年生〉」小池敏英監修;成田まい;松尾麻衣著;すぎやまかずみまんが 日本標準 2024年12月【マンガ形式・マンガつき】

「自分でできるコグトレ：学校では教えてくれない困っている子どもを支える認知ソーシャルトレーニング 4」明石書店 2024年10月

「自分でできるコグトレ：学校では教えてくれない困っている子どもを支える認知作業トレーニング 6」明石書店 2024年3月

教育、学習、学校生活＞習い事

「小学生のための「茶道」「華道」：日本伝統文化のおけいこ：はじめかたから楽しみかたまで —まなぶっく」「小学生"和"のおけいこ」編集室著 メイツユニバーサルコンテンツ 2024年5月

教育、学習、学校生活＞部活

「高校球児が孝行球児になる日：悩んだり迷ったりしながら高校野球を続けていませんか?：球児へ贈るこころのメッセージ」年中夢球著 日本写真企画 2024年2月

「高校進学でつまずいたら：「高1クライシス」をのりこえる」飯村周平著 筑摩書房(ちくまプリマー新書) 2024年3月

「高校生活の強化書」西岡壱誠;萩原俊和著 東京書籍 2024年4月

「待ってろ!甲子園：青鳥特別支援学校ベースボール部の挑戦」日比野恭三著 ポプラ社(ポプラ社ノンフィクション) 2024年6月

「大人に言えない小さな悩みが少しだけ軽くなる本 第1巻」田村節子監修 Gakken 2024年2月

社会・生活・暮らし

「部活でスキルアップ!写真部活躍のポイント―ジュニアコツがわかる本」吉田允彦監修 メイツ
ユニバーサルコンテンツ 2024年5月

「部活でスキルアップ!勝つテニス動画でわかる最強のコツ50―ジュニアコツがわかる本」矢崎
篤監修 メイツユニバーサルコンテンツ 2024年4月

教育、学習、学校生活＞部活＞写真部

「部活でスキルアップ!写真部活躍のポイント―ジュニアコツがわかる本」吉田允彦監修 メイツ
ユニバーサルコンテンツ 2024年5月

教育、学習、学校生活＞不登校

「10代に届けたい5つの″授業″」生田武志;山下耕平編著;松岡千紘ほか著 大月書店 2024年3
月

「あなたが学校でしあわせに生きるために：子どもの権利と法律手帳」平尾潔著 子どもの未来
社 2024年11月

「きみを守る「こども基本法」1」喜多明人監修 汐文社 2024年1月【マンガ形式・マンガつき】

「これだけで大丈夫!ずっと不登校でも1年で希望の高校に合格する方法」植木和実著 日本実
業出版社 2024年12月

教育、学習、学校生活＞勉強、勉強法

「12歳から始める心が折れない技術：着実にやりぬく めげずに立ち直る」堀田秀吾著 秀和シ
ステム 2024年5月

「No.1勉強・友情・恋がうまくいく!時間&手帳の使い方Lesson」吉武麻子監修 日本文芸社
2024年11月

「アカデミックマインド育成講座：10代から身につけたい探究型思考力」西岡壱誠監修;東大カ
ルペ・ディエム著 東京書籍 2024年9月

「いちばん星のおくりもの：夜間中学校の窓に輝く」サラン作;いろどりあつめ絵 石田製本 2024
年3月

「クレヨンしんちゃんの勉強がどんどん楽しくなる!―先生は教えてくれない!」臼井儀人キャラク
ター原作;高田ミレイまんが 双葉社 2024年12月【マンガ形式・マンガつき】

「こども学習指導要領」石井英真監修;こども学習指導要領編集委員会編 日本標準 2024年3
月

「これだけで大丈夫!ずっと不登校でも1年で希望の高校に合格する方法」植木和実著 日本実
業出版社 2024年12月

「すぐに役立つ一生モノの勉強法―学校では教えてくれない大切なこと；47」オオタヤスシマ
ンガ・イラスト 旺文社 2024年6月【マンガ形式・マンガつき】

社会・生活・暮らし

「すみっコぐらしがっこうだいすき」サンエックス株式会社キャラクター監修;榊原洋一監修 Gakken 2024年4月

「のうとからだにいいことえほん」成田奈緒子作;しごくん絵 PHP研究所 2024年2月【指導者用解説つき】

「ハマりスイッチで勉強が好きになる」篠原菊紀著 高橋書店 2024年10月

「マインクラフトで頭がよくなる学べるクイズ366日」陰山英男監修 西東社 2024年12月

「ヤバすぎる!偉人の勉強やり方図鑑」真山知幸著 大和書房 2024年4月【物語形式(ノンフィクション)】

「一生の武器になる勉強法:やる気ゼロからでも成績が必ずアップする」葉一著 KADOKAWA 2024年8月

「高校生と考える人生の進路相談—桐光学園大学訪問授業」桐光学園中学校;桐光学園高等学校編;AKIINOMATAほか述 左右社 2024年4月

「高校生活の強化書」西岡壱誠;萩原俊和著 東京書籍 2024年4月

「最強に面白い心理学—ニュートン超図解新書」外島裕監修 ニュートンプレス 2024年4月

「使える!予習と復習の勉強法:自主学習の心理学」篠ヶ谷圭太著 筑摩書房(ちくま新書) 2024年3月

「時間もお金も軽やかに!中学生のためのウルトラライト勉強法」横山北斗著 KTC中央出版 2024年7月

「書き込むだけで勉強が楽しくなる手帳&ノート術」いゆぴ著 KADOKAWA 2024年8月

「小5までに身につけないとヤバい!小学生のタイパUP勉強法」菊池洋匡著 実務教育出版 2024年2月

「心理学の学校—ニュートン科学の学校シリーズ」横田正夫監修 ニュートンプレス 2024年6月

「成績上位1%が実践している勉強法」ラオ先生著 イースト・プレス 2024年7月

「線と四角と表でわかるつるかめ算」横山明日希;滝澤幹;沼倫加著 日東書院本社 2024年11月

「大人に言えない小さな悩みが少しだけ軽くなる本 第1巻」田村節子監修 Gakken 2024年2月

「中学受験をするきみへ:決定版:勉強とメンタルの悩みを解決!」安浪京子著 大和書房 2024年4月

「中学数学で解く大学入試問題:数学的思考力が驚くほど身につく画期的学習法」杉山博宣著 講談社(ブルーバックス;B-2274) 2024年10月

「中学生「偏差値70超」の子の勉強法:カリスマ塾長が明かす"劇的に成績を伸ばす"ルール」齋藤明著 大和出版 2024年5月

「中高生のための「探究学習」入門:テーマ探しから評価まで」中田亨著 光文社(光文社新書) 2024年4月

社会・生活・暮らし

「東大にほぼ合格していない学校から東大を目指すときに読む本」UTFR著 日本能率協会マネジメントセンター 2024年10月

「東大卒女子の最強勉強計画術：学びの効率が一気に上がる：日常学習～大学受験まで」みおりん著 Gakken 2024年3月

「頭の良くなるクイズ100：中高生から大人まで：一日一問。ムリせずコツコツたのしめる毎日のクイズ 001」加藤才明著 GTO 2024年8月

「頭の良くなるクイズ100：中高生から大人まで：一日一問。ムリせずコツコツたのしめる毎日のクイズ 002」加藤才明著 GTO 2024年10月

「読んだら勉強したくなる東大生の学び方」西岡壱誠著 笠間書院 2024年11月

教育、学習、学校生活＞勉強、勉強法＞ノート術

「No.1勉強・友情・恋がうまくいく!時間&手帳の使い方Lesson」吉武麻子監修 日本文芸社 2024年11月

「もやもや、ごちゃごちゃがスッキリする手書きノート&メモ術―14歳の世渡り術」奥野宣之著 河出書房新社 2024年11月

「書き込むだけで勉強が楽しくなる手帳&ノート術」いゆび著 KADOKAWA 2024年8月

「神級にレベルアップする!推しかわイラストレッスン」denほか著 JTBパブリッシング 2024年12月

「文字・イラストBook：まいにちがもっと楽しくなる!：おしゃれノート術」はぴふるガール編集部編;双葉陽マンガ 池田書店(ハピかわ) 2024年2月

教育、学習、学校生活＞勉強、勉強法＞予習、復習

「使える!予習と復習の勉強法：自主学習の心理学」篠ヶ谷圭太著 筑摩書房(ちくま新書) 2024年3月

「大学の先生と学ぶはじめての公共：社会のあり方を共に考えよう」渡部竜也著 KADOKAWA 2024年9月

教育、学習、学校生活＞偏差値

「成績上位1%が実践している勉強法」ラオ先生著 イースト・プレス 2024年7月

「中学生「偏差値70超」の子の勉強法：カリスマ塾長が明かす"劇的に成績を伸ばす"ルール」齋藤明著 大和出版 2024年5月

教育、学習、学校生活＞放課後

「小学生になったらえほん」長谷川康男監修 ポプラ社 2024年1月

社会・生活・暮らし

教育、学習、学校生活＞学び直し

「一生の武器になる勉強法：やる気ゼロからでも成績が必ずアップする」葉一著
KADOKAWA 2024年8月

教育、学習、学校生活＞幼児教育

「ともだちのーと：リトミック・ソルフェージュ：答えと指導のポイント付 2-2」石丸由理編著 ドレミ
楽譜出版社 2024年2月【指導者用解説つき】

教育、学習、学校生活＞理系

「「好き!」の先にある未来：わたしたちの理系進路選択」加藤美砂子編著 岩波書店（岩波ジュ
ニアスタートブックス）2024年2月

「キッチンで頭がよくなる!理系脳が育つレシピ：小中学生向け」中村陽子著;辻義夫監修 飛鳥
新社 2024年7月

「ぐんぐん考える力を育むよみきかせうちゅうのお話20」国立天文台監修;山下美樹作 西東社
2024年7月

「天才!理科：Newton理系脳を育てる科学クイズドリル」縣秀彦監修 ニュートンプレス 2024年4
月【マンガ形式・マンガつき】

「理系の職場 10」こどもくらぶ編 同友館 2024年9月

「理系の職場 11」こどもくらぶ編 同友館 2024年10月

「理系の職場 12」こどもくらぶ編 同友館 2024年11月

「理系の職場 8」こどもくらぶ編 同友館 2024年1月

「理系の職場 9」こどもくらぶ編 同友館 2024年9月

教育、学習、学校生活＞レクリエーション

「遊びのアイデア学級レク 2」汐文社 2024年2月

「遊びのアイデア学級レク 3」汐文社 2024年3月

教育、学習、学校生活＞レポート、論文

「これから研究を始める高校生と指導教員のために：探究活動と課題研究の進め方・論文の書
き方・口頭とポスター発表の仕方」酒井聡樹著 共立出版 2024年2月

教訓、生き方、教え

「「ガチャ時代」のやりたいことの見つけ方："しっぱいを教える教室"の代表が高校生に伝えた
い」川村哲也著 教学社（赤本進路）2024年8月

社会・生活・暮らし

「「迷わない心」のつくり方」稲盛和夫文;羽賀翔一漫画;稲盛ライブラリー編 サンマーク出版
2024年11月

「10歳から知っておきたい「自分で決める力」の伸ばし方」鳥原隆志著;もなかイラスト 日本能率
協会マネジメントセンター 2024年9月

「10代のキミに贈る夢を叶える50の質問」飯山晄朗著 秀和システム 2024年12月

「10代のきみに読んでほしい人生の教科書:豊かに生きるための33のヒント」肘井学著
KADOKAWA 2024年3月

「13歳からのきみへ:スヌーピーの自分らしく生きることば」チャールズ・M.シュルツ原著;谷川
俊太郎訳;永井玲衣文 世界文化社 2024年5月【マンガ形式・マンガつき】

「14歳からの南無妙法蓮華経:生きる勇気が湧き出る本」小島弘之 日蓮宗新聞社 2024年9月

「19歳までに手に入れる7つの武器 = 7 Weapons to get by the age of 19」樺沢紫苑著 幻冬舎
2024年6月

「No.1勉強・友情・恋がうまくいく!時間&手帳の使い方Lesson」吉武麻子監修 日本文芸社
2024年11月

「あしたのボクへ。きょうのボクより。」くまみんえ・ぶん 文芸社 2024年8月【物語形式(フィクショ
ン)】

「お金の図鑑:お金の使い方×自分らしい人生の歩き方:夢、仕事、生き方が見つかる」あん
びるえつこ監修 新星出版社 2024年2月【マンガ形式・マンガつき】

「かみさまにあいされる子になろう―OR BOOKS」大川隆法原作;大川紫央絵本監修;『かみさま
にあいされる子になろう』作画プロジェクト編・絵 幸福の科学出版 2024年5月

「きみにむいてる時間のつかい方―1日5分!タイプ別診断でわかる;2」吉武麻子監修
;WOODYイラスト ポプラ社 2024年10月

「キミの心と頭を強くする!ドラえもんに学ぶ偉人のことば」藤子・F・不二雄原作;齋藤孝著 小学
館 2024年11月

「キャラで決まる?学校の人間関係:マンガでわかる!―小学生が身につけたい!考えるチカラ」
木村翔太監修 ベネッセコーポレーション 2024年3月【マンガ形式・マンガつき】

「こころのラリー:卓球メダリストのメンタルに学ぶたくましく生きる22のヒント―一生役立つこども
メンタル本」水谷隼;石川佳純著 小学館クリエイティブ 小学館 2024年5月

「こどものための神のものがたり」大頭眞一文;森住ゆき和紙ちぎり絵 ミッションからしだねCLC
からしだね書店 ヨベル 2024年9月【物語形式(フィクション)】

「こどもリスクマネジメント:なぜリスクマネジメントが大切なのかがわかる本」小林宏之監修;バウ
ンド著 カンゼン 2024年11月

「こども哲学―イラスト学問図鑑」佐藤邦政監修;講談社編;モドロカイラスト・デザイン 講談社
2024年3月

社会・生活・暮らし

「じじょろんのたいせつさ─OR BOOKS」大川隆法原作;大川紫央絵本監修;『じじょろんのたいせつさ』作画プロジェクト編・絵 幸福の科学出版 2024年3月

「それって決めつけじゃない!?アンコンシャス・バイアス 2巻」北村英哉監修;松島恵利子文;のはらあこマンガ・イラスト 汐文社 2024年9月

「てらにゃんこ：こころがけえほん」猪苗代昭順監修;岡田千夏イラスト えほんの杜 2024年1月

「てんぐちゃんにならないようにしよう─OR BOOKS」大川隆法原作;大川紫央絵本監修;『てんぐちゃんにならないようにしよう』作画プロジェクト編・絵 幸福の科学出版 2024年6月

「はんせいするこころのたいせつさ─OR BOOKS」大川隆法原作;大川紫央絵本監修;『はんせいするこころのたいせつさ』作画プロジェクト編・絵 幸福の科学出版 2024年6月【物語形式（フィクション）】

「ビジュアル図鑑聖書の人々 = Visual Encyclopedia THE BIBLE'S PEOPLE」島田裕巳監修 カンゼン 2024年12月

「ビジュアル図鑑日本の神々 = Visual Encyclopedia JAPANESE GOD」志水義夫監修 カンゼン 2024年10月

「マゴに聞かせる日蓮さま：こころ優しい日蓮聖人伝」中村潤一;植田観樹著 日蓮宗新聞社 2024年4月【物語形式（ノンフィクション）】

「ゆるしの秘跡：子どものための手引き」山野内公司編;村岡マリイラストドン・ボスコ社 2024年10月

「わからない世界と向き合うために」中屋敷均著 筑摩書房（ちくまプリマー新書）2024年2月

「悪いことはなぜ楽しいのか」戸谷洋志著 筑摩書房（ちくまプリマー新書）2024年6月

「教訓を生かそう!日本の自然災害史 2」山賀進監修 岩崎書店 2024年1月

「教訓を生かそう!日本の自然災害史 3」山賀進監修 岩崎書店 2024年1月

「教訓を生かそう!日本の自然災害史 4」山賀進監修 岩崎書店 2024年2月

「君に伝えたい「本当にやりたいこと」の見つけかた」池上彰監修 KADOKAWA 2024年2月

「君はどう生きるか」鴻上尚史著 講談社 2024年6月

「君を一生ささえる「自信」をつくる本：書き込み式」河田真誠著;牛嶋浩美絵 アスコム 2024年4月

「賢者に学ぶ、「心が折れない」生き方：10代のうちに知っておきたい何度でも立ち直れる、しなやかなメンタルをつくる方法」真山知幸著 誠文堂新光社 2024年1月【マンガ形式・マンガつき】

「最高の友達を作るための人間関係を学ぶ本：友達作りに悩んでいる小学生の必読本!」すわべしんいち著 repicbook 2024年7月【マンガ形式・マンガつき】

「自分を動かす魔法：10代で身につけたい、一生きみを助ける「本物のプラス思考」」齋藤孝著 三笠書房 2024年8月

社会・生活・暮らし

「社会学をはじめる：複雑さを生きる技法」宮内泰介著 筑摩書房（ちくまプリマー新書）2024年6月

「人間関係ってどういう関係?」平尾昌宏著 筑摩書房（ちくまプリマー新書）2024年1月

「人生のレールを外れる衝動のみつけかた」谷川嘉浩著 筑摩書房（ちくまプリマー新書）2024年4月

「正解のない問題集：自分らしく考え、生き抜くための　ボクらの課題編―新時代の教養」池上彰監修 Gakken 2024年7月

「知ってほしい、この名言：大切にしたい言葉 1」白坂洋一監修 汐文社 2024年1月

「天職が見つかる空想教室 = Imagination Lesson」植松努著 サンクチュアリ出版（sanctuary books）2024年10月

「毎週1話、読めば心がシャキッとする13歳からの生き方の教科書」佐々木洋ほか述;藤尾秀昭監 致知出版社 2024年3月【物語形式（ノンフィクション）】

「目標を達成するための時間管理が身につく：勉強中にゲームをしてしまう小学生の必読本!」すわべしんいち著 repicbook 2024年1月【マンガ形式・マンガつき】

「恋愛ってなんだろう?―中学生の質問箱」大森美佐著 平凡社 2024年2月

教訓、生き方、教え＞啓蒙

「成功者の町：成功者は、成功者をこそ受け入れる。―OR BOOKS」大川隆法原作;大川紫央絵本監修;『成功者の町』作画プロジェクト編・絵 幸福の科学出版 2024年9月【物語形式（フィクション）】

行事、イベント

「10分でイベントスイーツ：カンタンなのにかわいい★ 夏」木村遥著 理論社 2024年4月

「10分でイベントスイーツ：カンタンなのにかわいい★ 秋」木村遥著 理論社 2024年7月

「10分でイベントスイーツ：カンタンなのにかわいい★ 春」木村遥著 理論社 2024年4月

「10分でイベントスイーツ：カンタンなのにかわいい★ 冬」木村遥著 理論社 2024年7月

「おきなわのお菓子」いけみやてるこ文;あらかきれいみ絵 ボーダーインク 2024年3月

「きせつと行事をまなぶ夏のえほん」たかいひろこ絵・文 ポプラ社（もっとしりたいぶっく）2024年5月

「きせつと行事をまなぶ秋のえほん」たかいひろこ絵・文 ポプラ社（もっとしりたいぶっく）2024年8月

「きせつと行事をまなぶ春のえほん」たかいひろこ絵・文 ポプラ社（もっとしりたいぶっく）2024年2月

「きせつをかんじる!12か月のぎょうじ [2]」田村学監修 ほるぷ出版 2024年2月

社会・生活・暮らし

「きせつをかんじる!12か月のぎょうじ [3]」田村学監修 ほるぷ出版 2024年2月

「きせつをかんじる!12か月のぎょうじ [4]」田村学監修 ほるぷ出版 2024年3月

「トムとジェリーをさがせ!たのしみいろいろ!日本の伝統行事―だいすき!トム&ジェリーわかった
シリーズ」宮内哲也絵 河出書房新社 2024年4月

「ドラえもん学びワールド季節の行事としきたり―ビッグ・コロタン ; 232」藤子・F・不二雄原作;
藤子プロ;橋本裕之監修 小学館 2024年12月【マンガ形式・マンガつき】

「バレンタインにハロウィンに!300円でプレゼントスイーツ」宮沢うらら著 汐文社 2024年3月

「みんなが知りたい!日本の神さまと神社 : 神話の世界と身近な聖地のひみつがわかる―まな
ぶっく」「日本の神さまと神社」編集室著 メイツユニバーサルコンテンツ 2024年8月

「高校生活の強化書」西岡壱誠;萩原俊和著 東京書籍 2024年4月

「小学校の生活ずかん」はまのゆか絵 Gakken 2024年4月

行事、イベント>アースデイ

「くろいはまべ : アースデイのはじまり―児童図書館・絵本の部屋」ショーナ・スティス;ジョン・ス
ティス文;マリベル・レチューガ絵;武富博子やく 評論社 2024年4月

行事、イベント>お花見

「おはなみパーティーさくらさくさく」すとうあさえ文;山田花菜絵;川島雅子レシピ提供 ほるぷ出
版(おいしい行事のえほん) 2024年2月

行事、イベント>お祭り

「かんたんおばけ工作 [3]」いしかわまりこ作 偕成社 2024年3月

「キャラ絵で学ぶ!日本のお祭り図鑑」山折哲雄監修;いとうみつる絵;小松事務所文 すばる舎
2024年6月

「見て、学んで、力がつく!こども日本地図 : 写真とイラストいっぱいの地図で、楽しく日本の都道
府県を学ぼう! 2025年版」 永岡書店 2024年10月

行事、イベント>学校行事

「みんなで描こう!黒板アート 学校行事編」すずきらな著;子供の科学編集部編 誠文堂新光社
2024年10月

行事、イベント>学校行事>校外学習

「修学旅行・校外学習ワークブック : もっと楽しめる : バス・電車、タクシーなどによる自主研修、
フィールドワーク、校外学習、遠足などにしおりづくりに 京都編」ユニプラン 2024年5月

社会・生活・暮らし

行事、イベント＞学校行事＞修学旅行

「修学旅行・校外学習ワークブック：もっと楽しめる：バス・電車、タクシーなどによる自主研修、フィールドワーク、校外学習、遠足などにしおりづくりに　京都編」ユニプラン 2024年5月

行事、イベント＞学校行事＞入学式

「ディズニープリンセスがっこうってどんなところ?」ブリ・マリー・マクイッシュさく;スタジオ・イボッシュえ;おおはたたかこやく うさぎ出版 永岡書店 2024年10月【物語形式(フィクション)】

行事、イベント＞学校行事＞発表会

「新聞紙でつくる人形劇 2」渡辺真知子;わけみずえ著 いかだ社 2024年3月

行事、イベント＞学校行事＞文化祭

「石高での3年間は永遠に私たちの宝物です!：ある県立高校の『学年通信』：36ヵ月のドラマ・青春の輝跡」山上修 22世紀アート 2024年11月

行事、イベント＞クリスマス

「クリスマスやってみよう!ブック」ベサン・ジェームズ文;フランク・エンダースビー絵 いのちのことば社 2024年9月

「さわってみよう!クリスマス」マイケル・バーゴフ作 いのちのことば社 2024年10月

「にぎやかなどうぶつたちとクリスマスのできごと」ジャン・ゴッドフリーぶん;ポーラ・ドーアティえ サンパウロ 2024年9月【物語形式(フィクション)】

行事、イベント＞高校化学グランドコンテスト

「高校生・化学宣言：高校化学グランドコンテストドキュメンタリー　PART15」堀顕子監修 遊タイム出版 2024年5月

行事、イベント＞大会、コンテスト

「動物最強王図鑑PFP：No.1決定トーナメント!! [特別版]」實吉達郎監修;山崎太郎イラスト Gakken 2024年8月

行事、イベント＞茶会

「日本語と英語でわかる!もっと知りたくなる日本茶道 = Understand in both Japanese and English!Discover more about Japan CHADO」相島淑美著;三島宗恭監修 秀和システム 2024年11月【英語つき】

行事、イベント＞日本ジュニア数学オリンピック

「ジュニア数学オリンピック 2019-2024」数学オリンピック財団編 日本評論社 2024年6月

社会・生活・暮らし

行事、イベント＞バレンタインデー

「バレンタインにハロウィンに!300円でプレゼントスイーツ」宮沢うらら著 汐文社 2024年3月

行事、イベント＞ハロウィン

「バレンタインにハロウィンに!300円でプレゼントスイーツ」宮沢うらら著 汐文社 2024年3月

行事、イベント＞万国博覧会、国際博覧会

「大阪万博1970」藤川智子著;白井達郎監修 ほるぷ出版 2024年4月

「博覧会の歴史 : 第1回ロンドン万博から2025年大阪・関西万博まで」 あかつき教育図書 2024年2月

近代化

「学研まんが日本と世界の近現代の歴史 = MODERN HISTORY 1」高橋哲監修;南房秀久原作 Gakken 2024年11月【マンガ形式・マンガつき】

「世界の歴史 11―集英社版学習まんが」 集英社 2024年10月【マンガ形式・マンガつき】

空間

「最強に面白い相対性理論―ニュートン超図解新書」佐藤勝彦監修 ニュートンプレス 2024年3月

グローバル化、グローバリゼーション

「世界の歴史 18―集英社版学習まんが」 集英社 2024年10月【マンガ形式・マンガつき】

軍隊、兵力＞自衛隊

「まるわかり!日本の防衛 : はじめての防衛白書 2024」 日経印刷 全国官報販売協同組合 2024年

経済、金融

「10代からのサステナブル : 持続可能な社会をめざして : 輝く心と学ぶ喜びを」野田将晴著 高木書房 2024年9月

「13歳からの「お金」のキホン : 一生お金に困らない!」横山光昭 PHP研究所 2024年2月

「13歳からのエネルギーを知る旅 = A JOURNEY TO KNOW THE WORLD OF ENERGY」関口美奈著 KADOKAWA 2024年2月

「13歳からの経済のしくみ・ことば図鑑」花岡幸子著;matsuイラスト WAVE出版 2024年6月

「アメリカの子どもが読んでいるお金のしくみ」ウォルター・アンダル著;木村満子訳 ダイヤモンド社 2024年1月

社会・生活・暮らし

「いますぐ知りたいお金のしくみ：子どもにもできる資産形成」盛永裕介；吉田友哉監修；さいとうかおりイラスト マイクロマガジン社 2024年6月

「いますぐ知りたい会社づくりのしくみ：子どもにもなれる社長」澤田聖士；大町侑平監修；さいとうかおりイラスト マイクロマガジン社 2024年11月

「お金のこと―学校では教えてくれない大切なこと；3」関和之マンガ・イラスト 旺文社 2024年3月【マンガ形式・マンガつき】

「お金のデザインと歴史」貨幣博物館カレンシア監修 岩崎書店（調べる学習百科）2024年8月

「お金の図鑑：お金の使い方×自分らしい人生の歩き方：夢、仕事、生き方が見つかる」あんびるえつこ監修 新星出版社 2024年2月【マンガ形式・マンガつき】

「がけっぷち！アララはお金を増やしたい！＝ARARA WANTS TO MAKE MORE AND MORE MONEY!」大野正人作；トミムラコタ；津村根央マンガ；土屋剛俊監修 ポプラ社 2024年12月【マンガ形式・マンガつき】

「カネオくんと学ぶなるほど！現代社会とお金のヒミツ：数字とクイズで楽しくわかる」NHK「有吉のお金発見突撃！カネオくん」制作班編 翔泳社 2024年10月

「こども経済学―イラスト学問図鑑」池上彰監修；講談社編；モドロカイラスト・デザイン 講談社 2024年3月

「ズームアップ政治・経済資料 2024」実教出版編修部編 実教出版 2024年

「ちびまる子ちゃんのお金の使いかた―満点ゲットシリーズ．せいかつプラス」さくらももこキャラクター原作；沼田晶弘監修 集英社 2024年3月

「なるほどよくわかる金融 1」教育画劇 2024年2月

「なるほどよくわかる金融 2」教育画劇 2024年4月

「なるほどよくわかる金融 3」教育画劇 2024年4月

「ニッポンの数字：「危機」と「希望」を考える」眞淳平著 筑摩書房（ちくまプリマー新書）2024年2月

「はじめての経済学―世界基準の教養forティーンズ」ララ・ブライアン；アンディー・プレンティス文；フェデリコ・マリアーニ絵；デイヴィッド・スタリブラス；ペドロ・セローディオ監修；池上彰日本語版監修；清水玲奈訳 河出書房新社 2024年4月

「ビッグマックと弱い円ができるまで」佐々木融著 クロスメディア・パブリッシング インプレス 2024年10月

「マンガ＆図解新しい紙幣の物語：渋沢栄一 津田梅子 北里柴三郎ほか」Gakken 2024年2月【マンガ形式・マンガつき】

「マンガでわかる！10才までに覚えたい社会のしくみ：政治 経済 生活 国際 SDGs」高濱正伸；加藤崇浩監修 永岡書店 2024年7月【マンガ形式・マンガつき】

「マンガ新しい紙幣の感動物語」木平木綿編 Gakken 2024年6月【マンガ形式・マンガつき】

社会・生活・暮らし

「億万長者も知らない!?お金のびっくり事典─びっくり事典」中村浩訳文;植村峻;中島真志;二橋瑛夫監修;うのき絵 ポプラ社 2024年2月

「会社をつくろう：お金と経済のしくみがよくわかる本 1」あんびるえつこ;福島美邦子監修 岩崎書店 2024年2月【マンガ形式・マンガつき】

「会社をつくろう：お金と経済のしくみがよくわかる本 2」あんびるえつこ;福島美邦子監修 岩崎書店 2024年3月【マンガ形式・マンガつき】

「会社をつくろう：お金と経済のしくみがよくわかる本 3」あんびるえつこ;福島美邦子監修 岩崎書店 2024年3月【マンガ形式・マンガつき】

「現代用語の基礎知識：学習版 2024-2025」現代用語検定協会監修 自由国民社 2024年7月

「高校生からわかる日本経済：なぜ日本はどんどん貧しくなるの?」金子勝著 かもがわ出版(深読みNow) 2024年7月

「高校生のための経済学入門」小塩隆士著 筑摩書房(ちくま新書) 2024年2月

「社会がよくわかるみのまわりのおかねのこと」泉美智子監修 高橋書店 2024年3月【マンガ形式・マンガつき】

「社会科学からみるSDGs = Reaching the sustainable development goals: perspectives from the social sciences」桜井愛子;平体由美編著 小鳥遊書房 2024年3月

「渋沢栄一：近代日本経済の父とよばれた起業家─学研まんが日本と世界の伝記」絢前ゆうたまんが;大石学監修 Gakken 2024年5月【物語形式(ノンフィクション)】

「食べものから学ぶ現代社会：私たちを動かす資本主義のカラクリ」平賀緑著 岩波書店(岩波ジュニア新書) 2024年1月

「親子で学ぼう!お金のえほん」鈴木アツコ文・絵;たけやきみこ監修 チャイルド本社 2024年7月

「世界の歴史 17─集英社版学習まんが」集英社 2024年10月【マンガ形式・マンガつき】

「世界の歴史 18─集英社版学習まんが」集英社 2024年10月【マンガ形式・マンガつき】

「税という社会の仕組み」諸富徹著 筑摩書房(ちくまプリマー新書) 2024年5月

「選挙、誰に入れる?：ちょっとでも良い未来を「選ぶ」ために知っておきたいこと─新時代の教養」宇野重規監修 Gakken 2024年3月

「知っておきたいお金と経済 1」泉美智子監修 金の星社 2024年2月

「知っておきたいお金と経済 2」泉美智子監修 金の星社 2024年3月

「中学3年生の息子に贈る、学校では教わらない「お金の真実」」安田修著 Gakken 2024年6月【物語形式(フィクション)】

「投資家と考える10歳からのお金の話」レオス・キャピタルワークス株式会社ひふみ金融経済教育ラボ著;遠田おと表紙イラスト/マンガ;伊藤和人イラスト 講談社 2024年2月【マンガ形式・マンガつき】

社会・生活・暮らし

「突撃!カネオくん10歳からのお金のきほん」横山光昭監修 ワン・パブリッシング 2024年6月【マンガ形式・マンガつき】

「突撃!カネオくんお金でみる都道府県データ図鑑」伊藤賀一監修 宝島社 2024年3月

「日本のすがた：最新データで学ぶ社会科資料集 2024」矢野恒太記念会編集 矢野恒太記念会 2024年3月

「入門高校生のための金融リテラシー図鑑」泉美智子監修 学事出版 2024年2月

「標準世界史地図」亀井高孝;三上次男;堀米庸三編 吉川弘文館 2024年4月

「標準世界史年表」亀井高孝;三上次男;林健太郎編 吉川弘文館 2024年4月

「名探偵コナンの小学生のうちに知っておきたいお金と世の中103」青山剛昌原作;大河内薫監修 小学館 2024年2月【マンガ形式・マンガつき】

経済、金融＞暗号資産（仮想通貨）

「13歳からの経済のしくみ・ことば図鑑」花岡幸子著;matsuイラスト WAVE出版 2024年6月

経済、金融＞インフレーション、デフレーション

「アメリカの子どもが読んでいるお金のしくみ」ウォルター・アンダル著;木村満子訳 ダイヤモンド社 2024年1月

経済、金融＞価格

「カネオくんと学ぶおどろき!現代社会とお金のヒミツ：数字とクイズで楽しくわかる」NHK「有吉のお金発見突撃!カネオくん」制作班編 翔泳社 2024年5月

「カネオくんと学ぶなるほど!現代社会とお金のヒミツ：数字とクイズで楽しくわかる」NHK「有吉のお金発見突撃!カネオくん」制作班編 翔泳社 2024年10月

経済、金融＞株式

「13歳からの経済のしくみ・ことば図鑑」花岡幸子著;matsuイラスト WAVE出版 2024年6月

「アメリカの子どもが読んでいるお金のしくみ」ウォルター・アンダル著;木村満子訳 ダイヤモンド社 2024年1月

「なるほどよくわかる金融 2」教育画劇 2024年4月

経済、金融＞為替

「13歳からの経済のしくみ・ことば図鑑」花岡幸子著;matsuイラスト WAVE出版 2024年6月

「アメリカの子どもが読んでいるお金のしくみ」ウォルター・アンダル著;木村満子訳 ダイヤモンド社 2024年1月

「ビッグマックと弱い円ができるまで」佐々木融著 クロスメディア・パブリッシング インプレス 2024年10月

社会・生活・暮らし

「高校生のための経済学入門」小塩隆士著 筑摩書房（ちくま新書）2024年2月

経済、金融＞金融リテラシー

「いますぐ知りたいお金のしくみ：子どもにもできる資産形成」盛永裕介;吉田友哉監修;さいとうかおりイラスト マイクロマガジン社 2024年6月

「知っておきたいお金と経済 2」泉美智子監修 金の星社 2024年3月

「入門高校生のための金融リテラシー図鑑」泉美智子監修 学事出版 2024年2月

経済、金融＞GDP（国内総生産）

「高校生からわかる日本経済：なぜ日本はどんどん貧しくなるの?」金子勝著 かもがわ出版（深読みNow）2024年7月

経済、金融＞資産形成、資産運用

「いますぐ知りたいお金のしくみ：子どもにもできる資産形成」盛永裕介;吉田友哉監修;さいとうかおりイラスト マイクロマガジン社 2024年6月

経済、金融＞投資

「ビッグマックと弱い円ができるまで」佐々木融著 クロスメディア・パブリッシング インプレス 2024年10月

「中学3年生の息子に贈る、学校では教わらない「お金の真実」」安田修著 Gakken 2024年6月【物語形式（フィクション）】

「投資家と考える10歳からのお金の話」レオス・キャピタルワークス株式会社ひふみ金融経済教育ラボ著;遠田おと表紙イラスト/マンガ;伊藤和人イラスト 講談社 2024年2月【マンガ形式・マンガつき】

憲法、法律

「こども六法」山崎聡一郎著;伊藤ハムスター絵 弘文堂 2024年3月

「それはわたしが外国人だから?：日本の入管で起こっていること」安田菜津紀著;金井真紀絵と文;高橋済法律監修 ヘウレーカ 2024年4月

「それ犯罪かもしれない図鑑」小島洋祐監修 金の星社 2024年12月

「ネットでいじめられたら、どうすればいいの?：5人の専門家と処方箋を考えた─14歳の世渡り術」春名風花著 河出書房新社 2024年7月

「のびーる社会政治のしくみ：憲法・選挙・国際社会他─角川まんが学習シリーズ；T21」篠塚昭司監修 KADOKAWA 2024年3月【マンガ形式・マンガつき】

「はじめての法律─世界基準の教養forティーンズ」山本龍彦日本語版監修;川野太郎訳;ララ・ブライアン;ローズ・ホール文;アンナ・ハーディ;ミゲル・ブストス絵 河出書房新社 2024年12月

社会・生活・暮らし

「マンガでたのしく!国会議員という仕事」赤松健著 筑摩書房(ちくまプリマー新書) 2024年6月【マンガ形式・マンガつき】

「マンガでわかる!小学生から知っておきたいお金のトラブル回避術―こどもと生活シリーズ」菊地幸夫監修;ぽぽこ漫画 主婦と生活社 2024年8月【マンガ形式・マンガつき】

「気をつけよう!海賊版・違法ダウンロード 1」上沼紫野監修;メディア・ビュー編;コンテンツ海外流通促進機構;ABJ;日本漫画家協会取材協力 汐文社 2024年1月

「気をつけよう!海賊版・違法ダウンロード 3」上沼紫野監修;メディア・ビュー編 汐文社 2024年3月

「親の離婚・再婚こども法律ガイド」佐藤香代;池田清貴;植田千穂著;まえだたつひこ絵 子どもの未来社 2024年12月

「明日話したくなる個人情報のはなし」蔦大輔ほか編著 清水書院 2024年8月【マンガ形式・マンガつき】

憲法、法律＞いじめ防止対策推進法

「こども六法」山崎聡一郎著;伊藤ハムスター絵 弘文堂 2024年3月

憲法、法律＞刑法

「こども六法」山崎聡一郎著;伊藤ハムスター絵 弘文堂 2024年3月

「刑の重さは何で決まるのか」高橋則夫著 筑摩書房(ちくまプリマー新書) 2024年4月

憲法、法律＞こども基本法

「きみを守る「こども基本法」 1」喜多明人監修 汐文社 2024年1月【マンガ形式・マンガつき】

「きみを守る「こども基本法」 2」喜多明人監修 汐文社 2024年2月【マンガ形式・マンガつき】

「きみを守る「こども基本法」 3」喜多明人監修 汐文社 2024年2月【マンガ形式・マンガつき】

「こども基本法こどもガイドブック」FTCJ編;平尾潔ほか著;まえだたつひこ絵 子どもの未来社 2024年8月

憲法、法律＞生活保護法

「わたし生活保護を受けられますか : 全国10,000件申請サポートの特定行政書士が事例で説明申請から決定まで」三木ひとみ著 ペンコム インプレス 2024年10月

憲法、法律＞読書バリアフリー法

「だれもが「本を読める」社会へ読書バリアフリー 2」白坂洋一監修 汐文社 2024年10月

「りんごの棚と読書バリアフリー : だれもが読書を楽しめる世界へ 1」ピープルデザイン研究所りんごプロジェクト監修 フレーベル館 2024年9月

社会・生活・暮らし

「りんごの棚と読書バリアフリー : だれもが読書を楽しめる世界へ 2」ピープルデザイン研究所りんごプロジェクト監修 フレーベル館 2024年11月

憲法、法律＞日本国憲法

「ないとどうなる?日本国憲法 :「ある・なし」をくらべてわかる憲法の大切さ 第1巻」木村草太監修 Gakken 2024年2月

「ないとどうなる?日本国憲法 :「ある・なし」をくらべてわかる憲法の大切さ 第2巻」木村草太監修 Gakken 2024年2月

「ないとどうなる?日本国憲法 :「ある・なし」をくらべてわかる憲法の大切さ 第3巻」木村草太監修 Gakken 2024年2月

憲法、法律＞民法

「こども六法」山崎聡一郎著;伊藤ハムスター絵 弘文堂 2024年3月

「所有権について考える : デジタル社会における財産—民法研究レクチャーシリーズ」道垣内弘人著 信山社 2024年7月

憲法、法律＞労働法

「働きはじめる前に知っておきたいワークルールの超きほん」佐々木亮監修 旬報社 2024年5月

権利、人権

「10歳からの著作権」福井健策;田島佑規監修;ぴたんと;ひらまつ;小崎あきら;なぎまんが Gakken 2024年2月【マンガ形式・マンガつき】

「10歳までに知っておきたい子どもを一生守る「からだ・こころ・権利」の話 : 自分とまわりの人を大切にできる力を育てます」やまがたてるえ;渡邉安衣子著 青春出版社 2024年7月

「きみを守る「こども基本法」1」喜多明人監修 汐文社 2024年1月【マンガ形式・マンガつき】

「こども基本法こどもガイドブック」FTCJ編;平尾潔ほか著;まえだたつひこ絵 子どもの未来社 2024年8月

「ないとどうなる?日本国憲法 :「ある・なし」をくらべてわかる憲法の大切さ 第2巻」木村草太監修 Gakken 2024年2月

「わたしたちのからだと心 [1]」アニータ・ガネリ文;ヴェーラ・ポポーワ絵;野井真吾日本語版監修;くまがいじゅんこ訳 サイエンティスト社 2024年11月

「わたしたちの権利の物語 [6]」トビー・ニューサム絵;杉木志帆日本語版監修 文研出版 2024年1月

「わたしはわたし。あなたじゃない。: 10代の心を守る境界線「バウンダリー」の引き方」鴻巣麻里香著 リトルモア 2024年9月

社会・生活・暮らし

「気づくことで未来がかわる新しい人権学習 3」稲葉茂勝著;こどもくらぶ編 岩崎書店 2024年2月

「気づくことで未来がかわる新しい人権学習 5」稲葉茂勝著;こどもくらぶ編 岩崎書店 2024年2月

「気づくことで未来がかわる新しい人権学習 6」稲葉茂勝著;こどもくらぶ編 岩崎書店 2024年2月

「君たちはどう乗り越える?世界の対立に挑戦! 2」小林亮監修 かもがわ出版 2024年1月

「小学生のうちから知っておきたい著作権の基本」宮武久佳著;杉本龍一郎イラスト カンゼン 2024年7月

「親の離婚・再婚こども法律ガイド」佐藤香代;池田清貴;植田千穂著;まえだたつひこ絵 子どもの未来社 2024年12月

「性のモヤモヤをひっくり返す!:ジェンダー・権利・性的同意26のワーク」ちゃぶ台返し女子アクション著;染矢明日香監修 合同出版 2024年3月

「選挙、誰に入れる?:ちょっとでも良い未来を「選ぶ」ために知っておきたいこと—新時代の教養」宇野重規監修 Gakken 2024年3月

「地球に暮らすぼくたちへ」中川ひろたか作;松田奈那子絵 アリス館 2024年6月

「調べ学習に役立つ地球と平和を守る国際条約 3」遠藤研一郎監修 汐文社 2024年3月

権利、人権＞国民主権

「ないとどうなる?日本国憲法:「ある・なし」をくらべてわかる憲法の大切さ 第1巻」木村草太監修 Gakken 2024年2月

権利、人権＞子どもの権利条約

「あなたが学校でしあわせに生きるために:子どもの権利と法律手帳」平尾潔著 子どもの未来社 2024年11月

「あなたの権利を知って使おう:子どもの権利ガイド」アムネスティ・インターナショナル;アンジェリーナ・ジョリー;ジェラルディーン・ヴァン=ビューレン著;上田勢子訳 子どもの未来社 2024年9月

「こども基本法こどもガイドブック」FTCJ編;平尾潔ほか著;まえだたつひこ絵 子どもの未来社 2024年8月

「せかいにひとつあなたのうた:こどものけんりをたからかに」ニコラ・デイビス文;マーク・マーティン絵;西野博之訳 子どもの未来社 2024年11月

「そうなんだ!子どもの権利」手丸かのこマンガ;渡辺大輔監修 子どもの未来社(スクールコミック) 2024年10月【マンガ形式・マンガつき】

「知っておきたい子どもの権利:わたしを守る「子どもの権利条約」事例集」鴻巣麻里香文;細川貂々絵 平凡社 2024年10月

社会・生活・暮らし

「調べ学習に役立つ地球と平和を守る国際条約 3」遠藤研一郎監修 汐文社 2024年3月

権利、人権＞所有権

「所有権について考える：デジタル社会における財産—民法研究レクチャーシリーズ」道垣内弘人著 信山社 2024年7月

権利、人権＞世界人権宣言

「調べ学習に役立つ地球と平和を守る国際条約 3」遠藤研一郎監修 汐文社 2024年3月

権利、人権＞知的財産権＞著作権

「「リスク」を知って、「自分」を守る!スマホマインドの育てかた [3]」保育社 2024年1月【マンガ形式・マンガつき】

「10歳からの著作権」福井健策;田島佑規監修;ぴたんと;ひらまつ;小崎あきら;なぎまんが Gakken 2024年2月【マンガ形式・マンガつき】

「カエル君と学ぶ!著作権」三坂和也;井高将斗著 秀和システム 2024年12月

「ゼロからの著作権：学校・社会・SNSの情報ルール」宮武久佳著 岩波書店(岩波ジュニア新書) 2024年9月

「まんがで学ぶ著作権—ルールを守って楽しもう!」コンピュータソフトウェア著作権協会監修 保育社 2024年1月【マンガ形式・マンガつき】

「気をつけよう!海賊版・違法ダウンロード 1」上沼紫野監修;メディア・ビュー編;コンテンツ海外流通促進機構;ABJ;日本漫画家協会取材協力 汐文社 2024年1月

「気をつけよう!海賊版・違法ダウンロード 2」上沼紫野監修;メディア・ビュー編;コンテンツ海外流通促進機構;ABJ取材協力 汐文社 2024年2月

「気をつけよう!海賊版・違法ダウンロード 3」上沼紫野監修;メディア・ビュー編 汐文社 2024年3月

「小学生のうちから知っておきたい著作権の基本」宮武久佳著;杉本龍一郎イラスト カンゼン 2024年7月

「知って活用!メディア・リテラシー [2]—NHK for School. アッ!とメディア」NHK「アッ!とメディア」制作班編;中橋雄監修 NHK出版 2024年1月

国際関係＞国際協力

「「わかり合えない」からはじめる国際協力—探究のDOOR；3」吉岡大祐著 旬報社 2024年1月

「SDGsから考える世界の食料問題」小沼廣幸著 岩波書店(岩波ジュニア新書) 2024年4月

「SDGsってなぁに?：みらいのためにみんなができること [6]—やさしくよめるSDGsのえほん」関正雄監修;WILLこども知育研究所編・著 金の星社 2024年2月

社会・生活・暮らし

「ジャングルのチョコレート工場：甘いチョコの甘くない現実に挑んだ大学生」横山亜未著 ポプラ社（ポプラ社ノンフィクション）2024年7月【物語形式（ノンフィクション）】

「チョコレートを食べたことがないカカオ農園の子どもにきみはチョコレートをあげるか?」木下理仁著 旬報社 2024年5月

「国際協力入門：平和な世界のつくりかた」山田満著 玉川大学出版部 2024年2月

国際関係＞国際社会

「夢か現実か日本の自動車工業 2」鎌田実監修;稲葉茂勝著;こどもくらぶ編 岩崎書店 2024年11月

国際関係＞国際条約

「調べ学習に役立つ地球と平和を守る国際条約 1」遠藤研一郎監修 汐文社 2024年3月

「調べ学習に役立つ地球と平和を守る国際条約 2」遠藤研一郎監修 汐文社 2024年2月

「調べ学習に役立つ地球と平和を守る国際条約 3」遠藤研一郎監修 汐文社 2024年3月

国際関係＞国際条約＞国際連合憲章、国連憲章

「調べ学習に役立つ地球と平和を守る国際条約 1」遠藤研一郎監修 汐文社 2024年3月

国際関係＞国際条約＞生物生物多様性条約

「調べ学習に役立つ地球と平和を守る国際条約 2」遠藤研一郎監修 汐文社 2024年2月

国際関係＞国際条約＞世界遺産条約

「調べ学習に役立つ地球と平和を守る国際条約 2」遠藤研一郎監修 汐文社 2024年2月

国際関係＞国際条約＞日米安全保障条約

「調べ学習に役立つ地球と平和を守る国際条約 1」遠藤研一郎監修 汐文社 2024年3月

国際関係＞国防

「はじめての戦争と平和」鶴岡路人著 筑摩書房（ちくまプリマー新書）2024年11月

「まるわかり!日本の防衛：はじめての防衛白書 2024」日経印刷 全国官報販売協同組合 2024年

国際関係＞国家安全保障

「14歳からの非戦入門：戦争とジェノサイドを即時終わらせるために」伊勢崎賢治著 ビジネス社 2024年6月

「はじめての戦争と平和」鶴岡路人著 筑摩書房（ちくまプリマー新書）2024年11月

社会・生活・暮らし

国際関係＞世界・国際情勢

「まんがでわかる13歳からの地政学 = A Guide to Geopolitics：カイゾクとの地球儀航海」田中孝幸原著;星井博文シナリオ;松浦まどか作画 東洋経済新報社 2024年4月【マンガ形式・マンガつき】

「現代用語の基礎知識：学習版 2024-2025」現代用語検定協会監修 自由国民社 2024年7月

個性

「脳のはたらきとニューロダイバーシティ：みんなちがって、それでいい!」ルイーズ・グッディング著;岡田俊;林(高木)朗子日本語版監修;上原昌子訳 東京書籍 2024年11月

言葉、言語＞あいさつ

「あなたの名前は?わたしの名前は… = What is your name? My name is…：自分さがしの旅」うのカルロスかんしょう作・絵 三恵社 2024年9月【英語つき】

「おさるのジョージきょうこれできた?」小学館 2024年7月

言葉、言語＞アルファベット、ローマ字

「りっぱなじしょをつくったヘボンさん = Mr Hepburn, who made a big dictionary―絵本・聖書翻訳人物伝シリーズ；20」はまじまびんぶん;かつまとしをえ 22世紀アート 2024年9月【英語つき/物語形式（ノンフィクション）】

言葉、言語＞オノマトペ、擬音語、擬態語

「カレーライスだいすき」苅田澄子ぶん;いわさきまゆこえ 金の星社 2024年11月

言葉、言語＞カタカナ

「めざせ書写の達人!五七五でおぼえよう 1巻」樋口咲子監修 岩崎書店 2024年11月

言葉、言語＞言葉、言語一般

「13歳からのきみへ：スヌーピーの自分らしく生きることば」チャールズ・M.シュルツ原著;谷川俊太郎訳;永井玲衣文 世界文化社 2024年5月【マンガ形式・マンガつき】

「14歳のためのシェイクスピア = Shakespeare for 14-year-olds」木村龍之介著 大和書房 2024年9月

「ハマれないまま、生きてます：こどもとおとなのあいだ―あいだで考える」栗田隆子著 創元社 2024年5月

「ヘレン・ケラーのことばと人生―心を強くする!ビジュアル伝記；08」闞宏之監修 ポプラ社 2024年3月【物語形式（ノンフィクション）】

「何問クリア!?なぞときワールド [2]」児島勇気著 汐文社 2024年2月

社会・生活・暮らし

「何問クリア!?なぞときワールド [3]」児島勇気著 汐文社 2024年3月

「何問クリア!?なぞときワールド [4]」児島勇気著 汐文社 2024年3月

言葉、言語＞言葉遣い、敬語

「かってに頭がよくなるまちがいさがし」陰山英男監修 西東社 2024年11月

言葉、言語＞日本語

「きみも言ったことがあるかも?ちくちくことば・ふわふわことば言いかえじてん 1」鈴木教夫監修;秋山浩子文;イケガメシノイラスト 汐文社 2024年8月

「きみも言ったことがあるかも?ちくちくことば・ふわふわことば言いかえじてん 3」鈴木教夫監修;秋山浩子文;イケガメシノイラスト 汐文社 2024年11月

「くらしに役立つ国語 = Japanese Language for Daily Life」明官茂監修 東洋館出版社 2024年3月

「武田双葉のどんな子でも字がきれいになる本 : 10歳までに身につく「書きこみ式」練習帳―まなぶっく」武田双葉監修 メイツユニバーサルコンテンツ 2024年2月

言葉、言語＞平仮名

「はってはがせるシールでおけいこ : すいぞくかんへいこう! : 知育」小櫻悠太絵 エムピージェー 2024年10月

「めざせ書写の達人!五七五でおぼえよう 1巻」樋口咲子監修 岩崎書店 2024年11月

「大人も知らない?日本文化のなぞ事典」日本文化のなぞ研究会編;いぢちひろゆきイラスト;藤井青銅監修 マイクロマガジン社 2024年12月

言葉、言語＞文法

「論理表現の友　知識・技能編」石飛守著 三恵社 2024年3月

言葉、言語＞文字

「何問クリア!?なぞときワールド [2]」児島勇気著 汐文社 2024年2月

「何問クリア!?なぞときワールド [3]」児島勇気著 汐文社 2024年3月

「何問クリア!?なぞときワールド [4]」児島勇気著 汐文社 2024年3月

「神級にレベルアップする!推しかわイラストレッスン」denほか著 JTBパブリッシング 2024年12月

「文字・イラストBook : まいにちがもっと楽しくなる! : おしゃれノート術」はぴふるガール編集部編;双葉陽マンガ 池田書店(ハピかわ) 2024年2月

社会・生活・暮らし

言葉、言語＞類語、言い換え

「きみも言ったことがあるかも?ちくちくことば・ふわふわことば言いかえじてん 1」鈴木教夫監修;秋山浩子文;イケガメシノイラスト 汐文社 2024年8月

「きみも言ったことがあるかも?ちくちくことば・ふわふわことば言いかえじてん 2」鈴木教夫監修;秋山浩子文;イケガメシノイラスト 汐文社 2024年10月

「きみも言ったことがあるかも?ちくちくことば・ふわふわことば言いかえじてん 3」鈴木教夫監修;秋山浩子文;イケガメシノイラスト 汐文社 2024年11月

ごみ

「SDGs環境編 : キミならどう解決する? : 水不足、ゴミ問題、大気汚染、絶滅危惧種… : 世界が抱える環境問題に向き合おう―子ども教養図鑑」由井薗健;粕谷昌良監修;小学校社会科授業づくり研究会著 誠文堂新光社 2024年10月

「お金の使い方で未来を変えよう! 4」松葉口玲子監修 童心社 2024年3月【マンガ形式・マンガつき】

「ポプラディアプラス地球環境 = POPLAR ENCYCLOPEDIA PLUS Global Environment 2」ポプラ社 2024年4月

「下水道のサバイバル : 生き残り作戦 2―かがくるBOOK. 科学漫画サバイバルシリーズ ; 85」ポドアルチング文;韓賢東絵;HANA韓国語教育研究会訳 朝日新聞出版 2024年1月【マンガ形式・マンガつき】

「変えよう!ごみから資源へ―SDGs地球のためにできること ; 3」田崎智宏監修 国土社 2024年8月

ごみ＞海洋ごみ

「マインドマップでよくわかるプラスチック問題―マインドマップ・シリーズ」クライブ・ギフォード著;ハナ・リーイラスト;藤崎百合訳 ゆまに書房 2024年10月

暦、カレンダー＞干支

「十二支がくえん」かんべあやこ作 あかね書房 2024年10月

サービス

「カネオくんと学ぶなるほど!現代社会とお金のヒミツ : 数字とクイズで楽しくわかる」NHK「有吉のお金発見突撃!カネオくん」制作班編 翔泳社 2024年10月

雑学

「5分後に意外な結末QUIZ ロジカル思考:一ノ瀬究からの挑戦状」一ノ瀬究編著;usi絵 Gakken 2024年12月

社会・生活・暮らし

「クレヨンしんちゃんのまんが都道府県おもしろブック—クレヨンしんちゃんのなんでも百科シリーズ」臼井儀人キャラクター原作;造事務所編集・構成 双葉社 2024年3月【マンガ形式・マンガつき】

「そうなの!?理科—教科別びっくり!オモシロ雑学；3」理科オモシロ雑学研究会編 岩崎書店 2024年1月

「びっくり算数—教科別びっくり!オモシロ雑学；2」算数オモシロ雑学研究会編 岩崎書店 2024年3月

「ふむふむ社会—教科別びっくり!オモシロ雑学；4」社会オモシロ雑学研究会編 岩崎書店 2024年3月

「十二支がくえん」かんべあやこ作 あかね書房 2024年10月

「頭がよくなる!!ひっかけ&いじわるクイズ」瀧靖之監修;小野寺ぴりり紳;土門トキオ作;TossanLand漫画;アキワシンヤほかイラスト ポプラ社(ひらめき★ゲームワールド) 2024年10月

「名探偵はハムスター! 1」こざきゆう作;やぶのてんや絵;小宮輝之監修 文響社 2024年8月【物語形式(フィクション)】

「名探偵はハムスター! 2」こざきゆう作;やぶのてんや絵;小宮輝之監修 文響社 2024年12月【物語形式(フィクション)】

ジェンダー

「10代に届けたい5つの"授業"」生田武志;山下耕平編著;松岡千紘ほか著 大月書店 2024年3月

「じぶんであるっていいかんじ：きみとジェンダーについての本」テレサ・ソーン作;ノア・グリニ絵;たかいゆとり訳 エトセトラブックス 2024年4月

「性のモヤモヤをひっくり返す!：ジェンダー・権利・性的同意26のワーク」ちゃぶ台返し女子アクション著;染矢明日香監修 合同出版 2024年3月

「中高生のための新しい性教育ワークブック 性の多様性と人間関係編」高橋幸子;丸井淑美監修;水野哲夫編著 学事出版 2024年7月

資格、免許、検定

「キャリア教育支援ガイドお仕事ナビ 28」お仕事ナビ編集室著 理論社 2024年2月

「キャリア教育支援ガイドお仕事ナビ 29」お仕事ナビ編集室著 理論社 2024年10月

「キャリア教育支援ガイドお仕事ナビ 30」お仕事ナビ編集室著 理論社 2024年12月

「基本がわかる心理学の教科書 = BASICS OF PSYCHOLOGY FOR YOUNG STUDENTS：高校生からめざそう心理学検定2級」子安増生著 実務教育出版 2024年2月

「恐竜学検定公式ガイドブック：初級・中級」Gakken 2024年8月

社会・生活・暮らし

「高校生に知ってほしい心理学：どう役立つ?どう活かせる?」宮本聡介;伊藤拓編著 学文社 2024年8月

「論理表現の友　知識・技能編」石飛守著 三恵社 2024年3月

資格、免許、検定＞国家資格、国家試験

「ジョイフルジョブ!美容師仁の道」斉藤洋作;酒井以絵 あかね書房 2024年7月【物語形式(ノンフィクション)】

時間

「72時間生きぬくための101の方法：子どものための防災BOOK」夏緑著;たかおかゆみこ絵 童心社 2024年9月

「No.1勉強・友情・恋がうまくいく!時間&手帳の使い方Lesson」吉武麻子監修 日本文芸社 2024年11月

「きみにむいてる時間のつかい方―1日5分!タイプ別診断でわかる；2」吉武麻子監修 ;WOODYイラスト ポプラ社 2024年10月

「みんなそれぞれ心の時間 = TIME FLOWS DIFFERENTLY FOR YOU AND FOR ME」一川誠文;吉野晃希男絵 福音館書店(たくさんのふしぎ傑作集) 2024年3月

「最強に面白い相対性理論―ニュートン超図解新書」佐藤勝彦監修 ニュートンプレス 2024年3月

「時間の学校―ニュートン科学の学校シリーズ」原田知広;田中真樹監修 ニュートンプレス 2024年8月

「十二支がくえん」かんべあやこ作 あかね書房 2024年10月

「書き込むだけで勉強が楽しくなる手帳&ノート術」いゆぴ著 KADOKAWA 2024年8月

「小5までに身につけないとヤバい!小学生のタイパUP勉強法」菊池洋匡著 実務教育出版 2024年2月

「目標を達成するための時間管理が身につく：勉強中にゲームをしてしまう小学生の必読本!」すわべしんいち著 repicbook 2024年1月【マンガ形式・マンガつき】

時間＞スケジュール

「目標を達成するための時間管理が身につく：勉強中にゲームをしてしまう小学生の必読本!」すわべしんいち著 repicbook 2024年1月【マンガ形式・マンガつき】

事故

「いのちをまもる図鑑：最強のピンチ脱出マニュアル」池上彰ほか監修;滝乃みわこ文;五月女ケイ子;室木おすしイラスト;横山了一マンガ ダイヤモンド社 2024年7月

社会・生活・暮らし

「こどもリスクマネジメント：なぜリスクマネジメントが大切なのかがわかる本」小林宏之監修;バウンド著 カンゼン 2024年11月

「にぼしとかつおの子どもあんぜん絵本」くまみね絵;舟生岳夫監修 ポプラ社 2024年3月

「子ども版これで死ぬ：外遊びで子どもが危険にあわないための安全の話」大武美緒子文;羽根田治ほか監修 山と溪谷社 2024年7月

事故＞交通事故

「保護ねこものがたり」大塚敦子著 ポプラ社（ポプラ社ノンフィクション）2024年6月【物語形式（ノンフィクション）】

事故＞水難事故

「川の科学ずかん [3]」知花武佳監修;本作り空Sola編 文研出版 2024年1月

自己啓発

「わからない世界と向き合うために」中屋敷均著 筑摩書房（ちくまプリマー新書）2024年2月

仕事＞経営、商売

「17歳で知っておきたい必修ビジネスワード17：なりたい自分をかなえる経営の基礎」開志専門職大学編集 ウイネット 星雲社 2024年7月【物語形式（フィクション）】

「キミにもなれる!パティシエ&カフェビジネス」東京ベルエポック製菓調理専門学校監修 つちや書店 2024年1月【マンガ形式・マンガつき】

「ねこ店長の経営学：ゲームで学ぼう!」嶋崎万太郎著;鵜飼宏成監修 双申 2024年8月【マンガ形式・マンガつき】

「会社をつくろう：お金と経済のしくみがよくわかる本 1」あんびるえつこ;福島美邦子監修 岩崎書店 2024年2月【マンガ形式・マンガつき】

「会社をつくろう：お金と経済のしくみがよくわかる本 2」あんびるえつこ;福島美邦子監修 岩崎書店 2024年3月【マンガ形式・マンガつき】

「会社をつくろう：お金と経済のしくみがよくわかる本 3」あんびるえつこ;福島美邦子監修 岩崎書店 2024年3月【マンガ形式・マンガつき】

「子ども起業家スクール：親子で学ぶ起業の本」柴崎方惠著 平成出版G 星雲社 2024年1月【指導者用解説つき】

「料理人という仕事」稲田俊輔著 筑摩書房（ちくまプリマー新書）2024年7月

仕事＞経営、商売＞経営管理

「支える仕事の一日：経営企画・経理・人事・広報—会社員の仕事見る知るシリーズ」西山昭彦監修;WILLこども知育研究所編著 保育社 2024年11月

社会・生活・暮らし

仕事＞経営、商売＞生産管理

「つくる仕事の一日：商品企画・開発・生産―会社員の仕事見る知るシリーズ」西山昭彦監修
;WILLこども知育研究所編著 保育社 2024年10月

仕事＞経営、商売＞製品計画

「つくる仕事の一日：商品企画・開発・生産―会社員の仕事見る知るシリーズ」西山昭彦監修
;WILLこども知育研究所編著 保育社 2024年10月

仕事＞経理

「支える仕事の一日：経営企画・経理・人事・広報―会社員の仕事見る知るシリーズ」西山昭
彦監修;WILLこども知育研究所編著 保育社 2024年11月

仕事＞仕事一般

「「好き!」の先にある未来：わたしたちの理系進路選択」加藤美砂子編著 岩波書店(岩波ジュ
ニアスタートブックス) 2024年2月

「ITおしごと図鑑：自分の可能性を広げる―くもんこれからの学び」リブロワークス著 くもん出
版(楽しく知りたいコンピュータ) 2024年9月【マンガ形式・マンガつき】

「あおいほしのあおいうみ = The blue oceans of a blue planet」シンク・ジ・アース編著 シンク・
ジ・アース 紀伊國屋書店 2024年10月

「あさいち」大石可久也え;輪島・朝市の人びとかたり 福音館書店(かがくのとも絵本) 2024年3
月

「いのちをまもるじゅういのしごと 1」小峰書店 2024年4月

「いのちをまもるじゅういのしごと 2」小峰書店 2024年4月

「いのちをまもるじゅういのしごと 3」小峰書店 2024年4月

「いのちをまもるじゅういのしごと 4」小峰書店 2024年4月

「いのちをまもるじゅういのしごと 5」小峰書店 2024年4月

「いのちをまもるじゅういのしごと 6」小峰書店 2024年4月

「いろんな人に聞いてみた「なんでその仕事をえらんだの?」」ヨシタケシンスケほか述;WILLこど
も知育研究所編著 金の星社 2024年6月【マンガ形式・マンガつき】

「いろんな人に聞いてみたなんでその仕事をえらんだの? 1」桜井政博ほか述;WILLこども知育
研究所編著 金の星社 2024年2月

「いろんな人に聞いてみたなんでその仕事をえらんだの? 2」ヨシタケシンスケほか述;WILLこど
も知育研究所編著 金の星社 2024年3月

「おしごとそうだんセンター」ヨシタケシンスケ著 集英社 2024年2月【物語形式(フィクション)】

社会・生活・暮らし

「おしごと道具名前じてん」菅祐美子著 東京書店 2024年8月

「お仕事さくいん：いのちと健康を守るお仕事」DBジャパン 2024年5月

「お仕事さくいん：芸術や音楽にかかわるお仕事」DBジャパン編集 DBジャパン 2024年8月

「お仕事さくいん：新時代のIT・ゲーム・デジタルクリエイティブにかかわるお仕事」DBジャパン編集 DBジャパン 2024年7月

「がんばれ!田んぼマシーン」星野秀樹写真;池田菜津美文 新日本出版社（くらしをささえる乗りもの）2024年9月

「キャリア教育に活きる!仕事ファイル：センパイに聞く43」小峰書店編集部編著 小峰書店 2024年4月

「キャリア教育に活きる!仕事ファイル：センパイに聞く44」小峰書店編集部編著 小峰書店 2024年4月

「キャリア教育に活きる!仕事ファイル：センパイに聞く45」小峰書店編集部編著 小峰書店 2024年4月

「キャリア教育に活きる!仕事ファイル：センパイに聞く46」小峰書店編集部編著 小峰書店 2024年4月

「キャリア教育に活きる!仕事ファイル：センパイに聞く47」小峰書店編集部編著 小峰書店 2024年4月

「キャリア教育支援ガイドお仕事ナビ28」お仕事ナビ編集室著 理論社 2024年2月

「キャリア教育支援ガイドお仕事ナビ29」お仕事ナビ編集室著 理論社 2024年10月

「キャリア教育支援ガイドお仕事ナビ30」お仕事ナビ編集室著 理論社 2024年12月

「ここがすごい!ロボット図鑑1」岡田博元監修 あかね書房 2024年9月

「こちら、沖縄美ら海水族館動物健康管理室。= This is Okinawa Churaumi Aquarium Animal Health Management Section：世界一の治療をチームで目指す」岩貞るみこ文;サタケシュンスケイラスト 講談社 2024年6月【物語形式（ノンフィクション）】

「しごととつくりを見てみよう!はたらくじどう車くらべ2」『はたらくじどう車くらべ』編集委員会編著 汐文社 2024年1月

「しごととつくりを見てみよう!はたらくじどう車くらべ3」『はたらくじどう車くらべ』編集委員会編著 汐文社 2024年2月

「しごととつくりを見てみよう!はたらくじどう車くらべ4」『はたらくじどう車くらべ』編集委員会編著 汐文社 2024年3月

「ジブン未来図鑑：職場体験完全ガイド+ 11」ポプラ社 2024年4月

「ジブン未来図鑑：職場体験完全ガイド+ 12」ポプラ社 2024年4月

「ジブン未来図鑑：職場体験完全ガイド+ 13」ポプラ社 2024年4月

社会・生活・暮らし

「ジブン未来図鑑：職場体験完全ガイド+ 14」ポプラ社 2024年4月

「ジブン未来図鑑：職場体験完全ガイド+ 15」ポプラ社 2024年4月

「ジョイフルジョブ!美容師仁の道」斉藤洋作;酒井以絵 あかね書房 2024年7月【物語形式(ノンフィクション)】

「すすめ!雪国スノーファイター」星野秀樹写真;池田菜津美文 新日本出版社(くらしをささえる乗りもの) 2024年11月

「スポーツを支える仕事」元永知宏著 岩波書店(岩波ジュニア新書) 2024年11月

「ドラえもん学びワールド音楽をはじめよう―ビッグ・コロタン；224」藤子・F・不二雄まんが;藤子プロ;久保田慶一監修 小学館 2024年3月【マンガ形式・マンガつき】

「ドラえもん探究ワールド水族館のなぞ―ビッグ・コロタン；227」藤子・F・不二雄まんが;藤子プロ;西田清徳監修 小学館 2024年4月【マンガ形式・マンガつき】

「はじめての船ずかん」 スタジオタッククリエイティブ 2024年7月

「バス―げんきのえほん. のりものよみきかせ絵本」講談社編 講談社 2024年6月

「はたらくってなぁに?―ぜいけんえほんシリーズ」税務研究会さく;つむぱぱえ 税務研究会出版局 2024年7月

「はたらく図書館」吉田亮人写真;矢萩多聞文 創元社(写真絵本はたらく) 2024年11月

「はたらく製本所」吉田亮人写真;矢萩多聞文 創元社(写真絵本はたらく) 2024年11月

「はたらく中華料理店」吉田亮人写真;矢萩多聞文 創元社(写真絵本はたらく) 2024年9月

「はたらく本屋―写真絵本はたらく」吉田亮人写真;矢萩多聞文 創元社 2024年9月

「ひこうきがとぶまえに：航空整備士の仕事―TEXAS BookSellersしごと絵本シリーズ」キッチンミノルさく テキサスブックセラーズ 2024年5月

「フィールドに出かけよう!野鳥の観察入門：身近な鳥から渡り鳥まで」秋山幸也著 誠文堂新光社(子供の科学サイエンスブックスNEXT) 2024年12月

「フードテックとSDGs 1」石川伸一監修 フレーベル館 2024年11月

「フレーフレー!就活高校生：高卒で働くことを考える」中島隆著 岩波書店(岩波ジュニア新書) 2024年6月

「フロントランナー＝ Front Runner 1」朝日新聞be編集部監修 岩崎書店 2024年9月【物語形式(ノンフィクション)】

「フロントランナー＝ Front Runner 2」朝日新聞be編集部監修 岩崎書店 2024年9月【物語形式(ノンフィクション)】

「フロントランナー＝ Front Runner 3」朝日新聞be編集部監修 岩崎書店 2024年10月【物語形式(ノンフィクション)】

社会・生活・暮らし

「フロントランナー＝Front Runner 4」朝日新聞be編集部監修 岩崎書店 2024年10月【物語形式（ノンフィクション）】

「フロントランナー＝Front Runner 5」朝日新聞be編集部監修 岩崎書店 2024年10月【物語形式（ノンフィクション）】

「フロントランナー＝Front Runner 6」朝日新聞be編集部監修 岩崎書店 2024年10月【物語形式（ノンフィクション）】

「まほろば動物病院はどこまでも」鷲塚貞長著 つちや書店 2024年7月【物語形式（フィクション）】

「まよなかのとっきゅうれっしゃ」溝口イタル絵;こどものほん編集部文 交通新聞社（でんしゃのひみつ）2024年4月

「マンガでたのしく!国会議員という仕事」赤松健著 筑摩書房（ちくまプリマー新書）2024年6月【マンガ形式・マンガつき】

「みなとのいちにち：コンテナくんのたび」谷川夏樹著 ウェイツ 2024年3月

「ミュージアムと生きていく＝Life with Museums」大澤夏美著 文学通信 2024年5月

「もふかわネコ—学研の図鑑LIVE petit」山本宗伸;アジアキャットクラブ監修 Gakken 2024年3月

「ロボット大図鑑：どんなときにたすけてくれるかな? 1」佐藤知正監修 ポプラ社 2024年4月

「ロボット大図鑑：どんなときにたすけてくれるかな? 2」佐藤知正監修 ポプラ社 2024年4月

「ロボット大図鑑：どんなときにたすけてくれるかな? 3」佐藤知正監修 ポプラ社 2024年4月

「ロボット大図鑑：どんなときにたすけてくれるかな? 4」佐藤知正監修 ポプラ社 2024年4月

「ロボット大図鑑：どんなときにたすけてくれるかな? 5」佐藤知正監修 ポプラ社 2024年4月

「宇宙ステーションおしごと大図鑑：宇宙飛行士のすべてを見よう!」野口聡一日本語版監修;DK社編;桑原洋子訳 河出書房新社 2024年6月

「栄養士・管理栄養士ってこんな仕事しています：13人のリアルストーリー：食と栄養で今と未来をハッピーに!」油井陽ほか著 女子栄養大学出版部 2024年10月

「気象予報士わぴちゃんのお天気を知る本 [3]」岩槻秀明著 いかだ社 2024年4月

「牛乳から世界がかわる：酪農家になりたい君へ」小林国之著 農山漁村文化協会（かんがえるタネ）2024年9月

「教えて歯医者さん!調べて守る歯の話 3」桜堤あみの歯科監修 くもん出版 2024年9月

「君に伝えたい「本当にやりたいこと」の見つけかた」池上彰監修 KADOKAWA 2024年2月

「元駅員芸人パンタグラフが教える明日学校で話したくなる電車の話」パンタグラフ著 イカロス出版 2024年11月

社会・生活・暮らし

「仕事に行ってきます 15」季刊『コトノネ』編集部著;藤井克徳;野口武悟監修 埼玉福祉会出版部 2024年3月

「社会がよくわかるみのまわりのおかねのこと」泉美智子監修 高橋書店 2024年3月【マンガ形式・マンガつき】

「女の子でも総理大臣になれる?国会への道」辻元清美著 偕成社(みんなの研究) 2024年2月

「生成AIのなかみ―ゼロからわかるITほんき入門+マンガ」黒川なお著;橋本泰一監修 インプレス 2024年9月【マンガ形式・マンガつき】

「天職が見つかる空想教室 = Imagination Lesson」植松努著 サンクチュアリ出版(sanctuary books) 2024年10月

「働くってどういうこと?：今の自分が未来をつくる―学校では教えてくれない大切なこと；48」関和之マンガ・イラスト 旺文社 2024年6月【マンガ形式・マンガつき】

「働く現場をみてみよう! [1]」パーソルキャリア株式会社"はたらく"を考えるワークショップ推進チーム監修 保育社 2024年9月

「働く現場をみてみよう! [2]」パーソルキャリア株式会社"はたらく"を考えるワークショップ推進チーム監修 保育社 2024年8月

「働く現場をみてみよう! [3]」パーソルキャリア株式会社"はたらく"を考えるワークショップ推進チーム監修 保育社 2024年8月

「売る仕事の一日：営業・営業企画・販売―会社員の仕事見る知るシリーズ」西山昭彦監修;WILLこども知育研究所編著 保育社 2024年9月

「病院図鑑」梅澤真一監修 金の星社 2024年12月

「僕たちはまだ、総理大臣のことを何も知らない。」長谷部京子著・監修 Gakken(私たちの未来) 2024年6月【マンガ形式・マンガつき】

「未来をつくる仕事図鑑 第2期1」Gakken 2024年2月

「未来をつくる仕事図鑑 第2期2」Gakken 2024年2月

「未来をつくる仕事図鑑 第2期3」Gakken 2024年2月

「理科の時間：学校の学びを社会で活かせ!―なるにはBOOKS. 教科と仕事」松井大助著 ぺりかん社 2024年6月

「理系の職場 10」こどもくらぶ編 同友館 2024年9月

「理系の職場 11」こどもくらぶ編 同友館 2024年10月

「理系の職場 12」こどもくらぶ編 同友館 2024年11月

「理系の職場 8」こどもくらぶ編 同友館 2024年1月

「理系の職場 9」こどもくらぶ編 同友館 2024年9月

「料理人という仕事」稲田俊輔著 筑摩書房(ちくまプリマー新書) 2024年7月

社会・生活・暮らし

仕事＞就職活動

「フレーフレー!就活高校生：高卒で働くことを考える」中島隆著 岩波書店（岩波ジュニア新書）2024年6月

「夢も金もない高校生が知ると得する進路ガイド」石渡嶺司著 星海社 講談社（星海社新書）2024年7月

仕事＞障害者と仕事

「仕事に行ってきます 15」季刊『コトノネ』編集部著;藤井克徳;野口武悟監修 埼玉福祉会出版部 2024年3月

「仕事に行ってきます 16」季刊『コトノネ』編集部著;原智彦;野口武悟監修 埼玉福祉会出版部 2024年3月

仕事＞職場・職業体験

「キャリア教育に活きる!仕事ファイル：センパイに聞く 43」小峰書店編集部編著 小峰書店 2024年4月

「キャリア教育に活きる!仕事ファイル：センパイに聞く 44」小峰書店編集部編著 小峰書店 2024年4月

「キャリア教育に活きる!仕事ファイル：センパイに聞く 45」小峰書店編集部編著 小峰書店 2024年4月

「キャリア教育に活きる!仕事ファイル：センパイに聞く 46」小峰書店編集部編著 小峰書店 2024年4月

「キャリア教育に活きる!仕事ファイル：センパイに聞く 47」小峰書店編集部編著 小峰書店 2024年4月

「ジブン未来図鑑：職場体験完全ガイド+ 11」ポプラ社 2024年4月

「ジブン未来図鑑：職場体験完全ガイド+ 12」ポプラ社 2024年4月

「ジブン未来図鑑：職場体験完全ガイド+ 13」ポプラ社 2024年4月

「ジブン未来図鑑：職場体験完全ガイド+ 14」ポプラ社 2024年4月

「ジブン未来図鑑：職場体験完全ガイド+ 15」ポプラ社 2024年4月

「理系の職場 9」こどもくらぶ編 同友館 2024年9月

仕事＞人事

「支える仕事の一日：経営企画・経理・人事・広報—会社員の仕事見る知るシリーズ」西山昭彦監修;WILLこども知育研究所編著 保育社 2024年11月

社会・生活・暮らし

仕事＞天職

「天職が見つかる空想教室 = Imagination Lesson」植松努著 サンクチュアリ出版(sanctuary books) 2024年10月

仕事＞働き方

「マンガでたのしく!国会議員という仕事」赤松健著 筑摩書房(ちくまプリマー新書) 2024年6月【マンガ形式・マンガつき】

「選挙、誰に入れる?：ちょっとでも良い未来を「選ぶ」ために知っておきたいこと―新時代の教養」宇野重規監修 Gakken 2024年3月

仕事＞販売

「売る仕事の一日：営業・営業企画・販売―会社員の仕事見る知るシリーズ」西山昭彦監修;WILLこども知育研究所編著 保育社 2024年9月

仕事＞ワークルール

「働きはじめる前に知っておきたいワークルールの超きほん」佐々木亮監修 旬報社 2024年5月

時事

「公共ライブラリー：現代を知る50テーマ 2024-25」清水書院 2024年4月

思春期

「10才からの保健体育：こころとからだのギモン―大人だって本当は知らない」今西洋介監修;よこてさとめマンガ 永岡書店 2024年7月

「10歳までに知っておきたい子どもを一生守る「からだ・こころ・権利」の話：自分とまわりの人を大切にできる力を育てます」やまがたてるえ;渡邉安衣子著 青春出版社 2024年7月

「12歳までに知っておきたい男の子のためのおうちでできる性教育」高橋幸子著 日本文芸社 2024年3月【マンガ形式・マンガつき】

「13歳までに伝えたい女の子の心と体のこと：マンガでよくわかる!」やまがたてるえ著;藤井昌子マンガ かんき出版 2024年9月【マンガ形式・マンガつき】

「まわせP循環!：マンガで学ぶセルフ・カウンセリング」東豊著;見那ミノル画 遠見書房 2024年2月【マンガ形式・マンガつき】

「ようこそ!思春期：おとなに近づくからだの成長のはなし」レイチェル・グリーナー文;クレア・オーウェン絵;浦野匡子;艮香織訳・解説 大月書店 2024年2月

「思春期の心理を知ろう!：心の不調の原因と自分でできる対処法―楽しい調べ学習シリーズ」松丸未来監修 PHP研究所 2024年4月

社会・生活・暮らし

自助

「じじょろんのたいせつさ─OR BOOKS」大川隆法原作;大川紫央絵本監修;『じじょろんのたいせつさ』作画プロジェクト編・絵 幸福の科学出版 2024年3月

思想、信仰、理念

「ハマれないまま、生きてます：こどもとおとなのあいだ─あいだで考える」栗田隆子著 創元社 2024年5月

「ビジュアル図鑑聖書の人々 = Visual Encyclopedia THE BIBLE'S PEOPLE」島田裕巳監修 カンゼン 2024年12月

「子どものカトリック要理」ラゲ原著 白百合と菊出版 2024年6月【指導者用解説つき】

「死ぬのは、こわい?─よりみちパン!セ；YP11」徳永進著 新曜社 2024年1月

「世界ぐるぐる怪異紀行：どうして"わからないもの"はこわいの?─14歳の世渡り術」奥野克巳監修;奥野克巳ほか著 河出書房新社 2024年3月

「大籠殉教物語 = 오카고 순교이야기」東北殉教歴史研究会著;宋なほ絵;c-awase編集;大籠たたら製鉄とキリシタン殉教史跡保存会監修 東北殉教歴史研究会 c-awase（発行所）2024年【韓国語つき/物語形式（ノンフィクション）】

「哲学ってなんだろう?：哲学の基本がわかる図鑑」DK社編;山本貴光訳 東京書籍 2024年3月

思想、信仰、理念＞アントレプレナーシップ

「いますぐ知りたい会社づくりのしくみ：子どもにもなれる社長」澤田聖士;大町侑平監修;さいとうかおりイラスト マイクロマガジン社 2024年11月

思想、信仰、理念＞陰陽五行思想

「呪術闇と光のバトル [1]」橘伊津姫著 汐文社 2024年8月【物語形式（フィクション）】

思想、信仰、理念＞政治思想、社会思想＞学生運動

「白バラ：ナチスに抵抗し命を散らした若者たち─新伝記平和をもたらした人びと；2」間部香代文 Gakken 2024年4月【物語形式（ノンフィクション）】

思想、信仰、理念＞政治思想、社会思想＞資本主義

「食べものから学ぶ現代社会：私たちを動かす資本主義のカラクリ」平賀緑著 岩波書店（岩波ジュニア新書）2024年1月

思想、信仰、理念＞政治思想、社会思想＞社会運動

「みんなで世界を変える!小さな革命のすすめ」佐久間裕美子著 偕成社（みんなの研究）2024年3月

社会・生活・暮らし

「わたしたちの世界を変える方法：アクティビズム入門—14歳の世渡り術」中村眞大編著;あーにゃほか著 河出書房新社 2024年11月

思想、信仰、理念＞政治思想、社会思想＞ファシズム

「学研まんが日本と世界の近現代の歴史 = MODERN HISTORY 3」高橋哲監修;南房秀久原作 Gakken 2024年11月【マンガ形式・マンガつき】

思想、信仰、理念＞政治思想、社会思想＞民主主義

「自分の言葉で社会を変えるための民主主義入門」フィリップ・バンティング文+絵;堀越英美訳 河出書房新社 2024年3月

「税という社会の仕組み」諸富徹著 筑摩書房(ちくまプリマー新書) 2024年5月

思想、信仰、理念＞政治思想、社会思想＞ルッキズム、外見至上主義

「人は見た目!?ルッキズムの呪いをとく! 1」矢吹康夫監修 フレーベル館 2024年10月

「人は見た目!?ルッキズムの呪いをとく! 2」矢吹康夫監修 フレーベル館 2024年12月

社会、生活、暮らし一般

「あなたがあなたであるために：自分らしく生きるための自閉スペクトラム・ガイド」ローナ・ウィング監修;吉田友子著 中央法規出版 2024年12月

「おぼえる!学べる!たのしい都道府県」井田仁康監修 高橋書店 2024年3月

「カメにのった捨て犬・未来!：とっとこ「いのち」と、のんびり「いのち」」今西乃子著;浜田一男写真 岩崎書店 2024年11月【物語形式(ノンフィクション)】

「キャラ絵で学ぶ!江戸の暮らしと文化図鑑」伊藤賀一監修;いとうみつる絵;千羽ひとみ文 すばる舎 2024年11月

「くらしに役立つ家庭 = Home Economics for Daily Life」明官茂監修 東洋館出版社 2024年3月

「くらしに役立つ国語 = Japanese Language for Daily Life」明官茂監修 東洋館出版社 2024年3月

「くらしに役立つ社会 = Social Studies for Daily Life」明官茂監修 東洋館出版社 2024年3月

「くらしに役立つ保健体育 = Health and Physical Education for Daily Life」明官茂監修 東洋館出版社 2024年3月

「くらしに役立つ理科 = Science for Daily Life」明官茂監修 東洋館出版社 2024年3月

「こおりのせかいなんきょくへいこう—しぜんにタッチ!」ひさかたチャイルド 2024年12月

「ここがすごい!ロボット図鑑 2」岡田博元監修 あかね書房 2024年9月

社会・生活・暮らし

「こども大図鑑：なんでも!いっぱい!」ジュリー・フェリスほか編集;米村でんじろう日本語版監修;オフィス宮崎日本語版編集 河出書房新社 2024年5月

「ゼロからの著作権：学校・社会・SNSの情報ルール」宮武久佳著 岩波書店(岩波ジュニア新書) 2024年9月

「どうしても乗ってしまうんだ先に来たほうの電車に：明るい祟り試練よ、ようこそ―共に生きる世界シリーズ」空、ときどき海著 みらいパブリッシング 星雲社 2024年6月

「ないとどうなる?日本国憲法：「ある・なし」をくらべてわかる憲法の大切さ 第2巻」木村草太監修 Gakken 2024年2月

「ないとどうなる?日本国憲法：「ある・なし」をくらべてわかる憲法の大切さ 第3巻」木村草太監修 Gakken 2024年2月

「なぞなぞブック」マーガレット・レイ;ハンス・アウグスト・レイ原作;WILLこども知育研究所編著 金の星社(アニメおさるのジョージ) 2024年9月

「なるほどよくわかる金融 3」教育画劇 2024年4月

「はじめての地理学―世界基準の教養forティーンズ」ミナ・レイシー;ララ・ブライアン;サラ・ハル文;ウェスレー・ロビンズ絵;ロジャー・トレンド監修;水野一晴日本語版監修;清水玲奈訳 河出書房新社 2024年11月

「びっくり発見!おうちのなかのサイエンス：NOLTYキッズワークブック」川村康文;小林尚美監修 日本能率協会マネジメントセンター(Nolty kids) 2024年8月

「ブリタニカビジュアル大図鑑：INFOGRAPHICA」ヴァレンティーナ・デフィリーポインフォグラフィック制作;アンドリュー・ペティ;コンラッド・キルティ・ハーパー編;武田知世;瀧下哉代;小巻靖子訳 NHK出版(BRITANNICA BOOKS) 2024年11月

「マンガでわかる!10才までに覚えたい社会のしくみ：政治 経済 生活 国際 SDGs」高濱正伸;加藤崇浩監修 永岡書店 2024年7月【マンガ形式・マンガつき】

「みんなが知りたい!進化する「道具とくらし」：図解でわかるモノと生活のうつりかわり―まなぶっく」こどもラーニング編集室著 メイツユニバーサルコンテンツ 2024年6月

「もっと教えて!ドラえもん：記事とまんがで社会のしくみ丸わかり!!」藤子・F・不二雄キャラクター原作;朝日新聞社監修 小学館 2024年6月【マンガ形式・マンガつき】

「わからない世界と向き合うために」中屋敷均著 筑摩書房(ちくまプリマー新書) 2024年2月

「移動する民：ノマドのくらし」キンチョイ・ラム作;八木橋伸浩日本語版監修;くまがいじゅんこ訳 玉川大学出版部 2024年12月

「現地取材!世界のくらし 16」ポプラ社 2024年9月

「現地取材!世界のくらし 17」ポプラ社 2024年9月

「現地取材!世界のくらし 18」ポプラ社 2024年9月

「現地取材!世界のくらし 19」ポプラ社 2024年9月

社会・生活・暮らし

「現地取材!世界のくらし 20」ポプラ社 2024年9月

「根っこのふしぎな世界 [4]」小泉光久制作・文;中野明正監修;根研究学会編集協力 文研出版 2024年1月

「最強に面白い統計─ニュートン超図解新書」今野紀雄監修 ニュートンプレス 2024年1月

「写真でわかる!日本の国土とくらし 4」「写真でわかる!日本の国土とくらし」編集室著 理論社 2024年7月

「社会がよくわかるみのまわりのおかねのこと」泉美智子監修 高橋書店 2024年3月【マンガ形式・マンガつき】

「身のまわりの不思議を科学する:自然、健康、生活、料理のサイエンス」古崎新太郎著 花伝社 共栄書房 2024年9月

「正解のない問題集:自分らしく考え、生き抜くための ボクらの課題編─新時代の教養」池上彰監修 Gakken 2024年7月

「生活学Navi = Lifestyle Navigation：資料+成分表：家庭 2024」実教出版編修部著作 実教出版 2024年

「生成AIのなかみ─ゼロからわかるITほんき入門+マンガ」黒川なお著;橋本泰一監修 インプレス 2024年9月【マンガ形式・マンガつき】

「地べたから考える:世界はそこだけじゃないから」ブレイディみかこ著 筑摩書房(ちくまQブックス) 2024年10月

「調べてわかる!日本の山 2」鈴木毅彦監修 汐文社 2024年3月

「日本のすがた:最新データで学ぶ社会科資料集 2024」矢野恒太記念会編集 矢野恒太記念会 2024年3月

「飛べ!山小屋ヘリコプター:くらしをささえる乗りもの」星野秀樹写真;池田菜津美文 新日本出版社 2024年7月

「未来につなごう生物多様性 4」文溪堂 2024年3月

「未来に飛び立つ最新宇宙技術 3」渡辺勝巳監修 汐文社 2024年3月

「明日話したくなる個人情報のはなし」蔦大輔ほか編著 清水書院 2024年8月【マンガ形式・マンガつき】

社会問題、国際問題＞一揆

「にとはちさま:長野市に伝わる「義民助弥の物語」」内田ちづる文・絵 ほおずき書籍 星雲社 2024年11月【物語形式(ノンフィクション)】

社会・生活・暮らし

社会問題、国際問題＞エネルギー問題

「やさしくわかるエネルギー地政学：エネルギーを使いつづけるために知っておきたいこと―未来につなげる・みつけるSDGs」小野﨑正樹;奥山真司共著;小野﨑理香絵 技術評論社 2024年7月

「環境問題とわたしたちのくらし―ドラえもんの学習シリーズ. ドラえもんの社会科おもしろ攻略」藤子・F・不二雄キャラクター原作;上田正人監修 小学館 2024年7月【マンガ形式・マンガつき】

社会問題、国際問題＞飢餓、貧困、飢饉

「10代からのサステナブル：持続可能な社会をめざして：輝く心と学ぶ喜びを」野田将晴著 高木書房 2024年9月

「10代に届けたい5つの"授業"」生田武志;山下耕平編著;松岡千紘ほか著 大月書店 2024年3月

「おてらおやつクラブ物語：子どもの貧困のない社会をめざして」井出留美著 旬報社 2024年10月

「これから大人になるアナタに伝えたい10のこと：自分を愛し、困難を乗りこえる力」サヘル・ローズ著 童心社 2024年11月

「教科書では教えてくれない世界の闇」藤田晋一文 金の星社（5分後に世界のリアル）2024年3月【物語形式（ノンフィクション）】

「地球が悲鳴をあげている：さっちゃんと梅子おばあちゃんのSDGs 2」水谷久子著 文芸社 2024年6月【物語形式（フィクション）】

社会問題、国際問題＞虐待

「10代のカラダのハテナ：図書館版」高尾美穂監修 あかね書房 2024年1月

「きみを守る「こども基本法」3」喜多明人監修 汐文社 2024年2月【マンガ形式・マンガつき】

社会問題、国際問題＞国際紛争

「14歳からの非戦入門：戦争とジェノサイドを即時終わらせるために」伊勢崎賢治著 ビジネス社 2024年6月

「狙われた国と地域 4」稲葉茂勝著;松竹伸幸監修 あすなろ書房 2024年1月

社会問題、国際問題＞児童買春、児童ポルノ

「わたしは13歳今日、売られる。：ネパール・性産業の闇から助けを求める少女たち」長谷川まり子著 合同出版 2024年3月

社会・生活・暮らし

社会問題、国際問題＞社会格差

「正解のない問題集：自分らしく考え、生き抜くための　ボクらの課題編—新時代の教養」池上彰監修 Gakken 2024年7月

社会問題、国際問題＞社会病理

「ホームレスでいること：見えるものと見えないもののあいだ—あいだで考える」いちむらみさこ著 創元社 2024年8月

社会問題、国際問題＞社会問題、国際問題一般

「10代に届けたい5つの"授業"」生田武志;山下耕平編著;松岡千紘ほか著 大月書店 2024年3月

「世界お金の大図鑑：謎と秘密」青柳正規監修;コンスタンティノフ文・絵;若松宣子訳 西村書店東京出版編集部 2024年9月

「大人も子どもも知らない不都合な数字：13歳からの社会問題入門」チャリツモ著 フォレスト出版 2024年3月

「地べたから考える：世界はそこだけじゃないから」ブレイディみかこ著 筑摩書房(ちくまQブックス) 2024年10月

「日本の未来が危ない!?人口減少社会 2」岩澤美帆監修 汐文社 2024年10月

「日本の未来が危ない!?人口減少社会 3」岩澤美帆監修 汐文社 2024年12月

社会問題、国際問題＞少子高齢化、高齢化

「おじいちゃん、おばあちゃんを知ろう! 4」佐藤眞一監修 小峰書店 2024年4月

社会問題、国際問題＞食品ロス

「捨てられる魚たち：「未利用魚」から生まれた奇跡の灰干し弁当ものがたり」梛木春幸著 講談社 2024年1月

社会問題、国際問題＞植民地

「世界の歴史 11—集英社版学習まんが」集英社 2024年10月【マンガ形式・マンガつき】

社会問題、国際問題＞食糧問題、食糧危機

「SDGsから考える世界の食料問題」小沼廣幸著 岩波書店(岩波ジュニア新書) 2024年4月

「ポプラディアプラス地球環境 = POPLAR ENCYCLOPEDIA PLUS Global Environment 1」ポプラ社 2024年4月

「植物が世界をすくう!—児童図書館・絵本の部屋」アナベル・セイヴァリー文;チュイラン絵;佐藤見果夢やく 評論社 2024年3月

62

社会・生活・暮らし

「食べものから学ぶ現代社会：私たちを動かす資本主義のカラクリ」平賀緑著 岩波書店（岩波ジュニア新書）2024年1月

「地球が悲鳴をあげている：さっちゃんと梅子おばあちゃんのSDGs 2」水谷久子著 文芸社 2024年6月【物語形式（フィクション）】

「日本の未来が危ない!?人口減少社会 3」岩澤美帆監修 汐文社 2024年12月

社会問題、国際問題＞人権、差別、偏見

「それって決めつけじゃない!?アンコンシャス・バイアス 1巻」北村英哉監修;松島恵利子文;のはらあこマンガ・イラスト 汐文社 2024年7月

「それって決めつけじゃない!?アンコンシャス・バイアス 2巻」北村英哉監修;松島恵利子文;のはらあこマンガ・イラスト 汐文社 2024年9月

「それって決めつけじゃない!?アンコンシャス・バイアス 3巻」北村英哉監修;松島恵利子文;のはらあこマンガ・イラスト 汐文社 2024年10月

「それはわたしが外国人だから？：日本の入管で起こっていること」安田菜津紀著;金井真紀絵と文;高橋済法律監修 ヘウレーカ 2024年4月

「気づくことで未来がかわる新しい人権学習 3」稲葉茂勝著;こどもくらぶ編 岩崎書店 2024年2月

「大きな古時計 = GRANDFATHER'S CLOCK：英語訳版」善右衛門作;くまざきゆう絵 ベンテンエンタテインメント 星雲社（べんてんブックス）2024年12月【英語つき/物語形式（ノンフィクション）】

社会問題、国際問題＞人権、差別、偏見＞人種差別

「あなたの権利を知って使おう：子どもの権利ガイド」アムネスティ・インターナショナル;アンジェリーナ・ジョリー;ジェラルディーン・ヴァン=ビューレン著;上田勢子訳 子どもの未来社 2024年9月

「ローザ・パークス = ROSA PARKS：勇気と信念で差別と戦いアメリカを変えた女性—集英社版・学習まんが. 世界の伝記NEXT」RICCAまんが;蛭海隆志シナリオ;坂下史子監修 集英社 2024年6月【マンガ形式・マンガつき】

社会問題、国際問題＞人権、差別、偏見＞性差別

「あなたの権利を知って使おう：子どもの権利ガイド」アムネスティ・インターナショナル;アンジェリーナ・ジョリー;ジェラルディーン・ヴァン=ビューレン著;上田勢子訳 子どもの未来社 2024年9月

「リーゼ・マイトナー：核分裂を発見した女性科学者」マリッサ・モス著;中井川玲子訳 岩波書店 2024年3月【物語形式（ノンフィクション）】

社会・生活・暮らし

社会問題、国際問題＞人口減少

「日本の未来が危ない!?人口減少社会 1」岩澤美帆監修 汐文社 2024年9月

「日本の未来が危ない!?人口減少社会 2」岩澤美帆監修 汐文社 2024年10月

「日本の未来が危ない!?人口減少社会 3」岩澤美帆監修 汐文社 2024年12月

社会問題、国際問題＞人身売買

「わたしは13歳今日、売られる。：ネパール・性産業の闇から助けを求める少女たち」長谷川まり子著 合同出版 2024年3月

社会問題、国際問題＞性暴力

「キミのからだはキミのもの」ルシア・セラーノ絵と文;宇野和美訳;シオリーヌ監修 ポプラ社 2024年1月

「ムクウェゲ医師、平和への闘い：「女性にとって世界最悪の場所」と私たち」立山芽以子;華井和代;八木亜紀子著 岩波書店（岩波ジュニア新書）2024年6月

社会問題、国際問題＞戦争＞戦争一般

「14歳からの非戦入門：戦争とジェノサイドを即時終わらせるために」伊勢崎賢治著 ビジネス社 2024年6月

「Dear：16とおりのへいわへのちかい」サヘル・ローズ著 イマジネイション・プラス（imagination unlimited）2024年11月

「これから大人になるアナタに伝えたい10のこと：自分を愛し、困難を乗りこえる力」サヘル・ローズ著 童心社 2024年11月

「どうして戦争しちゃいけないの?：元イスラエル兵ダニーさんのお話」ダニー・ネフセタイ著 あけび書房 2024年3月

「はじめての戦争と平和」鶴岡路人著 筑摩書房（ちくまプリマー新書）2024年11月

「はじめての法律―世界基準の教養forティーンズ」山本龍彦日本語版監修;川野太郎訳;ララ・ブライアン;ローズ・ホール文;アンナ・ハーディ;ミゲル・ブストス絵 河出書房新社 2024年12月

「ミヒャエル・エンデ―コミック版世界の伝記；57」久木ゆづる漫画;黒姫童話館監修 ポプラ社 2024年5月【マンガ形式・マンガつき】

「ロバート・キャパ：戦争の真実を撮り続けた戦場写真家―新伝記平和をもたらした人びと；5」井上こみち文 Gakken 2024年4月【物語形式（ノンフィクション）】

「応仁の乱：終わらない戦いが始まる」小前亮著;斎賀時人絵 理論社（ものがたり日本の乱）2024年4月

「国際協力入門：平和な世界のつくりかた」山田満著 玉川大学出版部 2024年2月

社会・生活・暮らし

「子供達に夢を、そして愛 = Dreams and love for children」田龍太郎;田龍彦著 文芸社 2024年9月

「狙われた国と地域 4」稲葉茂勝著;松竹伸幸監修 あすなろ書房 2024年1月

「保元・平治の乱：移りゆく勝者と敗者」小前亮著;斎賀時人絵 理論社(ものがたり日本の乱) 2024年9月【物語形式(ノンフィクション)】

「僕らは戦争を知らない：世界中の不条理をなくすためにキミができること」小泉悠監修 Gakken 2024年2月【マンガ形式・マンガつき】

社会問題、国際問題＞戦争＞地域紛争

「ムクウェゲ医師、平和への闘い：「女性にとって世界最悪の場所」と私たち」立山芽以子;華井和代;八木亜紀子著 岩波書店(岩波ジュニア新書) 2024年6月

「教科書では教えてくれない世界の闇」藤田晋一文 金の星社(5分後に世界のリアル) 2024年3月【物語形式(ノンフィクション)】

社会問題、国際問題＞デモ(デモンストレーション)

「みんなで世界を変える!小さな革命のすすめ」佐久間裕美子著 偕成社(みんなの研究) 2024年3月

社会問題、国際問題＞ドメスティック・バイオレンス(DV)＞デートDV

「わたしはわたし。あなたじゃない。：10代の心を守る境界線「バウンダリー」の引き方」鴻巣麻里香著 リトルモア 2024年9月

社会問題、国際問題＞難民

「Dear：16とおりのへいわへのちかい」サヘル・ローズ著 イマジネイション・プラス(imagination unlimited) 2024年11月

「いまは、ここがぼくたちの家：ウクライナから戦争を逃れてきた子ども」バルバラ・ガヴリルク文;マチェイ・シマノヴィチ絵;田村和子訳 彩流社 2024年12月【物語形式(ノンフィクション)】

「それはわたしが外国人だから?：日本の入管で起こっていること」安田菜津紀著;金井真紀絵と文;高橋済法律監修 ヘウレーカ 2024年4月

「チョコレートを食べたことがないカカオ農園の子どもにきみはチョコレートをあげるか?」木下理仁著 旬報社 2024年5月

「ぼくたちのことをわすれないで：ロヒンギャの男の子ハールンのものがたり」由美村嬉々作;鈴木まもる絵 佼成出版社 2024年6月【物語形式(フィクション)】

「気づくことで未来がかわる新しい人権学習 6」稲葉茂勝著;こどもくらぶ編 岩崎書店 2024年2月

「私は十五歳」アズ・ブローマ原案;なるかわしんご絵;駒井知会;指宿昭一監修 イマジネイション・プラス(a sailing boat book) 2024年8月【物語形式(ノンフィクション)】

社会・生活・暮らし

「緒方貞子：難民と途上国支援に尽くした人生—新伝記平和をもたらした人びと；7」たけたにちほみ文 Gakken 2024年3月【物語形式（ノンフィクション）】

「難民・移民のわたしたち：これからの「共生」ガイド—14歳の世渡り術」雨宮処凛著 河出書房新社 2024年8月

社会問題、国際問題＞迫害

「アンネ・フランク：平和な世界への思いを日記にこめた少女—学研まんが日本と世界の伝記」なつこまんが；石岡史子監修 Gakken 2024年2月【物語形式（ノンフィクション）】

社会問題、国際問題＞パレスチナ問題

「どうして戦争しちゃいけないの?：元イスラエル兵ダニーさんのお話」ダニー・ネフセタイ著 あけび書房 2024年3月

「狙われた国と地域 4」稲葉茂勝著；松竹伸幸監修 あすなろ書房 2024年1月

社会問題、国際問題＞米軍基地問題

「沖縄について私たちが知っておきたいこと」高橋哲哉著 筑摩書房（ちくまプリマー新書）2024年5月

社会問題、国際問題＞暴力

「ハマれないまま、生きてます：こどもとおとなのあいだ—あいだで考える」栗田隆子著 創元社 2024年5月

社会問題、国際問題＞薬物乱用

「10代からのヘルスリテラシー [1]」松本俊彦監修 大月書店 2024年9月

「教科書では教えてくれない世界の闇」藤田晋一文 金の星社（5分後に世界のリアル）2024年3月【物語形式（ノンフィクション）】

「生きのびるための犯罪（みち）—よりみちパン!セ；YP14」上岡陽江；ダルク女性ハウス著 新曜社 2024年1月

習慣、生活習慣

「10歳までに身につけたい子どもに一生役に立つ台所と料理のこと：この小さな習慣が、生きる力を育てます」坂本佳奈著 青春出版社 2024年9月

「きみがだいすき1・2・3：脳が喜ぶ親子の指さしコミュニケーション：英語・日本語3語文」あいばしづか文・絵 文芸社 2024年5月【英語つき】

「サイエンスで納得!心と体のげんき習慣：NOLTYキッズワークブック—Nolty kids」成田奈緒子総合監修 日本能率協会マネジメントセンター 2024年5月

社会・生活・暮らし

「じぶんもまわりもしあわせにするおやくそくブック」大日向雅美監修 Gakken（らぶ&きゅーと知育ブックス. Disney PRINCESS）2024年10月

「ミルミルミエル：3つの20で目を守る」はたのつばさ作;いわさきかおり絵 石田製本 2024年3月

「気づくことで未来がかわる新しい人権学習 6」稲葉茂勝著;こどもくらぶ編 岩崎書店 2024年2月

「仰天!世界のアタリマエ」藤田晋一文 金の星社（5分後に世界のリアル）2024年2月

「自分を動かす魔法：10代で身につけたい、一生きみを助ける「本物のプラス思考」」齋藤孝著 三笠書房 2024年8月

住居

「はじめての地理学―世界基準の教養forティーンズ」ミナ・レイシー;ララ・ブライアン;サラ・ハル文;ウェスレー・ロビンズ絵;ロジャー・トレンド監修;水野一晴日本語版監修;清水玲奈訳 河出書房新社 2024年11月

「みりょくを伝えよう未来につなぐ工芸品 3」笠原冬星監修;303BOOKS編 汐文社 2024年3月

「仰天!世界のアタリマエ」藤田晋一文 金の星社（5分後に世界のリアル）2024年2月

宗教＞イスラム教

「ラマダーン―World library ; アラブ首長国連邦」ファーティマ・シャラフェッディーン文;エストレリータ・カラコル絵;片桐早織訳 ワールドライブラリー 2024年2月

「君たちはどう乗り越える?世界の対立に挑戦! 2」小林亮監修 かもがわ出版 2024年1月

「世界の歴史 4―集英社版学習まんが」集英社 2024年10月【マンガ形式・マンガつき】

宗教＞イスラム教＞断食、ラマダーン、ラマダン

「ラマダーン―World library ; アラブ首長国連邦」ファーティマ・シャラフェッディーン文;エストレリータ・カラコル絵;片桐早織訳 ワールドライブラリー 2024年2月

宗教＞キリスト教

「アイヌごにせいしょをほんやくしたバチェラーさん = Mr Batchelor, who translated the new testament into Ainu―絵本・聖書翻訳人物伝シリーズ ; 21」はまじまびんぶん;みのわまりこえ 22世紀アート 2024年5月【英語つき/物語形式（ノンフィクション）】

「アフリカへのさいしょのせんきょうしモファットさん = Mr Moffat, the pioneer missionary to Africa―絵本・聖書翻訳人物伝シリーズ ; 14」はまじまびんぶん;みのわまりこえ 22世紀アート 2024年9月【英語つき/物語形式（ノンフィクション）】

「アメリカのインディアンのためにつくしたエリオットさん = Mr Eliot, apostle of American indians―絵本・聖書翻訳人物伝シリーズ ; 12」はまじまびんぶん;かねはるくにこえ 22世紀アート 2024年5月【英語つき/物語形式（ノンフィクション）】

社会・生活・暮らし

「カクチケルじんの「こころのことば」カクチケルごにせいしょをほんやくしたタウンゼンドさん = Mr Townsend, who translated the bible into Kaqchikel, the 'heart' language of the people―絵本・聖書翻訳人物伝シリーズ；13」はまじまびんぶん；みのわまりこえ 22世紀アート 2024年4月【英語つき/物語形式（ノンフィクション）】

「きんだいかいがいせんきょうのちちケアリーさん = Mr Carey, the father of modern missions―絵本・聖書翻訳人物伝シリーズ；9」はまじまびんぶん；かつまとしをえ 22世紀アート 2024年4月【英語つき/物語形式（ノンフィクション）】

「クリスマスやってみよう!ブック」ベサン・ジェームズ文；フランク・エンダースビー絵 いのちのことば社 2024年9月

「こどものための神のものがたり」大頭眞一文；森住ゆき和紙ちぎり絵 ミッションからしだねCLC からしだね書店 ヨベル 2024年9月【物語形式（フィクション）】

「さいしょのちゅうごくごせいしょをほんやくしたモリソンさん = Mr Morrison, who first translated the whole bible into Chinese―絵本・聖書翻訳人物伝シリーズ；8」はまじまびんぶん；かつまとしをえ 22世紀アート 2024年2月【英語つき/物語形式（ノンフィクション）】

「さわってみよう!クリスマス」マイケル・バーゴフ作 いのちのことば社 2024年10月

「すべてのひとにせいしょを = The Bible is for everyone―絵本・聖書翻訳人物伝シリーズ；22」はまじまびんぶん；かつまとしをえ 22世紀アート 2024年10月【英語つき/物語形式（ノンフィクション）】

「せいしょのおしえをひろめたウィクリフさん = Mr Wycliffe, the morning star of the reformation ―絵本・聖書翻訳人物伝シリーズ；5」はまじまびんぶん；みのわまりこえ 22世紀アート 2024年11月【英語つき/物語形式（ノンフィクション）】

「せいしょをもとめて10りのみちをあるいたメアリーさん = Mary Jones, who walked 26 miles barefoot for a copy of the Bible―絵本・聖書翻訳人物伝シリーズ；別冊」はまじまびんぶん；かつまとしをえ 22世紀アート 2024年8月【英語つき/物語形式（ノンフィクション）】

「ちょうせんキリストきょうかいのちちロスさん = Mr Ross, the father of Korean protestant churches―絵本・聖書翻訳人物伝シリーズ；11」はまじまびんぶん；みのわまりこえ 22世紀アート 2024年8月【英語つき/物語形式（ノンフィクション）】

「てんごくゆきのきっぷをみつけたルターさん = Mr Luther, who finally found the ticket to heaven―絵本・聖書翻訳人物伝シリーズ；6」はまじまびんぶん；かつまとしをえ 22世紀アート 2024年6月【英語つき/物語形式（ノンフィクション）】

「にぎやかなどうぶつたちとクリスマスのできごと」ジャン・ゴッドフリーぶん；ポーラ・ドーアティえ サンパウロ 2024年9月【物語形式（フィクション）】

「ハマれないまま、生きてます：こどもとおとなのあいだ―あいだで考える」栗田隆子著 創元社 2024年5月

「ビジュアル図鑑聖書の人々 = Visual Encyclopedia THE BIBLE'S PEOPLE」島田裕巳監修 カンゼン 2024年12月

社会・生活・暮らし

「ビルマにキリスト教を伝えたジャドソンさん = Mr Judson, who introduced Christianity to Burma ―絵本・聖書翻訳人物伝シリーズ；10」はまじまびんぶん;りかねだえ 22世紀アート 2024年1月【英語つき/物語形式(ノンフィクション)】

「ゆるしの秘跡：子どものための手引き」山野内公司編;村岡マリイラスト ドン・ボスコ社 2024年10月

「ラテンごにせいしょをほんやくしたヒエロニムスさん = Mr Jerome, who translated the whole Bible into Latin―絵本・聖書翻訳人物伝シリーズ；1」はまじまびんぶん;みのわまりこえ 22世紀アート 2024年9月【英語つき/物語形式(ノンフィクション)】

「りゅうきゅうごにせいしょをほんやくしたベッテルハイムさん = Mr Bettelheim, who first translated the Bible into Ryukyuan (Okinawa dialect)―絵本・聖書翻訳人物伝シリーズ；19」はまじまびんぶん;みのわまりこえ 22世紀アート 2024年1月【英語つき/物語形式(ノンフィクション)】

「リンディスファーンふくいんしょ = Lindisfarne Gospels：さいしょにえいごにほんやくされたせいしょ―絵本・聖書翻訳人物伝シリーズ；4」はまじまびんぶん;みのわまりこえ 22世紀アート 2024年1月【英語つき/物語形式(ノンフィクション)】

「ろうやでせいしょをほんやくしたティンダルさん = Mr Tyndale, who translated the bible in the dungeon―絵本・聖書翻訳人物伝シリーズ；7」はまじまびんぶん;かねはるくにこえ 22世紀アート 2024年4月【英語つき/物語形式(ノンフィクション)】

「高校生からのキリスト教入門事典」高尾利数著 東京堂出版 2024年6月

「子どものカトリック要理」ラゲ原著 白百合と菊出版 2024年6月【指導者用解説つき】

「新!かがやけ★クリスチャンキッズ：おしえて!フランソン先生」日本同盟基督教団教会教育部 日本同盟基督教団 2024年7月

「世界の歴史 5―集英社版学習まんが」集英社 2024年10月【マンガ形式・マンガつき】

「大籠殉教物語 = 오카고 순교이야기」東北殉教歴史研究会著;宋なほ絵;c-awase編集;大籠たたら製鉄とキリシタン殉教史跡保存会監修 東北殉教歴史研究会 c-awase (発行所) 2024年【韓国語つき/物語形式(ノンフィクション)】

「不可能からの出発 ハドソン・テーラー：中国にキリストの愛を伝えた宣教師」ジョージー・ワン文;ジェサー・アマル絵;すぎもとれいこ訳 いのちのことば社 2024年6月【物語形式(ノンフィクション)】

宗教＞キリスト教＞カトリック

「ゆるしの秘跡：子どものための手引き」山野内公司編;村岡マリイラスト ドン・ボスコ社 2024年10月

宗教＞キリスト教＞洗礼

「新!かがやけ★クリスチャンキッズ：おしえて!フランソン先生」日本同盟基督教団教会教育部 日本同盟基督教団 2024年7月

社会・生活・暮らし

宗教＞キリスト教＞秘蹟

「ゆるしの秘跡 : 子どものための手引き」山野内公司編;村岡マリイラスト ドン・ボスコ社 2024年10月

宗教＞幸福の科学

「かみさまにあいされる子になろう―OR BOOKS」大川隆法原作;大川紫央絵本監修;『かみさまにあいされる子になろう』作画プロジェクト編・絵 幸福の科学出版 2024年5月

「じじょろんのたいせつさ―OR BOOKS」大川隆法原作;大川紫央絵本監修;『じじょろんのたいせつさ』作画プロジェクト編・絵 幸福の科学出版 2024年3月

「てんぐちゃんにならないようにしよう―OR BOOKS」大川隆法原作;大川紫央絵本監修;『てんぐちゃんにならないようにしよう』作画プロジェクト編・絵 幸福の科学出版 2024年6月

「はんせいするこころのたいせつさ―OR BOOKS」大川隆法原作;大川紫央絵本監修;『はんせいするこころのたいせつさ』作画プロジェクト編・絵 幸福の科学出版 2024年6月【物語形式(フィクション)】

「成功者の町 : 成功者は、成功者をこそ受け入れる。―OR BOOKS」大川隆法原作;大川紫央絵本監修;『成功者の町』作画プロジェクト編・絵 幸福の科学出版 2024年9月【物語形式(フィクション)】

宗教＞地獄、天国、極楽

「ようこそじごくへ : 新地獄草紙―未来への記憶」広松由希子文;100%ORANGE絵 玉川大学出版部 2024年6月

宗教＞宗教一般

「絵の大きな国旗ずかん」平凡社編 平凡社 2024年3月

「気づくことで未来がかわる新しい人権学習 6」稲葉茂勝著;こどもくらぶ編 岩崎書店 2024年2月

宗教＞創価学会

「広布史たんけんたい」少年少女きぼう新聞編集部編 第三文明社 2024年3月

宗教＞仏教

「14歳からの南無妙法蓮華経 : 生きる勇気が湧き出る本」小島弘之 日蓮宗新聞社 2024年9月

「おてらおやつクラブ物語 : 子どもの貧困のない社会をめざして」井出留美著 旬報社 2024年10月

「そのとき門はひらかれた : 法然上人ものがたり」法然上人ものがたり絵本制作委員会監修・解説;中川学絵;かんちくたかこ構成・文 アリス館 2024年3月【物語形式(ノンフィクション)】

社会・生活・暮らし

「マゴに聞かせる日蓮さま : こころ優しい日蓮聖人伝」中村潤一;植田観樹著 日蓮宗新聞社 2024年4月【物語形式（ノンフィクション）】

宗教＞仏教＞禅、禅宗

「てらにゃんこ : こころがけえほん」猪苗代昭順監修;岡田千夏イラスト えほんの杜 2024年1月

宗教＞仏教＞密教

「呪術闇と光のバトル [2]」橘伊津姫著 汐文社 2024年11月【物語形式（ノンフィクション）】

種類

「ずかんゴキブリ : ★見ながら学習調べてなっとく」柳澤静磨著;安斉俊イラスト 技術評論社 2024年8月

「ホウキ : イチは、いのちのはじまり—イチからつくる」宮原克人編;堀川理万子絵 農山漁村文化協会 2024年3月

「楽しむ伝統文化着物 1」織田きもの専門学校監修 保育社 2024年1月

「魚のクイズ図鑑—学研の図鑑LIVE Q ; 8」Gakken 2024年12月

「新幹線大集合!スーパー大百科」山﨑友也監修 成美堂出版 2024年10月【DVD・DVD-ROMつき】

「図解大事典ドラゴン最強伝説」龍・ドラゴン研究チームT&H編 新星出版社 2024年12月

「飛行機の学校 : わかりやすくておもしろい!!—ニュートン科学の学校シリーズ」今野友和監修 ニュートンプレス 2024年2月

証拠、根拠、エビデンス

「データリテラシー入門 : 日本の課題を読み解くスキル」友原章典著 岩波書店 2024年10月

食事、食生活

「10歳までに身につけたい子どもに一生役に立つ台所と料理のこと : この小さな習慣が、生きる力を育てます」坂本佳奈著 青春出版社 2024年9月

「10分でイベントスイーツ : カンタンなのにかわいい★ 夏」木村遥著 理論社 2024年4月

「1万5000人のデータに基づいたすごい身長の伸ばし方」田邊雄著 KADOKAWA 2024年2月

「22世紀からきたでっかいタイ : ゲノム編集とこれからの食べ物の話」木下政人著;入澤宣幸文・構成;さはらそのこ;ラムダプロダクションイラスト Gakken（環境ノンフィクション）2024年8月

「5さいからのかんたんごはんづくり」大瀬由生子著 秀和システム 2024年7月

「イネの教え 上巻」群羊社（たべもの・食育絵本）2024年8月

「お菓子づくりは子どもの遊びです」ミシェル・オリヴェ文と絵をかいた人;猫沢エミ訳した人 河出書房新社 2024年4月

社会・生活・暮らし

「カラーグラフ食品成分表［2024］」実教出版編修部著作 実教出版 2024年

「キッチンで頭がよくなる!理系脳が育つレシピ：小中学生向け」中村陽子著;辻義夫監修 飛鳥新社 2024年7月

「キッチンラボ作って食べておうち実験!」露久保美夏著 偕成社 2024年7月

「キホンからごちそうまで!10歳からのひとりでお料理ブック」渡辺あきこ著 PHP研究所 2024年4月

「くさい食べ物大図鑑」前橋健二監修;岡本倫幸画;開発社編 金の星社 2024年9月

「ジュニアのためのスポーツ栄養：学んで、食べて、強くなろう!」柴田麗著 Gakken 2024年3月【指導者用解説つき】

「たいせつなたまご」キッチンミノル著 白泉社(コドモエのえほん) 2024年7月

「たべてみて!：フリーダ・キャプランがひろげた食のせかい」マーラ・ロックリフ文;ジゼル・ポター絵;福本由紀子訳 BL出版 2024年1月【物語形式(ノンフィクション)】

「はじめてでもかんたん!小学生のお菓子づくり」浜本彩香著 成美堂出版 2024年7月

「パンどろぼうのせかいいちかんたん子どもとつくるパンレシピ」吉永麻衣子料理;柴田ケイコ原作 KADOKAWA 2024年6月

「ラマダーン—World library；アラブ首長国連邦」ファーティマ・シャラフェッディーン文;エストレリータ・カラコル絵;片桐早織訳 ワールドライブラリー 2024年2月

「宇宙ステーションおしごと大図鑑：宇宙飛行士のすべてを見よう!」野口聡一日本語版監修;DK社編;桑原洋子訳 河出書房新社 2024年6月

「宇宙の24時間」ロブ・ロイド・ジョーンズ作;ローラン・キリング絵;竹内薫訳・監修 小学館 2024年11月

「衝撃!世界の食文化」藤田晋一文 金の星社(5分後に世界のリアル) 2024年3月

「人間は料理をする生きものだ」森枝卓士文・写真 福音館書店 2024年3月

「知ると楽しい!和菓子のひみつ：未来に伝えたいニッポンの菓子文化—まなぶっく」「和菓子のひみつ」編集部著 メイツユニバーサルコンテンツ 2024年6月

「物語からうまれたおいしいレシピ 3」金澤磨樹子;今里衣監修 ポプラ社 2024年4月

「物語からうまれたおいしいレシピ 5」金澤磨樹子;今里衣監修 ポプラ社 2024年4月

食生活＞食育、栄養

「10分でイベントスイーツ：カンタンなのにかわいい★ 夏」木村遥著 理論社 2024年4月

「1年生からのらくらくレシピ+ [1]」若宮寿子監修 文研出版 2024年1月

「1年生からのらくらくレシピ+ [2]」若宮寿子監修 文研出版 2024年1月

「1年生からのらくらくレシピ+ [3]」若宮寿子監修 文研出版 2024年2月

社会・生活・暮らし

「1年生からのらくらくレシピ+ [4]」若宮寿子監修 文研出版 2024年2月

「5さいからのかんたんごはんづくり」大瀬由生子著 秀和システム 2024年7月

「あかきみどりのげんきべんとう」ゴトウノリユキ絵;川端輝江監修 少年写真新聞社(たべるってたのしい!) 2024年12月

「お菓子づくりは子どもの遊びです」ミシェル・オリヴェ文と絵をかいた人;猫沢エミ訳した人 河出書房新社 2024年4月

「カラーグラフ食品成分表 [2024]」実教出版編修部著作 実教出版 2024年

「キッチンで頭がよくなる!理系脳が育つレシピ : 小中学生向け」中村陽子著;辻義夫監修 飛鳥新社 2024年7月

「キホンからごちそうまで!10歳からのひとりでお料理ブック」渡辺あきこ著 PHP研究所 2024年4月

「くさい食べ物大図鑑」前橋健二監修;岡本倫幸画;開発社編 金の星社 2024年2月

「ごくごくぎゅうにゅうげんきなからだ」ささきみお絵;五関正江監修 少年写真新聞社(たべるってたのしい!) 2024年10月

「こめつぶ丸のごはんができるまで」スタジオ・エーワン作・絵;全農パールライス株式会社監修 全農パールライス株式会社 三恵社 2024年3月

「ザ・給食 : 学校給食のすべてがわかる!」赤松利恵監修 岩崎書店(調べる学習百科) 2024年11月

「ジュニアのためのスポーツ栄養 : 学んで、食べて、強くなろう!」柴田麗著 Gakken 2024年3月【指導者用解説つき】

「たいせつなたまご」キッチンミノル著 白泉社(コドモエのえほん) 2024年7月

「ドラえもん学びワールドspecialはじめての料理─ビッグ・コロタン ; 225」藤子・F・不二雄まんが;藤子プロ;上田淳子監修 小学館 2024年3月

「なにができるかな?」植田まほ子絵;ワタナベマキ料理;駒井京子スタイリング 主婦と生活社 2024年7月

「ひき石と24丁のとうふ」大西暢夫著 アリス館 2024年4月

「めし画レシピ : 10歳からのカンタンおべんとうづくり」山田めしが著 小学館 2024年2月

「栄養 = NUTRITION」藤原葉子著代表;実教出版株式会社編修部編 実教出版 2024年

「魚介はすごい! : シェフが先生!小学生から使える、子どものための魚介がおいしい料理本」柴田書店編;秋元さくらほか著 柴田書店 2024年8月

「小・中学生のための女子アスリートの「食事と栄養」: 伸び盛りのジュニア期に知っておきたいカラダに大切なこと─ジュニアコツがわかる本」上木明子監修 メイツユニバーサルコンテンツ 2024年9月

社会・生活・暮らし

「小学生がお菓子を作れるようになる本：はじめてでもできる!」りんか;あんな著 大和書房 2024年1月

「生きるためのエネルギーカロリー! 1」牧野直子監修 フレーベル館 2024年12月

「知っておいしい!野菜と果物ずかん」高畑健監修 成美堂出版 2024年3月

「知ると楽しい!和菓子のひみつ：未来に伝えたいニッポンの菓子文化―まなぶっく」「和菓子のひみつ」編集部著 メイツユニバーサルコンテンツ 2024年6月

「物語からうまれたおいしいレシピ 1」金澤磨樹子;今里衣監修 ポプラ社 2024年4月

「物語からうまれたおいしいレシピ 2」金澤磨樹子;今里衣監修 ポプラ社 2024年4月

「物語からうまれたおいしいレシピ 4」金澤磨樹子;今里衣監修 ポプラ社 2024年4月

「物語からうまれたおいしいレシピ 5」金澤磨樹子;今里衣監修 ポプラ社 2024年4月

食文化

「捨てられる魚たち：「未利用魚」から生まれた奇跡の灰干し弁当ものがたり」梛木春幸著 講談社 2024年1月

「知りたい!世界の国の文化とくらし 1」国土社 2024年3月

「知ると楽しい!パンのすべて：進化し続けるおいしさのひみつを大研究―まなぶっく」「パンのすべて」編集部著 メイツユニバーサルコンテンツ 2024年12月

食文化＞郷土料理

「おきなわのお菓子」いけみやてるこ文;あらかきれいみ絵 ボーダーインク 2024年3月

「ザ・給食：学校給食のすべてがわかる!」赤松利恵監修 岩崎書店(調べる学習百科) 2024年11月

「るるぶ毎日5分でまなびの種まき都道府県のおはなし47」粕谷昌良監修 JTBパブリッシング 2024年8月

人口

「ニッポンの数字：「危機」と「希望」を考える」眞淳平著 筑摩書房(ちくまプリマー新書) 2024年2月

「絵の大きな国旗ずかん」平凡社編 平凡社 2024年3月

「高等地図帳 2024-2025」二宮書店編集部著 二宮書店 2024年3月

図、図形

「「考える力」が身につく「育脳」立体ぬりえ」小西豊文;鳥居深雪監修 PHP研究所 2024年2月

「あそべる算数―GET!角川の集める図鑑」川島慶監修 KADOKAWA 2024年7月

社会・生活・暮らし

「だれかに教えたくなる!感動する数学 : おどろきの定理、数式、図形……数学にハマる60のはなし―中・高生からの超絵解本」小山信也監修 ニュートンプレス 2024年8月

「ようこそ、数学クラブへ : 暗記もテストもない、もっと自由な「数」と「形」の世界」キムミニョン著;須見春奈訳 晶文社 2024年1月

「何問クリア!?なぞときワールド [3]」児島勇気著 汐文社 2024年3月

「簡単そうで奥が深い小学校6年分の算数 : 算数の楽しさ、おもしろさを実感できる―中・高生からの超絵解本」髙木徹監修 ニュートンプレス 2024年2月

「見つける算数」大野寛武著;フジイカクホ立体制作 東京書籍 2024年8月

「見つける数学」大野寛武著;北村みなみキャラクターイラスト 東京書籍 2024年8月

水道、下水道

「下水道のサバイバル : 生き残り作戦 2―かがくるBOOK. 科学漫画サバイバルシリーズ ; 85」ポドアルチング文;韓賢東絵;HANA韓国語教育研究会訳 朝日新聞出版 2024年1月【マンガ形式・マンガつき】

「大人も子どもも知らない不都合な数字 : 13歳からの社会問題入門」チャリツモ著 フォレスト出版 2024年3月

睡眠

「あたまがよくなる!寝る前なぞなぞ366日DX」篠原菊紀監修 西東社 2024年4月

税金

「10代からの政治塾 : 子どもも大人も学べる「日本の未来」の作り方」泉房穂著 KADOKAWA 2024年1月

「のびーる社会政治のしくみ : 憲法・選挙・国際社会他―角川まんが学習シリーズ ; T21」篠塚昭司監修 KADOKAWA 2024年3月【マンガ形式・マンガつき】

「マンガでわかる!小学生のくらしと税金&社会保険―社会わくわく探究シリーズ」さんきゅう倉田監修;なのなのな漫画 主婦と生活社 2024年7月【マンガ形式・マンガつき】

「税という社会の仕組み」諸富徹著 筑摩書房(ちくまプリマー新書) 2024年5月

政治

「10代からの政治塾 : 子どもも大人も学べる「日本の未来」の作り方」泉房穂著 KADOKAWA 2024年1月

「13歳からのエネルギーを知る旅 = A JOURNEY TO KNOW THE WORLD OF ENERGY」関口美奈著 KADOKAWA 2024年2月

「13歳からの政治の学校 : 2時間で一気読み」橋下徹著 PHP研究所(PHP新書) 2024年10月

社会・生活・暮らし

「14歳からの非戦入門：戦争とジェノサイドを即時終わらせるために」伊勢崎賢治著 ビジネス社 2024年6月

「ズームアップ政治・経済資料 2024」実教出版編修部編 実教出版 2024年

「ないとどうなる?日本国憲法：「ある・なし」をくらべてわかる憲法の大切さ 第1巻」木村草太監修 Gakken 2024年2月

「のびーる社会政治のしくみ：憲法・選挙・国際社会他—角川まんが学習シリーズ；T21」篠塚昭司監修 KADOKAWA 2024年3月【マンガ形式・マンガつき】

「はじめての経済学—世界基準の教養forティーンズ」ララ・ブライアン;アンディー・プレンティス文;フェデリコ・マリアーニ絵;デイヴィッド・スタリブラス;ペドロ・セローディオ監修;池上彰日本語版監修;清水玲奈訳 河出書房新社 2024年4月

「ヒーロー&ヒロインが5分でわかる!マンガ人物大百科 5」荒俣宏監修 日本図書センター 2024年4月【マンガ形式・マンガつき】

「ビジュアル図鑑聖書の人々 = Visual Encyclopedia THE BIBLE'S PEOPLE」島田裕巳監修 カンゼン 2024年12月

「マンガでたのしく!国会議員という仕事」赤松健著 筑摩書房(ちくまプリマー新書) 2024年6月【マンガ形式・マンガつき】

「マンガでわかる!10才までに覚えたい社会のしくみ：政治 経済 生活 国際 SDGs」高濱正伸;加藤崇浩監修 永岡書店 2024年7月【マンガ形式・マンガつき】

「まんがでわかる13歳からの地政学 = A Guide to Geopolitics：カイゾクとの地球儀航海」田中孝幸原著;星井博文シナリオ;松浦まどか作画 東洋経済新報社 2024年4月【マンガ形式・マンガつき】

「君主制とはなんだろうか」君塚直隆著 筑摩書房(ちくまプリマー新書) 2024年3月

「現代用語の基礎知識：学習版 2024-2025」現代用語検定協会監修 自由国民社 2024年7月

「女の子でも総理大臣になれる?国会への道」辻元清美著 偕成社(みんなの研究) 2024年2月

「世界の歴史 14—集英社版学習まんが」集英社 2024年10月【マンガ形式・マンガつき】

「世界史年表・地図」亀井高孝ほか編 吉川弘文館 2024年4月

「税という社会の仕組み」諸富徹著 筑摩書房(ちくまプリマー新書) 2024年5月

「選挙、誰に入れる?：ちょっとでも良い未来を「選ぶ」ために知っておきたいこと—新時代の教養」宇野重規監修 Gakken 2024年3月

「藤原道長：『源氏物語』をプロデュースした平安時代の権力者—小学館版学習まんが人物館;日本-38」倉本一宏監修;田中顕まんが;大野智史シナリオ 小学館 2024年3月【マンガ形式・マンガつき】

「日本史年表・地図」児玉幸多編 吉川弘文館 2024年4月

「標準世界史地図」亀井高孝;三上次男;堀米庸三編 吉川弘文館 2024年4月

社会・生活・暮らし

「標準世界史年表」亀井高孝;三上次男;林健太郎編 吉川弘文館 2024年4月

「僕たちはまだ、総理大臣のことを何も知らない。」長谷部京子著・監修 Gakken（私たちの未来）2024年6月【マンガ形式・マンガつき】

政治＞外交

「日本史年表・地図」児玉幸多編 吉川弘文館 2024年4月

政治＞行政

「13歳からの政治の学校：2時間で一気読み」橋下徹著 PHP研究所（PHP新書）2024年10月

「のびーる社会政治のしくみ：憲法・選挙・国際社会他―角川まんが学習シリーズ；T21」篠塚昭司監修 KADOKAWA 2024年3月【マンガ形式・マンガつき】

「見て、学んで、力がつく!こども日本地図：写真とイラストいっぱいの地図で、楽しく日本の都道府県を学ぼう! 2025年版」永岡書店 2024年10月

政治＞行政＞地方自治体

「のびーる社会政治のしくみ：憲法・選挙・国際社会他―角川まんが学習シリーズ；T21」篠塚昭司監修 KADOKAWA 2024年3月【マンガ形式・マンガつき】

政治＞国際政治

「14歳からの非戦入門：戦争とジェノサイドを即時終わらせるために」伊勢崎賢治著 ビジネス社 2024年6月

「君たちはどう乗り越える?世界の対立に挑戦! 2」小林亮監修 かもがわ出版 2024年1月

「君たちはどう乗り越える?世界の対立に挑戦! 3」小林亮監修 かもがわ出版 2024年2月

政治＞国会

「のびーる社会政治のしくみ：憲法・選挙・国際社会他―角川まんが学習シリーズ；T21」篠塚昭司監修 KADOKAWA 2024年3月【マンガ形式・マンガつき】

政治＞財政

「知っておきたいお金と経済 2」泉美智子監修 金の星社 2024年3月

政治＞社会保障

「マンガでわかる!小学生のくらしと税金&社会保険―社会わくわく探究シリーズ」さんきゅう倉田監修;なのなのな漫画 主婦と生活社 2024年7月【マンガ形式・マンガつき】

「知っておきたいお金と経済 2」泉美智子監修 金の星社 2024年3月

社会・生活・暮らし

政治＞社会保障＞生活保護

「わたし生活保護を受けられますか : 全国10,000件申請サポートの特定行政書士が事例で説明申請から決定まで」三木ひとみ著 ペンコム インプレス 2024年10月

政治＞出入国管理

「それはわたしが外国人だから? : 日本の入管で起こっていること」安田菜津紀著;金井真紀絵と文;高橋済法律監修 ヘウレーカ 2024年4月

「私は十五歳」アズ・ブローマ原案;なるかわしんご絵;駒井知会;指宿昭一監修 イマジネイション・プラス(a sailing boat book) 2024年8月【物語形式(ノンフィクション)】

「難民・移民のわたしたち : これからの「共生」ガイド—14歳の世渡り術」雨宮処凛著 河出書房新社 2024年8月

政治＞需要と供給

「13歳からの経済のしくみ・ことば図鑑」花岡幸子著;matsuイラスト WAVE出版 2024年6月

「高校生のための経済学入門」小塩隆士著 筑摩書房(ちくま新書) 2024年2月

政治＞政策

「織田信長と戦国時代—ビジュアルでつかむ!天下統一と江戸幕府」本郷和人監修 ほるぷ出版 2024年12月【物語形式(ノンフィクション)】

「知っておきたいお金と経済 2」泉美智子監修 金の星社 2024年3月

「難民・移民のわたしたち : これからの「共生」ガイド—14歳の世渡り術」雨宮処凛著 河出書房新社 2024年8月

政治＞政治体制＞君主制、王制

「君主制とはなんだろうか」君塚直隆著 筑摩書房(ちくまプリマー新書) 2024年3月

政治＞政治体制＞主権国家体制

「世界の歴史 8—集英社版学習まんが」集英社 2024年10月【マンガ形式・マンガつき】

政治＞選挙

「10代からの政治塾 : 子どもも大人も学べる「日本の未来」の作り方」泉房穂著 KADOKAWA 2024年1月

「13歳からの政治の学校 : 2時間で一気読み」橋下徹著 PHP研究所(PHP新書) 2024年10月

「のびーる社会政治のしくみ : 憲法・選挙・国際社会他—角川まんが学習シリーズ ; T21」篠塚昭司監修 KADOKAWA 2024年3月【マンガ形式・マンガつき】

社会・生活・暮らし

「選挙、誰に入れる？：ちょっとでも良い未来を「選ぶ」ために知っておきたいこと―新時代の教養」宇野重規監修 Gakken 2024年3月

政治＞選挙＞投票

「選挙、誰に入れる？：ちょっとでも良い未来を「選ぶ」ために知っておきたいこと―新時代の教養」宇野重規監修 Gakken 2024年3月

政治＞発展途上国、開発途上国

「緒方貞子：難民と途上国支援に尽くした人生―新伝記平和をもたらした人びと；7」たけたにちほみ文 Gakken 2024年3月【物語形式（ノンフィクション）】

整理、収納、片付け

「おさるのジョージきょうこれできた？」小学館 2024年7月

「てらにゃんこ：こころがけえほん」猪苗代昭順監修；岡田千夏イラスト えほんの杜 2024年1月

「ミラクルハピネス毎日がステキにかわる片づけレッスン」瀧本真奈美監修 西東社 2024年5月【マンガ形式・マンガつき】

「失敗しない整理整とん―1日5分！タイプ別診断でわかる；1」中村佳子監修；伊藤ハムスター；深蔵イラスト ポプラ社 2024年8月

世界的な賞＞イグノーベル賞

「やってみた！研究イグノーベル賞」五十嵐杏南著 東京書店 2024年2月

世界的な賞＞ノーベル賞

「ノーベル賞受賞者列伝―PIKA RIKA」講談社編；若林文高監修 講談社 2024年2月【物語形式（ノンフィクション）】

「ムクウェゲ医師、平和への闘い：「女性にとって世界最悪の場所」と私たち」立山芽以子；華井和代；八木亜紀子著 岩波書店（岩波ジュニア新書）2024年6月

葬儀、葬式

「学校では教えてくれない世界のヘンな常識」斗鬼正一著 三笠書房（知的生きかた文庫）2024年4月

掃除、清掃

「ちぇっかーわんものがたり：そうじをすると、なにかいいことあるよ」島本整文；OBDMpaint絵 三恵社 2024年12月【物語形式（フィクション）】

「てらにゃんこ：こころがけえほん」猪苗代昭順監修；岡田千夏イラスト えほんの杜 2024年1月

「ロボットのずかん [1]」本田幸夫監修 金の星社 2024年2月

社会・生活・暮らし

「ロボット大図鑑：どんなときにたすけてくれるかな？1」佐藤知正監修 ポプラ社 2024年4月

食べもの、食品＞インスタントラーメン

「ひらめき！はつめいものがたり 6」チャイルド本社 2024年9月【物語形式（ノンフィクション）】

食べもの、食品＞飲料

「子どもだけでつくれる焼かないお菓子：とかす、混ぜる、冷やしてかためる・凍らせる、しあわせレシピ」原亜樹子著 東京書籍 2024年12月

「生きるためのエネルギーカロリー！1」牧野直子監修 フレーベル館 2024年12月

食べもの、食品＞飲料＞お茶

「伝えよう！和の文化お茶のひみつ 1」国土社 2024年10月

食べもの、食品＞飲料＞お茶＞緑茶、日本茶

「伝えよう！和の文化お茶のひみつ 1」国土社 2024年10月

食べもの、食品＞飲料＞牛乳

「13さいではじめてたべたソフトクリーム」くりたようこさく・え 三恵社 2024年9月【物語形式（フィクション）】

「ごくごくぎゅうにゅうげんきなからだ」ささきみお絵；五関正江監修 少年写真新聞社（たべるってたのしい！）2024年10月

「牛乳から世界がかわる：酪農家になりたい君へ」小林国之著 農山漁村文化協会（かんがえるタネ）2024年9月

食べもの、食品＞飲料＞酒

「10代からのヘルスリテラシー [2]」松本俊彦監修 大月書店 2024年10月

食べもの、食品＞宇宙食

「宇宙飛行士は見た宇宙に行ったらこうだった！」山崎直子著；フジタヒロミイラスト repicbook 2024年4月

食べもの、食品＞うどん

「ぼくとうどんとおばあちゃん」みずたにかつや文；しんぺー絵；なかのこうじ監修 三恵社 2024年7月

食べもの、食品＞おにぎり、すし

「おすしまちがいさがし＝ Sushi Hunting：えいごつき へい！らっしゃい編」Gakken 2024年10月【英語つき】

社会・生活・暮らし

「ひらめき!はつめいものがたり 8」 チャイルド本社 2024年11月【物語形式（ノンフィクション）】

「回転すしスシローのまちがいさがし：だっこずしといっしょに」 平田美咲絵;あきんどスシロー監修 主婦と生活社 2024年1月

食べもの、食品＞お弁当

「あかきみどりのげんきべんとう」 ゴトウノリユキ絵;川端輝江監修 少年写真新聞社(たべるってたのしい!) 2024年12月

「めし画レシピ：10歳からのカンタンおべんとうづくり」 山田めしが著 小学館 2024年2月

食べもの、食品＞菓子、スイーツ＞アイスクリーム、シャーベット

「13さいではじめてたべたソフトクリーム」 くりたようこさく・え 三恵社 2024年9月【物語形式（フィクション）】

「NPOあいんしゅたいん理科実験シリーズ 1」 小伊藤麦;くさばよしみ著;知的人材ネットワーク・あいんしゅたいん監修 ゆまに書房 2024年11月

「ひらめき!はつめいものがたり 3」 チャイルド本社 2024年6月【物語形式（ノンフィクション）】

食べもの、食品＞菓子、スイーツ＞菓子、スイーツ一般

「10分でイベントスイーツ：カンタンなのにかわいい★ 夏」 木村遥著 理論社 2024年4月

「10分でイベントスイーツ：カンタンなのにかわいい★ 秋」 木村遥著 理論社 2024年7月

「10分でイベントスイーツ：カンタンなのにかわいい★ 春」 木村遥著 理論社 2024年4月

「10分でイベントスイーツ：カンタンなのにかわいい★ 冬」 木村遥著 理論社 2024年7月

「おかしのくにさがそ!」 イトウユカ作 Gakken 2024年12月

「おかしの国のプリンセスとまほうのきらきらクッキー──野いちごぽっぷ. マジカル★パティシエールシリーズ」 永良サチ作;くずもち絵 スターツ出版 2024年12月【物語形式（フィクション）】

「おきなわのお菓子」 いけみやてるこ文;あらかきれいみ絵 ボーダーインク 2024年3月

「お菓子づくりは子どもの遊びです」 ミシェル・オリヴェ文と絵をかいた人;猫沢エミ訳した人 河出書房新社 2024年4月

「かわいいのまほうにかかるおかしのくにのゆめいろさがせブック：Belle & Sky」 たけいみき著 河出書房新社 2024年7月

「はじめてでもかんたん!小学生のお菓子づくり」 浜本彩香著 成美堂出版 2024年7月

「バレンタインにハロウィンに!300円でプレゼントスイーツ」 宮沢うらら著 汐文社 2024年3月

「ぷるぷるとろける300円でひんやりデザート」 宮沢うらら著 汐文社 2024年1月

「公式ハリー・ポッター魔法の料理帳」 ジョアンナ・ファロー著;内田智穂子訳 原書房 2024年3月

社会・生活・暮らし

「子どもだけでつくれる焼かないお菓子 : とかす、混ぜる、冷やしてかためる・凍らせる、しあわせレシピ」原亜樹子著 東京書籍 2024年12月

「小学生がお菓子を作れるようになる本 : はじめてでもできる!」りんか;あんな著 大和書房 2024年1月

「物語からうまれたおいしいレシピ 2」金澤磨樹子;今里衣監修 ポプラ社 2024年4月

「物語からうまれたおいしいレシピ 3」金澤磨樹子;今里衣監修 ポプラ社 2024年4月

「物語からうまれたおいしいレシピ 5」金澤磨樹子;今里衣監修 ポプラ社 2024年4月

食べもの、食品＞菓子、スイーツ＞グミ

「ふしぎなグミ実験室 : 作って食べて科学のナゾをおいしく解き明かす!―まなぶっく」グミラボ編集室著 メイツユニバーサルコンテンツ 2024年7月

食べもの、食品＞菓子、スイーツ＞ゼリー

「子どもだけでつくれる焼かないお菓子 : とかす、混ぜる、冷やしてかためる・凍らせる、しあわせレシピ」原亜樹子著 東京書籍 2024年12月

食べもの、食品＞菓子、スイーツ＞チョコレート

「ジャングルのチョコレート工場 : 甘いチョコの甘くない現実に挑んだ大学生」横山亜未著 ポプラ社(ポプラ社ノンフィクション) 2024年7月【物語形式(ノンフィクション)】

「チョコレートの王さま」マイケル・レーベンサール文;ラウラ・カタラン絵;宮坂宏美訳 あかつき教育図書 2024年4月

食べもの、食品＞菓子、スイーツ＞どら焼き

「ドラえもん学びワールドspecialはじめての料理―ビッグ・コロタン ; 225」藤子・F・不二雄まんが;藤子プロ;上田淳子監修 小学館 2024年3月

食べもの、食品＞菓子、スイーツ＞和菓子

「知ると楽しい!和菓子のひみつ : 未来に伝えたいニッポンの菓子文化―まなぶっく」「和菓子のひみつ」編集部著 メイツユニバーサルコンテンツ 2024年6月

食べもの、食品＞かまぼこ

「海からいただく日本のおかず 2」大日本水産会魚食普及推進センター監修;阿部秀樹写真・文 偕成社 2024年3月

食べもの、食品＞カレー

「カレーライスだいすき」苅田澄子ぶん;いわさきまゆこえ 金の星社 2024年11月

「ひらめき!はつめいものがたり 8」チャイルド本社 2024年11月【物語形式(ノンフィクション)】

社会・生活・暮らし

「身のまわりの不思議を科学する：自然、健康、生活、料理のサイエンス」古崎新太郎著 花伝社 共栄書房 2024年9月

「世界史探偵コナン：名探偵コナン歴史まんが シーズン2-1─CONAN HISTORY COMIC SERIES」青山剛昌原作 小学館 2024年4月【マンガ形式・マンガつき】

食べもの、食品＞魚介、シーフード

「魚介はすごい！：シェフが先生！小学生から使える、子どものための魚介がおいしい料理本」柴田書店編；秋元さくらほか著 柴田書店 2024年8月

食べもの、食品＞魚介、シーフード＞魚＞魚卵

「海からいただく日本のおかず 3」大日本水産会魚食普及推進センター監修；阿部秀樹写真・文 偕成社 2024年3月

食べもの、食品＞魚介、シーフード＞魚＞魚一般

「1年生からのらくらくレシピ＋［3］」若宮寿子監修 文研出版 2024年2月

「海からいただく日本のおかず 1」阿部秀樹写真・文；大日本水産会魚食普及推進センター監修 偕成社 2024年2月

「海からいただく日本のおかず 2」大日本水産会魚食普及推進センター監修；阿部秀樹写真・文 偕成社 2024年3月

「海からいただく日本のおかず 3」大日本水産会魚食普及推進センター監修；阿部秀樹写真・文 偕成社 2024年3月

「捨てられる魚たち：「未利用魚」から生まれた奇跡の灰干し弁当ものがたり」梛木春幸著 講談社 2024年1月

「釣って食べて調べる深海魚 = FISHING,COOKING AND EXPLORING THE DEEP-SEA FISHES」平坂寛文；キッチンミノル写真；長嶋祐成絵 福音館書店（たくさんのふしぎ傑作集）2024年5月

食べもの、食品＞魚介、シーフード＞魚＞干物

「海からいただく日本のおかず 1」阿部秀樹写真・文；大日本水産会魚食普及推進センター監修 偕成社 2024年2月

食べもの、食品＞ご当地グルメ

「のびーる社会日本の地理：47都道府県・地形・気候他─角川まんが学習シリーズ；T20」篠塚昭司監修 KADOKAWA 2024年3月【マンガ形式・マンガつき】

食べもの、食品＞米

「イネの教え 下巻」群羊社（たべもの・食育絵本）2024年8月

社会・生活・暮らし

「イネの教え 上巻」群羊社 (たべもの・食育絵本) 2024年8月

「がんばれ!田んぼマシーン」星野秀樹写真;池田菜津美文 新日本出版社 (くらしをささえる乗りもの) 2024年9月

「こめつぶ丸のごはんができるまで」スタジオ・エーワン作・絵;全農パールライス株式会社監修 全農パールライス株式会社 三恵社 2024年3月

「稲作ライブ : おもしろくてたいへんな田んぼの一年」サルイン著 くもん出版 2024年10月

「新・ごはん : 食べることは、生きること」辻川牧子絵・文 博進堂営義出版 2024年7月

食べもの、食品＞さつまあげ

「海からいただく日本のおかず 2」大日本水産会魚食普及推進センター監修;阿部秀樹写真・文 偕成社 2024年3月

食べもの、食品＞ジャム

「コンフィチュールづくりは子どもの遊びです」ミシェル・オリヴェ文と絵;猫沢エミ訳 河出書房新社 2024年9月

食べもの、食品＞食品成分表

「Life Design 資料＋成分表＋ICT : 家庭 2024」実教出版編修部編 実教出版 2024年

「カラーグラフ食品成分表 [2024]」実教出版編修部著作 実教出版 2024年

「ニュービジュアル家庭科 : 資料＋成分表」実教出版編修部著作 実教出版 2024年

「ニューライブラリー家庭科 : 資料＋成分表 2024」実教出版編修部著作 実教出版 2024年2月

「生活学Navi = Lifestyle Navigation : 資料+成分表 : 家庭 2024」実教出版編修部著作 実教出版 2024年

食べもの、食品＞大豆

「モノの一生はドラマチック! 天寿まっとう編―NHK for School. ぼくドコ」NHK「ぼくドコ」制作班編 NHK出版 2024年6月

食べもの、食品＞食べもの、食品一般

「あかきみどりのげんきべんとう」ゴトウノリユキ絵;川端輝江監修 少年写真新聞社 (たべるってたのしい!) 2024年12月

「キッチン実験室 : 食べ物のなぜを探ろう!」オレンジページ (こどもオレンジページ) 2024年7月

「キャリア教育支援ガイドお仕事ナビ 29」お仕事ナビ編集室著 理論社 2024年10月

「くさい食べ物大図鑑」前橋健二監修;岡本倫幸画;開発社編 金の星社 2024年2月

社会・生活・暮らし

「くさい食べ物大図鑑」前橋健二監修;岡本倫幸画;開発社編 金の星社 2024年9月

「たべものの中にいるよ! 3」パクウノ文;尹怡景訳;家庭科教育研究者連盟監修 大月書店 2024年1月

「つかめ!理科ダマン 6」シンテフン作;ナスンフンまんが;呉華順訳 マガジンハウス 2024年4月【マンガ形式・マンガつき】

「となりのきょうだい理科でミラクル　食べ物☆天国編」となりのきょうだい原作;アンチヒョンストーリー;ユナニまんが;イジョンモ;となりのきょうだいカンパニー監修;となりのしまい訳 東洋経済新報社 2024年5月【マンガ形式・マンガつき】

「なぞなぞMAXチャレンジ!4008問 : 頭の回転無限大」嵩瀬ひろし著 新星出版社 2024年7月

「なぞなぞブック」マーガレット・レイ;ハンス・アウグスト・レイ原作;WILLこども知育研究所編著 金の星社(アニメおさるのジョージ) 2024年9月

「ひらめき!はつめいものがたり 3」チャイルド本社 2024年6月【物語形式(ノンフィクション)】

「ひらめき!はつめいものがたり 8」チャイルド本社 2024年11月【物語形式(ノンフィクション)】

「みりょくを伝えよう未来につなぐ工芸品 2」笠原冬星監修;303BOOKS編 汐文社 2024年3月

「みんなが知りたい!不思議な「カビ」のすべて : 身近な微生物のヒミツがわかる—まなぶっく」細矢剛監修 メイツユニバーサルコンテンツ 2024年12月

「みんなで知りたい生物多様性 3」 文研出版 2024年7月

「モノの一生はドラマチック! 天寿まっとう編—NHK for School. ぼくドコ」NHK「ぼくドコ」制作班編 NHK出版 2024年6月

「食べものから学ぶ現代社会 : 私たちを動かす資本主義のカラクリ」平賀緑著 岩波書店(岩波ジュニア新書) 2024年1月

「食べ物のなぜ・不思議でわかる!10歳からの「おいしい」科学」齋藤勝裕著 カンゼン 2024年1月

「人間は料理をする生きものだ」森枝卓士文・写真 福音館書店 2024年3月

「生きるためのエネルギーカロリー! 1」牧野直子監修 フレーベル館 2024年12月

「頭がよくなる!!なぞなぞ2000—ひらめき★ゲームワールド」成田奈緒子監修;高橋啓恵;こんのゆみ;児島勇気作;黒鍋亭迷路作;イセケヌ漫画;笠原ひろひと;七綱ナギ;よこてさとめイラスト ポプラ社 2024年6月

食べもの、食品＞たまご

「1年生からのらくらくレシピ+ [4]」若宮寿子監修 文研出版 2024年2月

食べもの、食品＞調味料＞塩

「たべものの中にいるよ! 3」パクウノ文;尹怡景訳;家庭科教育研究者連盟監修 大月書店 2024年1月

社会・生活・暮らし

食べもの、食品＞豆腐

「ひき石と24丁のとうふ」大西暢夫著 アリス館 2024年4月

食べもの、食品＞丼もの

「1年生からのらくらくレシピ+ [2]」若宮寿子監修 文研出版 2024年1月

食べもの、食品＞肉＞肉一般

「1年生からのらくらくレシピ+ [3]」若宮寿子監修 文研出版 2024年2月

食べもの、食品＞煮物

「1年生からのらくらくレシピ+ [4]」若宮寿子監修 文研出版 2024年2月

食べもの、食品＞乳製品＞チーズ

「くさい食べ物大図鑑」前橋健二監修;岡本倫幸画;開発社編 金の星社 2024年2月

「チーズではがげんき」さかいあけみさく;サワイワタルえ リーブル出版 2024年4月【物語形式
（フィクション）】

食べもの、食品＞発酵食品＞納豆

「世界の納豆をめぐる探検 = EXPLORING THE WORLD OF FERMENTED
SOYBEANS"NATTO"」高野秀行文・写真;スケラッコ絵 福音館書店(たくさんのふしぎ傑作集)
2024年10月

食べもの、食品＞パン

「パンどろぼうのせかいいちかんたん子どもとつくるパンレシピ」吉永麻衣子料理;柴田ケイコ原
作 KADOKAWA 2024年6月

「知ると楽しい!パンのすべて : 進化し続けるおいしさのひみつを大研究―まなぶっく」「パンの
すべて」編集部著 メイツユニバーサルコンテンツ 2024年12月

食べもの、食品＞麺

「1年生からのらくらくレシピ+ [2]」若宮寿子監修 文研出版 2024年1月

食べもの、食品＞麺＞ラーメン

「ごとうち「ラーメン」もうたべた? : ほっかいどう、とうほくちほう」プリンセスこうりゅうさく 文芸社
2024年7月

多様性

「いろんなともだち―Discover You. MR.MEN LITTLE MISS」ロジャー・ハーグリーブス作;講談
社編;斎藤妙子訳 講談社 2024年9月

社会・生活・暮らし

「おじいちゃん、おばあちゃんを知ろう! 1」佐藤眞一監修 小峰書店 2024年4月

「なぜ?どうして?いきもののお話 1年生―よみとく10分」杉野さち子総合監修 Gakken 2024年6月【物語形式(ノンフィクション)】

「なぜ?どうして?いきもののお話 2年生―よみとく10分」杉野さち子総合監修 Gakken 2024年6月【物語形式(ノンフィクション)】

「ねえねえ、なに見てる?」ビクター・ベルモント絵と文;金原瑞人訳 河出書房新社 2024年5月

「はじめての法律―世界基準の教養forティーンズ」山本龍彦日本語版監修;川野太郎訳;ララ・ブライアン;ローズ・ホール文;アンナ・ハーディ;ミゲル・ブストス絵 河出書房新社 2024年12月

「みんな違うからこそ考えたい!小学生のマナーと約束ごと : 気もちよく伝える&行動するために―まなぶっく」岸田輝美著 メイツユニバーサルコンテンツ 2024年4月

「ようこそ!思春期 : おとなに近づくからだの成長のはなし」レイチェル・グリーナー文;クレア・オーウェン絵;浦野匡子;艮香織訳・解説 大月書店 2024年2月

「わけあうってたのしいね」ロジャー・ハーグリーブス作;講談社編;斎藤妙子訳 講談社 (Discover You. MR.MEN LITTLE MISS) 2024年11月

「君はどう生きるか」鴻上尚史著 講談社 2024年6月

「選挙、誰に入れる? : ちょっとでも良い未来を「選ぶ」ために知っておきたいこと―新時代の教養」宇野重規監修 Gakken 2024年3月

「中高生のための新しい性教育ワークブック 性の多様性と人間関係編」高橋幸子;丸井淑美監修;水野哲夫編著 学事出版 2024年7月

「未来につなごう生物多様性 1」文溪堂 2024年3月

「未来につなごう生物多様性 2」文溪堂 2024年2月

「未来につなごう生物多様性 3」文溪堂 2024年3月

「未来につなごう生物多様性 4」文溪堂 2024年3月

知恵、工夫

「THE突破ファイルマンガ推理クイズブック」日本テレビ編 西東社 2024年4月【マンガ形式・マンガつき】

「おじいちゃん、おばあちゃんを知ろう! 2」佐藤眞一監修 小峰書店 2024年4月

「かなしくなったときは―Discover You. MR.MEN LITTLE MISS」ロジャー・ハーグリーブス作;講談社編;斎藤妙子訳 講談社 2024年10月

「すごいトイレのはなし : 1万以上の便器をみがきつづけて。」佐藤満春著;伊藤ハムスター;萩原まおイラスト Gakken 2024年8月【マンガ形式・マンガつき】

「スティーブ・ジョブズ : 革命的IT機器を生み出し世界を変えた実業家―学研まんが日本と世界の伝記」田中顕まんが;林信行監修 Gakken 2024年2月【物語形式(ノンフィクション)】

社会・生活・暮らし

「ブン!ブン!レーシングカー：レゴブロックで最速の車を作れ!」クルツ編集部著;みずしまぱぎい訳 ポプラ社 2024年6月

「みんなが使いやすい身近なユニバーサルデザイン 2」白坂洋一監修 汐文社 2024年1月

「みんなが使いやすい身近なユニバーサルデザイン 3」白坂洋一監修 汐文社 2024年2月

「わくわく工作部 1」かんばこうじ著;子供の科学編 誠文堂新光社 2024年1月

「わくわく工作部 2」かんばこうじ著;子供の科学編 誠文堂新光社 2024年1月

「わくわく工作部 3」かんばこうじ著;子供の科学編 誠文堂新光社 2024年1月

「恐竜レッスン」コマヤスカン作;田中康平監修 くもん出版 2024年6月

「生き抜く力を身につけよう沖縄ターザンの冒険ずかん」Kidzy著 幻冬舎 2024年4月

知識、教養

「かわいいどうぶつだいしゅうごうもふもふいっぱいずかん」小宮輝之監修 KADOKAWA 2024年2月

「こども心理学―イラスト学問図鑑」小塩真司監修;講談社編;モドロカイラスト・デザイン 講談社 2024年3月

「こども哲学―イラスト学問図鑑」佐藤邦政監修;講談社編;モドロカイラスト・デザイン 講談社 2024年3月

「サイエンス探偵団 = Science Detectives. 2」サイエンス倶楽部監修;天音まこと漫画 つちや書店 2024年8月【マンガ形式・マンガつき】

「たのしい!かがくのおはなし 1年生」横山正監修 高橋書店 2024年5月【物語形式（フィクション）】

「たのしい!科学のおはなし 2年生」横山正監修 高橋書店 2024年5月

「どっちが強い!?A 6―角川まんが超科学シリーズ；D6」エアーチームまんが KADOKAWA 2024年6月【マンガ形式・マンガつき】

「とびきりかわいくていとおしい海のいきもの図鑑」フクイサチヨイラスト;海遊館一部生態監修 イースト・プレス 2024年7月【マンガ形式・マンガつき】

「なぜ重力は存在するのか：世界の「解像度」を上げる物理学超入門」野村泰紀著 マガジンハウス（マガジンハウス新書）2024年7月

「宇宙天文：好きを知識と力にかえるNewton博士ずかん」縣秀彦監修 ニュートンプレス 2024年3月【マンガ形式・マンガつき】

「科学実験―マコト★カガク研究団；3」今井泉監修 ニュートンプレス 2024年11月【マンガ形式・マンガつき】

「海の学校―ニュートン科学の学校シリーズ」藤倉克則監修 ニュートンプレス 2024年4月

社会・生活・暮らし

「恐竜―マコト★カガク研究団；4」ニュートン編集部編 ニュートンプレス 2024年12月【マンガ形式・マンガつき】

「最強に面白いベクトル―ニュートン超図解新書」和田純夫監修 ニュートンプレス 2024年12月【マンガ形式・マンガつき】

「実験対決：学校勝ちぬき戦：科学実験対決漫画 49―かがくるBOOK. 実験対決シリーズ」洪鐘賢絵;HANA韓国語教育研究会訳 朝日新聞出版 2024年12月【マンガ形式・マンガつき】

「生活学Navi = Lifestyle Navigation：資料+成分表：家庭 2024」実教出版編修部著作 実教出版 2024年

「名探偵はハムスター! 1」こざきゆう作;やぶのてんや絵;小宮輝之監修 文響社 2024年8月【物語形式（フィクション）】

地方創生、地域活性、地域社会

「17歳で知っておきたい必修ビジネスワード17：なりたい自分をかなえる経営の基礎」開志専門職大学編集 ウイネット 星雲社 2024年7月【物語形式（フィクション）】

「GOROちゃんのオクシズ松野物語：そして君達はどう未来を描くのか」望月五郎著 文芸社 2024年8月

「ごとうち「ラーメン」もうたべた？：ほっかいどう、とうほくちほう」プリンセスこうりゅうさく 文芸社 2024年7月

地方創生、地域活性、地域社会＞地産地消

「みんなで知りたい生物多様性 3」 文研出版 2024年7月

地理＞世界の地理＞国章

「国旗と国章大図鑑 = Illustrated Encyclopedia of National Flags & Emblems of The World」苅安望著 世界文化ブックス 世界文化社 2024年1月

地理＞世界の地理＞国旗

「7歳までに知っておきたいちきゅうえほん―Gakken STEAMえほんシリーズ」アリス・ジェームズ文;ステファノ・トネッティ絵;岡田好惠訳 Gakken 2024年6月

「あなたの名前は？わたしの名前は…= What is your name? My name is…：自分さがしの旅」うのカルロスかんしょう作・絵 三恵社 2024年9月【英語つき】

「くらべてわかる国旗」桂田祐介監修 山と溪谷社 2024年3月

「そんなわけで国旗つくっちゃいました!えほん」吹浦忠正監修;なかさこかずひこ!作・絵 主婦の友社 2024年4月

「はじめてのせかいのこっき：197ヵ国」桂田祐介監修;ゆめよ絵 ポプラ社（もっとしりたいぶっく）2024年1月

社会・生活・暮らし

「絵の大きな国旗ずかん」平凡社編 平凡社 2024年3月

「国旗と国章大図鑑 = Illustrated Encyclopedia of National Flags & Emblems of The World」苅安望著 世界文化ブックス 世界文化社 2024年1月

「小学生の都道府県・世界の国カード315：都道府県・地図記号・世界地図・国旗」 Gakken 2024年6月

「世界の国旗図鑑：歴史とともに進化する国旗」苅安望著 偕成社 2024年7月

「知らなかった!国旗のひみつ図鑑」苅安望監修・著;講談社編 講談社 2024年2月

地理＞世界の地理＞世界の地理一般

「13歳からの世界地図：世界のしくみが楽しくわかる」井田仁康編著 幻冬舎 2024年9月

「カキじいさん、世界へ行く! = Grandpa Oyster goes to the world!」畠山重篤著 講談社 2024年10月

「くらべてわかる国旗」桂田祐介監修 山と渓谷社 2024年3月

「クレヨンしんちゃんのまんが世界の国おもしろブック―クレヨンしんちゃんのなんでも百科シリーズ」臼井儀人キャラクター原作;造事務所編集・構成 双葉社 2024年7月【マンガ形式・マンガつき】

「なぞなぞ世界一周」にしもとおさむ著 世界文化ブックス 世界文化社 2024年2月

「はじめての地理学―世界基準の教養forティーンズ」ミナ・レイシー;ララ・ブライアン;サラ・ハル文;ウェスレー・ロビンズ絵;ロジャー・トレンド監修;水野一晴日本語版監修;清水玲奈訳 河出書房新社 2024年11月

「ふむふむ社会―教科別びっくり!オモシロ雑学 ; 4」社会オモシロ雑学研究会編 岩崎書店 2024年3月

「マップス・プラス = MAPS+：新・世界図絵」アレクサンドラ・ミジェリンスカ;ダニエル・ミジェリンスキ作・絵;徳間書店児童書編集部訳 徳間書店 2024年4月

「まんがでわかる13歳からの地政学 = A Guide to Geopolitics：カイゾクとの地球儀航海」田中孝幸原著;星井博文シナリオ;松浦まどか作画 東洋経済新報社 2024年4月【マンガ形式・マンガつき】

「移動する民：ノマドのくらし」キンチョイ・ラム作;八木橋伸浩日本語版監修;くまがいじゅんこ訳 玉川大学出版部 2024年12月

「絵の大きな国旗ずかん」平凡社編 平凡社 2024年3月

「学研まんがNEW世界の歴史 別巻」 Gakken 2024年6月【マンガ形式・マンガつき】

「空からながめる世界の七ふしぎ：タイムトラベル大冒険」コマヤスカン作・絵 Gakken 2024年6月

「犬ぞりで観測する北極のせかい：北極に通い続けた犬ぞり探検家が語る」山崎哲秀著;イズー漫画イラスト repicbook 2024年4月【マンガ形式・マンガつき】

社会・生活・暮らし

「現地取材!世界のくらし 11」ポプラ社 2024年4月

「現地取材!世界のくらし 12」ポプラ社 2024年4月

「現地取材!世界のくらし 13」ポプラ社 2024年4月

「現地取材!世界のくらし 14」ポプラ社 2024年4月

「現地取材!世界のくらし 15」ポプラ社 2024年4月

「現地取材!世界のくらし 16」ポプラ社 2024年9月

「現地取材!世界のくらし 17」ポプラ社 2024年9月

「現地取材!世界のくらし 18」ポプラ社 2024年9月

「現地取材!世界のくらし 19」ポプラ社 2024年9月

「現地取材!世界のくらし 20」ポプラ社 2024年9月

「国旗と国章大図鑑 = Illustrated Encyclopedia of National Flags & Emblems of The World」苅安望著 世界文化ブックス 世界文化社 2024年1月

「世界の国旗図鑑:歴史とともに進化する国旗」苅安望著 偕成社 2024年7月

「知らなかった!国旗のひみつ図鑑」苅安望監修・著;講談社編 講談社 2024年2月

「知りたい!世界の国の文化とくらし 1」国土社 2024年3月

「知りたい!世界の国の文化とくらし 2」国土社 2024年3月

「地球のいきものをめぐる旅:北極の海から熱帯雨林までなにがいるかな見つけてみよう!」ジョン・ウッドワード作;ニック・クラプトン監修;竹田純子訳 河出書房新社 2024年1月

「桃太郎電鉄でわかる世界地理大図鑑」宝島社「学べるゲーム本」編集部編 宝島社 2024年5月

「桃太郎電鉄ワールド4コマ大百科」さくまあきら原作;ひこちゃんまんが 小学館 2024年7月【マンガ形式・マンガつき】

「未知なる冒険の物語:はじまりの旅、ラスト・リバーを探して」名もなき冒険家文・絵;テディ・キーン原書編集;葉山亜由美訳 トゥーヴァージンズ 2024年7月

地理＞地理一般

「知れば知るほど好きになる世の中のひみつ」梅澤真一監修 高橋書店 2024年11月

地理＞日本の地理＞日本の地理一般

「47都道府県伝統技術・伝統文化なるほどクイズブック 上」教育画劇 2024年2月

「アイヌ民族33のニュース―ミンタラ;3」北原モコットゥナシ;瀧口夕美編著;小笠原小夜絵 北海道新聞社 2024年11月

「おぼえる!学べる!たのしい都道府県」井田仁康監修 高橋書店 2024年3月

社会・生活・暮らし

「ジオパークに出かけよう!：地球・自然・くらしの歴史旅行 1」あかつき教育図書 2024年3月

「ジオパークに出かけよう!：地球・自然・くらしの歴史旅行 2」あかつき教育図書 2024年2月

「ジオパークに出かけよう!：地球・自然・くらしの歴史旅行 3」あかつき教育図書 2024年3月

「ジオパークに出かけよう!：地球・自然・くらしの歴史旅行 4」あかつき教育図書 2024年3月

「でんしゃでまなぶにほんちず」イカロスのりものKids編集部編 イカロス出版（イカロスのりもの Kids）2024年10月

「どろどろ～んオバケーヌとまなぶ47都道府県」講談社編 講談社 2024年10月

「のびーる社会日本の地理：47都道府県・地形・気候他―角川まんが学習シリーズ；T20」篠塚昭司監修 KADOKAWA 2024年3月【マンガ形式・マンガつき】

「びっくり探県!まるごとわかる神奈川の図鑑」梅澤真一監修 KADOKAWA 2024年10月

「ふむふむ社会―教科別びっくり!オモシロ雑学；4」社会オモシロ雑学研究会編 岩崎書店 2024年3月

「るるぶ毎日5分でまなびの種まき都道府県のおはなし47」粕谷昌良監修 JTBパブリッシング 2024年8月

「教えて!池上彰さん沖縄から考える戦争と平和 第1巻」池上彰監修 小峰書店 2024年4月

「見て、学んで、力がつく!こども日本地図：写真とイラストいっぱいの地図で、楽しく日本の都道府県を学ぼう! 2025年版」永岡書店 2024年10月

「写真でわかる!日本の国土とくらし 1」「写真でわかる!日本の国土とくらし」編集室著 理論社 2024年6月

「写真でわかる!日本の国土とくらし 2」「写真でわかる!日本の国土とくらし」編集室著 理論社 2024年6月

「写真でわかる!日本の国土とくらし 3」「写真でわかる!日本の国土とくらし」編集室著 理論社 2024年7月

「写真でわかる!日本の国土とくらし 4」「写真でわかる!日本の国土とくらし」編集室著 理論社 2024年7月

「修学旅行・校外学習ワークブック：もっと楽しめる：バス・電車、タクシーなどによる自主研修、フィールドワーク、校外学習、遠足などにしおりづくりに 京都編」ユニプラン 2024年5月

「小学生の都道府県・世界の国カード315：都道府県・地図記号・世界地図・国旗」Gakken 2024年6月

「新幹線でつなぐ!にっぽん発見のたび [1]」山﨑友也監修 ほるぷ出版 2024年2月

「新幹線でつなぐ!にっぽん発見のたび [2]」山﨑友也監修 ほるぷ出版 2024年3月

「新幹線でつなぐ!にっぽん発見のたび [3]」山﨑友也監修 ほるぷ出版 2024年1月

「新幹線でつなぐ!にっぽん発見のたび [4]」山﨑友也監修 ほるぷ出版 2024年2月

社会・生活・暮らし

「新幹線でつなぐ!にっぽん発見のたび [5]」山﨑友也監修 ほるぷ出版 2024年3月

「世界が広がる!地図を読もう：地図記号からウェブ地図まで、知って、遊んで、使いこなす」今和泉隆行著 誠文堂新光社(子供の科学サイエンスブックスNEXT) 2024年2月

「知らないほうが楽しめる!都道府県パズル 3」国土社編集部編 国土社 2024年3月

「知らないほうが楽しめる!都道府県パズル 4」国土社編集部編 国土社 2024年3月

「調べて伝えるわたしたちのまち 1」梅澤真一監修 あかね書房 2024年1月【マンガ形式・マンガつき】

「調べて伝えるわたしたちのまち 2」梅澤真一監修 あかね書房 2024年1月【マンガ形式・マンガつき】

「調べて伝えるわたしたちのまち 3」梅澤真一監修 あかね書房 2024年1月【マンガ形式・マンガつき】

「調べて伝えるわたしたちのまち 4」梅澤真一監修 あかね書房 2024年1月【マンガ形式・マンガつき】

「鉄道で学ぶ小学生の「社会科」：町や暮らしとのおもしろいつながり—まなぶっく」今道琢也著 メイツユニバーサルコンテンツ 2024年8月

「日本一周鉄道クイズの旅 1」鉄道クイズの旅研究部出題・文;中山けーしょーイラスト・作図 理論社 2024年8月

「日本一周鉄道クイズの旅 2」鉄道クイズの旅研究部出題・文;中山けーしょーイラスト・作図 理論社 2024年11月

「日本全国なるほど都道府県の名前由来辞典」冨樫純一監修;グラフィオ編;さがわゆめこ画 金の星社 2024年7月

地理＞日本の地理＞日本列島

「ジオパークに出かけよう!：地球・自然・くらしの歴史旅行 1」あかつき教育図書 2024年3月

「大地のビジュアル大図鑑：日本列島5億年の旅 1」ポプラ社 2024年11月

「大地のビジュアル大図鑑：日本列島5億年の旅 2」ポプラ社 2024年11月

「大地のビジュアル大図鑑：日本列島5億年の旅 3」ポプラ社 2024年11月

「大地のビジュアル大図鑑：日本列島5億年の旅 4」ポプラ社 2024年11月

「大地のビジュアル大図鑑：日本列島5億年の旅 5」ポプラ社 2024年11月

「大地のビジュアル大図鑑：日本列島5億年の旅 6」ポプラ社 2024年11月

強み、長所

「ADHDといっしょに!：自分の強みがわかって自信がつく60の楽しいワーク」ケリー・ミラー著;池田真弥子訳;日戸由刈監修 東洋館出版社(TOYOKAN BOOKS) 2024年7月

社会・生活・暮らし

「きみのいいところがみつかるえほん」足立啓美監修;川原瑞丸絵 主婦の友社 2024年8月

デザイン

「ウィリアム・モリス123」ウィリアム・モリスオリジナルデザイン;リズ・キャッチポールイラスト;井口紀子英語監修 東京書店(NEW世界一美しいファーストブック) 2024年11月【英語つき】

「おだきゅうでんしゃだいしゅうごう―交通新聞社こどものほん. スーパーのりものシリーズL」こどものほん編集部文・構成 交通新聞社 2024年4月

「お金のデザインと歴史」貨幣博物館カレンシア監修 岩崎書店(調べる学習百科) 2024年8月

「たてもの : 英語つき―まどあけずかん」吉田誠治ほか絵;岡田哲史監修 小学館(小学館の図鑑NEO) 2024年7月【英語つき】

「はんきゅうでんしゃだいしゅうごう―交通新聞社こどものほん. スーパーのりものシリーズL」交通新聞社西日本支社文・構成 交通新聞社西日本支社 2024年9月

「りったい昆虫館 : よりリアル!より作りやすい!!」神谷正徳作 小学館(小学館の図鑑NEOのクラフトぶっく) 2024年7月

「国旗と国章大図鑑 = Illustrated Encyclopedia of National Flags & Emblems of The World」苅安望著 世界文化ブックス 世界文化社 2024年1月

「自動車ができるまで」スタジオタッククリエイティブ 2024年6月

「神絵師の基本テクニック」高山瑞穂作 あかね書房(アニメ・イラストの描き方テクニック) 2024年3月

デザイン>ユニバーサルデザイン

「みんなが使いやすい身近なユニバーサルデザイン 2」白坂洋一監修 汐文社 2024年1月

「みんなが使いやすい身近なユニバーサルデザイン 3」白坂洋一監修 汐文社 2024年2月

伝承、しきたり、伝説

「おじぞうさんのおけしょうがかり」御崎あおい原案;たさききょうこ作・絵 防災100年えほんプロジェクト実行委員会 神戸新聞総合出版センター 2024年3月【物語形式(フィクション)】

「ドラえもん学びワールド季節の行事としきたり―ビッグ・コロタン ; 232」藤子・F・不二雄原作;藤子プロ;橋本裕之監修 小学館 2024年12月【マンガ形式・マンガつき】

「ビジュアル図鑑ドラゴン = Visual Encyclopedia DRAGON」健部伸明監修 カンゼン 2024年1月

「異種最強王図鑑 : No.1決定トーナメント!! 天界頂上決戦編」健部伸明監修;なんばきび;七海ルシアイラスト Gakken 2024年4月

「幻獣&妖怪タッグ最強王図鑑 : No.1決定トーナメント!!」木下昌美監修;なんばきび;七海ルシアイラスト Gakken 2024年12月

社会・生活・暮らし

「図解大事典ドラゴン最強伝説」龍・ドラゴン研究チームT&H編 新星出版社 2024年12月

「世界ぐるぐる怪異紀行 : どうして"わからないもの"はこわいの?—14歳の世渡り術」奥野克巳監修;奥野克巳ほか著 河出書房新社 2024年3月

「世界のミステリー100図鑑」トム・アダムス文;ヤス・イマムラ絵;多田桃子訳 BL出版 2024年9月【物語形式(フィクション)】

「大迫力!異界の都市伝説大百科」朝里樹監修 西東社 2024年3月

「大迫力!禁域の都市伝説大百科」朝里樹監修 西東社 2024年11月

「大迫力!新・妖怪大百科」山口敏太郎著 西東社 2024年9月

「伝説の化けもの図鑑 : 怖い!でも見てみたい…」山北篤監修;池田明久実絵 中央公論新社 2024年7月

伝承、しきたり、伝説＞悪魔

「頂上決戦!最強動物VS悪魔獣魔大決戦」CreatureStory;小川彗編 西東社 2024年12月

伝承、しきたり、伝説＞鬼

「大迫力!異界の都市伝説大百科」朝里樹監修 西東社 2024年3月

伝承、しきたり、伝説＞怪人、怪物

「いちばん強いヤツはだれだ!?ドラゴンvsビースト凶獣王超バトル図鑑」山口敏太郎著 永岡書店 2024年4月

「頂上決戦!異種水中生物オールスター大決戦」CreatureStory編 西東社 2024年3月

「伝説の化けもの図鑑 : 怖い!でも見てみたい…」山北篤監修;池田明久実絵 中央公論新社 2024年7月

伝承、しきたり、伝説＞神、神様

「みんなが知りたい!日本の神さまと神社 : 神話の世界と身近な聖地のひみつがわかる—まなぶっく」「日本の神さまと神社」編集室著 メイツユニバーサルコンテンツ 2024年8月

「異種最強王図鑑 : No.1決定トーナメント!! 天界頂上決戦編」健部伸明監修;なんばきび;七海ルシアイラスト Gakken 2024年4月

「子どものカトリック要理」ラゲ原著 白百合と菊出版 2024年6月【指導者用解説つき】

「日本の神話 = Japanese mythology : 日本語英語対訳」湯川英男日本語著;髙橋明弘英語翻訳;大竹克彦英語監修;田畑吉親絵 神話の杜みやざき 鉱脈社 (発行所) 2024年10月【英語つき/物語形式(フィクション)】

社会・生活・暮らし

伝承、しきたり、伝説＞幻獣、モンスター

「いちばん強いヤツはだれだ!?ドラゴンvsビースト凶獣王超バトル図鑑」山口敏太郎著 永岡書店 2024年4月

「ビジュアル図鑑ドラゴン＝Visual Encyclopedia DRAGON」健部伸明監修 カンゼン 2024年1月

「異種最強王図鑑：No.1決定トーナメント!! 天界頂上決戦編」健部伸明監修;なんばきび;七海ルシアイラスト Gakken 2024年4月

「幻獣&妖怪タッグ最強王図鑑：No.1決定トーナメント!!」木下昌美監修;なんばきび;七海ルシアイラスト Gakken 2024年12月

「幻獣の飼い方＝How to keep Fantastic Beasts─「もしも?」の図鑑」健部伸明監修;高代彩生著 実業之日本社 2024年11月

「図解大事典ドラゴン最強伝説」龍・ドラゴン研究チームT&H編 新星出版社 2024年12月

「伝説の化けもの図鑑：怖い!でも見てみたい…」山北篤監修;池田明久実絵 中央公論新社 2024年7月

「遊んで学んで大ぼうけん!ドラゴンBOOK：めいろ えさがし まちがいさがし ぬりえ」永岡書店編集部編 永岡書店 2024年4月

伝承、しきたり、伝説＞小人

「こびと固有種大図鑑 東日本編」なばたとしたかさく ロクリン社 2024年9月

伝承、しきたり、伝説＞都市伝説

「怪奇不思議日本全国都市伝説」放課後心霊クラブ編 池田書店 2024年6月

「最恐!!超常怪奇現象ビジュアル大事典：ムー認定!─ムー・ミステリー・ファイル」並木伸一郎監修 ワン・パブリッシング 2024年3月【マンガ形式・マンガつき】

「大迫力!異界の都市伝説大百科」朝里樹監修 西東社 2024年3月

「大迫力!禁域の都市伝説大百科」朝里樹監修 西東社 2024年11月

伝承、しきたり、伝説＞魔女

「頭がよくなる!!ガールズまちがいさがし＝Girl's Spot the Difference」成田奈緒子監修;星乃屑ありす漫画;ナカムラアヤナほかイラスト・問題作問 ポプラ社（ひらめき★ゲームワールド）2024年10月

伝承、しきたり、伝説＞未確認生物、UMA

「未確認動物UMA超図鑑：シン・世界の超ミステリー」並木伸一郎監修;こざきゆう文 ポプラ社 2024年7月

社会・生活・暮らし

伝承、しきたり、伝説＞未確認生物、UMA＞イエティ

「未確認動物UMA超図鑑：シン・世界の超ミステリー」並木伸一郎監修;こざきゆう文 ポプラ社 2024年7月

伝承、しきたり、伝説＞未確認生物、UMA＞チュパカブラ

「未確認動物UMA超図鑑：シン・世界の超ミステリー」並木伸一郎監修;こざきゆう文 ポプラ社 2024年7月

伝承、しきたり、伝説＞幽霊

「かんたんおばけ工作 [2]」いしかわまりこ作 偕成社 2024年3月

「かんたんおばけ工作 [3]」いしかわまりこ作 偕成社 2024年3月

「なぞなぞMAXチャレンジ!4008問：頭の回転無限大」嵩瀬ひろし著 新星出版社 2024年7月

「最恐!!超常怪奇現象ビジュアル大事典：ムー認定!―ムー・ミステリー・ファイル」並木伸一郎監修 ワン・パブリッシング 2024年3月【マンガ形式・マンガつき】

「伝説の化けもの図鑑：怖い!でも見てみたい…」山北篤監修;池田明久実絵 中央公論新社 2024年7月

伝承、しきたり、伝説＞妖怪

「こども日本ミステリー地図」おおぐろてん監修 永岡書店 2024年6月

「ビジュアル図鑑妖怪 = Visual Encyclopedia YOKAI」木下昌美監修 カンゼン 2024年6月

「怪奇不思議日本全国都市伝説」放課後心霊クラブ編 池田書店 2024年6月

「幻獣&妖怪タッグ最強王図鑑：No.1決定トーナメント!!」木下昌美監修;なんばきび;七海ルシア イラスト Gakken 2024年12月

「進化がわかる妖怪図鑑：妖怪はこうして生まれた」丸山貴史著 かなえ 紀伊國屋書店 2024年6月

「大迫力!新・妖怪大百科」山口敏太郎著 西東社 2024年9月

「頂上決戦!異種水中生物オールスター大決戦」CreatureStory編 西東社 2024年3月

「伝説の化けもの図鑑：怖い!でも見てみたい…」山北篤監修;池田明久実絵 中央公論新社 2024年7月

トイレ

「すごいトイレのはなし：1万以上の便器をみがきつづけて。」佐藤満春著;伊藤ハムスター;萩原まおイラスト Gakken 2024年8月【マンガ形式・マンガつき】

「宇宙の24時間」ロブ・ロイド・ジョーンズ作;ローラン・キリング絵;竹内薫訳・監修 小学館 2024年11月

社会・生活・暮らし

「仰天!世界のアタリマエ」藤田晋一文 金の星社(5分後に世界のリアル) 2024年2月

統計

「ナイチンゲール = FLORENCE NIGHTINGALE : 看護の発展に大きく貢献したランプの貴婦人―学研まんが日本と世界の伝記」織にしんまんが;和住淑子監修 Gakken 2024年7月【マンガ形式・マンガつき】

「詳解現代地図 : 最新版 2024-2025」二宮書店編集部著 二宮書店 2024年3月

「窓をひらけばわかるデータのホント : 体験!統計リテラシー」田中司朗;艸場よしみ著 かもがわ出版 2024年1月

「日本のすがた : 最新データで学ぶ社会科資料集 2024」矢野恒太記念会編集 矢野恒太記念会 2024年3月

統計＞アンケート

「東大にほぼ合格していない学校から東大を目指すときに読む本」UTFR著 日本能率協会マネジメントセンター 2024年10月

特産物、特産品、お土産

「クレヨンしんちゃんのまんが都道府県おもしろブック―クレヨンしんちゃんのなんでも百科シリーズ」臼井儀人キャラクター原作;造事務所編集・構成 双葉社 2024年3月【マンガ形式・マンガつき】

「ザ・給食 : 学校給食のすべてがわかる!」赤松利恵監修 岩崎書店(調べる学習百科) 2024年11月

「どろどろ～んオバケーヌとまなぶ47都道府県」講談社編 講談社 2024年10月

「るるぶ毎日5分でまなびの種まき都道府県のおはなし47」粕谷昌良監修 JTBパブリッシング 2024年8月

「新幹線でつなぐ!にっぽん発見のたび [1]」山﨑友也監修 ほるぷ出版 2024年2月

「新幹線でつなぐ!にっぽん発見のたび [2]」山﨑友也監修 ほるぷ出版 2024年3月

「新幹線でつなぐ!にっぽん発見のたび [3]」山﨑友也監修 ほるぷ出版 2024年1月

「新幹線でつなぐ!にっぽん発見のたび [4]」山﨑友也監修 ほるぷ出版 2024年2月

「新幹線でつなぐ!にっぽん発見のたび [5]」山﨑友也監修 ほるぷ出版 2024年3月

「知らないほうが楽しめる!都道府県パズル 3」国土社編集部編 国土社 2024年3月

「桃太郎電鉄でわかる世界地理大図鑑」宝島社「学べるゲーム本」編集部編 宝島社 2024年5月

「突撃!カネオくんお金でみる都道府県データ図鑑」伊藤賀一監修 宝島社 2024年3月

社会・生活・暮らし

都市計画、まちづくり

「丘のまちの物語：知っておきたい麻生の歴史」川崎新都心街づくり財団監修;ひらもとかずお文・絵 神奈川新聞社 2024年3月

「調べて伝えるわたしたちのまち 2」梅澤真一監修 あかね書房 2024年1月【マンガ形式・マンガつき】

「調べて伝えるわたしたちのまち 3」梅澤真一監修 あかね書房 2024年1月【マンガ形式・マンガつき】

「調べて伝えるわたしたちのまち 4」梅澤真一監修 あかね書房 2024年1月【マンガ形式・マンガつき】

名前

「あなたの名前は?わたしの名前は… = What is your name? My name is… : 自分さがしの旅」うのカルロスかんしょう作・絵 三恵社 2024年9月【英語つき】

「どろどろ～んオバケーヌのうらない」小泉マーリ著 西東社 2024年10月

名前＞地名

「なぞなぞMAXチャレンジ!4008問：頭の回転無限大」嵩瀬ひろし著 新星出版社 2024年7月

「日本全国なるほど都道府県の名前由来辞典」冨樫純一監修;グラフィオ編;さがわゆめこ画 金の星社 2024年7月

名前＞名字

「ご当地珍名見つけ隊：髙信先生の全国行脚：こんな名字、聞いたことない! 関東編」髙信幸男著 恒春閣 2024年7月

「名字の事典：47都道府県別ランキングがわかる!」森岡浩監修 大月書店 2024年5月

匂い、香り

「あした話したくなるわくわくどきどき宇宙のひみつ」渡部潤一監修;朝日新聞出版編著 朝日新聞出版 2024年7月

「くさい食べ物大図鑑」前橋健二監修;岡本倫幸画;開発社編 金の星社 2024年2月

「くさい食べ物大図鑑」前橋健二監修;岡本倫幸画;開発社編 金の星社 2024年9月

「どっちが強い!?ブッとび動物オリンピック編：トンデモバトル大集合―角川まんが科学シリーズ；A64」Xベンチャーオールスターズストーリー;ホットブラッドソウルズまんが;實吉達郎監修 KADOKAWA 2024年6月【マンガ形式・マンガつき】

「生きものたちのスゴ技図鑑　何しゃべってるの?編」村田浩一監修;アジア・オーランド絵 さ・え・ら書房 2024年2月

社会・生活・暮らし

ニュース

「13歳からの世界地図：世界のしくみが楽しくわかる」井田仁康編著 幻冬舎 2024年9月

「SNS時代のメディアリテラシー：ウソとホントは見分けられる?」山脇岳志著 筑摩書房（ちくまQ ブックス）2024年11月

「高校生のための経済学入門」小塩隆士著 筑摩書房（ちくま新書）2024年2月

「調べる学習子ども年鑑 2024」朝日小学生新聞監修 岩崎書店 2024年3月

ニュース＞フェイクニュース、デマ

「SNS時代のメディアリテラシー：ウソとホントは見分けられる?」山脇岳志著 筑摩書房（ちくまQ ブックス）2024年11月

「知って活用!メディア・リテラシー [1]―NHK for School. アッ!とメディア」NHK「アッ!とメディア」 制作班編;中橋雄監修 NHK出版 2024年1月

人間関係

「〈弱いロボット〉から考える：人・社会・生きること」岡田美智男著 岩波書店 2024年8月

「10才からの気持ちを上手に伝える方法―大人だって本当は知らない」大野萌子監修;みるパン マンガ 永岡書店 2024年11月

「10代のための一生役立つコミュニケーション 第1巻」斉藤徹監修 Gakken 2024年2月【マンガ 形式・マンガつき】

「10代のための一生役立つコミュニケーション 第2巻」斉藤徹監修 Gakken 2024年2月【マンガ 形式・マンガつき】

「10代のための一生役立つコミュニケーション 第3巻」斉藤徹監修 Gakken 2024年2月【マンガ 形式・マンガつき】

「13歳からの「傾聴力」向上バイブル：人間関係を豊かにする聴く力が身につく本―ジュニアコ ツがわかる本」岩松正史監修 メイツユニバーサルコンテンツ 2024年6月

「きみも言ったことがあるかも?ちくちくことば・ふわふわことば 言いかえじてん 2」鈴木教夫監修; 秋山浩子文;イケガメシノイラスト 汐文社 2024年10月

「キャラで決まる?学校の人間関係：マンガでわかる!―小学生が身につけたい!考えるチカラ」 木村翔太監修 ベネッセコーポレーション 2024年3月【マンガ形式・マンガつき】

「ことばのまほう：マイメロディのえほん」講談社編;サンリオ著 講談社 2024年1月

「コミュニケーションの準備体操」兵藤友彦;村上慎一著 岩波書店（岩波ジュニアスタートブック ス）2024年10月

「こんなときどう言う?事典：仲よくなる力は人生最大のスキル」齋藤孝著 サンマーク出版 2024 年3月

社会・生活・暮らし

「しっぱいしたっていいんだよ―ガストンのソーシャルスキルえほん」オーレリー・シアン・ショウ・シーヌぶん・え;垣内磯子やく 主婦の友社 2024年6月

「じぶんもまわりもしあわせにするおやくそくブック」大日向雅美監修 Gakken（らぶ&きゅーと知育ブックス. Disney PRINCESS）2024年10月

「マンガでわかる10代のための人間関係の「ピンチ!」自分で解決マニュアル」山田洋一著;明野みるマンガ 小学館 2024年4月【マンガ形式・マンガつき】

「やさしくわかるきもちのえほん [2]」渡辺弥生監修;すがわらけいこ絵;WILLこども知育研究所編著 金の星社 2024年3月

「ようこそ!思春期：おとなに近づくからだの成長のはなし」レイチェル・グリーナー文;クレア・オーウェン絵;浦野匡子;艮香織訳・解説 大月書店 2024年2月

「わたしたちのからだと心 [2]」アニータ・ガネリ文;ヴェーラ・ポポーワ絵;野井真吾日本語版監修 サイエンティスト社 2024年12月

「わたしはわたし。あなたじゃない。：10代の心を守る境界線「バウンダリー」の引き方」鴻巣麻里香著 リトルモア 2024年9月

「学校では教えてくれない性の話：みんなでひらく包括的性教育のとびら」樋上典子著 皓星社 2024年7月

「高校進学でつまずいたら：「高1クライシス」をのりこえる」飯村周平著 筑摩書房（ちくまプリマー新書）2024年3月

「最高の友達を作るための人間関係を学ぶ本：友達作りに悩んでいる小学生の必読本!」すわべしんいち著 repicbook 2024年7月【マンガ形式・マンガつき】

「三角をひっくり返したら」竹下克己文 三恵社 2024年11月

「自分でできる!心と体のメンテナンス：もやもやしたら、どうする? 1」荒川雅子監修;WILLこども知育研究所編著 岩崎書店 2024年11月

「人間関係ってどういう関係?」平尾昌宏著 筑摩書房（ちくまプリマー新書）2024年1月

「中高生のための新しい性教育ワークブック 性の多様性と人間関係編」高橋幸子;丸井淑美監修;水野哲夫編著 学事出版 2024年7月

「伝え合うって楽しい!：もっと知りたい、きちんと伝えたい 1」冨樫忠浩監修 文研出版 2024年9月

「伝え合うって楽しい!：もっと知りたい、きちんと伝えたい 2」冨樫忠浩監修 文研出版 2024年10月

「伝え合うって楽しい!：もっと知りたい、きちんと伝えたい 3」冨樫忠浩監修 文研出版 2024年11月

「働くってどういうこと?：今の自分が未来をつくる―学校では教えてくれない大切なこと ; 48」関和之マンガ・イラスト 旺文社 2024年6月【マンガ形式・マンガつき】

「友だちがしんどいがなくなる本」石田光規著 講談社 2024年2月

社会・生活・暮らし

「友だち関係で悩んだときに役立つ本を紹介します。―14歳の世渡り術」金原ひとみほか著;河出書房新社編 河出書房新社 2024年4月

人間関係＞恋人

「「リスク」を知って、「自分」を守る!スマホマインドの育てかた [2]」保育社 2024年1月【マンガ形式・マンガつき】

人間関係＞チームワーク、チームプレー

「水泳日大豊山高校式メニュー : 基本を軸に泳ぎをつくる―強豪校の練習法」安村亜洲著 ベースボール・マガジン社 2024年3月

人間関係＞友達、仲間

「「リスク」を知って、「自分」を守る!スマホマインドの育てかた [2]」保育社 2024年1月【マンガ形式・マンガつき】

「10代のための一生役立つコミュニケーション 第3巻」斉藤徹監修 Gakken 2024年2月【マンガ形式・マンガつき】

「12歳から始めるイライラしない技術 : 6秒で落ち着ける ムダに怒らない」安藤俊介著 秀和システム 2024年12月

「12歳から始める心が折れない技術 : 着実にやりぬく めげずに立ち直る」堀田秀吾著 秀和システム 2024年5月

「mofusandのんびりうらない」ぢゅのイラスト;スパイラルキュート監修;LUA著 KADOKAWA 2024年7月

「No.1勉強・友情・恋がうまくいく!時間&手帳の使い方Lesson」吉武麻子監修 日本文芸社 2024年11月

「あなたが学校でしあわせに生きるために : 子どもの権利と法律手帳」平尾潔著 子どもの未来社 2024年11月

「いろんなともだち―Discover You. MR.MEN LITTLE MISS」ロジャー・ハーグリーブス作;講談社編;斎藤妙子訳 講談社 2024年9月

「ちいかわお友だちとのつき合いかた」ナガノイラスト;加藤裕美子監修 KADOKAWA 2024年3月

「ともだちづくり まなびの天才―かいけつゾロリアカデミー」原ゆたか原作 ポプラ社 2024年10月

「ともだちってなあに?―Discover You. MR.MEN LITTLE MISS」ロジャー・ハーグリーブス作;講談社編;斎藤妙子訳 講談社 2024年12月

「マンガでわかる10代のための人間関係の「ピンチ!」自分で解決マニュアル」山田洋一著;明野みるマンガ 小学館 2024年4月【マンガ形式・マンガつき】

社会・生活・暮らし

「やさしくわかるきもちのえほん [1]」渡辺弥生監修;すがわらけいこ絵;WILLこども知育研究所編著 金の星社 2024年2月

「やさしくわかるきもちのえほん [2]」渡辺弥生監修;すがわらけいこ絵;WILLこども知育研究所編著 金の星社 2024年3月

「わけあうってたのしいね」ロジャー・ハーグリーブス作;講談社編;斎藤妙子訳 講談社 (Discover You. MR.MEN LITTLE MISS) 2024年11月

「最高の友達を作るための人間関係を学ぶ本 : 友達作りに悩んでいる小学生の必読本!」すわべしんいち著 repicbook 2024年7月【マンガ形式・マンガつき】

「自分でできる!心と体のメンテナンス : もやもやしたら、どうする? 1」荒川雅子監修;WILLこども知育研究所編著 岩崎書店 2024年11月

「人間関係ってどういう関係?」平尾昌宏著 筑摩書房(ちくまプリマー新書)2024年1月

「大人に言えない小さな悩みが少しだけ軽くなる本 第2巻」田村節子監修 Gakken 2024年2月

「風になった優ちゃんと学校給食」馬場錬成著 評論社 2024年6月【物語形式(フィクション)】

「友だちがしんどいがなくなる本」石田光規著 講談社 2024年2月

「友だち関係で悩んだときに役立つ本を紹介します。─14歳の世渡り術」金原ひとみほか著;河出書房新社編 河出書房新社 2024年4月

人間関係>ライバル

「どっちがすごい!?日本の歴史ライバル対決 1」福井蓮編著 汐文社 2024年8月【物語形式(ノンフィクション)】

「どっちがすごい!?日本の歴史ライバル対決 2」福井蓮編著 汐文社 2024年11月

「小学生のバッティング最強上達BOOK : ライバルに差をつける!─まなぶっく」有安信吾監修 メイツユニバーサルコンテンツ 2024年7月

「武田信玄と上杉謙信 : 五度にもわたり対決した、戦国時代最強のライバル─小学館版学習まんが人物館 ; 日本-35」黒田基樹監修;高田靖彦まんが 小学館 2024年1月【マンガ形式・マンガつき】

発想、アイデア

「5分後に意外な結末QUIZ ロジカル思考:一ノ瀬究からの挑戦状」一ノ瀬究編著;usi絵 Gakken 2024年12月

「Ivy Liu : 4歳の絵画集です」IvyLiu 文芸社 2024年11月

「お笑い芸人入門百科─小学館入門百科シリーズ」吉本興業株式会社監修・協力;福地翼まんが;ショウマ本文イラスト 小学館 2024年12月【マンガ形式・マンガつき】

「クイズあなたは小学5年生より賢いの? : 大人もパニックの難問に挑戦! 10」日本テレビ編 KADOKAWA 2024年4月

社会・生活・暮らし

「そうさくのたね : 子どもと大人の〈工作×アート〉アイデアブック」金沢21世紀美術館編著 グラフィック社 2024年11月

「ふしぎな魔法パズルルービックの発明物語」ケリー・アラディア文;カラ・クレイマー絵;竹内薫訳 西村書店東京出版編集部 2024年12月【物語形式（ノンフィクション）】

「ブロックでなんでもつくる!ビルダーの頭の中」三井淳平著 偕成社 2024年4月

「ブン!ブン!レーシングカー : レゴブロックで最速の車を作れ!」クルツ編集部著;みずしまぱぎい訳 ポプラ社 2024年6月

「高校生・化学宣言 : 高校化学グランドコンテストドキュメンタリー PART15」堀顕子監修 遊タイム出版 2024年5月

「作って発見!西洋の美術 2」音ゆみ子著・工作 東京美術 2024年7月

「新レゴアイデアブック」DK社編著;五十嵐加奈子訳 東京書籍 2024年4月

「世界一ひらめく!算数&数学の大図鑑」アンナ・ウェルトマン文;ポール・ボストン絵;小林玲子訳 河出書房新社 2024年4月

「大阪万博1970」藤川智子著;白井達郎監修 ほるぷ出版 2024年4月

「頭がよくなる!!ガールズなぞなぞ = Girl's riddle―ひらめき★ゲームワールド」成田奈緒子監修;高橋啓恵作;星乃屑ありす漫画;ちゃの鮎美ほかイラスト ポプラ社 2024年6月

「頭がよくなる!!ガールズめいろ = Girl's maze」成田奈緒子監修;黒鍋亭迷路作;星乃屑ありす漫画;杉谷エコほかイラスト ポプラ社（ひらめき★ゲームワールド）2024年6月

「頭がよくなる!!なぞなぞ2000―ひらめき★ゲームワールド」成田奈緒子監修;高橋啓恵;こんのゆみ;児島勇気作;黒鍋亭迷路作;イセケヌ漫画;笠原ひろひと;七綱ナギ;よこてさとめイラスト ポプラ社 2024年6月

「頭がよくなる!!ひっかけ&いじわるクイズ」瀧靖之監修;小野寺ぴりり紳;土門トキオ作;TossanLand漫画;アキワシンヤほかイラスト ポプラ社（ひらめき★ゲームワールド）2024年10月

「本のPOPをつくろう! : 読書を楽しむ―帯・POP作りのスゴ技」「本のPOPや帯を作ろう」編集室著;ニイルセンイラスト 理論社 2024年2月

「本の帯をつくろう! : 読書を楽しむ―帯・POP作りのスゴ技」「本のPOPや帯を作ろう」編集室著;ニイルセンイラスト 理論社 2024年2月

「遊びのアイデア学級レク 2」汐文社 2024年2月

「遊びのアイデア学級レク 3」汐文社 2024年3月

犯罪、事件

「「リスク」を知って、「自分」を守る!スマホマインドの育てかた [3]」保育社 2024年1月【マンガ形式・マンガつき】

「あの時こうしなければ……本当に危ない闇バイトの話」廣末登;芳賀恒人監修 金の星社 2024年9月【マンガ形式・マンガつき】

社会・生活・暮らし

「それ犯罪かもしれない図鑑」小島洋祐監修 金の星社 2024年12月

「どっちを選ぶ?クイズで学ぶ!こども防犯サバイバル 3」国崎信江監修 日本図書センター 2024年1月

「ナゾリ : まじめにふまじめ×ミステリー : おうごんのようかいサーカス事件」原ゆたか原作;岐部昌幸作;花小金井正幸絵 ポプラ社 2024年3月

「マンガでわかる!小学生から知っておきたいお金のトラブル回避術―こどもと生活シリーズ」菊地幸夫監修;ぽぽこ漫画 主婦と生活社 2024年8月【マンガ形式・マンガつき】

「気をつけよう!海賊版・違法ダウンロード 1」上沼紫野監修;メディア・ビュー編;コンテンツ海外流通促進機構;ABJ;日本漫画家協会取材協力 汐文社 2024年1月

「気をつけよう!海賊版・違法ダウンロード 2」上沼紫野監修;メディア・ビュー編;コンテンツ海外流通促進機構;ABJ取材協力 汐文社 2024年2月

「刑の重さは何で決まるのか」高橋則夫著 筑摩書房(ちくまプリマー新書) 2024年4月

「世界の本当に怖い話怖い歴史 下巻」野宮麻未;怖い話研究会著;ニイルセン;井出エミ;藤井昌子イラスト 理論社 2024年9月

「世界の本当に怖い話怖い歴史 上巻」野宮麻未;怖い話研究会著;ニイルセン;カワズミ;藤井昌子イラスト 理論社 2024年9月

「生きのびるための犯罪(みち)―よりみちパン!セ ; YP14」上岡陽江;ダルク女性ハウス著 新曜社 2024年1月

「名探偵コナン灰原哀の科学事件ファイル」青山剛昌原作;あさだみほまんが;くられ科学原案 小学館 2024年9月【マンガ形式・マンガつき】

「名探偵コナン空想科学読本」柳田理科雄著;青山剛昌原案 小学館(小学館ジュニア文庫 ; ジあ-2-59) 2024年7月【マンガ形式・マンガつき】

「名探偵はハムスター! 2」こざきゆう作;やぶのてんや絵;小宮輝之監修 文響社 2024年12月【物語形式(フィクション)】

犯罪、事件＞詐欺

「「リスク」を知って、「自分」を守る!スマホマインドの育てかた [3]」保育社 2024年1月【マンガ形式・マンガつき】

「がけっぷち!アララはお金を増やしたい! = ARARA WANTS TO MAKE MORE AND MORE MONEY!」大野正人作;トミムラコタ;津村根央マンガ;土屋剛俊監修 ポプラ社 2024年12月【マンガ形式・マンガつき】

「中学3年生の息子に贈る、学校では教わらない「お金の真実」」安田修著 Gakken 2024年6月【物語形式(フィクション)】

社会・生活・暮らし

犯罪、事件＞殺人

「能力で人を分けなくなる日：いのちと価値のあいだ—あいだで考える」最首悟著 創元社 2024年4月

犯罪、事件＞テロ

「バタフライ：サイトウトシオdrama selection：十代に贈るドラマ」斉藤俊雄著 晩成書房 2024年3月【物語形式（ノンフィクション）】

「教科書では教えてくれない世界の闇」藤田晋一文 金の星社(5分後に世界のリアル) 2024年3月【物語形式（ノンフィクション）】

犯罪、事件＞闇バイト

「あの時こうしなければ……本当に危ない闇バイトの話」廣末登;芳賀恒人監修 金の星社 2024年9月【マンガ形式・マンガつき】

表、グラフ

「数字のトリックを見ぬけはじめてのデータリテラシー 1」前田健太監修 汐文社 2024年11月

表、グラフ＞周期表

「かこさとし新・絵でみる化学のせかい 2」かこさとし作;藤嶋昭監修 講談社 2024年11月

「元素の学校—ニュートン科学の学校シリーズ」桜井弘監修 ニュートンプレス 2024年10月

「最強に面白い周期表」桜井弘監修 ニュートンプレス(ニュートン超図解新書) 2024年7月

「石は元素の案内人」田中陵二文・写真 福音館書店(たくさんのふしぎ傑作集) 2024年1月

病気、医療、衛生＞アレルギー＞食物アレルギー

「13さいではじめてたべたソフトクリーム」くりたようこさく・え 三恵社 2024年9月【物語形式（フィクション）】

「そらくんのすてきな給食—えほんのもり」竹内早希子作;木村いこ絵 文研出版 2024年6月

「食物アレルギーのおんなのこのおはなし」くりたようこ絵と文 三恵社 2024年9月【物語形式（フィクション）】

病気、医療、衛生＞依存症

「「リスク」を知って、「自分」を守る!スマホマインドの育てかた [1]」保育社 2024年1月【マンガ形式・マンガつき】

「10代からのヘルスリテラシー [1]」松本俊彦監修 大月書店 2024年9月

「10代からのヘルスリテラシー [2]」松本俊彦監修 大月書店 2024年10月

「10代からのヘルスリテラシー [3]」松本俊彦監修 大月書店 2024年11月

社会・生活・暮らし

「最強にわかる依存症―ニュートン超図解新書」松本俊彦監修 ニュートンプレス 2024年11月

「生きのびるための犯罪(みち)―よりみちパン!セ；YP14」上岡陽江;ダルク女性ハウス著 新曜社 2024年1月

病気、医療、衛生＞依存症＞アルコール依存症

「10代からのヘルスリテラシー [2]」松本俊彦監修 大月書店 2024年10月

病気、医療、衛生＞依存症＞インターネット依存症

「10代からのヘルスリテラシー [3]」松本俊彦監修 大月書店 2024年11月

病気、医療、衛生＞ウイルス、感染症、伝染病

「13歳からの環境学：未来世代からの叫び」古庄弘枝著 藤原書店 2024年8月

「いただきます!のまえのぴかぴかてあらい」八木橋かずよ絵;中野貴司監修 少年写真新聞社 (たべるってたのしい!) 2024年11月【物語形式(フィクション)】

「これがでたっていうことは… 3」草川功監修 理論社 2024年1月

「さようなら、ウイちゃん、ルスくん」のりれん文;カタツモリ絵 文芸社 2024年9月【物語形式(フィクション)】

「バタフライ：サイトウトシオdrama selection：十代に贈るドラマ」斉藤俊雄著 晩成書房 2024年3月【物語形式(ノンフィクション)】

「科学のなぞときマジカル・メイズ 3」シアン・グリフィス作;宮坂宏美訳;ONOCO絵;本田隆行日本語版監修・解説 ほるぷ出版 2024年9月

「実験対決：学校勝ちぬき戦：科学実験対決漫画 47―かがくるBOOK. 実験対決シリーズ」洪鐘賢絵;HANA韓国語教育研究会訳 朝日新聞出版 2024年5月【マンガ形式・マンガつき】

「北里柴三郎：感染症との闘いの先駆者―学研まんが 日本と世界の伝記」古頼桜維まんが;北里研究所北里柴三郎記念博物館監修 Gakken 2024年5月【マンガ形式・マンガつき】

病気、医療、衛生＞ウイルス、感染症、伝染病＞コレラ

「しょうこをつかめ!：コレラのなぞをといた医者ジョン・スノウ」デボラ・ホプキンソン文;ニック・ヘンダーソン絵;福本友美子訳 光村教育図書 2024年11月【物語形式(ノンフィクション)】

病気、医療、衛生＞ウイルス、感染症、伝染病＞性感染症

「学校では教えてくれない性の話：みんなでひらく包括的性教育のとびら」樋上典子著 皓星社 2024年7月

病気、医療、衛生＞外傷、けが

「チャレンジャーBASE」小林日路光文;山里璃沙絵 三恵社 2024年8月

社会・生活・暮らし

「大切な人に話したくなる体と命のなぜなに：ぶつけたら痛いのはどうして?ケガをしたらどうする?」湘南ER著 KADOKAWA 2024年4月

病気、医療、衛生＞外傷、けが＞やけど

「大切な人に話したくなる体と命のなぜなに：ぶつけたら痛いのはどうして?ケガをしたらどうする?」湘南ER著 KADOKAWA 2024年4月

病気、医療、衛生＞緩和ケア、緩和医療

「人生があと200日で終わるとしたら＝What would you do if your life ended in 200 days?：治らない病気になったミュージシャンの話」林良彦著 文芸社 2024年5月

病気、医療、衛生＞筋萎縮性側索硬化症（ALS）

「とびたて!みんなのドラゴン：難病ALSの先生と日明小合唱部の冒険」オザワ部長著 岩崎書店 2024年9月【物語形式（ノンフィクション）】

病気、医療、衛生＞健康

「おじいちゃん、おばあちゃんを知ろう! 1」佐藤眞一監修 小峰書店 2024年4月

「サイエンスで納得!心と体のげんき習慣：NOLTYキッズワークブック—Nolty kids」成田奈緒子総合監修 日本能率協会マネジメントセンター 2024年5月

「マンガでわかるスマホ脳の恐怖」川島隆太監修;久方標マンガ・イラスト 金の星社 2024年12月【マンガ形式・マンガつき】

「ミルミルミエル：3つの20で目を守る」はたのつばさ作;いわさきかおり絵 石田製本 2024年3月

「わたしはみつけた!：バージニア・アプガー博士の赤ちゃんの命をすくう発明」キャリー・A.ピアソン文;ナンシー・カーペンター絵;さくまゆみこ訳 子どもの未来社 2024年12月【物語形式（ノンフィクション）】

「最強に面白い人体 取扱説明書編—ニュートン超図解新書」坂井建雄監修 ニュートンプレス 2024年5月

病気、医療、衛生＞健康＞健康観察

「生きものとくらそう!：はじめてでも安心 2」国土社 2024年1月

「生きものとくらそう! 3」国土社 2024年3月

「生きものとくらそう! 4」国土社 2024年10月

「生きものとくらそう! 5」国土社 2024年11月

病気、医療、衛生＞健康＞健康管理

「10才からの保健体育：こころとからだのギモン—大人だって本当は知らない」今西洋介監修;よこてさとめマンガ 永岡書店 2024年7月

108

社会・生活・暮らし

「10代のカラダのハテナ : 図書館版」高尾美穂監修 あかね書房 2024年1月

「小学生でも安心!はじめてのモルモット正しい飼い方・育て方―まなぶっく」大庭秀一監修 メイツユニバーサルコンテンツ 2024年3月

「知っておこう!いっしょに暮らす動物の健康・病気のこと [1]」平林雅和監修 保育社 2024年1月

「知っておこう!いっしょに暮らす動物の健康・病気のこと [2]」平林雅和監修 保育社 2024年1月

「知っておこう!いっしょに暮らす動物の健康・病気のこと [3]」平林雅和監修 保育社 2024年1月

病気、医療、衛生＞健康＞健康法

「自分でできる!心と体のメンテナンス : もやもやしたら、どうする? 1」荒川雅子監修;WILLこども知育研究所編著 岩崎書店 2024年11月

「自分でできる!心と体のメンテナンス : もやもやしたら、どうする? 4」荒川雅子監修;WILLこども知育研究所編著 岩崎書店 2024年10月

病気、医療、衛生＞健康＞健脳法

「シールでかんたん!アート脳ちぎりえ」成田奈緒子監修;サタケシュンスケ絵 ポプラ社 2024年7月

「ハマりスイッチで勉強が好きになる」篠原菊紀著 高橋書店 2024年10月

病気、医療、衛生＞健康＞セルフメンテナンス

「自分でできる!心と体のメンテナンス : もやもやしたら、どうする? 1」荒川雅子監修;WILLこども知育研究所編著 岩崎書店 2024年11月

「自分でできる!心と体のメンテナンス : もやもやしたら、どうする? 4」荒川雅子監修;WILLこども知育研究所編著 岩崎書店 2024年10月

病気、医療、衛生＞口腔衛生、歯磨き、虫歯治療

「チーズではがげんき」さかいあけみさく;サワイワタルえ リーブル出版 2024年4月【物語形式（フィクション）】

「教えて歯医者さん!調べて守る歯の話 1」桜堤あみの歯科監修 くもん出版 2024年9月

「教えて歯医者さん!調べて守る歯の話 2」桜堤あみの歯科監修 くもん出版 2024年9月

病気、医療、衛生＞催眠、催眠療法、催眠術

「わたしのめちゃくちゃな心の片づけ方」アールメラ著;鈴木ファストアーベント理恵訳 かんき出版 2024年7月

社会・生活・暮らし

病気、医療、衛生＞手術

「しゅじゅつってこわくないよ」青山興司作・監修;中山忍文・絵 吉備人出版 2024年2月

「病院図鑑」梅澤真一監修 金の星社 2024年12月

病気、医療、衛生＞食品衛生

「13歳からの環境学：未来世代からの叫び」古庄弘枝著 藤原書店 2024年8月

病気、医療、衛生＞身体障害＞視覚障害

「だれもが「本を読める」社会へ読書バリアフリー 2」白坂洋一監修 汐文社 2024年10月

「ひらめき!はつめいものがたり 7」チャイルド本社 2024年1月【物語形式（ノンフィクション）】

「ヘレン・ケラーのことばと人生―心を強くする!ビジュアル伝記 ; 08」關宏之監修 ポプラ社 2024年3月【物語形式（ノンフィクション）】

「りんごの棚と読書バリアフリー：だれもが読書を楽しめる世界へ 1」ピープルデザイン研究所りんごプロジェクト監修 フレーベル館 2024年9月

「わたしのくつしたはどこ?：ゆめみるアデラと目のおはなし」フロレンシア・エレラ文;ベルナルディータ・オヘダ絵;あみのまきこ訳 岩崎書店 2024年9月【物語形式（フィクション）】

「見えない壁だって、越えられる。：クライマー小林幸一郎の挑戦」高橋うらら文 金の星社 2024年9月【物語形式（ノンフィクション）】

「塙保己一とヘレン・ケラー：すべて世のため、後のために」堺正一文;吉澤みか絵 桜雲会 2024年2月【物語形式（ノンフィクション）】

病気、医療、衛生＞身体障害＞聴覚障害

「ヘレン・ケラーのことばと人生―心を強くする!ビジュアル伝記 ; 08」關宏之監修 ポプラ社 2024年3月【物語形式（ノンフィクション）】

「世界に挑む!デフアスリート：聴覚障害とスポーツ―なるにはBOOKS ; 別巻」森埜こみち著 ぺりかん社 2024年11月

病気、医療、衛生＞生活習慣病

「1万5000人のデータに基づいたすごい身長の伸ばし方」田邊雄著 KADOKAWA 2024年2月

「池上彰の世界の見方 = Akira Ikegami,How To See the World　アフリカ」池上彰著 小学館 2024年12月

病気、医療、衛生＞精神衛生、精神保健

「12歳から始める心が折れない技術：着実にやりぬく めげずに立ち直る」堀田秀吾著 秀和システム 2024年5月

社会・生活・暮らし

「ポジティブ思考の育て方―学校では教えてくれない大切なこと ; 46」 小豆だるまマンガ・イラスト 旺文社 2024年3月【マンガ形式・マンガつき】

「メンタル脳」 アンデシュ・ハンセン;マッツ・ヴェンブラード著;久山葉子訳 新潮社 (新潮新書) 2024年1月

「自分でできる!心と体のメンテナンス : もやもやしたら、どうする? 1」 荒川雅子監修;WILLこども知育研究所編著 岩崎書店 2024年11月

「自分でできる!心と体のメンテナンス : もやもやしたら、どうする? 4」 荒川雅子監修;WILLこども知育研究所編著 岩崎書店 2024年10月

病気、医療、衛生＞摂食障害

「最強にわかる依存症―ニュートン超図解新書」 松本俊彦監修 ニュートンプレス 2024年11月

病気、医療、衛生＞躁うつ病（双極性障害）、うつ病

「マインドフル・セルフ・コンパッション : 批判的な内なる声を克服する」 カレン・ブルース著;岩壁茂監訳;浅田仁子訳 金剛出版 2024年11月

病気、医療、衛生＞知的障害

「仕事に行ってきます 16」 季刊『コトノネ』編集部著;原智彦;野口武悟監修 埼玉福祉会出版部 2024年3月

病気、医療、衛生＞治療

「10代からのヘルスリテラシー [2]」 松本俊彦監修 大月書店 2024年10月

病気、医療、衛生＞手洗い、消毒

「いただきます!のまえのぴかぴかてあらい」 八木橋かずよ絵;中野貴司監修 少年写真新聞社 (たべるってたのしい!) 2024年11月【物語形式（フィクション）】

「さようなら、ウイちゃん、ルスくん」 のりれん文;カタツモリ絵 文芸社 2024年9月【物語形式（フィクション）】

病気、医療、衛生＞低体温症

「体温って何だろう? : 調節のしくみから低体温症・熱中症まで―楽しい調べ学習シリーズ」 永島計監修 PHP研究所 2024年10月

病気、医療、衛生＞認知行動療法

「思春期の心理を知ろう! : 心の不調の原因と自分でできる対処法―楽しい調べ学習シリーズ」 松丸未来監修 PHP研究所 2024年4月

社会・生活・暮らし

病気、医療、衛生＞認知症

「おじいちゃん、おばあちゃんを知ろう! 3」佐藤眞一監修 小峰書店 2024年4月

「自分でできる!心と体のメンテナンス : もやもやしたら、どうする? 4」荒川雅子監修;WILLこども知育研究所編著 岩崎書店 2024年10月

病気、医療、衛生＞熱中症

「これがでたっていうことは… 4」草川功監修 理論社 2024年1月

「体温って何だろう? : 調節のしくみから低体温症・熱中症まで―楽しい調べ学習シリーズ」永島計監修 PHP研究所 2024年10月

病気、医療、衛生＞脳性麻痺

「脳のはたらきとニューロダイバーシティ : みんなちがって、それでいい!」ルイーズ・グッディング著;岡田俊;林(高木)朗子日本語版監修;上原昌子訳 東京書籍 2024年11月

病気、医療、衛生＞発達障害

「ADHDといっしょに! : 自分の強みがわかって自信がつく60の楽しいワーク」ケリー・ミラー著;池田真弥子訳;日戸由刈監修 東洋館出版社(TOYOKAN BOOKS) 2024年7月

「ココロちゃんの記録 : 白ひげ先生の幸せカルテ―子どもの未来応援プロジェクト」原田みれいゆ作;日比享光絵;小柳憲司監修 三恵社 2024年5月【物語形式(フィクション)】

「どうしても乗ってしまうんだ先に来たほうの電車に : 明るい祟り試練よ、ようこそ―共に生きる世界シリーズ」空、ときどき海著 みらいパブリッシング 星雲社 2024年6月

「家庭でできる!読み書きサポートブック 小学校中高学年〈3～6年生〉」小池敏英監修;成田まい;松尾麻衣著;すぎやまかずみまんが 日本標準 2024年12月【マンガ形式・マンガつき】

「家庭でできる!読み書きサポートブック 小学校低学年〈1・2年生〉」小池敏英監修;成田まい;松尾麻衣著;すぎやまかずみまんが 日本標準 2024年12月【マンガ形式・マンガつき】

「最強にわかる発達障害―ニュートン超図解新書」山末英典監修 ニュートンプレス 2024年10月

「仕事に行ってきます 16」季刊『コトノネ』編集部著;原智彦;野口武悟監修 埼玉福祉会出版部 2024年3月

「自分でできるコグトレ : 学校では教えてくれない困っている子どもを支える認知ソーシャルトレーニング 4」明石書店 2024年10月

「自分でできるコグトレ : 学校では教えてくれない困っている子どもを支える認知作業トレーニング 6」明石書店 2024年3月

「脳のはたらきとニューロダイバーシティ : みんなちがって、それでいい!」ルイーズ・グッディング著;岡田俊;林(高木)朗子日本語版監修;上原昌子訳 東京書籍 2024年11月

112

社会・生活・暮らし

「発達障害のお友だち 3」宮尾益知監修 岩崎書店 2024年1月【指導者用解説つき】

「発達障害のお友だち 4」宮尾益知監修 岩崎書店 2024年2月【指導者用解説つき】

病気、医療、衛生＞発達障害＞ADHD

「ADHDといっしょに！：自分の強みがわかって自信がつく60の楽しいワーク」ケリー・ミラー著；池田真弥子訳；日戸由刈監修 東洋館出版社(TOYOKAN BOOKS) 2024年7月

「ADHDの子どものためのマインドフルネス」シャロン・グランド著；タイア・モーリーイラスト；芦谷道子訳 創元社 2024年9月

「最強にわかる発達障害—ニュートン超図解新書」山末英典監修 ニュートンプレス 2024年10月

病気、医療、衛生＞発達障害＞学習障害

「最強にわかる発達障害—ニュートン超図解新書」山末英典監修 ニュートンプレス 2024年10月

「発達障害のお友だち 3」宮尾益知監修 岩崎書店 2024年1月【指導者用解説つき】

病気、医療、衛生＞発達障害＞自閉症、自閉症スペクトラム

「あなたがあなたであるために：自分らしく生きるための自閉スペクトラム・ガイド」ローナ・ウィング監修；吉田友子著 中央法規出版 2024年12月

「なのはな学級はみんなの教室：自閉症の娘と家族の夢のような6年間」まさきっち文・絵 石田製本 2024年4月【物語形式（ノンフィクション）】

「わたしは、あなたとわたしの区別がつかない」藤田壮眞著 KADOKAWA 2024年7月

「最強にわかる発達障害—ニュートン超図解新書」山末英典監修 ニュートンプレス 2024年10月

「脳のはたらきとニューロダイバーシティ：みんなちがって、それでいい！」ルイーズ・グッディング著；岡田俊；林(高木)朗子日本語版監修；上原昌子訳 東京書籍 2024年11月

病気、医療、衛生＞発達障害＞発達性協調運動症（DCD）

「発達障害のお友だち 4」宮尾益知監修 岩崎書店 2024年2月【指導者用解説つき】

病気、医療、衛生＞鼻水

「鼻をかみましょう：絵本でまなべる、鼻の正しいかみ方：星野書房の発育絵本」武田桃子著；星野友絵構成；遠藤庸子絵 星野書房 サンクチュアリ出版 2024年2月

病気、医療、衛生＞被爆

「ビキニの海のねがい」森本忠彦絵；紙芝居「ビキニの海のねがい」を本にする会文 南の風社 2024年3月

社会・生活・暮らし

病気、医療、衛生＞病気、医療、衛生一般

「10才からの保健体育：こころとからだのギモン―大人だって本当は知らない」今西洋介監修;よこてさとめマンガ 永岡書店 2024年7月

「10代のカラダのハテナ：図書館版」高尾美穂監修 あかね書房 2024年1月

「13歳からの環境学：未来世代からの叫び」古庄弘枝著 藤原書店 2024年8月

「わたしのくつしたはどこ?：ゆめみるアデラと目のおはなし」フロレンシア・エレラ文;ベルナルディータ・オヘダ絵;あみのまきこ訳 岩崎書店 2024年9月【物語形式(フィクション)】

「国境なき医師団：世界中に医療を届ける団体―新伝記平和をもたらした人びと；8」光丘真理文 Gakken 2024年4月

「死ぬのは、こわい?―よりみちパン!セ；YP11」徳永進著 新曜社 2024年1月

「人生があと200日で終わるとしたら＝ What would you do if your life ended in 200 days?：治らない病気になったミュージシャンの話」林良彦著 文芸社 2024年5月

「大切な人に話したくなる体と命のなぜなに：ぶつけたら痛いのはどうして?ケガをしたらどうする?」湘南ER著 KADOKAWA 2024年4月

「知っておこう!いっしょに暮らす動物の健康・病気のこと [1]」平林雅和監修 保育社 2024年1月

「知っておこう!いっしょに暮らす動物の健康・病気のこと [2]」平林雅和監修 保育社 2024年1月

「知っておこう!いっしょに暮らす動物の健康・病気のこと [3]」平林雅和監修 保育社 2024年1月

「働く現場をみてみよう! [2]」パーソルキャリア株式会社"はたらく"を考えるワークショップ推進チーム監修 保育社 2024年8月

「脳のはたらきとニューロダイバーシティ：みんなちがって、それでいい!」ルイーズ・グッディング著;岡田俊;林(高木)朗子日本語版監修;上原昌子訳 東京書籍 2024年11月

「風になった優ちゃんと学校給食」馬場錬成著 評論社 2024年6月【物語形式(フィクション)】

「迷いのない人生なんて：名もなき人の歩んだ道」共同通信社編 岩波書店(岩波ジュニア新書) 2024年5月

病気、医療、衛生＞病気予防、けが予防

「おじいちゃん、おばあちゃんを知ろう! 3」佐藤眞一監修 小峰書店 2024年4月

「これがでたっていうことは… 4」草川功監修 理論社 2024年1月

「さようなら、ウイちゃん、ルスくん」のりれん文;カタツモリ絵 文芸社 2024年9月【物語形式(フィクション)】

社会・生活・暮らし

「大切な人に話したくなる体と命のなぜなに : ぶつけたら痛いのはどうして?ケガをしたらどうする?」湘南ER著 KADOKAWA 2024年4月

「中高生のためのやさしいスポーツ医学ハンドブック」曽我部晋哉著 日本写真企画 2024年11月

病気、医療、衛生＞不安症、不安障害

「脳のはたらきとニューロダイバーシティ : みんなちがって、それでいい!」ルイーズ・グッディング著;岡田俊;林(高木)朗子日本語版監修;上原昌子訳 東京書籍 2024年11月

病気、医療、衛生＞腹痛

「ちょうおもしろい」あわたのぶこ作;はたこうしろう絵 フレーベル館 2024年10月【物語形式(フィクション)】

「人体レスキュー探検隊 : VISCERIS VOYAGE 01」Boichi著 集英社(勉タメJUMP BOOKS) 2024年7月

病気、医療、衛生＞風呂

「仰天!世界のアタリマエ」藤田晋一文 金の星社(5分後に世界のリアル) 2024年2月

病気、医療、衛生＞予防接種

「実験対決 : 学校勝ちぬき戦 : 科学実験対決漫画 47―かがくるBOOK. 実験対決シリーズ」洪鐘賢絵;HANA韓国語教育研究会訳 朝日新聞出版 2024年5月【マンガ形式・マンガつき】

平等

「自分の言葉で社会を変えるための民主主義入門」フィリップ・バンティング文+絵;堀越英美訳 河出書房新社 2024年3月

福祉、介護、ボランティア

「あなたの権利を知って使おう : 子どもの権利ガイド」アムネスティ・インターナショナル;アンジェリーナ・ジョリー;ジェラルディーン・ヴァン=ビューレン著;上田勢子訳 子どもの未来社 2024年9月

「おじいちゃん、おばあちゃんを知ろう! 1」佐藤眞一監修 小峰書店 2024年4月

「おじいちゃん、おばあちゃんを知ろう! 3」佐藤眞一監修 小峰書店 2024年4月

「おじいちゃん、おばあちゃんを知ろう! 4」佐藤眞一監修 小峰書店 2024年4月

「きみを守る「こども基本法」1」喜多明人監修 汐文社 2024年1月【マンガ形式・マンガつき】

「きみを守る「こども基本法」2」喜多明人監修 汐文社 2024年2月【マンガ形式・マンガつき】

「きみを守る「こども基本法」3」喜多明人監修 汐文社 2024年2月【マンガ形式・マンガつき】

社会・生活・暮らし

「こども基本法こどもガイドブック」FTCJ編;平尾潔ほか著;まえだたつひこ絵 子どもの未来社 2024年8月

「そうなんだ!子どもの権利」手丸かのこマンガ;渡辺大輔監修 子どもの未来社(スクールコミック) 2024年10月【マンガ形式・マンガつき】

「ヘレン・ケラーのことばと人生—心を強くする!ビジュアル伝記 ; 08」關宏之監修 ポプラ社 2024年3月【物語形式(ノンフィクション)】

「マンガでわかる!小学生のくらしと税金&社会保険—社会わくわく探究シリーズ」さんきゅう倉田監修;なのなのな漫画 主婦と生活社 2024年7月【マンガ形式・マンガつき】

「みえない優しい傘 : 家族の健康を気にする子どもたちへ、85人と犬1頭からのメッセージ」東京ソテリア編著 現代書館 2024年2月

「自分らしく、あなたらしく : きょうだい児からのメッセージ」高橋うらら著 さ・え・ら書房 2024年9月

「知っておきたい子どもの権利 : わたしを守る「子どもの権利条約」事例集」鴻巣麻里香文;細川貂々絵 平凡社 2024年10月

「発達障害のお友だち 3」宮尾益知監修 岩崎書店 2024年1月【指導者用解説つき】

「発達障害のお友だち 4」宮尾益知監修 岩崎書店 2024年2月【指導者用解説つき】

福祉、介護、ボランティア>義肢>義足

「こころの輪　パラリンピック編——一生役立つこどもメンタル本」小学館クリエイティブ 小学館 2024年7月

「動物の義足やさん = The brace of the animal」沢田俊子文 講談社 2024年6月

福祉、介護、ボランティア>高齢者福祉

「介護ロボットがわかる絵本 = A picture book about nursing care robots」齋藤雅美著;まやか;めぐイラスト 言視舎 2024年5月【英語つき】

福祉、介護、ボランティア>児童福祉

「あなたが学校でしあわせに生きるために : 子どもの権利と法律手帳」平尾潔著 子どもの未来社 2024年11月

「みえない優しい傘 : 家族の健康を気にする子どもたちへ、85人と犬1頭からのメッセージ」東京ソテリア編著 現代書館 2024年2月

福祉、介護、ボランティア>社会福祉

「おてらおやつクラブ物語 : 子どもの貧困のない社会をめざして」井出留美著 旬報社 2024年10月

社会・生活・暮らし

「わたし生活保護を受けられますか：全国10,000件申請サポートの特定行政書士が事例で説明申請から決定まで」三木ひとみ著 ペンコム インプレス 2024年10月

福祉、介護、ボランティア＞障害者福祉

「だれか、ふつうを教えてくれ！—よりみちパン!セ；YP15」倉本智明著 新曜社 2024年1月

「だれもが「本を読める」社会へ読書バリアフリー 2」白坂洋一監修 汐文社 2024年10月

「りんごの棚と読書バリアフリー：だれもが読書を楽しめる世界へ 1」ピープルデザイン研究所りんごプロジェクト監修 フレーベル館 2024年9月

「りんごの棚と読書バリアフリー：だれもが読書を楽しめる世界へ 2」ピープルデザイン研究所りんごプロジェクト監修 フレーベル館 2024年11月

「仕事に行ってきます 15」季刊『コトノネ』編集部著；藤井克徳；野口武悟監修 埼玉福祉会出版部 2024年3月

「仕事に行ってきます 16」季刊『コトノネ』編集部著；原智彦；野口武悟監修 埼玉福祉会出版部 2024年3月

「世界に挑む！デフアスリート：聴覚障害とスポーツ—なるにはBOOKS；別巻」森埜こみち著 ぺりかん社 2024年11月

「能力で人を分けなくなる日：いのちと価値のあいだ—あいだで考える」最首悟著 創元社 2024年4月

福祉、介護、ボランティア＞点字

「ひらめき！はつめいものがたり 7」チャイルド本社 2024年1月【物語形式（ノンフィクション）】

福祉、介護、ボランティア＞動物福祉

「ジャージー牛のサンちゃん」佐和みずえ著 新日本出版社 2024年10月

福祉、介護、ボランティア＞動物福祉＞アニマルウェルフェア

「ジャージー牛のサンちゃん」佐和みずえ著 新日本出版社 2024年10月

福祉、介護、ボランティア＞フードバンク

「おてらおやつクラブ物語：子どもの貧困のない社会をめざして」井出留美著 旬報社 2024年10月

不公平、不平等

「人は見た目！?ルッキズムの呪いをとく！ 1」矢吹康夫監修 フレーベル館 2024年10月

社会・生活・暮らし

復興

「長岡復興の恩人：三島億二郎物語」古田島吉輝監修;石坂智惠美著 博進堂 2024年3月【物語形式（ノンフィクション）】

「日本防災ずかん 4」野上健治監修;おおつかのりこ文 あかね書房 2024年3月

プライバシー

「明日話したくなる個人情報のはなし」蔦大輔ほか編著 清水書院 2024年8月【マンガ形式・マンガつき】

文章＞手紙

「Dear：16とおりのへいわへのちかい」サヘル・ローズ著 イマジネイション・プラス（imagination unlimited）2024年11月

平和

「Dear：16とおりのへいわへのちかい」サヘル・ローズ著 イマジネイション・プラス（imagination unlimited）2024年11月

「SDGsってなぁに?：みらいのためにみんながでること [6]──やさしくよめるSDGsのえほん」関正雄監修;WILLこども知育研究所編・著 金の星社 2024年2月

「いまは、ここがぼくたちの家：ウクライナから戦争を逃れてきた子ども」バルバラ・ガヴリルク文;マチェイ・シマノヴィチ絵;田村和子訳 彩流社 2024年12月【物語形式（ノンフィクション）】

「シリーズ心の糧 6」佐々木敬子作・絵 佐々木敬子 静岡新聞社 2024年5月

「どうして戦争しちゃいけないの?：元イスラエル兵ダニーさんのお話」ダニー・ネフセタイ著 あけび書房 2024年3月

「ないとどうなる?日本国憲法：「ある・なし」をくらべてわかる憲法の大切さ 第3巻」木村草太監修 Gakken 2024年2月

「はじめての戦争と平和」鶴岡路人著 筑摩書房（ちくまプリマー新書）2024年11月

「ヒロ子さんと巡る広島大学」弘兼憲史作画 広島大学出版会 2024年10月

「まるわかり!日本の防衛：はじめての防衛白書 2024」 日経印刷 全国官報販売協同組合 2024年

「マレーネ・ディートリヒ：平和を求め続けた伝説の俳優──新伝記平和をもたらした人びと；3」江森葉子文 Gakken 2024年4月【物語形式（ノンフィクション）】

「ムクウェゲ医師、平和への闘い：「女性にとって世界最悪の場所」と私たち」立山芽以子;華井和代;八木亜紀子著 岩波書店（岩波ジュニア新書）2024年6月

「モハメド・アリ：徴兵をこばんだ最強のボクサー──新伝記平和をもたらした人びと；6」金治直美文 Gakken 2024年4月【物語形式（ノンフィクション）】

社会・生活・暮らし

「レオがのこしたこと：ヴェステルボルク収容所の子どもたち」マルティネ・レテリー作；野坂悦子訳 静山社 2024年11月【物語形式（ノンフィクション）】

「教えて！池上彰さん沖縄から考える戦争と平和　第1巻」池上彰監修 小峰書店 2024年4月

「教えて！池上彰さん沖縄から考える戦争と平和　第2巻」池上彰監修 小峰書店 2024年4月

「教えて！池上彰さん沖縄から考える戦争と平和　第3巻」池上彰監修 小峰書店 2024年4月

「国境なき医師団：世界中に医療を届ける団体─新伝記平和をもたらした人びと；8」光丘真理文 Gakken 2024年4月

「国際協力入門：平和な世界のつくりかた」山田満著 玉川大学出版部 2024年2月

「緒方貞子：難民と途上国支援に尽くした人生─新伝記平和をもたらした人びと；7」たけたにちほみ文 Gakken 2024年3月【物語形式（ノンフィクション）】

「杉原千畝：「命のビザ」で人びとを救った外交官─新伝記平和をもたらした人びと；1」いどきえり文 Gakken 2024年4月【物語形式（ノンフィクション）】

「大きな古時計 ＝ GRANDFATHER'S CLOCK：英語訳版」善右衛門作；くまざきゆう絵 ベンテンエンタテインメント 星雲社（べんてんブックス）2024年12月【英語つき/物語形式（ノンフィクション）】

「地球に暮らすぼくたちへ」中川ひろたか作；松田奈那子絵 アリス館 2024年6月

「調べ学習に役立つ地球と平和を守る国際条約 1」遠藤研一郎監修 汐文社 2024年3月

「調べ学習に役立つ地球と平和を守る国際条約 2」遠藤研一郎監修 汐文社 2024年2月

「調べ学習に役立つ地球と平和を守る国際条約 3」遠藤研一郎監修 汐文社 2024年3月

「野村路子とテレジン収容所：強制収容所を伝える作家─新伝記平和をもたらした人びと；4」横田明子文 Gakken 2024年4月【物語形式（ノンフィクション）】

ペット

「かわいいどうぶつだいしゅうごうもふもふいっぱいずかん」小宮輝之監修 KADOKAWA 2024年2月

「キミにもなれる！愛玩動物看護師・トリマー・ドッグトレーナー」TCA東京ECO動物海洋専門学校監修 つちや書店 2024年1月

「もふかわネコ─学研の図鑑LIVE petit」山本宗伸；アジアキャットクラブ監修 Gakken 2024年3月

「飼いたいペットのえらびかた」成美堂出版編集部編著 成美堂出版 2024年12月

「世界もっとおどろき探検隊！：知れば知るほどスゴイ400の事実を追え！」ケイト・ヘイル文；アンディ・スミス絵；谷岡美佐子訳 実務教育出版（BRITANNICA BOOKS）2024年9月

「生きものとくらそう！：はじめてでも安心 2」国土社 2024年1月

「生きものとくらそう！ 3」国土社 2024年3月

社会・生活・暮らし

「生きものとくらそう! 4」国土社 2024年10月

「生きものとくらそう! 5」国土社 2024年11月

「知っておこう!いっしょに暮らす動物の健康・病気のこと [1]」平林雅和監修 保育社 2024年1月

「知っておこう!いっしょに暮らす動物の健康・病気のこと [2]」平林雅和監修 保育社 2024年1月

「知っておこう!いっしょに暮らす動物の健康・病気のこと [3]」平林雅和監修 保育社 2024年1月

方位、方角

「十二支がくえん」かんべあやこ作 あかね書房 2024年10月

防災

「72時間生きぬくための101の方法：子どものための防災BOOK」夏緑著;たかおかゆみこ絵 童心社 2024年9月

「いのちをまもる図鑑：最強のピンチ脱出マニュアル」池上彰ほか監修;滝乃みわこ文;五月女ケイ子;室木おすしイラスト;横山了一マンガ ダイヤモンド社 2024年7月

「おじぞうさんのおけしょうがかり」御崎あおい原案;たさききょうこ作・絵 防災100年えほんプロジェクト実行委員会 神戸新聞総合出版センター 2024年3月【物語形式（フィクション）】

「キャンプのずかん―学研のえほんずかん；9巻」スズキサトル絵・監修 Gakken 2024年4月

「こどものためのもしもマニュアル：「きんきゅうじたいにつかうもの」がわかる本 1」佐藤健監修 理論社 2024年1月

「こどものためのもしもマニュアル：「きんきゅうじたいにつかうもの」がわかる本 2」佐藤健監修 理論社 2024年1月

「こんな時どうする?子ども防災BOOK：親子でできる「準備」と「備え」がまるわかり!」警視庁警備部災害対策課;東京臨海広域防災公園そなエリア東京;国崎信江取材協力 主婦と生活社 2024年5月

「すぐそこにせまる脅威巨大地震：南海トラフ地震に首都直下型地震何を想定し、どう備えるべきか―中・高生からの超絵解本」遠田晋次監修 ニュートンプレス 2024年12月

「はれるんのぼうさい教室：クイズで学ぼう」堀江譲絵と文;日本気象予報士会監修 東京堂出版 2024年12月

「ぼうさいバッグのちいさなポケット」たかますあやか原案;twotwotwo作・絵 防災100年えほんプロジェクト実行委員会 神戸新聞総合出版センター 2024年3月

「みんなを守る防災のしせつ [2]」ほるぷ出版 2024年12月

「めくって学べるてんきのしくみ図鑑」荒木健太郎著 Gakken 2024年8月

社会・生活・暮らし

「やってみた!いのちを守る64の防災活動 : bosai consciousness」関西大学初等部6年生(第11期生)著 さくら社 2024年2月

「わかる!取り組む!新・災害と防災 1」帝国書院編集部編集 帝国書院 2024年2月

「わかる!取り組む!新・災害と防災 2」帝国書院編集部編集 帝国書院 2024年2月

「わかる!取り組む!新・災害と防災 3」帝国書院編集部編集 帝国書院 2024年2月

「わかる!取り組む!新・災害と防災 4」帝国書院編集部編集 帝国書院 2024年2月

「わかる!取り組む!新・災害と防災 5」帝国書院編集部編集 帝国書院 2024年2月

「気象予報士わぴちゃんのお天気を知る本 [2]」岩槻秀明著 いかだ社 2024年3月

「気象予報士わぴちゃんのお天気を知る本 [3]」岩槻秀明著 いかだ社 2024年4月

「最高にすごすぎる天気の図鑑 = The Most Amazing Visual Dictionary of Weather : 空のひみつがぜんぶわかる!」荒木健太郎著 KADOKAWA 2024年4月

「正しく知る!備える!火山のしくみ : 噴火の基本から防災、火山登山の魅力まで徹底解剖!」及川輝樹;中野俊著 誠文堂新光社(子供の科学サイエンスブックスNEXT) 2024年12月

「川の科学ずかん [3]」知花武佳監修;本作り空Sola編 文研出版 2024年1月

「調べてわかる!日本の山 3」鈴木毅彦監修 汐文社 2024年3月

「読んでみよう!もしものときの防災ブックガイド : 小中学生のための500冊」舩木伸江監修 日外アソシエーツ 2024年12月

「日本防災ずかん 1」おおつかのりこ文;野上健治監修 あかね書房 2024年1月

「日本防災ずかん 2」おおつかのりこ文;野上健治監修 あかね書房 2024年1月

「日本防災ずかん 3」おおつかのりこ文;野上健治監修 あかね書房 2024年1月

「日本防災ずかん 4」野上健治監修;おおつかのりこ文 あかね書房 2024年3月

防災＞非常持出袋

「ぼうさいバッグのちいさなポケット」たかますあやか原案;twotwotwo作・絵 防災100年えほんプロジェクト実行委員会 神戸新聞総合出版センター 2024年3月

防災＞避難、避難所

「たったひとつのおやくそく」かなざわまゆこ作・絵;よこばやしよしずみ原案 防災100年えほんプロジェクト実行委員会 神戸新聞総合出版センター 2024年3月

「日本防災ずかん 4」野上健治監修;おおつかのりこ文 あかね書房 2024年3月

防犯

「あなたのからだをだいじにするほん」横山洋子監修;moco絵 Gakken(おしえて!サンリオキャラクターズ) 2024年12月

社会・生活・暮らし

「あの時こうしなければ……本当に危ない闇バイトの話」廣末登;芳賀恒人監修 金の星社 2024年9月【マンガ形式・マンガつき】

「あぶないばしょはどっち?：遊んで学べる防犯絵本」小宮信夫監修;宮本巴奈イラスト 池田書店 2024年5月

「いのちをまもる図鑑：最強のピンチ脱出マニュアル」池上彰ほか監修;滝乃みわこ文;五月女ケイ子;室木おすしイラスト;横山了一マンガ ダイヤモンド社 2024年7月

「こどものためのもしもマニュアル：「きんきゅうじたいにつかうもの」がわかる本 1」佐藤健監修 理論社 2024年1月

「こどものためのもしもマニュアル：「きんきゅうじたいにつかうもの」がわかる本 2」佐藤健監修 理論社 2024年1月

「どっちを選ぶ?クイズで学ぶ!こども防犯サバイバル 1」国崎信江監修 日本図書センター 2024年1月

「どっちを選ぶ?クイズで学ぶ!こども防犯サバイバル 2」国崎信江監修 日本図書センター 2024年1月

「どっちを選ぶ?クイズで学ぶ!こども防犯サバイバル 3」国崎信江監修 日本図書センター 2024年1月

「にぼしとかつおの子どもあんぜん絵本」くまみね絵;舟生岳夫監修 ポプラ社 2024年3月

「親子でチャレンジ!防犯クイズブック」清永奈穂監修・解説文;ゆきのゆみこ構成・文 チャイルド本社 2024年12月

マスコット＞ご当地キャラクター

「どろどろ〜んオバケーヌとまなぶ47都道府県」講談社編 講談社 2024年10月

未来、将来

「10代のキミに贈る夢を叶える50の質問」飯山晄朗著 秀和システム 2024年12月

「50年後の地球と宇宙のこわい話：生きているうちに起こるかも?"こわいけどおもしろい"未来予想図」朝岡幸彦;渡部潤一監修 カンゼン 2024年4月

「あおいほしのあおいうみ = The blue oceans of a blue planet」シンク・ジ・アース編著 シンク・ジ・アース 紀伊國屋書店 2024年10月

「かこさとし新・絵でみる化学のせかい 5」かこさとし作;藤嶋昭監修 講談社 2024年11月

「しっかりわかる「脱炭素=カーボンニュートラル」 2」こどもくらぶ編 岩崎書店 2024年1月

「じどうしゃのすべて：モーターファンfor KIDS Vol 3」三栄 2024年1月

「みんなで知りたい生物多様性 5」 文研出版 2024年9月

社会・生活・暮らし

「宇宙の誕生から現代まで138億年のこども大百科」クリストファー・ロイド編;100人以上の専門家執筆・監修;権田敦司;瀧下哉代;倉橋俊介訳 ディスカヴァー・トゥエンティワン（BRITANNICA BOOKS）2024年11月

「学研まんが日本と世界の近現代の歴史 = MODERN HISTORY 6」高橋哲監修;南房秀久原作 Gakken 2024年11月【マンガ形式・マンガつき】

「気づくことで未来がかわる新しい人権学習 3」稲葉茂勝著;こどもくらぶ編 岩崎書店 2024年2月

「君に伝えたい「本当にやりたいこと」の見つけかた」池上彰監修 KADOKAWA 2024年2月

「月探査の大研究：月の基礎知識から資源開発まで—楽しい調べ学習シリーズ」佐伯和人監修 PHP研究所 2024年11月

「再生可能エネルギーの「現実」と「未来」がよくわかる本」市村拓斗監修 東京書籍 2024年8月

「子供達に夢を、そして愛 = Dreams and love for children」田龍太郎;田龍彦著 文芸社 2024年9月

「初心者でもわかるChatGPTとは何か：自然な会話も高精細な画像も生成AIの技術はここまできた—中・高生からの超絵解本」松尾豊監修 ニュートンプレス 2024年1月

「人生のレールを外れる衝動のみつけかた」谷川嘉浩著 筑摩書房（ちくまプリマー新書）2024年4月

「生成AIでなにができる?：人とAIのかかわり方」山田誠二監修 文溪堂 2024年9月

「日本の未来が危ない!?人口減少社会 1」岩澤美帆監修 汐文社 2024年9月

「日本の未来が危ない!?人口減少社会 2」岩澤美帆監修 汐文社 2024年10月

「日本の未来が危ない!?人口減少社会 3」岩澤美帆監修 汐文社 2024年12月

「未来をつくる仕事図鑑 第2期2」Gakken 2024年2月

「夢か現実か日本の自動車工業 2」鎌田実監修;稲葉茂勝著;こどもくらぶ編 岩崎書店 2024年11月

民族＞アイヌ

「アイヌごにせいしょをほんやくしたバチェラーさん = Mr Batchelor, who translated the new testament into Ainu—絵本・聖書翻訳人物伝シリーズ；21」はまじまびんぶん;みのわまりこえ 22世紀アート 2024年5月【英語つき/物語形式（ノンフィクション）】

「アイヌ民族33のニュース—ミンタラ；3」北原モコットゥナシ;瀧口夕美編著;小笠原小夜絵 北海道新聞社 2024年11月

「写真でわかる!日本の国土とくらし 4」「写真でわかる!日本の国土とくらし」編集室著 理論社 2024年7月

「北海道とアイヌ民族の歴史—講談社学習まんが」桑原真人;川上淳監修;神宮寺一漫画 講談社 2024年9月【マンガ形式・マンガつき】

社会・生活・暮らし

民族＞アボリジニ

「ミツツボアリをもとめて：アボリジニ家族との旅」今森光彦著 偕成社 2024年9月

民族＞インディアン

「アメリカのインディアンのためにつくしたエリオットさん = Mr Eliot, apostle of American indians —絵本・聖書翻訳人物伝シリーズ；12」はまじまびんぶん；かねはるくにこえ 22世紀アート 2024年5月【英語つき/物語形式（ノンフィクション）】

「ネイティブアメリカンの植物学者が語る10代からの環境哲学：植物の知性がつなぐ科学と伝承」ロビン・ウォール・キマラー著；モニーク・グレイ・スミス翻案；三木直子訳 築地書館 2024年6月

民族＞日本人

「こどもホモ・サピエンス：人類の起源、日本人のルーツについて考える本」国立科学博物館人類研究部監修；ライブ著 カンゼン 2024年9月

「科学でさぐる日本人の図鑑：ビジュアル解説!」秋道智彌監修；本作り空Sola編 文研出版 2024年11月

「新・ごはん：食べることは、生きること」辻川牧子絵・文 博進堂営義出版 2024年7月

民族＞遊牧民

「移動する民：ノマドのくらし」キンチョイ・ラム作；八木橋伸浩日本語版監修；くまがいじゅんこ訳 玉川大学出版部 2024年12月

民族＞ロヒンギャ

「ぼくたちのことをわすれないで：ロヒンギャの男の子ハールンのものがたり」由美村嬉々作；鈴木まもる絵 佼成出版社 2024年6月【物語形式（フィクション）】

郵便、宅配

「キャリア教育に活きる!仕事ファイル：センパイに聞く 44」小峰書店編集部編著 小峰書店 2024年4月

由来

「あなたの名前は?わたしの名前は… = What is your name? My name is…：自分さがしの旅」うのカルロスかんしょう作・絵 三恵社 2024年9月【英語つき】

「ご当地珍名見つけ隊：髙信先生の全国行脚：こんな名字、聞いたことない! 関東編」髙信幸男著 恒春閣 2024年7月

「最強に面白い周期表」桜井弘監修 ニュートンプレス（ニュートン超図解新書）2024年7月

社会・生活・暮らし

「日本全国なるほど都道府県の名前由来辞典」冨樫純一監修;グラフィオ編;さがわゆめこ画 金の星社 2024年7月

「名字の事典 : 47都道府県別ランキングがわかる!」森岡浩監修 大月書店 2024年5月

弱み、苦手、弱点

「〈弱いロボット〉から考える : 人・社会・生きること」岡田美智男著 岩波書店 2024年8月

リスク

「「リスク」を知って、「自分」を守る!スマホマインドの育てかた [1]」保育社 2024年1月【マンガ形式・マンガつき】

「「リスク」を知って、「自分」を守る!スマホマインドの育てかた [2]」保育社 2024年1月【マンガ形式・マンガつき】

「こどもリスクマネジメント : なぜリスクマネジメントが大切なのかがわかる本」小林宏之監修;バウンド著 カンゼン 2024年11月

流行、ヒット商品

「キャラ絵で学ぶ!江戸の暮らしと文化図鑑」伊藤賀一監修;いとうみつる絵;千羽ひとみ文 すばる舎 2024年11月

料理

「10歳までに身につけたい子どもに一生役に立つ台所と料理のこと : この小さな習慣が、生きる力を育てます」坂本佳奈著 青春出版社 2024年9月

「10分でイベントスイーツ : カンタンなのにかわいい★ 夏」木村遥著 理論社 2024年4月

「10分でイベントスイーツ : カンタンなのにかわいい★ 秋」木村遥著 理論社 2024年7月

「10分でイベントスイーツ : カンタンなのにかわいい★ 春」木村遥著 理論社 2024年4月

「10分でイベントスイーツ : カンタンなのにかわいい★ 冬」木村遥著 理論社 2024年7月

「1年生からのらくらくレシピ+ [1]」若宮寿子監修 文研出版 2024年1月

「1年生からのらくらくレシピ+ [2]」若宮寿子監修 文研出版 2024年1月

「1年生からのらくらくレシピ+ [3]」若宮寿子監修 文研出版 2024年2月

「1年生からのらくらくレシピ+ [4]」若宮寿子監修 文研出版 2024年2月

「5さいからのかんたんごはんづくり」大瀬由生子著 秀和システム 2024年7月

「Life Design 資料＋成分表＋ICT : 家庭 2024」実教出版編修部編 実教出版 2024年

「アイヌ民族33のニュース—ミンタラ ; 3」北原モコットゥナシ;瀧口夕美編著;小笠原小夜絵 北海道新聞社 2024年11月

「おじいちゃん、おばあちゃんを知ろう! 2」佐藤眞一監修 小峰書店 2024年4月

社会・生活・暮らし

「おはなみパーティーさくらさくさく」すとうあさえ文;山田花菜絵;川島雅子レシピ提供 ほるぷ出版(おいしい行事のえほん) 2024年2月

「お菓子づくりは子どもの遊びです」ミシェル・オリヴェ文と絵をかいた人;猫沢エミ訳した人 河出書房新社 2024年4月

「カラーグラフ食品成分表 [2024]」実教出版編修部著作 実教出版 2024年

「カレーライスだいすき」苅田澄子ぶん;いわさきまゆこえ 金の星社 2024年11月

「キッチンで頭がよくなる!理系脳が育つレシピ:小中学生向け」中村陽子著;辻義夫監修 飛鳥新社 2024年7月

「キッチンラボ作って食べておうち実験!」露久保美夏著 偕成社 2024年7月

「キホンからごちそうまで!10歳からのひとりでお料理ブック」渡辺あきこ著 PHP研究所 2024年4月

「キャンプへいこう」ごとうひでゆきさく;みつたけたみこえ スタジオタッククリエイティブ 2024年5月

「コンフィチュールづくりは子どもの遊びです」ミシェル・オリヴェ文と絵;猫沢エミ訳 河出書房新社 2024年9月

「ジブリの食卓魔女の宅急便―子どもりょうり絵本」スタジオジブリ監修;主婦の友社編 主婦の友社 2024年4月

「ジュニアのためのスポーツ栄養:学んで、食べて、強くなろう!」柴田麗著 Gakken 2024年3月【指導者用解説つき】

「ドラえもん学びワールドspecialはじめての料理―ビッグ・コロタン;225」藤子・F・不二雄まんが;藤子プロ;上田淳子監修 小学館 2024年3月

「ドラえもん学びワールドキャンプと自然観察―ビッグ・コロタン;228」藤子・F・不二雄まんが;藤子プロ;長谷部雅一監修 小学館 2024年7月【マンガ形式・マンガつき】

「なにができるかな?」植田まほ子絵;ワタナベマキ料理;駒井京子スタイリング 主婦と生活社 2024年7月

「ニュービジュアル家庭科:資料+成分表」実教出版編修部著作 実教出版 2024年

「ニューライブラリー家庭科:資料+成分表 2024」実教出版編修部著作 実教出版 2024年2月

「はじめてでもかんたん!小学生のお菓子づくり」浜本彩香著 成美堂出版 2024年7月

「はたらく中華料理店」吉田亮人写真;矢萩多聞文 創元社(写真絵本はたらく) 2024年9月

「バレンタインにハロウィンに!300円でプレゼントスイーツ」宮沢うらら著 汐文社 2024年3月

「ひき石と24丁のとうふ」大西暢夫著 アリス館 2024年4月

「ふしぎなグミ実験室:作って食べて科学のナゾをおいしく解き明かす!―まなぶっく」グミラボ編集室著 メイツユニバーサルコンテンツ 2024年7月

社会・生活・暮らし

「ぷるぷるとろける300円でひんやりデザート」宮沢うらら著 汐文社 2024年1月

「めし画レシピ : 10歳からのカンタンおべんとうづくり」山田めしが著 小学館 2024年2月

「ワコ・チャコ・ヨーコのふわレシピ = Wako Chako Yoko's FUWARECIPI」筒井大志著 集英社 (勉タメJUMP BOOKS) 2024年12月

「海からいただく日本のおかず 1」阿部秀樹写真・文;大日本水産会魚食普及推進センター監修 偕成社 2024年2月

「海からいただく日本のおかず 2」大日本水産会魚食普及推進センター監修;阿部秀樹写真・文 偕成社 2024年3月

「海からいただく日本のおかず 3」大日本水産会魚食普及推進センター監修;阿部秀樹写真・文 偕成社 2024年3月

「魚介はすごい! : シェフが先生!小学生から使える、子どものための魚介がおいしい料理本」柴田書店編;秋元さくらほか著 柴田書店 2024年8月

「公式ハリー・ポッター魔法の料理帳」ジョアンナ・ファロー著;内田智穂子訳 原書房 2024年3月

「考える力が身につく食べられる科学実験」露久保美夏著 ナツメ社 2024年8月

「子どもだけでつくれる焼かないお菓子 : とかす、混ぜる、冷やしてかためる・凍らせる、しあわせレシピ」原亜樹子著 東京書籍 2024年12月

「実験でわかる!おいしい料理大研究 : 卵をゆでると固まるのはなぜ?うま味って何?」石川伸一著 誠文堂新光社(子供の科学サイエンスブックスNEXT) 2024年11月

「捨てられる魚たち : 「未利用魚」から生まれた奇跡の灰干し弁当ものがたり」梛木春幸著 講談社 2024年1月

「小学生がお菓子を作れるようになる本 : はじめてでもできる!」りんか;あんな著 大和書房 2024年1月

「小学生のお料理ブック : ぜ〜んぶひとりでできちゃう! 2」新谷友里江著 家の光協会 2024年6月

「食べ物のなぜ・不思議でわかる!10歳からの「おいしい」科学」齋藤勝裕著 カンゼン 2024年1月

「人間は料理をする生きものだ」森枝卓士文・写真 福音館書店 2024年3月

「世界の納豆をめぐる探検 = EXPLORING THE WORLD OF FERMENTED SOYBEANS"NATTO"」高野秀行文・写真;スケラッコ絵 福音館書店(たくさんのふしぎ傑作集) 2024年10月

「世界史探偵コナン : 名探偵コナン歴史まんが シーズン2-1—CONAN HISTORY COMIC SERIES」青山剛昌原作 小学館 2024年4月【マンガ形式・マンガつき】

「生活学Navi = Lifestyle Navigation : 資料+成分表 : 家庭 2024」実教出版編修部著作 実教出版 2024年

社会・生活・暮らし

「知りたい!世界の国の文化とくらし 2」国土社 2024年3月

「知ると楽しい!パンのすべて : 進化し続けるおいしさのひみつを大研究―まなぶっく」「パンのすべて」編集部著 メイツユニバーサルコンテンツ 2024年12月

「釣って食べて調べる深海魚 = FISHING,COOKING AND EXPLORING THE DEEP-SEA FISHES」平坂寛文;キッチンミノル写真;長嶋祐成絵 福音館書店(たくさんのふしぎ傑作集) 2024年5月

「物語からうまれたおいしいレシピ 1」金澤磨樹子;今里衣監修 ポプラ社 2024年4月

「物語からうまれたおいしいレシピ 2」金澤磨樹子;今里衣監修 ポプラ社 2024年4月

「物語からうまれたおいしいレシピ 3」金澤磨樹子;今里衣監修 ポプラ社 2024年4月

「物語からうまれたおいしいレシピ 4」金澤磨樹子;今里衣監修 ポプラ社 2024年4月

「物語からうまれたおいしいレシピ 5」金澤磨樹子;今里衣監修 ポプラ社 2024年4月

料理＞献立

「生きるためのエネルギーカロリー! 1」牧野直子監修 フレーベル館 2024年12月

料理＞調理器具

「お菓子づくりは子どもの遊びです」ミシェル・オリヴェ文と絵をかいた人;猫沢エミ訳した人 河出書房新社 2024年4月

「キホンからごちそうまで!10歳からのひとりでお料理ブック」渡辺あきこ著 PHP研究所 2024年4月

「みんなが使いやすい身近なユニバーサルデザイン 2」白坂洋一監修 汐文社 2024年1月

「モノの一生はドラマチック! 生まれ変わり編―NHK for School. ぼくドコ」NHK「ぼくドコ」制作班編 NHK出版 2024年6月

「小学生のお料理ブック : ぜ～んぶひとりでできちゃう! 2」新谷友里江著 家の光協会 2024年6月

料理＞レシピ

「10分でイベントスイーツ : カンタンなのにかわいい★ 夏」木村遥著 理論社 2024年4月

「10分でイベントスイーツ : カンタンなのにかわいい★ 秋」木村遥著 理論社 2024年7月

「10分でイベントスイーツ : カンタンなのにかわいい★ 春」木村遥著 理論社 2024年4月

「10分でイベントスイーツ : カンタンなのにかわいい★ 冬」木村遥著 理論社 2024年7月

「1年生からのらくらくレシピ+ [1]」若宮寿子監修 文研出版 2024年1月

「1年生からのらくらくレシピ+ [2]」若宮寿子監修 文研出版 2024年1月

「1年生からのらくらくレシピ+ [3]」若宮寿子監修 文研出版 2024年2月

社会・生活・暮らし

「1年生からのらくらくレシピ+[4]」若宮寿子監修 文研出版 2024年2月

「5さいからのかんたんごはんづくり」大瀬由生子著 秀和システム 2024年7月

「おかしの国のプリンセスとまほうのきらきらクッキー──野いちごぽっぷ. マジカル★パティシエールシリーズ」永良サチ作;くずもち絵 スターツ出版 2024年12月【物語形式(フィクション)】

「おきなわのお菓子」いけみやてるこ文;あらかきれいみ絵 ボーダーインク 2024年3月

「おはなみパーティーさくらさくさく」すとうあさえ文;山田花菜絵;川島雅子レシピ提供 ほるぷ出版(おいしい行事のえほん) 2024年2月

「お菓子づくりは子どもの遊びです」ミシェル・オリヴェ文と絵をかいた人;猫沢エミ訳した人 河出書房新社 2024年4月

「カレーライスだいすき」苅田澄子ぶん;いわさきまゆこえ 金の星社 2024年11月

「キッチンで頭がよくなる!理系脳が育つレシピ : 小中学生向け」中村陽子著;辻義夫監修 飛鳥新社 2024年7月

「キッチン実験室 : 食べ物のなぜを探ろう!」オレンジページ(こどもオレンジページ) 2024年7月

「キホンからごちそうまで!10歳からのひとりでお料理ブック」渡辺あきこ著 PHP研究所 2024年4月

「コンフィチュールづくりは子どもの遊びです」ミシェル・オリヴェ文と絵;猫沢エミ訳 河出書房新社 2024年9月

「ザ・給食 : 学校給食のすべてがわかる!」赤松利恵監修 岩崎書店(調べる学習百科) 2024年11月

「ジブリの食卓魔女の宅急便──子どもりょうり絵本」スタジオジブリ監修;主婦の友社編 主婦の友社 2024年4月

「ジュニアのためのスポーツ栄養 : 学んで、食べて、強くなろう!」柴田麗著 Gakken 2024年3月【指導者用解説つき】

「チョコレートの王さま」マイケル・レーベンサール文;ラウラ・カタラン絵;宮坂宏美訳 あかつき教育図書 2024年4月

「ドラえもん学びワールドspecialはじめての料理──ビッグ・コロタン ; 225」藤子・F・不二雄まんが;藤子プロ;上田淳子監修 小学館 2024年3月

「ドングリのたんけん──ぼくの自然観察記」おくやまひさし著 少年写真新聞社 2024年6月

「なにができるかな?」植田まほ子絵;ワタナベマキ料理;駒井京子スタイリング 主婦と生活社 2024年7月

「はじめてでもかんたん!小学生のお菓子づくり」浜本彩香著 成美堂出版 2024年7月

「バレンタインにハロウィンに!300円でプレゼントスイーツ」宮沢うらら著 汐文社 2024年3月

社会・生活・暮らし

「パンどろぼうのせかいいちかんたん 子どもとつくるパンレシピ」吉永麻衣子料理;柴田ケイコ原作 KADOKAWA 2024年6月

「ふしぎなグミ実験室 : 作って食べて科学のナゾをおいしく解き明かす!―まなぶっく」グミラボ編集室著 メイツユニバーサルコンテンツ 2024年7月

「ぷるぷるとろける300円でひんやりデザート」宮沢うらら著 汐文社 2024年1月

「めし画レシピ : 10歳からのカンタンおべんとうづくり」山田めしが著 小学館 2024年2月

「ワコ・チャコ・ヨーコのふわレシピ = Wako Chako Yoko's FUWARECIPI」筒井大志著 集英社 (勉タメJUMP BOOKS) 2024年12月

「海からいただく日本のおかず 1」阿部秀樹写真・文;大日本水産会魚食普及推進センター監修 偕成社 2024年2月

「海からいただく日本のおかず 2」大日本水産会魚食普及推進センター監修;阿部秀樹写真・文 偕成社 2024年3月

「海からいただく日本のおかず 3」大日本水産会魚食普及推進センター監修;阿部秀樹写真・文 偕成社 2024年3月

「魚介はすごい! : シェフが先生!小学生から使える、子どものための魚介がおいしい料理本」柴田書店編;秋元さくらほか著 柴田書店 2024年8月

「公式ハリー・ポッター魔法の料理帳」ジョアンナ・ファロー著;内田智穂子訳 原書房 2024年3月

「考える力が身につく食べられる科学実験」露久保美夏著 ナツメ社 2024年8月

「子どもだけでつくれる焼かないお菓子 : とかす、混ぜる、冷やしてかためる・凍らせる、しあわせレシピ」原亜樹子著 東京書籍 2024年12月

「実験でわかる!おいしい料理大研究 : 卵をゆでると固まるのはなぜ?うま味って何?」石川伸一著 誠文堂新光社(子供の科学サイエンスブックスNEXT) 2024年11月

「小学生がお菓子を作れるようになる本 : はじめてでもできる!」りんか;あんな著 大和書房 2024年1月

「小学生のお料理ブック : ぜ～んぶひとりでできちゃう! 2」新谷友里江著 家の光協会 2024年6月

「森のカプセル探検帳 : ドングリいっぱい大発見!」飯田猛構成・文;宮國晋一写真 技術評論社 (科学絵本) 2024年8月

「知りたい!世界の国の文化とくらし 1」国土社 2024年3月

「知りたい!世界の国の文化とくらし 2」国土社 2024年3月

「物語からうまれたおいしいレシピ 1」金澤磨樹子;今里衣監修 ポプラ社 2024年4月

「物語からうまれたおいしいレシピ 2」金澤磨樹子;今里衣監修 ポプラ社 2024年4月

「物語からうまれたおいしいレシピ 3」金澤磨樹子;今里衣監修 ポプラ社 2024年4月

社会・生活・暮らし

「物語からうまれたおいしいレシピ 4」金澤磨樹子;今里衣監修 ポプラ社 2024年4月

「物語からうまれたおいしいレシピ 5」金澤磨樹子;今里衣監修 ポプラ社 2024年4月

倫理、道徳

「これならわかる道徳教科書の人物Q&A」石出法太;石出みどり著 大月書店 2024年2月【物語形式(ノンフィクション)】

「悪いことはなぜ楽しいのか」戸谷洋志著 筑摩書房(ちくまプリマー新書) 2024年6月

「孝道作文選集 第2集」孝道文化財団編 創藝社 2024年2月【中国語つき】

「正解のない問題集:自分らしく考え、生き抜くための ボクらの課題編―新時代の教養」池上彰監修 Gakken 2024年7月

ルール、マナー、モラル

「あの時こうしなければ……本当に危ない闇バイトの話」廣末登;芳賀恒人監修 金の星社 2024年9月【マンガ形式・マンガつき】

「おぼえようバスケットボールのルール」平原勇次著 ベースボール・マガジン社 2024年3月

「かってに頭がよくなるまちがいさがし」陰山英男監修 西東社 2024年11月

「しっぱいしたっていいんだよ―ガストンのソーシャルスキルえほん」オーレリー・シアン・ショウ・シーヌぶん・え;垣内磯子やく 主婦の友社 2024年6月

「バスケのルール:超・初級編:feat.Kishiboy―これさえ読めばだいたいわかる」中野良一;木谷友亮著 ベースボール・マガジン社 2024年4月

「パラスポーツ事典:夏・冬のスポーツ28:競技のルールと見どころがわかる!―ジュニアコツがわかる本」髙橋明監修 メイツユニバーサルコンテンツ 2024年5月

「モデルみたいにかわいくなれるBOOK:めちゃカワMAX!!」めちゃカワ!!おしゃれガール委員会著 新星出版社 2024年7月

「安田明夏のとってもやさしい囲碁入門」安田明夏著;やまおかさゆりイラスト マイナビ出版(マイナビ囲碁BOOKS) 2024年3月【物語形式(フィクション)】

「実技で学ぶ情報モラル」日本情報処理検定協会編集 日本情報処理検定協会 2024年4月【マンガ形式・マンガつき】

「小学生のうちから知っておきたい著作権の基本」宮武久佳著;杉本龍一郎イラスト カンゼン 2024年7月

「中学生「偏差値70超」の子の勉強法:カリスマ塾長が明かす"劇的に成績を伸ばす"ルール」齋藤明著 大和出版 2024年5月

「鼻をかみましょう:絵本でまなべる、鼻の正しいかみ方:星野書房の発育絵本」武田桃子著;星野友絵構成;遠藤庸子絵 星野書房 サンクチュアリ出版 2024年2月

社会・生活・暮らし

ルール、マナー、モラル＞交通ルール

「こうつうあんぜんなぞなぞ：どうろのやくそく」平田昌広さく;オカダケイコえ あかね書房 2024年5月

ルール、マナー、モラル＞礼儀、礼儀作法

「じぶんもまわりもしあわせにするおやくそくブック」大日向雅美監修 Gakken（らぶ&きゅーと知育ブックス. Disney PRINCESS）2024年10月

「ディズニープリンセスおでかけかがみえほん：マナーがみにつく10のレッスン」ポプラ社 2024年3月

「みんなから愛される!すてきマナーBOOK = Suteki Manner Book」大塚けいこ監修 主婦と生活社 2024年9月【マンガ形式・マンガつき】

「みんな違うからこそ考えたい!小学生のマナーと約束ごと：気もちよく伝える&行動するために―まなぶっく」岸田輝美著 メイツユニバーサルコンテンツ 2024年4月

留守番

「どっちを選ぶ?クイズで学ぶ!こども防犯サバイバル 1」国崎信江監修 日本図書センター 2024年1月

「親子でチャレンジ!防犯クイズブック」清永奈穂監修・解説文;ゆきのゆみこ構成・文 チャイルド本社 2024年12月

労働

「14歳からのアンチワーク哲学：なぜ僕らは働きたくないのか?」ホモ・ネーモ著 まとも書房 2024年6月

「SDGsってなぁに?：みらいのためにみんなができること [4]―やさしくよめるSDGsのえほん」関正雄監修;WILLこども知育研究所編・著 金の星社 2024年1月

「おしごとそうだんセンター」ヨシタケシンスケ著 集英社 2024年2月【物語形式（フィクション）】

「はたらくってなぁに?―ぜいけんえほんシリーズ」税務研究会さく;つむぱぱえ 税務研究会出版局 2024年7月

「会社をつくろう：お金と経済のしくみがよくわかる本 2」あんびるえつこ;福島美邦子監修 岩崎書店 2024年3月【マンガ形式・マンガつき】

「会社をつくろう：お金と経済のしくみがよくわかる本 3」あんびるえつこ;福島美邦子監修 岩崎書店 2024年3月【マンガ形式・マンガつき】

「働くってどういうこと?：今の自分が未来をつくる―学校では教えてくれない大切なこと ; 48」関和之マンガ・イラスト 旺文社 2024年6月【マンガ形式・マンガつき】

社会・生活・暮らし

労働＞労働時間
「働きはじめる前に知っておきたいワークルールの超きほん」佐々木亮監修 旬報社 2024年5月

【状況・行動・現象】

愛情

「ふしぎな光のしずく : けんたとの約束」木村真紀;田村弘美著 金港堂出版部 2024年3月【物語形式（フィクション）】

遊び

「2分でつくれるかんたんおりがみ 2」竹井史郎作;イグルーダイニング絵 あかね書房 2024年2月

「3歳から親子でできる!おうち実験&あそび」いわママ著 ワニブックス 2024年7月

「5分間のサバイバル算数パズルにちょうせん!─かがくるBOOK. 科学クイズサバイバルシリーズ」韓賢東絵;植松峰幸監修;朝日新聞出版編 朝日新聞出版 2024年4月【マンガ形式・マンガつき】

「あそべる算数─GET!角川の集める図鑑」川島慶監修 KADOKAWA 2024年7月

「いろいろぴったんこ! : ぼっちとぽっちくつしたえあわせ」まつばらのりこ作・絵 岩崎書店 2024年7月【英語つき】

「おさるのジョージきょうこれできた?」小学館 2024年7月

「おじいちゃん、おばあちゃんを知ろう! 2」佐藤眞一監修 小峰書店 2024年4月

「おそとで飛ばす超紙ヒコーキ = Hyper super paper planes」戸田拓夫著 二見書房 2024年8月【英語つき】

「おほしさまのくにのプリンセスになろう」朝日新聞出版編著 朝日新聞出版（えあそびブック）2024年12月

「おりがみであそぼ!夏のおりがみ」寺西恵里子著 新日本出版社 2024年2月

「おりがみであそぼ!秋のおりがみ」寺西恵里子著 新日本出版社 2024年3月

「おりがみであそぼ!春のおりがみ」寺西恵里子著 新日本出版社 2024年1月

「おりがみであそぼ!冬のおりがみ」寺西恵里子著 新日本出版社 2024年4月

「かいてまなべる冒険ガイドうみ!」ピョートル・カルスキ作;渋谷友香訳 文響社 2024年5月

「かがくあそび366 = 366 types of experiments : 「試す力」「考える力」「楽しむ力」が伸びる1日1実験」山村紳一郎著;子供の科学編 誠文堂新光社 2024年7月

「カブトムシ・クワガタムシ─あそべる図鑑GO」筒井学写真・監修;さがわゆめこ絵 金の星社 2024年6月

「かんたんおばけ工作 [2]」いしかわまりこ作 偕成社 2024年3月

「かんたんおばけ工作 [3]」いしかわまりこ作 偕成社 2024年3月

状況・行動・現象

「きせつをかんじる!12か月のぎょうじ [2]」田村学監修 ほるぷ出版 2024年2月

「きせつをかんじる!12か月のぎょうじ [3]」田村学監修 ほるぷ出版 2024年2月

「きせつをかんじる!12か月のぎょうじ [4]」田村学監修 ほるぷ出版 2024年3月

「ぐんぐん考える力を育むかがくクイズブック」国立科学博物館ほか監修 西東社 2024年11月

「こころしずまるまほうのまねっこ：こどもマインドフルネス」芦谷道子作・監修;ももろ絵 Gakken 2024年5月【指導者用解説つき】

「さがしてあそぼう!ディズニー19のおはなし―Look and Find」講談社編;アート・マウィニーほか絵 講談社 2024年9月

「さわって学べる科学図鑑」探究学舎日本語版監修;岡田好惠訳 Gakken 2024年4月

「サンリオキャラクターズこうさく：4・5・6歳」榊原洋一監修 Gakken(学研わくわく知育ドリル) 2024年5月【指導者用解説つき】

「そうさくのたね：子どもと大人の〈工作×アート〉アイデアブック」金沢21世紀美術館編著 グラフィック社 2024年11月

「ちいさなちいさなまちがいさがし」さかいさちえ作・絵 教育画劇 2024年11月

「チキップダンサーズおはなしおあそびい～っぱい!」サンエックス監修 小学館(ワンダーライフスペシャル) 2024年3月

「つくってあそぼう楽器工作：音づくりフレンズ 3」井上明美;小笠原絵三子;大門久美子作 汐文社 2024年3月

「マスターメイク10：遊びながら算数が強くなる!」結川義明著 東京図書出版 リフレ出版 2024年11月

「マンガでわかる子ども・初級者のための1手詰」小田切秀人著;豊島将之監修 マイナビ出版 2024年9月【マンガ形式・マンガつき】

「やさしいあやとり：みんなで遊ぼう!59のあやとり」野口廣著 主婦の友社(実用No.1) 2024年1月

「ようせいのくにのプリンセスになろう」朝日新聞出版編著 朝日新聞出版(えあそびブック) 2024年12月

「りったい昆虫館：よりリアル!より作りやすい!!」神谷正徳作 小学館(小学館の図鑑NEOのクラフトぶっく) 2024年7月

「安田明夏のとってもやさしい囲碁入門」安田明夏著;やまおかさゆりイラスト マイナビ出版(マイナビ囲碁BOOKS) 2024年3月【物語形式(フィクション)】

「楽しいトランプ：ルールと勝ち方が1冊でわかる―まなぶっく」C.L.トランプマイスター著 メイツユニバーサルコンテンツ 2024年1月

「気もちのミカタ：エモーショナル・リテラシーが身につく35のワーク」八巻香織著;ナムーラミチヨイラスト 合同出版 2024年5月

状況・行動・現象

「授業でつかえるうごくおもちゃの作り方 1」岩穴口康次監修・制作 汐文社 2024年1月

「授業でつかえるうごくおもちゃの作り方 2」岩穴口康次監修・制作 汐文社 2024年2月

「授業でつかえるうごくおもちゃの作り方 3」岩穴口康次監修・制作 汐文社 2024年2月

「小学生のための「麻雀」教科書―まなぶっく」土田浩翔監修 メイツユニバーサルコンテンツ 2024年9月

「森の演出家ツッチーの自然あそびハンドブック」土屋一昭著 スタジオタッククリエイティブ 2024年8月

「大ピンチのチート的サバイバル術」TAMAchan監修;さかもとこのみ;ツナチナツ;藤井昌子イラスト Gakken 2024年9月

「大人も子どもも楽しいあたらしい自然あそび」奥山英治著 山と溪谷社 2024年8月

「脳がぐんぐん育つ!あやとり : 失敗しても大丈夫!のびのびあそぼう!―脳がぐんぐん育つシリーズ」有木昭久著;奥山力監修 ポプラ社 2024年4月

「遊びのアイデア学級レク 2」汐文社 2024年2月

「遊びのアイデア学級レク 3」汐文社 2024年3月

遊び＞アスレチック

「Fischer's-フィッシャーズ-アスレチック迷路BOOK」UUUM株式会社監修;やまおかゆか迷路;五味まちとイラスト;せいらん漫画 KADOKAWA 2024年3月【マンガ形式・マンガつき】

遊び＞鬼ごっこ

「Fischer's-フィッシャーズ-アスレチック迷路BOOK」UUUM株式会社監修;やまおかゆか迷路;五味まちとイラスト;せいらん漫画 KADOKAWA 2024年3月【マンガ形式・マンガつき】

遊び＞紙工芸

「新聞紙でつくる人形劇 1」渡辺真知子;わけみずえ著 いかだ社 2024年2月

「新聞紙でつくる人形劇 2」渡辺真知子;わけみずえ著 いかだ社 2024年3月

遊び＞ごっこ遊び

「おりがみでごっこあそび : ほんものそっくり!おみせやさん」いしかわまりこ著 主婦の友社(実用No.1) 2024年2月

育成、世話＞栽培、園芸

「ドングリのたんけん―ぼくの自然観察記」おくやまひさし著 少年写真新聞社 2024年6月

「わくわく園芸部 : マンガと写真でよくわかる 1」清水俊英著 誠文堂新光社 2024年11月【マンガ形式・マンガつき】

状況・行動・現象

「わくわく園芸部：マンガと写真でよくわかる 2」清水俊英著 誠文堂新光社 2024年12月【マンガ形式・マンガつき】

「花をそだててじーっとかんさつ [2]」鈴木純文・写真 ほるぷ出版 2024年2月

「花をそだててじーっとかんさつ [3]」鈴木純文・写真 ほるぷ出版 2024年2月

「花をそだててじーっとかんさつ [4]」鈴木純文・写真 ほるぷ出版 2024年2月

「花をそだててじーっとかんさつ [5]」鈴木純文・写真 ほるぷ出版 2024年2月

「小学生の野菜づくりブック：ぜ〜んぶプランターでできちゃう!」藤田智監修 家の光協会 2024年3月

「森のカプセル探検帳：ドングリいっぱい大発見!」飯田猛構成・文;宮國晋一写真 技術評論社（科学絵本）2024年8月

「知っておいしい!野菜と果物ずかん」髙畑健監修 成美堂出版 2024年3月

育成、世話＞飼育

「いぬのずかん：家いぬと野生いぬ―学研のえほんずかん；8巻」sakio絵;今泉忠明;ジャパンケネルクラブ監修 Gakken 2024年4月

「カブトムシ・クワガタムシ―あそべる図鑑GO」筒井学写真・監修;さがわゆめこ絵 金の星社 2024年6月

「キミにもなれる!愛玩動物看護師・トリマー・ドッグトレーナー」TCA東京ECO動物海洋専門学校監修 つちや書店 2024年1月

「くらべてわかる!こんちゅう図鑑 [1]」須田研司監修;森のくじらイラスト 童心社 2024年3月

「ズーミング!水族館：疑問を拡大していけば仕組みが見えてくる!」小宮輝之監修 秀和システム 2024年12月

「ズーミング!動物園：疑問を拡大していけば仕組みが見えてくる!」小宮輝之監修 秀和システム 2024年8月

「ずかんゴキブリ：★見ながら学習調べてなっとく」柳澤静磨著;安斉俊イラスト 技術評論社 2024年8月

「たいせつなたまご」キッチンミノル著 白泉社（コドモエのえほん）2024年7月

「ねこのずかん：家ねこと野生ねこ―学研のえほんずかん；7巻」おちょび絵;今泉忠明;アジアキャットクラブ監修 Gakken 2024年2月

「はじめてのメダカ：メダカの第一人者・青木先生がていねいに教えます!」青木崇浩著 日東書院本社 2024年6月

「はっけん!カナヘビ」関慎太郎写真;竹中践編著 緑書房（日本のいきものビジュアルガイド）2024年4月

「ほっかいどうはじめての虫さがし」堀繁久 北海道新聞社 2024年3月

状況・行動・現象

「メダカ・金魚熱帯魚」橋本寿史;岡本信明;斉藤憲治指導・監修・執筆;松沢陽士;大美賀隆;佐々木浩之ほか写真 小学館(小学館の図鑑NEO) 2024年6月【DVD・DVD-ROMつき】

「もふかわネコ―学研の図鑑LIVE petit」山本宗伸;アジアキャットクラブ監修 Gakken 2024年3月

「モンシロチョウ、「ねむるさなぎ」のひみつ」橋本健一著 汐文社 2024年10月

「幻獣の飼い方 = How to keep Fantastic Beasts―「もしも?」の図鑑」健部伸明監修;高代彩生著 実業之日本社 2024年11月

「飼いたいペットのえらびかた」成美堂出版編集部編著 成美堂出版 2024年12月

「小学生でも安心!はじめてのカメ正しい飼い方・育て方―まなぶっく」佐藤公定監修 メイツユニバーサルコンテンツ 2024年5月

「小学生でも安心!はじめてのモルモット正しい飼い方・育て方―まなぶっく」大庭秀一監修 メイツユニバーサルコンテンツ 2024年3月

「身近な生きもの捕まえ方&飼い方:上手に育てて、長生きさせる!」佐々木浩之写真・文 電波社 2024年7月

「生きものとくらそう!:はじめてでも安心 2」国土社 2024年1月

「生きものとくらそう! 3」国土社 2024年3月

「生きものとくらそう! 4」国土社 2024年10月

「生きものとくらそう! 5」国土社 2024年11月

「生きものとなかよしはじめての飼育・観察 1」小宮輝之監修;こどもくらぶ編 ポプラ社 2024年4月

「生きものとなかよしはじめての飼育・観察 2」小宮輝之監修;こどもくらぶ編 ポプラ社 2024年4月

「生きものとなかよしはじめての飼育・観察 3」小宮輝之監修;こどもくらぶ編 ポプラ社 2024年4月

「生きものとなかよしはじめての飼育・観察 4」小宮輝之監修;こどもくらぶ編 ポプラ社 2024年4月

「生きものとなかよしはじめての飼育・観察 5」小宮輝之監修;こどもくらぶ編 ポプラ社 2024年4月

「生きものとなかよしはじめての飼育・観察 6」小宮輝之監修;こどもくらぶ編 ポプラ社 2024年4月

「生きものとなかよしはじめての飼育・観察 7」小宮輝之監修;こどもくらぶ編 ポプラ社 2024年4月

「生きものとなかよしはじめての飼育・観察 8」小宮輝之監修;こどもくらぶ編 ポプラ社 2024年4月

状況・行動・現象

「羊の毛糸とフェルト：イチは、いのちのはじまり—イチからつくる」本出ますみ監修;バンチハル絵 農山漁村文化協会 2024年3月

「理系の職場 10」こどもくらぶ編 同友館 2024年9月

育成、世話＞飼育＞養蜂

「もしもミツバチが世界から消えてしまったら」有沢重雄著;中村純監修 旬報社 2024年6月

意見＞議論

「ネットはなぜいつも揉めているのか」津田正太郎著 筑摩書房（ちくまプリマー新書）2024年5月

飲酒

「10代からのヘルスリテラシー [2]」松本俊彦監修 大月書店 2024年10月

「生きのびるための犯罪（みち）—よりみちパン!セ；YP14」上岡陽江;ダルク女性ハウス著 新曜社 2024年1月

ウェルビーイング

「きみだけの幸せって、なんだろう?：10才から考えるウェルビーイング」前野マドカ著 WAVE出版 2024年3月

噂

「大迫力!禁域の都市伝説大百科」朝里樹監修 西東社 2024年11月

運転

「のりものうんてん大図鑑」山﨑友也著 永岡書店（こども写真ひゃっか）2024年2月

運動、体育

「かっこいいをさがせ! 5」長野康平;和田利次監修 文研出版 2024年2月

「宇宙ステーションおしごと大図鑑：宇宙飛行士のすべてを見よう!」野口聡一日本語版監修;DK社編;桑原洋子訳 河出書房新社 2024年6月

「体育科高校：中学生のキミと学校調べ」山下久猛著 ぺりかん社（なるにはBOOKS. 高校調べ）2024年10月

運動、体育＞試合、レース

「おぼえようバスケットボールのルール」平原勇次著 ベースボール・マガジン社 2024年3月

「サッカー入門：初心者もぐんぐんレベルアップ—中学デビューシリーズ」中村京平著 ベースボール・マガジン社 2024年7月

状況・行動・現象

「ソフトテニス入門：初心者もぐんぐんレベルアップ―中学デビューシリーズ」川端優紀著 ベースボール・マガジン社 2024年10月

「バスケのルール：超・初級編：feat.Kishiboy―これさえ読めばだいたいわかる」中野良一;木谷友亮著 ベースボール・マガジン社 2024年4月

「バレーボール練習メニュー200―指導者と選手が一緒に学べる!」三枝大地監修 池田書店 2024年6月【指導者用解説つき】

「やってみよう野球―こどもスポーツ練習Q&A」飯塚智広著 ベースボール・マガジン社 2024年2月

「基本スキルを完全マスター!小学生のミニバス最強バイブル―まなぶっく」小鷹勝義監修 メイツユニバーサルコンテンツ 2024年5月

「卓球入門：初心者もぐんぐんレベルアップ―中学デビューシリーズ」三田村宗明著 ベースボール・マガジン社 2024年9月

運動、体育＞試合、レース＞観戦

「バスケのルール：超・初級編：feat.Kishiboy―これさえ読めばだいたいわかる」中野良一;木谷友亮著 ベースボール・マガジン社 2024年4月

運動、体育＞ヨガ

「わたしのめちゃくちゃな心の片づけ方」アールメラ著;鈴木ファストアーベント理恵訳 かんき出版 2024年7月

開発

「キャリア教育支援ガイドお仕事ナビ 30」お仕事ナビ編集室著 理論社 2024年12月

「つくる仕事の一日：商品企画・開発・生産―会社員の仕事見る知るシリーズ」西山昭彦監修;WILLこども知育研究所編著 保育社 2024年10月

「再生可能エネルギーの「現実」と「未来」がよくわかる本」市村拓斗監修 東京書籍 2024年8月

「自動車ができるまで」スタジオタッククリエイティブ 2024年6月

「世界を変えた薬―PIKA RIKA」講談社編;船山信次監修 講談社 2024年5月

「未来をつくる仕事図鑑 第2期1」Gakken 2024年2月

革命

「みんなで世界を変える!小さな革命のすすめ」佐久間裕美子著 偕成社（みんなの研究）2024年3月

状況・行動・現象

かわいい

「かわいいドレスがたっぷりかける!おえかきレッスン」オチアイトモミイラスト;クロイ心理テスト執筆 ひかりのくに 2024年3月

「かわいいのまほうにかかるおかしのくにのゆめいろさがせブック:Belle & Sky」たけいみき著 河出書房新社 2024年7月

「ディズニープリンセスたのしいかわいいこうさくブック」講談社編 講談社 2024年8月

「とにかくかわいいいきものイラスト描き方レッスン」ふじもとめぐみ著 西東社 2024年10月

「大人も子どももキュンとするオルキルラボの小さくてかわいいおりがみBOOK」オルキルラボクラフト著 飛鳥新社 2024年8月

「超キュートもふカワどうぶつ図鑑」江口仁詞監修;吾妻まいかイラスト;オフィス・ジータ編 えほんの杜 2024年9月

観察、調査、探査、観測

「カブトムシみっけ!—ふしぎみつけた!」里中正紀構成・文 徳間書店 2024年7月

「こおりのせかいなんきょくへいこう—しぜんにタッチ!」 ひさかたチャイルド 2024年12月

「シロツメクサはともだち」鈴木純著 ブロンズ新社 2024年3月

「ちきゅう:地底のなぞを掘りだせ!—海を科学するマシンたち」山本省三作;ハマダミノル絵 くもん出版 2024年6月

「できる!自由研究 小学1・2年生」ガリレオ工房編著 永岡書店 2024年6月

「できる!自由研究 小学3・4年生」ガリレオ工房編著 永岡書店 2024年6月

「できる!自由研究 小学5・6年生」ガリレオ工房編著 永岡書店 2024年6月

「ドクターエッグ:いきもの入門 10—かがくるBOOK. 科学漫画いきもの観察シリーズ」パクソンイ文;洪鐘賢絵;チームレインボー訳 朝日新聞出版 2024年10月【マンガ形式・マンガつき】

「ドクターエッグ:いきもの入門 8—かがくるBOOK. 科学漫画いきもの観察シリーズ」パクソンイ文;洪鐘賢絵;チームレインボー訳 朝日新聞出版 2024年4月

「どっちが強い!?宇宙アドベンチャー 1—角川まんが科学シリーズ;A81」フロッグストーリー;ホットブラッドソウルズまんが;吉川真監修;串山大訳 KADOKAWA 2024年9月【マンガ形式・マンガつき】

「ドングリのたんけん—ぼくの自然観察記」おくやまひさし著 少年写真新聞社 2024年6月

「はじめてのメダカ:メダカの第一人者・青木先生がていねいに教えます!」青木崇浩著 日東書院本社 2024年6月

「はっけん!田んぼのいきもの」関慎太郎写真;大塚泰介編著 緑書房 2024年11月

「ファーブルに学ぶ昆虫大じてん」小野展嗣監修 成美堂出版 2024年8月

状況・行動・現象

「フィールドワークってなんだろう」金菱清著 筑摩書房（ちくまプリマー新書）2024年10月

「ふしぎエンドレス理科6年何が言えるか☆まとめる—NHK for School」NHK「ふしぎエンドレス」制作班編;鳴川哲也監修 NHK出版 2024年1月

「ゆかいな魚たち：フグ ハリセンボン カワハギ アイゴ ハオコゼ ゴンズイ」福井歩写真・文;宮崎佑介監修 少年写真新聞社 2024年6月

「わくわく園芸部：マンガと写真でよくわかる 1」清水俊英著 誠文堂新光社 2024年11月【マンガ形式・マンガつき】

「わくわく園芸部：マンガと写真でよくわかる 2」清水俊英著 誠文堂新光社 2024年12月【マンガ形式・マンガつき】

「花をそだててじーっとかんさつ [2]」鈴木純文・写真 ほるぷ出版 2024年2月

「花をそだててじーっとかんさつ [3]」鈴木純文・写真 ほるぷ出版 2024年2月

「花をそだててじーっとかんさつ [4]」鈴木純文・写真 ほるぷ出版 2024年2月

「花をそだててじーっとかんさつ [5]」鈴木純文・写真 ほるぷ出版 2024年2月

「月探査の大研究：月の基礎知識から資源開発まで—楽しい調べ学習シリーズ」佐伯和人監修 PHP研究所 2024年11月

「犬ぞりで観測する北極のせかい：北極に通い続けた犬ぞり探検家が語る」山崎哲秀著;イズー漫画イラスト repicbook 2024年4月【マンガ形式・マンガつき】

「古生物学者と40億年」泉賢太郎著 筑摩書房（ちくまプリマー新書）2024年4月

「最高にすごすぎる天気の図鑑 = The Most Amazing Visual Dictionary of Weather：空のひみつがぜんぶわかる!」荒木健太郎著 KADOKAWA 2024年4月

「実験と観察がわかる—ドラえもんの学習シリーズ.ドラえもんの理科おもしろ攻略」藤子・F・不二雄キャラクター原作;浜学園監修 小学館 2024年11月【マンガ形式・マンガつき】

「社会学をはじめる：複雑さを生きる技法」宮内泰介著 筑摩書房（ちくまプリマー新書）2024年6月

「小学生でも安心!はじめてのカメ正しい飼い方・育て方—まなぶっく」佐藤公定監修 メイツユニバーサルコンテンツ 2024年5月

「小学生の野菜づくりブック：ぜ〜んぶプランターでできちゃう!」藤田智監修 家の光協会 2024年3月

「信州版森の子クマの子」中下留美子;瀧井暁子;橋本操;濵口あかり作・文;柏木牧子絵 信州ツキノワグマ研究会 2024年5月

「信州版森の子クマの子」中下留美子;瀧井暁子;橋本操;濵口あかり作・文;柏木牧子絵 信州ツキノワグマ研究会 2024年6月

「深海ロボット：海のふしぎを調べろ!—海を科学するマシンたち」山本省三作・絵 くもん出版 2024年6月

状況・行動・現象

「生きものとなかよしはじめての飼育・観察 1」小宮輝之監修;こどもくらぶ編 ポプラ社 2024年4月

「生きものとなかよしはじめての飼育・観察 2」小宮輝之監修;こどもくらぶ編 ポプラ社 2024年4月

「生きものとなかよしはじめての飼育・観察 3」小宮輝之監修;こどもくらぶ編 ポプラ社 2024年4月

「生きものとなかよしはじめての飼育・観察 4」小宮輝之監修;こどもくらぶ編 ポプラ社 2024年4月

「生きものとなかよしはじめての飼育・観察 5」小宮輝之監修;こどもくらぶ編 ポプラ社 2024年4月

「生きものとなかよしはじめての飼育・観察 6」小宮輝之監修;こどもくらぶ編 ポプラ社 2024年4月

「生きものとなかよしはじめての飼育・観察 7」小宮輝之監修;こどもくらぶ編 ポプラ社 2024年4月

「生きものとなかよしはじめての飼育・観察 8」小宮輝之監修;こどもくらぶ編 ポプラ社 2024年4月

「大迫力!禁域の都市伝説大百科」朝里樹監修 西東社 2024年11月

「北極で、なにがおきてるの?：気候変動をめぐるタラ号の科学探検」ルーシー・ルモワン作;シルバン・ドランジュ絵;パトゥイエ由美子;小澤友紀訳 花伝社 共栄書房 2024年4月【マンガ形式・マンガつき】

「未来に飛び立つ最新宇宙技術 2」渡辺勝巳監修 汐文社 2024年3月

「未来に飛び立つ最新宇宙技術 3」渡辺勝巳監修 汐文社 2024年3月

「予想→観察でわかる!天気の変化 1」筆保弘徳監修 理論社 2024年5月【指導者用解説つき】

「予想→観察でわかる!天気の変化 2」筆保弘徳監修 理論社 2024年6月【指導者用解説つき】

「予想→観察でわかる!天気の変化 3」筆保弘徳監修 理論社 2024年6月【指導者用解説つき】

「予想→観察でわかる!天気の変化 4」筆保弘徳監修 理論社 2024年6月【指導者用解説つき】

「輪切り図鑑クロスセクション：18の建物や乗物の内部を見る」スティーヴン・ビースティー画;リチャード・プラット文;北森俊行訳 岩波書店 2024年10月

観察、調査、探査、観測＞海洋観測

「ちきゅう：地底のなぞを掘りだせ!―海を科学するマシンたち」山本省三作;ハマダミノル絵 くもん出版 2024年6月

状況・行動・現象

観察、調査、探査、観測＞バードウォッチング

「フィールドに出かけよう!野鳥の観察入門：身近な鳥から渡り鳥まで」秋山幸也著 誠文堂新光社（子供の科学サイエンスブックスNEXT）2024年12月

「鳥」Gakken（はっけんずかんプラス. まどあきしかけ）2024年3月

観察、調査、探査、観測＞標本

「ずかんゴキブリ：★見ながら学習調べてなっとく」柳澤静磨著;安斉俊イラスト 技術評論社 2024年8月

観察、調査、探査、観測＞フィールドワーク

「フィールドワークってなんだろう」金菱清著 筑摩書房（ちくまプリマー新書）2024年10月

「鳥居きみ子：家族とフィールドワークを進めた人類学者」竹内紘子著 くもん出版 2024年2月【物語形式（ノンフィクション）】

鑑賞

「作って発見!西洋の美術 2」音ゆみ子著・工作 東京美術 2024年7月

「正解のない絵画図鑑」鮫島圭代著;京谷啓徳監修 幻冬舎 2024年3月

感情、心＞アンガーマネジメント

「12歳から始めるイライラしない技術：6秒で落ち着ける ムダに怒らない」安藤俊介著 秀和システム 2024年12月

「おこりたくなるのはどんなとき?」ロジャー・ハーグリーブス作;講談社編;斎藤妙子訳 講談社（Discover You. MR.MEN LITTLE MISS）2024年12月【物語形式（フィクション）】

「こころしずまるまほうのまねっこ：こどもマインドフルネス」芦谷道子作・監修;ももろ絵 Gakken 2024年5月【指導者用解説つき】

感情、心＞怒り

「12歳から始めるイライラしない技術：6秒で落ち着ける ムダに怒らない」安藤俊介著 秀和システム 2024年12月

「おこりたくなるのはどんなとき?」ロジャー・ハーグリーブス作;講談社編;斎藤妙子訳 講談社（Discover You. MR.MEN LITTLE MISS）2024年12月【物語形式（フィクション）】

「やさしくわかるきもちのえほん [1]」渡辺弥生監修;すがわらけいこ絵;WILLこども知育研究所編著 金の星社 2024年2月

状況・行動・現象

感情、心 ＞ 生きづらさ

「ひっくり返す人類学：生きづらさの「そもそも」を問う」奥野克巳著 筑摩書房（ちくまプリマー新書）2024年8月

感情、心 ＞ 驚き

「スーパーパワーを手に入れた生きものたち 1」ジョルジュ・フェテルマン文;大西睦訳 鈴木出版 2024年11月

「世界おどろき探検隊!：おとなも知らない400のワイルドな事実を追え! 動物編」ジュリー・ビアー文;アンディ・スミス絵;谷岡美佐子訳 実務教育出版（BRITANNICA BOOKS）2024年7月

「世界おどろき探検隊!：おとなも知らない400の事実を追え!」ケイト・ヘイル文;アンディ・スミス絵;名取祥子訳 実務教育出版（BRITANNICA BOOKS）2024年7月

「生きものたちのスゴ技図鑑 ちょっと変な仲間編」村田浩一監修;アジア・オーランド絵 さ・え・ら書房 2024年10月

感情、心 ＞ 思いやり、親切

「あいてのきもちをたいせつに」ロジャー・ハーグリーブス作;講談社編;斎藤妙子訳 講談社（Discover You. MR.MEN LITTLE MISS）2024年11月【物語形式（フィクション）】

「かってに頭がよくなるまちがいさがし」陰山英男監修 西東社 2024年11月

「ともだちってなあに?―Discover You. MR.MEN LITTLE MISS」ロジャー・ハーグリーブス作;講談社編;斎藤妙子訳 講談社 2024年12月

「やさしいってなあに」ロジャー・ハーグリーブス作;講談社編;斎藤妙子訳 講談社（Discover You. MR.MEN LITTLE MISS）2024年9月【物語形式（フィクション）】

感情、心 ＞ 悲しみ

「2人の天使にあったボク」「石巻・絵本制作」プロジェクトチーム文;佐藤美宇;青山朱璃絵 日和幼稚園遺族有志の会 リーブル出版 2024年3月【物語形式（フィクション）】

「おとうとのねじまきパン：ずっとむかし、満州という国であったこと」高橋うらら著 合同出版 2024年4月【物語形式（ノンフィクション）】

「かなしくなったときは―Discover You. MR.MEN LITTLE MISS」ロジャー・ハーグリーブス作;講談社編;斎藤妙子訳 講談社 2024年10月

「ふしぎな光のしずく：けんたとの約束」木村真紀;田村弘美著 金港堂出版部 2024年3月【物語形式（フィクション）】

「戦国姫 落城の姫君たち」藤咲あゆな作;マルイノ絵 集英社（集英社みらい文庫）2024年7月【物語形式（ノンフィクション）】

状況・行動・現象

感情、心＞感謝

「てらにゃんこ：こころがけえほん」猪苗代昭順監修;岡田千夏イラスト えほんの杜 2024年1月

感情、心＞感情、心一般

「12歳から始める心が折れない技術：着実にやりぬく めげずに立ち直る」堀田秀吾著 秀和システム 2024年5月

「13歳からの自分の心を守る練習」谷本惠美著 PHP研究所 2024年5月

「13歳までに伝えたい女の子の心と体のこと：マンガでよくわかる!」やまがたてるえ著;藤井昌子マンガ かんき出版 2024年9月【マンガ形式・マンガつき】

「あいてのきもちをたいせつに」ロジャー・ハーグリーブス作;講談社編;斎藤妙子訳 講談社(Discover You. MR.MEN LITTLE MISS) 2024年11月【物語形式(フィクション)】

「あっ!そうなんだ!わたしのきもち」徳永桂子文;勝部真規子絵 エイデル研究所 2024年5月【指導者用解説つき】

「いぬのずかん：家いぬと野生いぬ―学研のえほんずかん；8巻」sakio絵;今泉忠明;ジャパンケネルクラブ監修 Gakken 2024年4月

「おこりたくなるのはどんなとき?」ロジャー・ハーグリーブス作;講談社編;斎藤妙子訳 講談社(Discover You. MR.MEN LITTLE MISS) 2024年12月【物語形式(フィクション)】

「おちついてみよう」ロジャー・ハーグリーブス作;講談社編;斎藤妙子訳 講談社(Discover You. MR.MEN LITTLE MISS) 2024年10月【物語形式(フィクション)】

「きみだけの幸せって、なんだろう?：10才から考えるウェルビーイング」前野マドカ著 WAVE出版 2024年3月

「きみを守る「こども基本法」1」喜多明人監修 汐文社 2024年1月【マンガ形式・マンガつき】

「キャラで決まる?学校の人間関係：マンガでわかる!―小学生が身につけたい!考えるチカラ」木村翔太監修 ベネッセコーポレーション 2024年3月【マンガ形式・マンガつき】

「こころころころ」新井洋行作;北村みなみ絵 岩崎書店 2024年6月【指導者用解説つき】

「こころしずまるまほうのまねっこ：こどもマインドフルネス」芦谷道子作・監修;ももろ絵 Gakken 2024年5月【指導者用解説つき】

「こころのケガのことわかったよ!：トラウマを経験した子どものためのガイド―子どものトラウマ治療のための絵本シリーズ」スーザン・フェイバー・ストラウス作;マリア・ボガデ絵;亀岡智美監訳;木村有里訳 誠信書房 2024年8月

「こども心理学―イラスト学問図鑑」小塩真司監修;講談社編;モドロカイラスト・デザイン 講談社 2024年3月

「こんなときどう言う?事典：仲よくなる力は人生最大のスキル」齋藤孝著 サンマーク出版 2024年3月

状況・行動・現象

「シリーズ心の糧 6」佐々木敬子作・絵 佐々木敬子 静岡新聞社 2024年5月

「それって決めつけじゃない!?アンコンシャス・バイアス 1巻」北村英哉監修;松島恵利子文;のはらあこマンガ・イラスト 汐文社 2024年7月

「それって決めつけじゃない!?アンコンシャス・バイアス 2巻」北村英哉監修;松島恵利子文;のはらあこマンガ・イラスト 汐文社 2024年9月

「ちいかわお友だちとのつき合いかた」ナガノイラスト;加藤裕美子監修 KADOKAWA 2024年3月

「ねこのずかん : 家ねこと野生ねこ―学研のえほんずかん ; 7巻」おちょび絵;今泉忠明;アジアキャットクラブ監修 Gakken 2024年2月

「ねこ語辞典 : 4コマまんがでゆるっとわかる!」今泉忠明監修 Gakken 2024年9月【マンガ形式・マンガつき】

「ネットでいじめられたら、どうすればいいの? : 5人の専門家と処方箋を考えた―14歳の世渡り術」春名風花著 河出書房新社 2024年7月

「はじめての哲学―世界基準の教養forティーンズ」戸谷洋志日本語版監修;川野太郎訳;ジョーダン・アクポジャロ;レイチェル・ファース;ミンナ・レイシー文;ニック・ラドフォード絵 河出書房新社 2024年4月

「まわせP循環! : マンガで学ぶセルフ・カウンセリング」東豊著;見那ミノル画 遠見書房 2024年2月【マンガ形式・マンガつき】

「みんなそれぞれ心の時間 = TIME FLOWS DIFFERENTLY FOR YOU AND FOR ME」一川誠文;吉野晃希男絵 福音館書店(たくさんのふしぎ傑作集) 2024年3月

「もういちどやってみよう」ロジャー・ハーグリーブス作;講談社編;斎藤妙子訳 講談社(Discover You. MR.MEN LITTLE MISS) 2024年9月【物語形式(フィクション)】

「もやもやすっきり!10歳からのこころケア」横山恭子監修 くもん出版 2024年3月

「やさしくわかるきもちのえほん [1]」渡辺弥生監修;すがわらけいこ絵;WILLこども知育研究所編著 金の星社 2024年2月

「やさしくわかるきもちのえほん [2]」渡辺弥生監修;すがわらけいこ絵;WILLこども知育研究所編著 金の星社 2024年3月

「わけあうってたのしいね」ロジャー・ハーグリーブス作;講談社編;斎藤妙子訳 講談社(Discover You. MR.MEN LITTLE MISS) 2024年11月

「わたしたちのからだと心 [2]」アニータ・ガネリ文;ヴェーラ・ポポーワ絵;野井真吾日本語版監修 サイエンティスト社 2024年12月

「わたしのめちゃくちゃな心の片づけ方」アールメラ著;鈴木ファストアーベント理恵訳 かんき出版 2024年7月

「わたしはわたし。あなたじゃない。 : 10代の心を守る境界線「バウンダリー」の引き方」鴻巣麻里香著 リトルモア 2024年9月

状況・行動・現象

「悪いことはなぜ楽しいのか」戸谷洋志著 筑摩書房（ちくまプリマー新書）2024年6月

「気もちのミカタ：エモーショナル・リテラシーが身につく35のワーク」八巻香織著;ナムーラミチヨイラスト 合同出版 2024年5月

「賢者に学ぶ、「心が折れない」生き方：10代のうちに知っておきたい何度でも立ち直れる、しなやかなメンタルをつくる方法」真山知幸著 誠文堂新光社 2024年1月【マンガ形式・マンガつき】

「今すぐ君の武器になる今日から使える心理学：Psychological terminology encyclopedia」文響社編;一芒ほかイラスト 文響社 2024年4月

「最強に面白い心理学—ニュートン超図解新書」外島裕監修 ニュートンプレス 2024年4月

「子どもカウンセリングいじめ：いじめられちゃった いじめちゃった いじめを見ちゃった自分を助ける方法」寺戸武志著 少年写真新聞社 2024年7月【マンガ形式・マンガつき】

「子どものためのセルフ・コンパッション：マインドフルネスで自分を思いやる81のワーク」ロレイン・ホッブス;エイミー・バレンティン著;小林亜希子監修;遠藤康子訳 創元社 2024年9月

「思春期の心理を知ろう！：心の不調の原因と自分でできる対処法—楽しい調べ学習シリーズ」松丸未来監修 PHP研究所 2024年4月

「心理学の学校—ニュートン科学の学校シリーズ」横田正夫監修 ニュートンプレス 2024年6月

「体と心のしくみって？：マンガでわかる！—小学生が身につけたい！考えるチカラ」木村翔太監修 ベネッセコーポレーション 2024年3月【マンガ形式・マンガつき】

「大人に言えない小さな悩みが少しだけ軽くなる本 第1巻」田村節子監修 Gakken 2024年2月

「大人に言えない小さな悩みが少しだけ軽くなる本 第2巻」田村節子監修 Gakken 2024年2月

「大人に言えない小さな悩みが少しだけ軽くなる本 第3巻」田村節子監修 Gakken 2024年2月

「中高生のための新しい性教育ワークブック からだの発達と生殖編」高橋幸子監修・編著 学事出版 2024年7月

「発達障害のお友だち 3」宮尾益知監修 岩崎書店 2024年1月【指導者用解説つき】

「発達障害のお友だち 4」宮尾益知監修 岩崎書店 2024年2月【指導者用解説つき】

「名探偵コナンの小学生のうちに知っておきたい心のふしぎ103」青山剛昌原作;渡辺弥生監修 小学館 2024年2月

感情、心＞感動、感激

「「迷わない心」のつくり方」稲盛和夫文;羽賀翔一漫画;稲盛ライブラリー編 サンマーク出版 2024年11月

「1日1話366日の感動物語 = 366 Days of Heart Touching Stories 1」Gakken 2024年2月【物語形式（ノンフィクション）】

「1日1話366日の感動物語 = 366 Days of Heart Touching Stories 2」Gakken 2024年2月【物語形式（ノンフィクション）】

状況・行動・現象

「1日1話366日の感動物語 = 366 Days of Heart Touching Stories 3」Gakken 2024年2月【物語形式（ノンフィクション）】

「1日1話366日の感動物語 = 366 Days of Heart Touching Stories 4」Gakken 2024年2月【物語形式（ノンフィクション）】

「だれかに教えたくなる!感動する数学 : おどろきの定理、数式、図形……数学にハマる60のはなし―中・高生からの超絵解本」小山信也監修 ニュートンプレス 2024年8月

「とびたて!みんなのドラゴン : 難病ALSの先生と日明小合唱部の冒険」オザワ部長著 岩崎書店 2024年9月【物語形式（ノンフィクション）】

「パンダのタンタン : 二人の飼育員との約束」杉浦大悟作;中村愛絵 講談社 2024年10月【物語形式（ノンフィクション）】

「マンガ名言で読む感動の偉人伝 自分らしく生きた人々」木平木綿編 Gakken（新しい伝記 EX）2024年9月【マンガ形式・マンガつき】

「高校生・化学宣言 : 高校化学グランドコンテストドキュメンタリー PART15」堀顕子監修 遊タイム出版 2024年5月

「想像をこえたおどろきの世界!感動する物理 : 自然現象も身近な不思議もすべては物理が教えてくれる―中・高生からの超絵解本」橋本幸士監修 ニュートンプレス 2024年5月

「大谷翔平特集 : アスリートヒーローBOOK : 世界を目指すみんなの教科書」repicbook 2024年9月【物語形式（ノンフィクション）】

感情、心＞気づき

「コミック生き物の死にざま : わたしはあなたとともにある」稲垣栄洋原案・監修;槙吾脚本・絵コンテ;藤本たみこ画 小学館 2024年8月【マンガ形式・マンガつき】

「気づくことで未来がかわる新しい人権学習 5」稲葉茂勝著;こどもくらぶ編 岩崎書店 2024年2月

「自然とあそぼう|植物の育ち編 [1]」農山漁村文化協会 2024年1月【指導者用解説つき】

「自然とあそぼう|植物の育ち編 [5]」農山漁村文化協会 2024年2月【指導者用解説つき】

「自然とあそぼう植物のくらし編 [2]」農山漁村文化協会 2024年9月

「自分でできるコグトレ : 学校では教えてくれない困っている子どもを支える認知ソーシャルトレーニング 4」明石書店 2024年10月

感情、心＞共感

「ねえねえ、なに見てる?」ビクター・ベルモント絵と文;金原瑞人訳 河出書房新社 2024年5月

感情、心＞恐怖

「エグい星ずかん : こわくて、へんてこで、おもしろい!」渡部潤一監修 すばる舎 2024年1月

状況・行動・現象

「こころのケガのことわかったよ！：トラウマを経験した子どものためのガイド―子どものトラウマ治療のための絵本シリーズ」スーザン・フェイバー・ストラウス作;マリア・ボガデ絵;亀岡智美監訳;木村有里訳 誠信書房 2024年8月

「ジブン未来図鑑：職場体験完全ガイド+ 13」ポプラ社 2024年4月

「マンガで読む本当にあった怖い話：死の残響〜リフレイン〜」神楽坂小雪監修 池田書店 2024年7月【マンガ形式・マンガつき】

「ようこそじごくへ：新地獄草紙―未来への記憶」広松由希子文;100%ORANGE絵 玉川大学出版部 2024年6月

「世界のミステリー100図鑑」トム・アダムス文;ヤス・イマムラ絵;多田桃子訳 BL出版 2024年9月【物語形式（フィクション）】

「世界の本当に怖い話怖い歴史 下巻」野宮麻未;怖い話研究会著;ニイルセン;井出エミ;藤井昌子イラスト 理論社 2024年9月

「世界の本当に怖い話怖い歴史 上巻」野宮麻未;怖い話研究会著;ニイルセン;カワズミ;藤井昌子イラスト 理論社 2024年9月

感情、心＞苦しみ、苦労

「これから大人になるアナタに伝えたい10のこと：自分を愛し、困難を乗りこえる力」サヘル・ローズ著 童心社 2024年11月

「ひっくり返す人類学：生きづらさの「そもそも」を問う」奥野克巳著 筑摩書房（ちくまプリマー新書）2024年8月

「高校生・化学宣言：高校化学グランドコンテストドキュメンタリー PART15」堀顕子監修 遊タイム出版 2024年5月

「迷いのない人生なんて：名もなき人の歩んだ道」共同通信社編 岩波書店（岩波ジュニア新書）2024年5月

「友だちがしんどいがなくなる本」石田光規著 講談社 2024年2月

感情、心＞好奇心、探求心

「19歳までに手に入れる7つの武器 = 7 Weapons to get by the age of 19」樺沢紫苑著 幻冬舎 2024年6月

「3歳から親子でできる!おうち実験&あそび」いわママ著 ワニブックス 2024年7月

「5さいからのかんたんごはんづくり」大瀬由生子著 秀和システム 2024年7月

「お金のクイズ図鑑―学研の図鑑LIVE Q；6」Gakken 2024年7月

「スケルトン！：なかはどうなっているのかな? のりもの編」きのしたけい作;いとう良一絵 コクヨ 2024年10月

状況・行動・現象

「なぜお月さまは形を変えるのかな?」西村一洋絵・文 文芸社 2024年9月【物語形式(フィクション)】

「びっくり発見!おうちのなかのサイエンス : NOLTYキッズワークブック」川村康文文;小林尚美監修 日本能率協会マネジメントセンター(Nolty kids) 2024年8月

「びわ湖疏水探究紀行 : 児童版 人物編」琵琶湖疏水アカデミー編集 琵琶湖疏水アカデミー 2024年3月

「フィールドワークってなんだろう」金菱清著 筑摩書房(ちくまプリマー新書) 2024年10月

「やさしくわかるきもちのえほん [3]」渡辺弥生監修;すがわらけいこ絵;WILLこども知育研究所編著 金の星社 2024年3月

「るるぶ毎日5分でまなびの種まきかがくのおはなし」辻健監修 JTBパブリッシング 2024年1月

「魚のクイズ図鑑―学研の図鑑LIVE Q ; 8」Gakken 2024年12月

「高校生と考える人生の進路相談―桐光学園大学訪問授業」桐光学園中学校;桐光学園高等学校編;AKIINOMATAほか述 左右社 2024年4月

「世界もっとおどろき探検隊! : 知れば知るほどスゴイ400の事実を追え!」ケイト・ヘイル文;アンディ・スミス絵;谷岡美佐子訳 実務教育出版(BRITANNICA BOOKS) 2024年9月

「星と星座のクイズ図鑑―学研の図鑑LIVE Q ; 4」Gakken 2024年5月

「中高生のための「探究学習」入門 : テーマ探しから評価まで」中田亨著 光文社(光文社新書) 2024年4月

「鉄道のクイズ図鑑―学研の図鑑LIVE Q ; 5」Gakken 2024年7月

「動物のクイズ図鑑―学研の図鑑LIVE Q ; 7」Gakken 2024年12月

「発見がいっぱい!科学の実験」秋山幸也監修 成美堂出版 2024年6月

感情、心＞克服

「これから大人になるアナタに伝えたい10のこと : 自分を愛し、困難を乗りこえる力」サヘル・ローズ著 童心社 2024年11月

「どうしても乗ってしまうんだ先に来たほうの電車に : 明るい祟り試練よ、ようこそ―共に生きる世界シリーズ」空、ときどき海著 みらいパブリッシング 星雲社 2024年6月

「高校進学でつまずいたら : 「高1クライシス」をのりこえる」飯村周平著 筑摩書房(ちくまプリマー新書) 2024年3月

「高校生からわかる日本経済 : なぜ日本はどんどん貧しくなるの?」金子勝著 かもがわ出版(深読みNow) 2024年7月

「数学の苦手が好きに変わるとき」芳沢光雄著 筑摩書房(ちくまプリマー新書) 2024年1月

「大ピンチのチート的サバイバル術」TAMAchan監修;さかもとこのみ;ツナチナツ;藤井昌子イラスト Gakken 2024年9月

状況・行動・現象

感情、心＞心得

「アイスちゃんのおかねのこころえ；ギンコウくんのおかねのこころえ」みに真実絵・文;松本えつを;日比享光;野本公康技能監修 WCC 365 + 1 label 2024年12月

感情、心＞コンプレックス、劣等感

「13歳からの自分の心を守る練習」谷本惠美著 PHP研究所 2024年5月

感情、心＞寂しさ

「人間関係ってどういう関係?」平尾昌宏著 筑摩書房（ちくまプリマー新書）2024年1月

感情、心＞残念

「ざんねんな兵器図鑑魔改」世界兵器史研究会著 主婦と生活社 2024年10月

感情、心＞幸せ、幸福

「あなたが学校でしあわせに生きるために：子どもの権利と法律手帳」平尾潔著 子どもの未来社 2024年11月

「きみだけの幸せって、なんだろう?：10才から考えるウェルビーイング」前野マドカ著 WAVE出版 2024年3月

「ココロちゃんの記録：白ひげ先生の幸せカルテ─子どもの未来応援プロジェクト」原田みれい作;日比享光絵;小柳憲司監修 三恵社 2024年5月【物語形式（フィクション）】

「こころのケガのことわかったよ!：トラウマを経験した子どものためのガイド─子どものトラウマ治療のための絵本シリーズ」スーザン・フェイバー・ストラウス作;マリア・ボガデ絵;亀岡智美監訳;木村有里訳 誠信書房 2024年8月

「じぶんもまわりもしあわせにするおやくそくブック」大日向雅美監修 Gakken（らぶ&きゅーと知育ブックス. Disney PRINCESS）2024年10月

「だいすきドクターイエロー」小賀野実写真・文 JTBパブリッシング（のりもの；12）2024年11月

「ともだちってなあに?─Discover You. MR.MEN LITTLE MISS」ロジャー・ハーグリーブス作;講談社編;斎藤妙子訳 講談社 2024年12月

「はじめての哲学─世界基準の教養forティーンズ」戸谷洋志日本語版監修;川野太郎訳;ジョーダン・アクポジャロ;レイチェル・ファース;ミンナ・レイシー文;ニック・ラドフォード絵 河出書房新社 2024年4月

「ぼくとうどんとおばあちゃん」みずたにかつや文;しんぺー絵;なかのこうじ監修 三恵社 2024年7月

「ぼっちのままで居場所を見つける：孤独許容社会へ」河野真太郎著 筑摩書房（ちくまプリマー新書）2024年10月

状況・行動・現象

「ミラクルハピネス毎日がステキにかわる片づけレッスン」瀧本真奈美監修 西東社 2024年5月【マンガ形式・マンガつき】

「やさしいってなあに」ロジャー・ハーグリーブス作;講談社編;斎藤妙子訳 講談社（Discover You. MR.MEN LITTLE MISS）2024年9月【物語形式（フィクション）】

「宮沢賢治―まんが岩手人物シリーズ」泉秀樹原作;山田えいし作画;宮沢賢治記念館監修 岩手日報社 2024年5月【マンガ形式・マンガつき】

「大人も子どもも知らない不都合な数字：13歳からの社会問題入門」チャリツモ著 フォレスト出版 2024年3月

感情、心＞自己肯定感

「12歳までに知っておきたい男の子のためのおうちでできる性教育」高橋幸子著 日本文芸社 2024年3月【マンガ形式・マンガつき】

「アカデミックマインド育成講座：10代から身につけたい探究型思考力」西岡壱誠監修;東大カルペ・ディエム著 東京書籍 2024年9月

「そのままでいいんだよ―Discover You. MR.MEN LITTLE MISS」ロジャー・ハーグリーブス作;講談社編;斎藤妙子訳 講談社 2024年10月

「ぼくだってとくべつ」ヒトデ文;ももろ絵 逆旅出版 2024年12月

「やさしくわかるきもちのえほん [3]」渡辺弥生監修;すがわらけいこ絵;WILLこども知育研究所編著 金の星社 2024年3月

「わけあうってたのしいね」ロジャー・ハーグリーブス作;講談社編;斎藤妙子訳 講談社（Discover You. MR.MEN LITTLE MISS）2024年11月

「頭がよくなる!ステンドグラスシールパズル」末永幸歩監修 Gakken 2024年7月

感情、心＞自信

「ADHDといっしょに!：自分の強みがわかって自信がつく60の楽しいワーク」ケリー・ミラー著;池田真弥子訳;日戸由刈監修 東洋館出版社（TOYOKAN BOOKS）2024年7月

「そのままでいいんだよ―Discover You. MR.MEN LITTLE MISS」ロジャー・ハーグリーブス作;講談社編;斎藤妙子訳 講談社 2024年10月

「フロントランナー＝Front Runner 1」朝日新聞be編集部監修 岩崎書店 2024年9月【物語形式（ノンフィクション）】

「フロントランナー＝Front Runner 2」朝日新聞be編集部監修 岩崎書店 2024年9月【物語形式（ノンフィクション）】

「フロントランナー＝Front Runner 5」朝日新聞be編集部監修 岩崎書店 2024年10月【物語形式（ノンフィクション）】

「ポジティブ思考の育て方―学校では教えてくれない大切なこと；46」小豆だるまマンガ・イラスト 旺文社 2024年3月【マンガ形式・マンガつき】

状況・行動・現象

「君を一生ささえる「自信」をつくる本：書き込み式」河田真誠著;牛嶋浩美絵 アスコム 2024年4月

感情、心＞衝動

「人生のレールを外れる衝動のみつけかた」谷川嘉浩著 筑摩書房（ちくまプリマー新書）2024年4月

感情、心＞心配

「おちついてみよう」ロジャー・ハーグリーブス作;講談社編;斎藤妙子訳 講談社(Discover You. MR.MEN LITTLE MISS) 2024年10月【物語形式（フィクション）】

「しんぱいするのはあたりまえ—Discover You. MR.MEN LITTLE MISS」ロジャー・ハーグリーブス作;講談社編;斎藤妙子訳 講談社 2024年9月

感情、心＞心理トレーニング、メンタルケア

「10代のキミに贈る夢を叶える50の質問」飯山晄朗著 秀和システム 2024年12月

「こころのラリー：卓球メダリストのメンタルに学ぶたくましく生きる22のヒント—一生役立つこどもメンタル本」水谷隼;石川佳純著 小学館クリエイティブ 小学館 2024年5月

「こころの輪 オリンピック編—一生役立つこどもメンタル本」小学館クリエイティブ 小学館 2024年7月

「こころの輪 パラリンピック編—一生役立つこどもメンタル本」小学館クリエイティブ 小学館 2024年7月

感情、心＞好き

「どっちがいい?」やまじすみさく;あやみえ 幻冬舎メディアコンサルティング 幻冬舎 2024年4月

感情、心＞ストレス

「12歳から始める心が折れない技術：着実にやりぬく めげずに立ち直る」堀田秀吾著 秀和システム 2024年5月

「最強に面白い心理学—ニュートン超図解新書」外島裕監修 ニュートンプレス 2024年4月

感情、心＞楽しさ、喜び

「いちばん星のおくりもの：夜間中学校の窓に輝く」サラン作;いろどりあつめ絵 石田製本 2024年3月

「いつかあなたに出会ってほしい本：面白すぎて積読できない160冊—14歳の世渡り術」田村文著 河出書房新社 2024年4月

「お笑い芸人が教えるみんなを笑顔にしちゃう話し方」芝山大補著;オオタヤスシマンガ・イラスト えほんの杜 2024年2月【マンガ形式・マンガつき】

状況・行動・現象

「じぶんでよめるはなずかん : はなとそのなかま162」成美堂出版編集部編著 成美堂出版
2024年7月

「ジョイフルジョブ!美容師仁の道」斉藤洋作;酒井以絵 あかね書房 2024年7月【物語形式(ノン
フィクション)】

「ドラえもん科学ワールドspecialみんなのためのおもしろ工学入門─ビッグ・コロタン ; 231」藤
子・F・不二雄まんが;小宮一仁;藤子プロ監修;泉田賢吾ほか編 小学館 2024年9月【マンガ形
式・マンガつき】

「ミラクルハピネス毎日がステキにかわる片づけレッスン」瀧本真奈美監修 西東社 2024年5月
【マンガ形式・マンガつき】

「今日から楽しい科学実験図鑑」川村康文著 SBクリエイティブ 2024年7月

「最強に面白い数学 数と数式編─ニュートン超図解新書」木村俊一監修 ニュートンプレス
2024年8月【マンガ形式・マンガつき】

「子どもと作る科学工作 : 宙に浮くディスプレイスタンド、100均材料で作るバスボム、ステンドグ
ラス風オブジェ……」ささぼう著 工学社(I/O BOOKS) 2024年6月

「数学の苦手が好きに変わるとき」芳沢光雄著 筑摩書房(ちくまプリマー新書) 2024年1月

「大ピンチのチート的サバイバル術」TAMAchan監修;さかもとこのみ;ツナチナツ;藤井昌子イラ
スト Gakken 2024年9月

感情、心＞トラウマ

「こころのケガのことわかったよ! : トラウマを経験した子どものためのガイド─子どものトラウマ治
療のための絵本シリーズ」スーザン・フェイバー・ストラウス作;マリア・ボガデ絵;亀岡智美監訳;
木村有里訳 誠信書房 2024年8月

感情、心＞バイアス

「それって決めつけじゃない!?アンコンシャス・バイアス 1巻」北村英哉監修;松島恵利子文;の
はらあこマンガ・イラスト 汐文社 2024年7月

「それって決めつけじゃない!?アンコンシャス・バイアス 2巻」北村英哉監修;松島恵利子文;の
はらあこマンガ・イラスト 汐文社 2024年9月

「それって決めつけじゃない!?アンコンシャス・バイアス 3巻」北村英哉監修;松島恵利子文;の
はらあこマンガ・イラスト 汐文社 2024年10月

「だれもがもつ"考え方のくせ"バイアスの心理学 : 先入観や偏見にとらわれない合理的な判断
力が身につく─中・高生からの超絵解本」池田まさみ監修 ニュートンプレス 2024年4月

感情、心＞反省

「はんせいするこころのたいせつさ─OR BOOKS」大川隆法原作;大川紫央絵本監修;『はんせ
いするこころのたいせつさ』作画プロジェクト編・絵 幸福の科学出版 2024年6月【物語形式(フィ
クション)】

状況・行動・現象

感情、心＞不安、憂鬱

「12歳から始める心が折れない技術：着実にやりぬく めげずに立ち直る」堀田秀吾著 秀和システム 2024年5月

「あしたのボクへ。きょうのボクより。」くまみんえ・ぶん 文芸社 2024年8月【物語形式（フィクション）】

「しゅじゅつってこわくないよ」青山興司作・監修;中山忍文・絵 吉備人出版 2024年2月

「しんぱいするのはあたりまえ―Discover You. MR.MEN LITTLE MISS」ロジャー・ハーグリーブス作;講談社編;斎藤妙子訳 講談社 2024年9月

「ディズニープリンセスがっこうってどんなところ?」ブリ・マリー・マクイッシュさく;スタジオ・イボッシュえ;おおはたたかこやく うさぎ出版 永岡書店 2024年10月【物語形式（フィクション）】

「マインドフル・セルフ・コンパッション：批判的な内なる声を克服する」カレン・ブルース著;岩壁茂監訳;浅田仁子訳 金剛出版 2024年11月

「メンタル脳」アンデシュ・ハンセン;マッツ・ヴェンブラード著;久山葉子訳 新潮社（新潮新書）2024年1月

「やさしくわかるきもちのえほん [1]」渡辺弥生監修;すがわらけいこ絵;WILLこども知育研究所編著 金の星社 2024年2月

「高校生活の強化書」西岡壱誠;萩原俊和著 東京書籍 2024年4月

「三角をひっくり返したら」竹下克己文 三恵社 2024年11月

「子供達に夢を、そして愛 = Dreams and love for children」田龍太郎;田龍彦著 文芸社 2024年9月

「思春期の心理を知ろう!：心の不調の原因と自分でできる対処法―楽しい調べ学習シリーズ」松丸未来監修 PHP研究所 2024年4月

感情、心＞ポジティブ、前向き

「まわせP循環!：マンガで学ぶセルフ・カウンセリング」東豊著;見那ミノル画 遠見書房 2024年2月【マンガ形式・マンガつき】

感情、心＞やる気

「ハマりスイッチで勉強が好きになる」篠原菊紀著 高橋書店 2024年10月

「もやもやすっきり!10歳からのこころケア」横山恭子監修 くもん出版 2024年3月

「一生の武器になる勉強法：やる気ゼロからでも成績が必ずアップする」葉一著 KADOKAWA 2024年8月

「名探偵コナンの小学生のうちに知っておきたい心のふしぎ103」青山剛昌原作;渡辺弥生監修 小学館 2024年2月

状況・行動・現象

感情、心＞勇気

「「ガチャ時代」のやりたいことの見つけ方：〞しっぱいを教える教室〞の代表が高校生に伝えたい」川村哲也著 教学社（赤本進路）2024年8月

「14歳からの南無妙法蓮華経：生きる勇気が湧き出る本」小島弘之 日蓮宗新聞社 2024年9月

「あしたのボクへ。きょうのボクより。」くまみんえ・ぶん 文芸社 2024年8月【物語形式（フィクション）】

「こころの輪 パラリンピック編――一生役立つこどもメンタル本」小学館クリエイティブ 小学館 2024年7月

感情、心＞理不尽

「わたしたちの世界を変える方法：アクティビズム入門―14歳の世渡り術」中村眞大編著;あーにゃほか著 河出書房新社 2024年11月

「学校に染まるな！：バカとルールの無限増殖」おおたとしまさ著 筑摩書房（ちくまプリマー新書）2024年1月

感情、心＞笑い、笑顔

「お笑い芸人入門百科―小学館入門百科シリーズ」吉本興業株式会社監修・協力;福地翼まんが;ショウマ本文イラスト 小学館 2024年12月【マンガ形式・マンガつき】

「キャリア教育に活きる!仕事ファイル：センパイに聞く45」小峰書店編集部編著 小峰書店 2024年4月

「ジュニア空想科学読本 24」柳田理科雄著;きっか絵 汐文社 2024年1月

「ジュニア空想科学読本 25」柳田理科雄著;きっか絵 汐文社 2024年11月

「ジュニア空想科学読本 26」柳田理科雄著;きっか絵 汐文社 2024年12月

「ジュニア空想科学読本 28」柳田理科雄著;きっか絵 KADOKAWA（角川つばさ文庫 ; Dや2-28）2024年3月

「ジュニア空想科学読本 29」柳田理科雄著;きっか絵 KADOKAWA（角川つばさ文庫 ; Dや2-29）2024年9月

「はじめての漫才：コミュニケーション能力や表現力をのばす! 2」矢島ノブ雄著;田畑栄一監修;ノダタカヒロイラスト くもん出版 2024年3月

「やさしいってなあに」ロジャー・ハーグリーブス作;講談社編;斎藤妙子訳 講談社（Discover You. MR.MEN LITTLE MISS）2024年9月【物語形式（フィクション）】

「やってみた!研究イグノーベル賞」五十嵐杏南著 東京書店 2024年2月

「わたしもまわりも笑顔になる小学生のメイク本」イガリシノブ著 講談社 2024年12月

状況・行動・現象

「教育漫才のススメ：君の学校、笑いで変えない? 3」田畑栄一監修 フレーベル館 2024年2月
【指導者用解説つき】

感情、心＞感性、センス

「せかいにひとつあなたのうた：こどものけんりをたからかに」ニコラ・デイビス文;マーク・マーティン絵;西野博之訳 子どもの未来社 2024年11月

「ひくのだいすき：目から耳から感性を育てる ピアノ編 2」辻井由美子;石井かおり共著 デプロMP 2024年5月

「正解のない絵画図鑑」鮫島圭代著;京谷啓徳監修 幻冬舎 2024年3月

簡単、シンプル

「2分でつくれるかんたんおりがみ 1」竹井史郎作;イグルーダイニング絵 あかね書房 2024年2月

「2分でつくれるかんたんおりがみ 2」竹井史郎作;イグルーダイニング絵 あかね書房 2024年2月

「2分でつくれるかんたんおりがみ 3」竹井史郎作;イグルーダイニング絵 あかね書房 2024年2月

「おりがみでごっこあそび：ほんものそっくり!おみせやさん」いしかわまりこ著 主婦の友社(実用No.1) 2024年2月

「かんたんおばけ工作 [2]」いしかわまりこ作 偕成社 2024年3月

「はじめてのりったいどうぶつかん」神谷正徳作 小学館(小学館の図鑑NEOのクラフトぶっく) 2024年3月

「ワコ・チャコ・ヨーコのふわレシピ = Wako Chako Yoko's FUWARECIPI」筒井大志著 集英社(勉タメJUMP BOOKS) 2024年12月

企画

「つくる仕事の一日：商品企画・開発・生産―会社員の仕事見る知るシリーズ」西山昭彦監修;WILLこども知育研究所編著 保育社 2024年10月

喫煙

「10代からのヘルスリテラシー [2]」松本俊彦監修 大月書店 2024年10月

疑問、質問、悩み

「「迷わない心」のつくり方」稲盛和夫文;羽賀翔一漫画;稲盛ライブラリー編 サンマーク出版 2024年11月

「10代のカラダのハテナ：図書館版」高尾美穂監修 あかね書房 2024年1月

状況・行動・現象

「10代のきみに読んでほしい人生の教科書：豊かに生きるための33のヒント」肘井学著 KADOKAWA 2024年3月

「10代のための一生役立つコミュニケーション 第1巻」斉藤徹監修 Gakken 2024年2月【マンガ形式・マンガつき】

「10代のための一生役立つコミュニケーション 第2巻」斉藤徹監修 Gakken 2024年2月【マンガ形式・マンガつき】

「10代のための一生役立つコミュニケーション 第3巻」斉藤徹監修 Gakken 2024年2月【マンガ形式・マンガつき】

「13歳からの自分の心を守る練習」谷本惠美著 PHP研究所 2024年5月

「AIは人を好きになる？：科学技術をめぐる15の疑問―いざ！探Q；6」ピエルドメニコ・バッカラリオ；フェデリーコ・タッディア著；マッシモ・テンポレッリ監修；クラウディア・"ヌーク"・ラッツォーリイラスト；日永田智絵日本版監修；有北雅彦訳 太郎次郎社エディタス 2024年7月

「いろんな人に聞いてみた「なんでその仕事をえらんだの？」」ヨシタケシンスケほか述；WILLこども知育研究所編著 金の星社 2024年6月【マンガ形式・マンガつき】

「うちゅうのなぞ」的川泰宣；斎藤紀男監修；てづかあけみえ・ぶん パイインターナショナル（はじめてのなぜなにふしぎえほん）2024年6月

「きみだけの幸せって、なんだろう？：10才から考えるウェルビーイング」前野マドカ著 WAVE出版 2024年3月

「きみにむいてる時間のつかい方―1日5分！タイプ別診断でわかる；2」吉武麻子監修；WOODYイラスト ポプラ社 2024年10月

「きょうりゅうのわかっていることわかっていないこと」国立科学博物館監修；きのしたさとみぶん；よしもりひろすけえ 小学館集英社プロダクション（ShoPro Books）2024年6月

「ぐんぐん考える力を育むかがくクイズブック」国立科学博物館ほか監修 西東社 2024年11月

「ごくごくぎゅうにゅうげんきなからだ」ささきみお絵；五関正江監修 少年写真新聞社（たべるってたのしい！）2024年10月

「こども目標達成教室：夢をかなえるために何が必要なのかがわかる本」竹橋洋毅監修；バウンド著 カンゼン 2024年5月

「ズーミング！動物園：疑問を拡大していけば仕組みが見えてくる！」小宮輝之監修 秀和システム 2024年8月

「ズーミング！旅客機：疑問を拡大していけば仕組みが見えてくる！」チャーリィ古庄著 秀和システム 2024年1月

「そうなんだ！子どもの権利」手丸かのこマンガ；渡辺大輔監修 子どもの未来社（スクールコミック）2024年10月【マンガ形式・マンガつき】

「どうして黒くないのに黒板なの？―ちしきのもり」加藤昌男著 少年写真新聞社 2024年8月

状況・行動・現象

「なぜ?がわかる!にゃんこ大戦争クイズブック 生き物のぎもん編」ポノス株式会社;今泉忠明監修 Gakken 2024年9月

「なぜ?どうして?いきもののお話 2年生―よみとく10分」杉野さち子総合監修 Gakken 2024年6月【物語形式(ノンフィクション)】

「はじめての経済学―世界基準の教養forティーンズ」ララ・ブライアン;アンディー・プレンティス文;フェデリコ・マリアーニ絵;デイヴィッド・スタリブラス;ペドロ・セローディオ監修;池上彰日本語版監修;清水玲奈訳 河出書房新社 2024年4月

「マンガでわかる10代のための人間関係の「ピンチ!」自分で解決マニュアル」山田洋一著;明野みるマンガ 小学館 2024年4月【マンガ形式・マンガつき】

「もやもや、ごちゃごちゃがスッキリする手書きノート&メモ術―14歳の世渡り術」奥野宣之著 河出書房新社 2024年11月

「ようこそ!思春期 : おとなに近づくからだの成長のはなし」レイチェル・グリーナー文;クレア・オーウェン絵;浦野匡子;艮香織訳・解説 大月書店 2024年2月

「一生モノの生理とからだの取り扱い大全 : 13歳から更年期世代まで女性ならではの悩みがスーッと消える!」保健師めぐみ著 日東書院本社 2024年3月

「公式は覚えないといけないの? : 数学が嫌いになる前に」矢崎成俊著 筑摩書房(ちくまプリマー新書) 2024年8月

「高校球児が孝行球児になる日 : 悩んだり迷ったりしながら高校野球を続けていませんか? : 球児へ贈るこころのメッセージ」年中夢球著 日本写真企画 2024年2月

「高校生活の強化書」西岡壱誠;萩原俊和著 東京書籍 2024年4月

「最強に面白い飛行機―ニュートン超図解新書」浅井圭介監修 ニュートンプレス 2024年6月

「自分でできる!心と体のメンテナンス : もやもやしたら、どうする? 1」荒川雅子監修;WILLこども知育研究所編著 岩崎書店 2024年11月

「自分らしく、あなたらしく : きょうだい児からのメッセージ」高橋うらら著 さ・え・ら書房 2024年9月

「失敗を成功にかえるお金のつかい方―1日5分!タイプ別診断でわかる ; 3」八木陽子監修;MICANOイラスト ポプラ社 2024年11月

「小学生になったら図鑑 : 入学準備から小学校生活までずっと役立つ366」長谷川康男監修 ポプラ社 2024年11月【指導者用解説つき】

「人は見た目!?ルッキズムの呪いをとく! 2」矢吹康夫監修 フレーベル館 2024年12月

「大人に言えない小さな悩みが少しだけ軽くなる本 第1巻」田村節子監修 Gakken 2024年2月

「大人に言えない小さな悩みが少しだけ軽くなる本 第2巻」田村節子監修 Gakken 2024年2月

「大人に言えない小さな悩みが少しだけ軽くなる本 第3巻」田村節子監修 Gakken 2024年2月

状況・行動・現象

「東大卒女子の最強勉強計画術：学びの効率が一気に上がる：日常学習〜大学受験まで」みおりん著 Gakken 2024年3月

「読んだら勉強したくなる東大生の学び方」西岡壱誠著 笠間書院 2024年11月

「日本歴史のなぜ?ビジュアル新事典―自由自在ビジュアル」金谷俊一郎監修;歴史教育研究会編著 受験研究社 2024年【マンガ形式・マンガつき】

「病院図鑑」梅澤真一監修 金の星社 2024年12月

「僕らは戦争を知らない：世界中の不条理をなくすためにキミができること」小泉悠監修 Gakken 2024年2月【マンガ形式・マンガつき】

「夢も金もない高校生が知ると得する進路ガイド」石渡嶺司著 星海社 講談社(星海社新書) 2024年7月

「友だちがしんどいがなくなる本」石田光規著 講談社 2024年2月

「友だち関係で悩んだときに役立つ本を紹介します。―14歳の世渡り術」金原ひとみほか著;河出書房新社編 河出書房新社 2024年4月

疑問、質問、悩み＞問題解決

「10歳から知っておきたい「自分で決める力」の伸ばし方」鳥原隆志著;もなかイラスト 日本能率協会マネジメントセンター 2024年9月

「はじめてのアルゴリズム：論理的思考力を身につける―くもんこれからの学び」島袋舞子著;兼宗進監修 くもん出版(楽しく知りたいコンピュータ) 2024年3月

「ひっくり返す人類学：生きづらさの「そもそも」を問う」奥野克巳著 筑摩書房(ちくまプリマー新書) 2024年8月

「国際協力入門：平和な世界のつくりかた」山田満著 玉川大学出版部 2024年2月

「今すぐ君の武器になる今日から使える心理学：Psychological terminology encyclopedia」文響社編;一芒ほかイラスト 文響社 2024年4月

「中学受験をするきみへ：決定版：勉強とメンタルの悩みを解決!」安浪京子著 大和書房 2024年4月

「日本の未来が危ない!?人口減少社会 1」岩澤美帆監修 汐文社 2024年9月

逆境、ピンチ

「THE突破ファイルマンガ推理クイズブック」日本テレビ編 西東社 2024年4月【マンガ形式・マンガつき】

「いのちをまもる図鑑：最強のピンチ脱出マニュアル」池上彰ほか監修;滝乃みわこ文;五月女ケイ子;室木おすしイラスト;横山了一マンガ ダイヤモンド社 2024年7月

「マンガでわかる10代のための人間関係の「ピンチ!」自分で解決マニュアル」山田洋一著;明野みるマンガ 小学館 2024年4月【マンガ形式・マンガつき】

状況・行動・現象

「大ピンチのチート的サバイバル術」TAMAchan監修;さかもとこのみ;ツナチナツ;藤井昌子イラスト Gakken 2024年9月

「知ってほしい、この名言：大切にしたい言葉 2」白坂洋一監修 汐文社 2024年3月

キャンプ、アウトドア

「おもしろすぎる山図鑑」ひげ隊長著 主婦の友社 2024年3月

「キャンプのずかん―学研のえほんずかん；9巻」スズキサトル絵・監修 Gakken 2024年4月

「キャンプへいこう」ごとうひでゆきさく;みつたけたみこえ スタジオタッククリエイティブ 2024年5月

「ジブン未来図鑑：職場体験完全ガイド+ 15」ポプラ社 2024年4月

「ドラえもん学びワールドキャンプと自然観察―ビッグ・コロタン；228」藤子・F・不二雄まんが;藤子プロ;長谷部雅一監修 小学館 2024年7月【マンガ形式・マンガつき】

「子ども版これで死ぬ：外遊びで子どもが危険にあわないための安全の話」大武美緒子文;羽根田治ほか監修 山と溪谷社 2024年7月

「森の演出家ツッチーの自然あそびハンドブック」土屋一昭著 スタジオタッククリエイティブ 2024年8月

「生き抜く力を身につけよう沖縄ターザンの冒険ずかん」Kidzy著 幻冬舎 2024年4月

「大人も子どもも楽しいあたらしい自然あそび」奥山英治著 山と溪谷社 2024年8月

キャンプ、アウトドア＞焚き火

「キャンプへいこう」ごとうひでゆきさく;みつたけたみこえ スタジオタッククリエイティブ 2024年5月

ギャンブル

「がけっぷち!アララはお金を増やしたい! = ARARA WANTS TO MAKE MORE AND MORE MONEY!」大野正人作;トミムラコタ;津村根央マンガ;土屋剛俊監修 ポプラ社 2024年12月【マンガ形式・マンガつき】

「最強にわかる依存症―ニュートン超図解新書」松本俊彦監修 ニュートンプレス 2024年11月

共生

「ともに生きる：山のツキノワグマ」前川貴行写真・文 あかね書房 2024年7月

「人とくらす街の虫発見記：ゲッチョ先生の街の虫コレクション」盛口満文・絵 少年写真新聞社 2024年6月

「難民・移民のわたしたち：これからの「共生」ガイド―14歳の世渡り術」雨宮処凛著 河出書房新社 2024年8月

状況・行動・現象

「野生生物は「やさしさ」だけで守れるか?:命と向きあう現場から」朝日新聞取材チーム著 岩波書店(岩波ジュニア新書)2024年7月

共生＞多文化共生

「チョコレートを食べたことがないカカオ農園の子どもにきみはチョコレートをあげるか?」木下理仁著 旬報社 2024年5月

共存

「フロントランナー = Front Runner 6」朝日新聞be編集部監修 岩崎書店 2024年10月【物語形式(ノンフィクション)】

協働

「君はどう生きるか」鴻上尚史著 講談社 2024年6月

記録＞ギネス世界記録

「ギネス世界記録 2025」クレイグ・グレンディ編;大木哲ほか訳 角川アスキー総合研究所 KADOKAWA 2024年11月

空想、仮定

「いちばん強いヤツはだれだ!?ドラゴンvsビースト凶獣王超バトル図鑑」山口敏太郎著 永岡書店 2024年4月

「ジュニア空想科学読本 24」柳田理科雄著;きっか絵 汐文社 2024年1月

「ジュニア空想科学読本 25」柳田理科雄著;きっか絵 汐文社 2024年11月

「ジュニア空想科学読本 26」柳田理科雄著;きっか絵 汐文社 2024年12月

「ジュニア空想科学読本 28」柳田理科雄著;きっか絵 KADOKAWA(角川つばさ文庫;Dや2-28)2024年3月

「ジュニア空想科学読本 29」柳田理科雄著;きっか絵 KADOKAWA(角川つばさ文庫;Dや2-29)2024年9月

「ヒャクジュウガッタイ!!!:最強生物合体バトル」よるどんまんが 集英社(勉タメJUMP BOOKS)2024年12月

「幻獣の飼い方 = How to keep Fantastic Beasts─「もしも?」の図鑑」健部伸明監修;高代彩生著 実業之日本社 2024年11月

「天職が見つかる空想教室 = Imagination Lesson」植松努著 サンクチュアリ出版(sanctuary books)2024年10月

「名探偵コナン空想科学読本」柳田理科雄著;青山剛昌原案 小学館(小学館ジュニア文庫;ジあ-2-59)2024年7月【マンガ形式・マンガつき】

状況・行動・現象

空想、仮定＞仮説

「公式は覚えないといけないの?：数学が嫌いになる前に」矢崎成俊著 筑摩書房（ちくまプリマー新書） 2024年8月

癖

「だれもがもつ"考え方のくせ"バイアスの心理学：先入観や偏見にとらわれない合理的な判断力が身につく—中・高生からの超絵解本」池田まさみ監修 ニュートンプレス 2024年4月

結婚

「学校では教えてくれない世界のヘンな常識」斗鬼正一著 三笠書房（知的生きかた文庫） 2024年4月

「恋愛ってなんだろう?—中学生の質問箱」大森美佐著 平凡社 2024年2月

結婚＞再婚

「親の離婚・再婚こども法律ガイド」佐藤香代;池田清貴;植田千穂著;まえだたつひこ絵 子どもの未来社 2024年12月

結婚＞離婚

「親の離婚・再婚こども法律ガイド」佐藤香代;池田清貴;植田千穂著;まえだたつひこ絵 子どもの未来社 2024年12月

検証、考証、考察

「だれか、ふつうを教えてくれ!—よりみちパン!セ；YP15」倉本智明著 新曜社 2024年1月

減少、衰退

「高校生からわかる日本経済：なぜ日本はどんどん貧しくなるの?」金子勝著 かもがわ出版（深読みNow） 2024年7月

建築、工事

「しごととつくりを見てみよう!はたらくじどう車くらべ 4」『はたらくじどう車くらべ』編集委員会編著 汐文社 2024年3月

「たてもの：英語つき—まどあけずかん」吉田誠治ほか絵;岡田哲史監修 小学館（小学館の図鑑NEO） 2024年7月【英語つき】

「だんだんできてくる：まちたんけんにゴー!：おなじところから工事げんばを見つめてみた 7」フレーベル館 2024年2月

「だんだんできてくる：まちたんけんにゴー!：おなじところから工事げんばを見つめてみた 8」フレーベル館 2024年3月

状況・行動・現象

「ドラえもん学びワールドspecialみんなのためのアート入門—ビッグ・コロタン；226」藤子・F・不二雄まんが;藤子プロ;藤原えりみ監修;泉田賢吾ほか編 小学館 2024年5月【マンガ形式・マンガつき】

「びわ湖疏水探究紀行：児童版 人物編」琵琶湖疏水アカデミー編集 琵琶湖疏水アカデミー 2024年3月

「ふしぎな魔法パズルルービックの発明物語」ケリー・アラディア文;カラ・クレイマー絵;竹内薫訳 西村書店東京出版編集部 2024年12月【物語形式（ノンフィクション）】

「レオナルド・ダ・ビンチ：万能の芸術家—やさしく読めるビジュアル伝記；16巻」山本まさみ文;尾野こし絵;池上英洋監修 Gakken 2024年6月【物語形式（ノンフィクション）】

「輪切り図鑑クロスセクション：18の建物や乗物の内部を見る」スティーヴン・ビースティー画;リチャード・プラット文;北森俊行訳 岩波書店 2024年10月

建築、工事＞築城

「超ビジュアル!日本の城大事典」矢部健太郎監修 西東社 2024年7月

広報

「支える仕事の一日：経営企画・経理・人事・広報—会社員の仕事見る知るシリーズ」西山昭彦監修;WILLこども知育研究所編著 保育社 2024年11月

広報＞POP

「こまったときのPOP実例集—全国学校図書館POPコンテスト公式本オススメ本POPの作り方」内田剛著 ポプラ社 2024年4月

「気持ちが伝わるPOPを作ろう—全国学校図書館POPコンテスト公式本オススメ本POPの作り方」内田剛著 ポプラ社 2024年4月

「本のPOPをつくろう!：読書を楽しむ—帯・POP作りのスゴ技」「本のPOPや帯を作ろう」編集室著;ニイルセンイラスト 理論社 2024年2月

攻略

「マインクラフトで頭がよくなる学べるクイズ366日」陰山英男監修 西東社 2024年12月

孤独

「ぼっちのままで居場所を見つける：孤独許容社会へ」河野真太郎著 筑摩書房（ちくまプリマー新書）2024年10月

「メンタル脳」アンデシュ・ハンセン;マッツ・ヴェンブラード著;久山葉子訳 新潮社（新潮新書）2024年1月

状況・行動・現象

困りごと

「あなたがあなたであるために : 自分らしく生きるための自閉スペクトラム・ガイド」ローナ・ウィング監修;吉田友子著 中央法規出版 2024年12月

「自分でできるコグトレ : 学校では教えてくれない困っている子どもを支える認知ソーシャルトレーニング 4」明石書店 2024年10月

「必ずうまくなる!!バスケットボール基本と練習法」鈴木良和;諸橋幸恵監修 電波社 2024年11月

コミュニケーション、触れ合い

「〈弱いロボット〉から考える : 人・社会・生きること」岡田美智男著 岩波書店 2024年8月

「「リスク」を知って、「自分」を守る!スマホマインドの育てかた [2]」保育社 2024年1月【マンガ形式・マンガつき】

「10代のための一生役立つコミュニケーション 第1巻」斉藤徹監修 Gakken 2024年2月【マンガ形式・マンガつき】

「10代のための一生役立つコミュニケーション 第2巻」斉藤徹監修 Gakken 2024年2月【マンガ形式・マンガつき】

「10代のための一生役立つコミュニケーション 第3巻」斉藤徹監修 Gakken 2024年2月【マンガ形式・マンガつき】

「13歳からの「傾聴力」向上バイブル : 人間関係を豊かにする聴く力が身につく本―ジュニアコツがわかる本」岩松正史監修 メイツユニバーサルコンテンツ 2024年6月

「ADHDの子どものためのマインドフルネス」シャロン・グランド著;タイア・モーリーイラスト;芦谷道子訳 創元社 2024年9月

「おじいちゃん、おばあちゃんを知ろう! 1」佐藤眞一監修 小峰書店 2024年4月

「おじいちゃん、おばあちゃんを知ろう! 2」佐藤眞一監修 小峰書店 2024年4月

「おじいちゃん、おばあちゃんを知ろう! 3」佐藤眞一監修 小峰書店 2024年4月

「おじいちゃん、おばあちゃんを知ろう! 4」佐藤眞一監修 小峰書店 2024年4月

「お笑い芸人が教えるみんなを笑顔にしちゃう話し方」芝山大補著;オオタヤスシマンガ・イラスト えほんの杜 2024年2月【マンガ形式・マンガつき】

「きみがだいすき1・2・3 : 脳が喜ぶ親子の指さしコミュニケーション : 英語・日本語3語文」あいばしづか文・絵 文芸社 2024年5月【英語つき】

「きみも言ったことがあるかも?ちくちくことば・ふわふわことば言いかえじてん 1」鈴木教夫監修;秋山浩子文;イケガメシノイラスト 汐文社 2024年8月

「きみも言ったことがあるかも?ちくちくことば・ふわふわことば言いかえじてん 2」鈴木教夫監修;秋山浩子文;イケガメシノイラスト 汐文社 2024年10月

状況・行動・現象

「きみも言ったことがあるかも?ちくちくことば・ふわふわことば言いかえじてん 3」鈴木教夫監修;秋山浩子文;イケガミノイラスト 汐文社 2024年11月

「ことばのまほう : マイメロディのえほん」講談社編;サンリオ著 講談社 2024年1月

「ゴリラとオオカミ・ヤギとゾウのお話 : 僕のコミュニケーションの掟―山極壽一・きむらゆういち・林家木久扇の異色鼎談集―今人舎・子ども大学叢書 ; 2」山極壽一;きむらゆういち;林家木久扇著 今人舎 2024年8月

「こんなときどう言う?事典 : 仲よくなる力は人生最大のスキル」齋藤孝著 サンマーク出版 2024年3月

「ちいかわお友だちとのつき合いかた」ナガノイラスト;加藤裕美子監修 KADOKAWA 2024年3月

「ニコラ学園楽しい学校生活ヒントブック」「ニコラ」編集部監修 Gakken 2024年9月

「ネットはなぜいつも揉めているのか」津田正太郎著 筑摩書房(ちくまプリマー新書) 2024年5月

「教育漫才のススメ : 君の学校、笑いで変えない? 3」田畑栄一監修 フレーベル館 2024年2月【指導者用解説つき】

「小学生でも安心!はじめてのモルモット正しい飼い方・育て方―まなぶっく」大庭秀一監修 メイツユニバーサルコンテンツ 2024年3月

「性のモヤモヤをひっくり返す! : ジェンダー・権利・性的同意26のワーク」ちゃぶ台返し女子アクション著;染矢明日香監修 合同出版 2024年3月

「生きものたちのスゴ技図鑑　何しゃべってるの?編」村田浩一監修;アジア・オーランド絵 さ・え・ら書房 2024年2月

探し方、採集

「あしの多い虫図鑑 = Arthropods with many legs : あしが8本以上あるのはどんな虫たち?」小野展嗣著;鈴木知之写真 偕成社 2024年1月

「カブトムシみっけ!―ふしぎみつけた!」里中正紀構成・文 徳間書店 2024年7月

「くらべてわかる!こんちゅう図鑑 [1]」須田研司監修;森のくじらイラスト 童心社 2024年3月

「はっけん!田んぼのいきもの」関慎太郎写真;大塚泰介編著 緑書房 2024年11月

「ほっかいどうはじめての虫さがし」堀繁久 北海道新聞社 2024年3月

「恐竜ハンター : 白亜紀の恐竜の捕まえ方」土屋健設定協力;川崎悟司ほかイラスト KADOKAWA 2024年3月

「昆虫ハンター・牧田習と親子で見つけるにほんの昆虫たち」牧田習著 日東書院本社 2024年7月

「身近な生きもの捕まえ方&飼い方 : 上手に育てて、長生きさせる!」佐々木浩之写真・文 電波社 2024年7月

状況・行動・現象

「大人も子どもも楽しいあたらしい自然あそび」奥山英治著 山と溪谷社 2024年8月

作戦＞戦術

「ソフトテニス入門：初心者もぐんぐんレベルアップ—中学デビューシリーズ」川端優紀著 ベースボール・マガジン社 2024年10月

「羽生善治監修子ども将棋入門：すぐ指せる!面白い!強くなる!」羽生善治監修;安次嶺隆幸著 新星出版社 2024年7月

「部活でスキルアップ!勝つテニス動画でわかる最強のコツ50—ジュニアコツがわかる本」矢崎篤監修 メイツユニバーサルコンテンツ 2024年4月

サステナビリティー、サステナブル

「10代からのサステナブル：持続可能な社会をめざして：輝く心と学ぶ喜びを」野田将晴著 高木書房 2024年9月

撮影

「絶対作れる!YouTube教室潜入記」長谷川智広著 集英社(勉タメJUMP BOOKS) 2024年7月

「部活でスキルアップ!写真部活躍のポイント—ジュニアコツがわかる本」吉田允彦監修 メイツユニバーサルコンテンツ 2024年5月

錯覚

「鏡でふしぎ体験!立体トリック工作キットブック」杉原厚吉著 金の星社 2024年7月

サバイバル

「5分間のサバイバル危険生物のなぞ：科学クイズにちょうせん!—かがくるBOOK. 科学クイズサバイバルシリーズ」韓賢東絵;今泉忠明監修;朝日新聞出版編 朝日新聞出版 2024年2月【マンガ形式・マンガつき】

「5分間のサバイバル推理クイズにちょうせん!—かがくるBOOK. 科学クイズサバイバルシリーズ」韓賢東絵;北村良子クイズ作成・監修;朝日新聞出版編 朝日新聞出版 2024年10月【マンガ形式・マンガつき】

「72時間生きぬくための101の方法：子どものための防災BOOK」夏緑著;たかおかゆみこ絵 童心社 2024年9月

「キミも防災サバイバー!自分で探そう命のルート—NHK for School」NHK「キミも防災サバイバー!」制作班編;齋藤博伸監修 NHK出版 2024年11月

「けなげに生きぬくいきもの図鑑：いきものから学べ!」馬場悠男監修;岡幸子執筆;しばさなイラスト 実教出版 2024年3月

状況・行動・現象

「どっちが強い!?W：オオメジロザメの襲撃—角川まんが科学シリーズ；A91」ウィルソン・リュウストーリー；マウンテントップスタジオまんが；川口拓；新野大監修 KADOKAWA 2024年3月【マンガ形式・マンガつき】

「どっちが強い!?W：シベリアトラとの激闘—角川まんが科学シリーズ；A92」タダタダストーリー；マウンテントップスタジオまんが；川口拓；小菅正夫監修 KADOKAWA 2024年7月【マンガ形式・マンガつき】

「どっちが強い!?W：巨大ヒグマの暴走—角川まんが科学シリーズ；A93」ウィルソン・リュウストーリー；マウンテントップスタジオまんが；川口拓；小菅正夫監修 KADOKAWA 2024年11月【マンガ形式・マンガつき】

「どっちを選ぶ?クイズで学ぶ!こども防犯サバイバル 1」国崎信江監修 日本図書センター 2024年1月

「どっちを選ぶ?クイズで学ぶ!こども防犯サバイバル 2」国崎信江監修 日本図書センター 2024年1月

「どっちを選ぶ?クイズで学ぶ!こども防犯サバイバル 3」国崎信江監修 日本図書センター 2024年1月

「下水道のサバイバル：生き残り作戦 2—かがくるBOOK. 科学漫画サバイバルシリーズ；85」ポドアルチング文；韓賢東絵；HANA韓国語教育研究会訳 朝日新聞出版 2024年1月【マンガ形式・マンガつき】

「海面上昇のサバイバル：生き残り作戦 1—かがくるBOOK. 科学漫画サバイバルシリーズ；87」ゴムドリco.文；韓賢東絵；HANA韓国語教育研究会訳 朝日新聞出版 2024年7月【マンガ形式・マンガつき】

「海面上昇のサバイバル：生き残り作戦 2—かがくるBOOK. 科学漫画サバイバルシリーズ；88」ゴムドリco.文；韓賢東絵；HANA韓国語教育研究会訳 朝日新聞出版 2024年9月【マンガ形式・マンガつき】

「学校に染まるな!：バカとルールの無限増殖」おおたとしまさ著 筑摩書房（ちくまプリマー新書）2024年1月

「巨大地震のサバイバル：生き残り作戦—かがくるBOOK. 科学漫画サバイバルシリーズ；86」洪在徹原案；もとじろう絵；大木聖子監修 朝日新聞出版 2024年2月【マンガ形式・マンガつき】

「月のサバイバル—かがくるBOOK. 科学漫画サバイバルシリーズ；89」洪在徹原案；吉田健二絵；渡部潤一監修 朝日新聞出版 2024年12月【マンガ形式・マンガつき】

「生きものたちのスゴ技図鑑　食われてたまるか編」村田浩一監修；アジア・オーランド絵 さ・え・ら書房 2024年2月

「生き抜く力を身につけよう沖縄ターザンの冒険ずかん」Kidzy著 幻冬舎 2024年4月

「大ピンチのチート的サバイバル術」TAMAchan監修；さかもとこのみ；ツナチナツ；藤井昌子イラスト Gakken 2024年9月

状況・行動・現象

「南極のサバイバル：生き残り作戦―かがくるBOOK. 科学漫画サバイバルシリーズ；16」洪在徹原案;もとじろう絵;国立極地研究所監修 朝日新聞出版 2024年10月

「南極犬物語」綾野まさる著;くまおり純絵 ハート出版 2024年12月【物語形式（ノンフィクション）】

「冒険完全ガイド!マインクラフト大図鑑 サバイバルモード編」KADOKAWA 2024年1月

仕組み、成り立ち

「13歳からの経済のしくみ・ことば図鑑」花岡幸子著;matsuイラスト WAVE出版 2024年6月

「9歳から知っておきたいAIを味方につける方法」TOSSAI活用教育研究会編;谷和樹監修 マイクロマガジン社 2024年2月

「イノシシが泳いできた荒川」三井元子著 本の泉社 2024年5月【物語形式（ノンフィクション）】

「カラダのひみつをのぞいてみよう!すごい人体の図鑑」坂井建雄監修 ナツメ社 2024年8月

「くらべて発見タネの「いのち」1」農文協編;山中正大絵 農山漁村文化協会 2024年1月

「くらべて発見タネの「いのち」2」農文協編;山中正大絵 農山漁村文化協会 2024年3月

「くらべて発見タネの「いのち」3」農文協編;山中正大絵 農山漁村文化協会 2024年4月

「これがでたっていうことは… 3」草川功監修 理論社 2024年1月

「これがでたっていうことは… 4」草川功監修 理論社 2024年1月

「コロコロドミノ装置だいずかん：世界チャンピオンの工作術を大公開!」野出正和著 いかだ社 2024年5月

「ざんねん?びっくり!文房具のひみつ事典」ヨシムラマリ著;高畑正幸監修 講談社 2024年5月

「しごととつくりを見てみよう!はたらくじどう車くらべ 2」『はたらくじどう車くらべ』編集委員会編著 汐文社 2024年1月

「しごととつくりを見てみよう!はたらくじどう車くらべ 3」『はたらくじどう車くらべ』編集委員会編著 汐文社 2024年2月

「しごととつくりを見てみよう!はたらくじどう車くらべ 4」『はたらくじどう車くらべ』編集委員会編著 汐文社 2024年3月

「しょうぼうじどうしゃのあかいねじ」たるいしまこ作 福音館書店（かがくのとも絵本）2024年4月【物語形式（ノンフィクション）】

「ズーミング!水族館：疑問を拡大していけば仕組みが見えてくる!」小宮輝之監修 秀和システム 2024年12月

「ズーミング!動物園：疑問を拡大していけば仕組みが見えてくる!」小宮輝之監修 秀和システム 2024年8月

「ズーミング!旅客機：疑問を拡大していけば仕組みが見えてくる!」チャーリィ古庄著 秀和システム 2024年1月

状況・行動・現象

「すぐそこにせまる脅威巨大地震：南海トラフ地震に首都直下型地震何を想定し、どう備えるべきか―中・高生からの超絵解本」遠田晋次監修 ニュートンプレス 2024年12月

「スケルトン！：なかはどうなっているのかな？ のりもの編」きのしたけい作;いとう良一絵 コクヨ 2024年10月

「せがのびる」やぎゅうげんいちろうさく 福音館書店（かがくのとも絵本）2024年2月

「そんなわけで国旗つくっちゃいました！えほん」吹浦忠正監修;なかさこかずひこ!作・絵 主婦の友社 2024年4月

「ちょうおもしろい」あわたのぶこ作;はたこうしろう絵 フレーベル館 2024年10月【物語形式（フィクション）】

「つめたいこおりどんなかたち?」細島雅代写真;伊地知英信構成・文 岩崎書店（かがくすっ）2024年12月

「ドラえもん科学ワールド飛行機から生き物まで空を飛ぶしくみ―ビッグ・コロタン；221」藤子・F・不二雄まんが;藤子プロ;岐阜かかみがはら航空宇宙博物館監修 小学館 2024年4月【マンガ形式・マンガつき】

「なるほどよくわかる金融 1」教育画劇 2024年2月

「なるほどよくわかる金融 2」教育画劇 2024年4月

「にじ」武田康男監修・写真;小杉みのり構成・文 岩崎書店 2024年7月

「のびーる社会政治のしくみ：憲法・選挙・国際社会他―角川まんが学習シリーズ；T21」篠塚昭司監修 KADOKAWA 2024年3月【マンガ形式・マンガつき】

「はじめてのずかんのりもの」瀧靖之総監修;山﨑友也監修 講談社（講談社の動く図鑑MOVE）2024年6月

「みのまわりのありとあらゆるしくみ図解：脳細胞からブラックホールまで」DK社編著;藤嶋昭日本版監修 東京書籍 2024年7月

「みんなが知りたい!気象のしくみ：身近な天気から世界の異常気象まで―まなぶっく」菅井貴子著 メイツユニバーサルコンテンツ 2024年4月

「みんなが知りたい!地層のひみつ：岩石・化石・火山・プレート：地球のナゾを解き明かす―まなぶっく」森田澄人監修 メイツユニバーサルコンテンツ 2024年9月

「みんなが知りたい!鉄道のすべて：鉄道を支える技術としくみがわかる本―まなぶっく」「鉄道のすべて」編集室著 メイツユニバーサルコンテンツ 2024年4月

「めくって学べるうちゅうのしくみ図鑑」Gakken 2024年9月

「めくって学べるてんきのしくみ図鑑」荒木健太郎著 Gakken 2024年8月

「もっと教えて!ドラえもん：記事とまんがで社会のしくみ丸わかり!!」藤子・F・不二雄キャラクター原作;朝日新聞社監修 小学館 2024年6月【マンガ形式・マンガつき】

「わかる!取り組む!新・災害と防災 1」帝国書院編集部編集 帝国書院 2024年2月

171

状況・行動・現象

「わかる!取り組む!新・災害と防災 2」帝国書院編集部編編 帝国書院 2024年2月

「わかる!取り組む!新・災害と防災 3」帝国書院編集部編編 帝国書院 2024年2月

「空飛ぶクルマ大研究：しくみや技術から用途・課題まで―楽しい調べ学習シリーズ」中野冠監修 PHP研究所 2024年8月

「再生可能エネルギーの「現実」と「未来」がよくわかる本」市村拓斗監修 東京書籍 2024年8月

「最強に面白い心理学―ニュートン超図解新書」外島裕監修 ニュートンプレス 2024年4月

「最強に面白い人体 取扱説明書編―ニュートン超図解新書」坂井建雄監修 ニュートンプレス 2024年5月

「細胞の学校―ニュートン科学の学校シリーズ」牛木辰男監修 ニュートンプレス 2024年12月

「作ってびっくり!科学脳をきたえる!うごくおもちゃ工作」K&BSTUDIO作 あかね書房 2024年6月

「自然とあそぼう植物の育ち編 [5]」農山漁村文化協会 2024年2月【指導者用解説つき】

「自然とあそぼう植物の育ち編 [2]」農山漁村文化協会 2024年2月【指導者用解説つき】

「食べ物のなぜ・不思議でわかる!10歳からの「おいしい」科学」齋藤勝裕著 カンゼン 2024年1月

「正しく知る!備える!火山のしくみ：噴火の基本から防災、火山登山の魅力まで徹底解剖!」及川輝樹;中野俊著 誠文堂新光社(子供の科学サイエンスブックスNEXT) 2024年12月

「生成AIのなかみ―ゼロからわかるITほんき入門+マンガ」黒川なお著;橋本泰一監修 インプレス 2024年9月【マンガ形式・マンガつき】

「生理ってなあに?」高橋幸子監修;きたによしこ絵;孫奈美文 汐文社 2024年5月【指導者用解説つき】

「税という社会の仕組み」諸富徹著 筑摩書房(ちくまプリマー新書) 2024年5月

「太陽系の学校：わかりやすくておもしろい!!―ニュートン科学の学校シリーズ」渡部潤一監修 ニュートンプレス 2024年1月

「体と心のしくみって?：マンガでわかる!―小学生が身につけたい!考えるチカラ」木村翔太監修 ベネッセコーポレーション 2024年3月【マンガ形式・マンガつき】

「体温って何だろう?：調節のしくみから低体温症・熱中症まで―楽しい調べ学習シリーズ」永島計監修 PHP研究所 2024年10月

「大地のビジュアル大図鑑：日本列島5億年の旅 2」ポプラ社 2024年11月

「大地のビジュアル大図鑑：日本列島5億年の旅 3」ポプラ社 2024年11月

「大地のビジュアル大図鑑：日本列島5億年の旅 4」ポプラ社 2024年11月

「大地のビジュアル大図鑑：日本列島5億年の旅 5」ポプラ社 2024年11月

「知っておきたいお金と経済 1」泉美智子監修 金の星社 2024年2月

状況・行動・現象

「地球」丸山茂徳ほか監修・指導 小学館（小学館の図鑑NEO）2024年12月【DVD・DVD-ROMつき】

「地球—学研の図鑑LIVE；9」上原真一総監修 Gakken 2024年12月【DVD・DVD-ROMつき】

「虫のからだ 3」新開孝写真・文 岩崎書店 2024年1月

「虫のからだ 4」新開孝写真・文 岩崎書店 2024年2月

「虫のからだ 5」新開孝写真・文 岩崎書店 2024年2月

「調べてわかる!日本の山 3」鈴木毅彦監修 汐文社 2024年3月

「転生したらスライムだった件で学べるBOOK昆虫」講談社編;転スラ製作委員会監修;石川忠学術監修 講談社 2024年10月【マンガ形式・マンガつき】

「博覧会の歴史：第1回ロンドン万博から2025年大阪・関西万博まで」あかつき教育図書 2024年2月

「飛行機の学校：わかりやすくておもしろい!!—ニュートン科学の学校シリーズ」今野友和監修 ニュートンプレス 2024年2月

「鼻をかみましょう：絵本でまなべる、鼻の正しいかみ方：星野書房の発育絵本」武田桃子著;星野友絵構成;遠藤庸子絵 星野書房 サンクチュアリ出版 2024年2月

試験、受験

「アカデミックマインド育成講座：10代から身につけたい探究型思考力」西岡壱誠監修;東大カルペ・ディエム著 東京書籍 2024年9月

「めざせ!未来の宇宙飛行士」榎本麗美著 時事通信出版局 時事通信社 2024年11月

「成績上位1%が実践している勉強法」ラオ先生著 イースト・プレス 2024年7月

「大人に言えない小さな悩みが少しだけ軽くなる本 第1巻」田村節子監修 Gakken 2024年2月

「中学受験をするきみへ：決定版：勉強とメンタルの悩みを解決!」安浪京子著 大和書房 2024年4月

「東大卒女子の最強勉強計画術：学びの効率が一気に上がる：日常学習〜大学受験まで」みおりん著 Gakken 2024年3月

試験、受験＞高校受験

「これだけで大丈夫!ずっと不登校でも1年で希望の高校に合格する方法」植木和実著 日本実業出版社 2024年12月

「国際学科高校：中学生のキミと学校調べ—なるにはBOOKS. 高校調べ」木村由香里著 ぺりかん社 2024年4月

「体育科高校：中学生のキミと学校調べ」山下久猛著 ぺりかん社（なるにはBOOKS. 高校調べ）2024年10月

状況・行動・現象

「理数科高校：中学生のキミと学校調べ―なるにはBOOKS. 高校調べ」漆原次郎著 ぺりかん社 2024年1月

試験、受験＞大学受験

「大学の先生と学ぶはじめての公共：社会のあり方を共に考えよう」渡部竜也著 KADOKAWA 2024年9月

「中学数学で解く大学入試問題：数学的思考力が驚くほど身につく画期的学習法」杉山博宣著 講談社(ブルーバックス；B-2274) 2024年10月

「東大にほぼ合格していない学校から東大を目指すときに読む本」UTFR著 日本能率協会マネジメントセンター 2024年10月

試験、受験＞中学受験

「線と四角と表でわかるつるかめ算」横山明日希;滝澤幹;沼倫加著 日東書院本社 2024年11月

「中学受験をするきみへ：決定版：勉強とメンタルの悩みを解決!」安浪京子著 大和書房 2024年4月

「物質〈空気・水・水よう液〉がわかる―ドラえもんの学習シリーズ. ドラえもんの理科おもしろ攻略」藤子・F・不二雄キャラクター原作;浜学園監修 小学館 2024年10月【マンガ形式・マンガつき】

試験、受験＞入学試験

「大学の先生と学ぶはじめての公共：社会のあり方を共に考えよう」渡部竜也著 KADOKAWA 2024年9月

「中学数学で解く大学入試問題：数学的思考力が驚くほど身につく画期的学習法」杉山博宣著 講談社(ブルーバックス；B-2274) 2024年10月

「東大にほぼ合格していない学校から東大を目指すときに読む本」UTFR著 日本能率協会マネジメントセンター 2024年10月

「入試問題で味わう東大化学 = HOW TO ENJOY HIGH SCHOOL CHEMISTRY」吉田隆弘;森上総共著 オーム社 2024年4月

実験

「10歳からの確率やってみた!：おもしろいほどキミの直感を裏切る!」横山明日希著;カケヒジュンマンガ・イラスト くもん出版(くもんこれからの学び) 2024年12月

「3歳から親子でできる!おうち実験&あそび」いわママ著 ワニブックス 2024年7月

「NPOあいんしゅたいん理科実験シリーズ 1」小伊藤麦;くさばよしみ著;知的人材ネットワーク・あいんしゅたいん監修 ゆまに書房 2024年11月

「あそべる算数―GET!角川の集める図鑑」川島慶監修 KADOKAWA 2024年7月

状況・行動・現象

「おうちでカンタン!おもしろ実験ブック化学反応」寺本貴啓監修 秀和システム 2024年11月

「かいてまなべる冒険ガイドうみ!」ピョートル・カルスキ作;渋谷友香訳 文響社 2024年5月

「かがくあそび366 = 366 types of experiments :「試す力」「考える力」「楽しむ力」が伸びる1日1実験」山村紳一郎著;子供の科学編 誠文堂新光社 2024年7月

「かがくでなぞときどうわのふしぎ50 : 名作のなぜ?なに?をさがしにいこう!」川村康文;小林尚美著;北川チハル童話 世界文化ブックス 世界文化社(小学生からよみたいかがくずかん) 2024年3月

「かこさとし新・絵でみる化学のせかい 1」かこさとし作;藤嶋昭監修 講談社 2024年11月

「キッチンラボ作って食べておうち実験!」露久保美夏著 偕成社 2024年7月

「キッチン実験室 : 食べ物のなぜを探ろう!」オレンジページ(こどもオレンジページ) 2024年7月

「こども心理学—イラスト学問図鑑」小塩真司監修;講談社編;モドロカイラスト・デザイン 講談社 2024年3月

「サイエンス探偵団 = Science Detectives. 2」サイエンス倶楽部監修;天音まこと漫画 つちや書店 2024年8月【マンガ形式・マンガつき】

「さわって学べる科学図鑑」探究学舎日本語版監修;岡田好惠訳 Gakken 2024年4月

「つかめ!理科ダマン 6」シンテフン作;ナスンフンまんが;呉華順訳 マガジンハウス 2024年4月【マンガ形式・マンガつき】

「できる!自由研究 小学1・2年生」ガリレオ工房編著 永岡書店 2024年6月

「できる!自由研究 小学3・4年生」ガリレオ工房編著 永岡書店 2024年6月

「できる!自由研究 小学5・6年生」ガリレオ工房編著 永岡書店 2024年6月

「ドラえもん学びワールドspecialわくわく科学実験—ビッグ・コロタン ; 229」藤子・F・不二雄まんが;藤子プロ;多摩六都科学館監修 小学館 2024年7月【マンガ形式・マンガつき】

「ファーブルに学ぶ昆虫大じてん」小野展嗣監修 成美堂出版 2024年8月

「ふしぎエンドレス理科6年何が言えるか☆まとめる—NHK for School」NHK「ふしぎエンドレス」制作班編;鳴川哲也監修 NHK出版 2024年1月

「ふしぎなグミ実験室 : 作って食べて科学のナゾをおいしく解き明かす!—まなぶっく」グミラボ編集室著 メイツユニバーサルコンテンツ 2024年7月

「マンガとクイズで楽しく学べるすごい理科」辻義夫著 高橋書店 2024年5月【マンガ形式・マンガつき】

「マンガと動画で楽しむオールカラー科学のはなし : 生きもの、ものの性質、光、力、AI……:自分で考え、探求する力が身につく!—ナツメ社やる気ぐんぐんシリーズ」レイユール監修 ナツメ社 2024年6月【マンガ形式・マンガつき】

「めくって学べるてんきのしくみ図鑑」荒木健太郎著 Gakken 2024年8月

状況・行動・現象

「るるぶマンガとクイズで楽しく学ぶ!電気とエネルギー:「電気ってスゴイ!」がよくわかる」川村康文監修 JTBパブリッシング 2024年3月【マンガ形式・マンガつき】

「科学実験―マコト★カガク研究団;3」今井泉監修 ニュートンプレス 2024年11月【マンガ形式・マンガつき】

「学研の中学生の理科自由研究 お手軽編」尾嶋好美監修 Gakken 2024年6月

「学研の中学生の理科自由研究 差がつく編」尾嶋好美監修 Gakken 2024年6月

「考える力が身につく食べられる科学実験」露久保美夏著 ナツメ社 2024年8月

「今日から楽しい科学実験図鑑」川村康文著 SBクリエイティブ 2024年7月

「最高にすごすぎる天気の図鑑 = The Most Amazing Visual Dictionary of Weather:空のひみつがぜんぶわかる!」荒木健太郎著 KADOKAWA 2024年4月

「実験でわかる!おいしい料理大研究:卵をゆでると固まるのはなぜ?うま味って何?」石川伸一著 誠文堂新光社(子供の科学サイエンスブックスNEXT)2024年11月

「実験と観察がわかる―ドラえもんの学習シリーズ.ドラえもんの理科おもしろ攻略」藤子・F・不二雄キャラクター原作;浜学園監修 小学館 2024年11月【マンガ形式・マンガつき】

「実験対決:学校勝ちぬき戦:科学実験対決漫画 47―かがくるBOOK. 実験対決シリーズ」洪鐘賢絵;HANA韓国語教育研究会訳 朝日新聞出版 2024年5月【マンガ形式・マンガつき】

「実験対決:学校勝ちぬき戦:科学実験対決漫画 48―かがくるBOOK. 実験対決シリーズ」洪鐘賢絵;HANA韓国語教育研究会訳 朝日新聞出版 2024年8月【マンガ形式・マンガつき】

「実験対決:学校勝ちぬき戦:科学実験対決漫画 49―かがくるBOOK. 実験対決シリーズ」洪鐘賢絵;HANA韓国語教育研究会訳 朝日新聞出版 2024年12月【マンガ形式・マンガつき】

「天才デイビッドの大実験!:ぼくたちが宿題をサボる理由:10歳からの行動経済学」ダン・アリエリー著;オマー・ホフマン絵;金原瑞人訳 静山社 2024年9月

「発見がいっぱい!科学の実験」秋山幸也監修 成美堂出版 2024年6月

実験＞核実験

「ビキニの海のねがい」森本忠彦絵;紙芝居「ビキニの海のねがい」を本にする会文 南の風社 2024年3月

実験＞動物実験

「いのちの楽園:熊本サンクチュアリより」佐和みずえ作 静山社(静山社ノンフィクションライブラリー)2024年11月【物語形式(ノンフィクション)】

失敗

「「ガチャ時代」のやりたいことの見つけ方:"しっぱいを教える教室"の代表が高校生に伝えたい」川村哲也著 教学社(赤本進路)2024年8月

状況・行動・現象

「しっぱいしたっていいんだよ―ガストンのソーシャルスキルえほん」オーレリー・シアン・ショウ・シーヌぶん・え;垣内磯子やく 主婦の友社 2024年6月

「それってほんとにざんねんかな?」たかいよしかずさく 大日本図書 2024年3月

「もういちどやってみよう」ロジャー・ハーグリーブス作;講談社編;斎藤妙子訳 講談社(Discover You. MR.MEN LITTLE MISS) 2024年9月【物語形式(フィクション)】

「高校進学でつまずいたら:「高1クライシス」をのりこえる」飯村周平著 筑摩書房(ちくまプリマー新書) 2024年3月

「少年野球がメキメキ上達する60の科学的メソッド」下広志著 鉄人社 2024年5月

「迷いのない人生なんて:名もなき人の歩んだ道」共同通信社編 岩波書店(岩波ジュニア新書) 2024年5月

自由

「ネットはなぜいつも揉めているのか」津田正太郎著 筑摩書房(ちくまプリマー新書) 2024年5月

「地球に暮らすぼくたちへ」中川ひろたか作;松田奈那子絵 アリス館 2024年6月

収穫

「こめつぶ丸のごはんができるまで」スタジオ・エーワン作・絵;全農パールライス株式会社監修 全農パールライス株式会社 三恵社 2024年3月

「小学生の野菜づくりブック:ぜ～んぶプランターでできちゃう!」藤田智監修 家の光協会 2024年3月

取材

「キャリア教育支援ガイドお仕事ナビ 29」お仕事ナビ編集室著 理論社 2024年10月

「原発事故、ひとりひとりの記憶:3.11から今に続くこと」吉田千亜著 岩波書店(岩波ジュニア新書) 2024年2月

「現地取材!世界のくらし 16」ポプラ社 2024年9月

「現地取材!世界のくらし 17」ポプラ社 2024年9月

「現地取材!世界のくらし 18」ポプラ社 2024年9月

「現地取材!世界のくらし 19」ポプラ社 2024年9月

「現地取材!世界のくらし 20」ポプラ社 2024年9月

循環

「水の一生図鑑:ぐるぐるめぐる水のサイクルを知って地球環境を学ぶ」林良博監修;片神貴子訳;子供の科学編 誠文堂新光社 2024年11月

状況・行動・現象

準備

「こんな時どうする?子ども防災BOOK：親子でできる「準備」と「備え」がまるわかり!」警視庁警備部災害対策課;東京臨海広域防災公園そなエリア東京;国崎信江取材協力 主婦と生活社 2024年5月

「すぐそこにせまる脅威巨大地震：南海トラフ地震に首都直下型地震何を想定し、どう備えるべきか──中・高生からの超絵解本」遠田晋次監修 ニュートンプレス 2024年12月

「小学生になったら図鑑：入学準備から小学校生活までずっと役立つ366」長谷川康男監修 ポプラ社 2024年11月【指導者用解説つき】

「生理ってなあに?」高橋幸子監修;きたによしこ絵;孫奈美文 汐文社 2024年5月【指導者用解説つき】

「日本防災ずかん 1」おおつかのりこ文;野上健治監修 あかね書房 2024年1月

進化、成長、進歩

「17歳で知っておきたい必修ビジネスワード17：なりたい自分をかなえる経営の基礎」開志専門職大学編集 ウイネット 星雲社 2024年7月【物語形式(フィクション)】

「あしたのボクへ。きょうのボクより。」くまみんえ・ぶん 文芸社 2024年8月【物語形式(フィクション)】

「いろ・いろ：色覚と進化のひみつ」川端裕人作;中垣ゆたか絵 講談社(講談社の動く図鑑MOVEの科学えほん) 2024年3月

「うまれたよ!ヤモリ──よみきかせいきものしゃしんえほん；48」関慎太郎写真・文 岩崎書店 2024年2月

「くらべてわかる!こんちゅう図鑑 [3]」須田研司監修;森のくじらイラスト 童心社 2024年3月

「ココロちゃんの記録：白ひげ先生の幸せカルテ──子どもの未来応援プロジェクト」原田みれいゆ作;日比享光絵;小柳憲司監修 三恵社 2024年5月【物語形式(フィクション)】

「ずかん古生物のりれきしょ：★見ながら学習調べてなっとく」土屋健著;土屋香絵;芝原暁彦監修 技術評論社 2024年8月

「すごい不思議な恐竜図鑑：なんで、こうなった!?」土屋健監修;内山大助絵 中央公論新社 2024年7月

「せがのびる」やぎゅうげんいちろうさく 福音館書店(かがくのとも絵本) 2024年2月

「まだまだざんねんないきもの事典：おもしろい!進化のふしぎ」今泉忠明監修;下間文恵;おおうちあす華;uni絵;有沢重雄ほか文 高橋書店 2024年4月

「実験対決：学校勝ちぬき戦：科学実験対決漫画 49──かがくるBOOK. 実験対決シリーズ」洪鐘賢絵;HANA韓国語教育研究会訳 朝日新聞出版 2024年12月【マンガ形式・マンガつき】

「進化がわかる妖怪図鑑：妖怪はこうして生まれた」丸山貴史著 かなえ 紀伊國屋書店 2024年6月

状況・行動・現象

「虫たちの生き方事典：虫ってやっぱり面白い!」小松貴文・写真;じゅえき太郎イラスト 文一総合出版 2024年8月

「鳥たちのヤバイ進化図鑑：大鳥小鳥恐い鳥」川崎悟司絵と文;柴田佳秀監修 二見書房 2024年6月

「未来につなごう生物多様性 1」文溪堂 2024年3月

進化、成長、進歩＞自立

「くらしに役立つ家庭 = Home Economics for Daily Life」明官茂監修 東洋館出版社 2024年3月

「くらしに役立つ社会 = Social Studies for Daily Life」明官茂監修 東洋館出版社 2024年3月

「くらしに役立つ保健体育 = Health and Physical Education for Daily Life」明官茂監修 東洋館出版社 2024年3月

「くらしに役立つ理科 = Science for Daily Life」明官茂監修 東洋館出版社 2024年3月

「生活学Navi = Lifestyle Navigation：資料+成分表：家庭 2024」実教出版編修部著作 実教出版 2024年

推理、ミステリー

「5分間のサバイバル推理クイズにちょうせん!―かがくるBOOK. 科学クイズサバイバルシリーズ」韓賢東絵;北村良子クイズ作成・監修;朝日新聞出版編 朝日新聞出版 2024年10月【マンガ形式・マンガつき】

「THE突破ファイルマンガ推理クイズブック」日本テレビ編 西東社 2024年4月【マンガ形式・マンガつき】

「あたまをきたえる!すいりクイズ」瀧靖之監修 成美堂出版 2024年7月

「あたまをきたえる!推理クイズむずかしめ」瀧靖之監修 成美堂出版 2024年7月

「サイエンス探偵団 = Science Detectives. 2」サイエンス倶楽部監修;天音まこと漫画 つちや書店 2024年8月【マンガ形式・マンガつき】

「ナゾロリ：まじめにふまじめ×ミステリー：おうごんのようかいサーカス事件」原ゆたか原作;岐部昌幸作;花小金井正幸絵 ポプラ社 2024年3月

「頭がよくなる!マインクラフトですいりクイズBOOK」マイクラ職人組合著 宝島社 2024年10月

「名探偵コナン灰原哀の科学事件ファイル」青山剛昌原作;あさだみほまんが;くられ科学原案 小学館 2024年9月【マンガ形式・マンガつき】

「名探偵はハムスター! 1」こざきゆう作;やぶのてんや絵;小宮輝之監修 文響社 2024年8月【物語形式（フィクション）】

「名探偵はハムスター! 2」こざきゆう作;やぶのてんや絵;小宮輝之監修 文響社 2024年12月【物語形式（フィクション）】

状況・行動・現象

スキル、技＞暗記

「こども心理学―イラスト学問図鑑」小塩真司監修;講談社編;モドロカイラスト・デザイン 講談社 2024年3月

スキル、技＞生きる力

「10歳までに身につけたい子どもに一生役に立つ台所と料理のこと：この小さな習慣が、生きる力を育てます」坂本佳奈著 青春出版社 2024年9月

「わからない世界と向き合うために」中屋敷均著 筑摩書房(ちくまプリマー新書) 2024年2月

「自分を動かす魔法：10代で身につけたい、一生きみを助ける「本物のプラス思考」」齋藤孝著 三笠書房 2024年8月

「社会学をはじめる：複雑さを生きる技法」宮内泰介著 筑摩書房(ちくまプリマー新書) 2024年6月

「生き抜く力を身につけよう沖縄ターザンの冒険ずかん」Kidzy著 幻冬舎 2024年4月

「毎週1話、読めば心がシャキッとする13歳からの生き方の教科書」佐々木洋ほか述;藤尾秀昭監 致知出版社 2024年3月【物語形式(ノンフィクション)】

スキル、技＞運動能力

「自分でできるコグトレ：学校では教えてくれない困っている子どもを支える認知作業トレーニング 6」明石書店 2024年3月

スキル、技＞回復力、レジリエンス

「19歳までに手に入れる7つの武器 = 7 Weapons to get by the age of 19」樺沢紫苑著 幻冬舎 2024年6月

「きみのいいところがみつかるえほん」足立啓美監修;川原瑞丸絵 主婦の友社 2024年8月

「もういちどやってみよう」ロジャー・ハーグリーブス作;講談社編;斎藤妙子訳 講談社(Discover You. MR.MEN LITTLE MISS) 2024年9月【物語形式(フィクション)】

「最強にわかる依存症―ニュートン超図解新書」松本俊彦監修 ニュートンプレス 2024年11月

スキル、技＞観察力

「5分後に意外な結末QUIZ ロジカル思考:一ノ瀬究からの挑戦状」一ノ瀬究編著;usi絵 Gakken 2024年12月

「るるぶ毎日5分でまなびの種まきかがくのおはなし」辻健監修 JTBパブリッシング 2024年1月

「頭がよくなる!!ガールズまちがいさがし = Girl's Spot the Difference」成田奈緒子監修;星乃屑ありす漫画;ナカムラアヤナほかイラスト・問題作問 ポプラ社(ひらめき★ゲームワールド) 2024年10月

状況・行動・現象

「頭がよくなる!!ひっかけ&いじわるクイズ」瀧靖之監修;小野寺ぴりり紳;土門トキオ作
;TossanLand漫画;アキワシンヤほかイラスト ポプラ社（ひらめき★ゲームワールド）2024年10月

スキル、技＞記憶力＞ワーキングメモリ

「頭がよくなる超いじわるまちがいさがし」THEROCKETGOLDSTAR著;篠原菊紀監 イースト・
プレス 2024年7月

スキル、技＞聞く力、傾聴力

「13歳からの「傾聴力」向上バイブル : 人間関係を豊かにする聴く力が身につく本—ジュニアコ
ツがわかる本」岩松正史監修 メイツユニバーサルコンテンツ 2024年6月

スキル、技＞行動力

「19歳までに手に入れる7つの武器 = 7 Weapons to get by the age of 19」樺沢紫苑著 幻冬舎
2024年6月

スキル、技＞コミュニケーション力

「10才からの気持ちを上手に伝える方法—大人だって本当は知らない」大野萌子監修;みるパ
ンマンガ 永岡書店 2024年11月

「10代のための一生役立つコミュニケーション 第1巻」斉藤徹監修 Gakken 2024年2月【マンガ
形式・マンガつき】

「10代のための一生役立つコミュニケーション 第2巻」斉藤徹監修 Gakken 2024年2月【マンガ
形式・マンガつき】

「10代のための一生役立つコミュニケーション 第3巻」斉藤徹監修 Gakken 2024年2月【マンガ
形式・マンガつき】

「13歳からのリーダーの教科書 : チームを動かし結果を出す方法!」安部哲也著 総合法令出
版 2024年5月

「きみも言ったことがあるかも?ちくちくことば・ふわふわことば言いかえじてん 2」鈴木教夫監修;
秋山浩子文;イケガメシノイラスト 汐文社 2024年10月

「きみも言ったことがあるかも?ちくちくことば・ふわふわことば言いかえじてん 3」鈴木教夫監修;
秋山浩子文;イケガメシノイラスト 汐文社 2024年11月

「コミュニケーションの準備体操」兵藤友彦;村上慎一著 岩波書店（岩波ジュニアスタートブック
ス）2024年10月

「ゴリラとオオカミ・ヤギとゾウのお話 : 僕のコミュニケーションの掟 : 山極壽一・きむらゆういち・
林家木久扇の異色鼎談集—今人舎・子ども大学叢書 ; 2」山極壽一;きむらゆういち;林家木久
扇著 今人舎 2024年8月

「しっぱいしたっていいんだよ—ガストンのソーシャルスキルえほん」オーレリー・シアン・ショウ・
シーヌぶん・え;垣内磯子やく 主婦の友社 2024年6月

状況・行動・現象

「ちいかわお友だちとのつき合いかた」ナガノイラスト;加藤裕美子監修 KADOKAWA 2024年3月

「ともだちづくり まなびの天才―かいけつゾロリアカデミー」原ゆたか原作 ポプラ社 2024年10月

「ニコラ学園楽しい学校生活ヒントブック」「ニコラ」編集部監修 Gakken 2024年9月

「はじめての漫才 : コミュニケーション能力や表現力をのばす! 2」矢島ノブ雄著;田畑栄一監修;ノダタカヒロイラスト くもん出版 2024年3月

「みんなから愛される!すてきマナーBOOK = Suteki Manner Book」大塚けいこ監修 主婦と生活社 2024年9月【マンガ形式・マンガつき】

「わたしたちのからだと心 [2]」アニータ・ガネリ文;ヴェーラ・ポポーワ絵;野井真吾日本語版監修 サイエンティスト社 2024年12月

「伝え合うって楽しい! : もっと知りたい、きちんと伝えたい 1」冨樫忠浩監修 文研出版 2024年9月

「伝え合うって楽しい! : もっと知りたい、きちんと伝えたい 2」冨樫忠浩監修 文研出版 2024年10月

「伝え合うって楽しい! : もっと知りたい、きちんと伝えたい 3」冨樫忠浩監修 文研出版 2024年11月

スキル、技>思考力、考え方

「「考える力」が身につく「育脳」立体ぬりえ」小西豊文;鳥居深雪監修 PHP研究所 2024年2月

「10歳から知っておきたい「自分で決める力」の伸ばし方」鳥原隆志著;もなかイラスト 日本能率協会マネジメントセンター 2024年9月

「12歳から始めるイライラしない技術 : 6秒で落ち着ける ムダに怒らない」安藤俊介著 秀和システム 2024年12月

「5分間のサバイバル算数パズルにちょうせん!―かがくるBOOK. 科学クイズサバイバルシリーズ」韓賢東絵;植松峰幸監修;朝日新聞出版編 朝日新聞出版 2024年4月【マンガ形式・マンガつき】

「5分間のサバイバル推理クイズにちょうせん!―かがくるBOOK. 科学クイズサバイバルシリーズ」韓賢東絵;北村良子クイズ作成・監修;朝日新聞出版編 朝日新聞出版 2024年10月【マンガ形式・マンガつき】

「7歳までに知っておきたいちきゅうえほん―Gakken STEAMえほんシリーズ」アリス・ジェームズ文;ステファノ・トネッティ絵;岡田好惠訳 Gakken 2024年6月

「AIにはない「思考力」の身につけ方 : ことばの学びはなぜ大切なのか?」今井むつみ著 筑摩書房(ちくまQブックス) 2024年11月

「AIの世界へようこそ : 未来を変えるあなたへ」美馬のゆり著 Gakken 2024年9月

状況・行動・現象

「アカデミックマインド育成講座：10代から身につけたい探究型思考力」西岡壱誠監修;東大カルペ・ディエム著 東京書籍 2024年9月

「あそべる算数―GET!角川の集める図鑑」川島慶監修 KADOKAWA 2024年7月

「あたまをきたえる!すいりクイズ」瀧靖之監修 成美堂出版 2024年7月

「あたまをきたえる!推理クイズむずかしめ」瀧靖之監修 成美堂出版 2024年7月

「おほしさまのくにのプリンセスになろう」朝日新聞出版編著 朝日新聞出版(えあそびブック) 2024年12月

「お金のクイズ図鑑―学研の図鑑LIVE Q；6」 Gakken 2024年7月

「かがくあそび366 = 366 types of experiments：「試す力」「考える力」「楽しむ力」が伸びる1日1実験」山村紳一郎著;子供の科学編 誠文堂新光社 2024年7月

「きょうりゅうのわかっていることわかっていないこと」国立科学博物館監修;きのしたさとみぶん;よしもりひろすけえ 小学館集英社プロダクション(ShoPro Books) 2024年6月

「クイズあなたは小学5年生より賢いの?：大人もパニックの難問に挑戦! 10」日本テレビ編 KADOKAWA 2024年4月

「ぐんぐん考える力を育むかがくクイズブック」国立科学博物館ほか監修 西東社 2024年11月

「ぐんぐん考える力を育むよみきかせうちゅうのお話20」国立天文台監修;山下美樹作 西東社 2024年7月

「こども目標達成教室：夢をかなえるために何が必要なのかがわかる本」竹橋洋毅監修;バウンド著 カンゼン 2024年5月

「これだけで大丈夫!ずっと不登校でも1年で希望の高校に合格する方法」植木和実著 日本実業出版社 2024年12月

「ジュニアサッカー監督が使いたい選手がやっている!デキるプレー55」鈴木宏輝監修 日本文芸社 2024年1月

「それってほんとにざんねんかな?」たかいよしかずさく 大日本図書 2024年3月

「だれもがもつ"考え方のくせ"バイアスの心理学：先入観や偏見にとらわれない合理的な判断力が身につく―中・高生からの超絵解本」池田まさみ監修 ニュートンプレス 2024年4月

「ちくま評論選：高校生のための現代思想エッセンス」岩間輝生ほか編 筑摩書房 2024年10月

「ドラえもん科学ワールドspecialみんなのためのおもしろ工学入門―ビッグ・コロタン；231」藤子・F・不二雄まんが;小宮一仁;藤子プロ監修;泉田賢吾ほか編 小学館 2024年9月【マンガ形式・マンガつき】

「はじめてのジュニアサッカー」malvaサッカースクール監修 成美堂出版 2024年3月【DVD・DVD-ROMつき】

「バスケットボールIQドリル：ジュニア選手の「考える力」を鍛える50のコツ：判断力を伸ばす!―ジュニアコツがわかる本」倉石平監修 メイツユニバーサルコンテンツ 2024年9月

状況・行動・現象

「ひっくり返す人類学：生きづらさの「そもそも」を問う」奥野克巳著 筑摩書房（ちくまプリマー新書）2024年8月

「ブロックでなんでもつくる!ビルダーの頭の中」三井淳平著 偕成社 2024年4月

「ポケモンとあそぼ!いつでもてんつなぎ&ぬりえ：テラパゴスとパルデアのなかま」小学館 2024年8月

「ポジティブ思考の育て方―学校では教えてくれない大切なこと；46」小豆だるまマンガ・イラスト 旺文社 2024年3月【マンガ形式・マンガつき】

「マインクラフト頭がよくなる冒険なぞとき365」なぞとき委員会著 イースト・プレス 2024年7月

「マスターメイク10：遊びながら算数が強くなる!」結川義明著 東京図書出版 リフレ出版 2024年11月

「まわせP循環!：マンガで学ぶセルフ・カウンセリング」東豊著;見那ミノル画 遠見書房 2024年2月【マンガ形式・マンガつき】

「マンガ遊んでいるうちに得意になる算数パズル144」横山明日希著 かんき出版 2024年6月【マンガ形式・マンガつき】

「ようせいのくにのプリンセスになろう」朝日新聞出版編著 朝日新聞出版（えあそびブック）2024年12月

「ライブ!公共 2024」池上彰監修 帝国書院 2024年2月

「科学のおんどく：考える力がぐんぐん伸びる!」篠原菊紀監修 リベラル社 星雲社 2024年6月【物語形式（ノンフィクション）】

「危険生物のクイズ図鑑―学研の図鑑LIVE Q；2」Gakken 2024年3月

「魚のクイズ図鑑―学研の図鑑LIVE Q；8」Gakken 2024年12月

「恐竜のクイズ図鑑―学研の図鑑LIVE Q；1」Gakken 2024年3月

「君を一生ささえる「自信」をつくる本：書き込み式」河田真誠著;牛嶋浩美絵 アスコム 2024年4月

「刑の重さは何で決まるのか」高橋則夫著 筑摩書房（ちくまプリマー新書）2024年4月

「見つける算数」大野寛武著;フジイカクホ立体制作 東京書籍 2024年8月

「見つける数学」大野寛武著;北村みなみキャラクターイラスト 東京書籍 2024年8月

「考える力が身につく食べられる科学実験」露久保美夏著 ナツメ社 2024年8月

「考え抜く算数教室：小学3年から」廻正和著 文芸社 2024年6月

「高校生のための経済学入門」小塩隆士著 筑摩書房（ちくま新書）2024年2月

「昆虫のクイズ図鑑―学研の図鑑LIVE Q；3」Gakken 2024年5月

「最強に面白い対数―ニュートン超図解新書」今野紀雄監修 ニュートンプレス 2024年2月

状況・行動・現象

「自分を動かす魔法：10代で身につけたい、一生きみを助ける「本物のプラス思考」」齋藤孝著 三笠書房 2024年8月

「数字に強くなる知育シールブック」ダニエル・ネイヤーイーほか著 文響社 2024年3月

「中学数学で解く大学入試問題：数学的思考力が驚くほど身につく画期的学習法」杉山博宣著 講談社（ブルーバックス；B-2274）2024年10月

「鉄道のクイズ図鑑―学研の図鑑LIVE Q；5」Gakken 2024年7月

「天才！生きもの―Newton理系脳を育てる科学クイズドリル；2」門脇正史監修 ニュートンプレス 2024年8月

「天才！地球」倉本圭監修 ニュートンプレス（Newton理系脳を育てる科学クイズドリル；3）2024年12月【マンガ形式・マンガつき】

「天才！理科：Newton理系脳を育てる科学クイズドリル」縣秀彦監修 ニュートンプレス 2024年4月【マンガ形式・マンガつき】

「頭がよくなる!!ガールズまちがいさがし = Girl's Spot the Difference」成田奈緒子監修;星乃屑ありす漫画;ナカムラアヤナほかイラスト・問題作問 ポプラ社（ひらめき★ゲームワールド）2024年10月

「頭がよくなる!!ひっかけ&いじわるクイズ」瀧靖之監修;小野寺ぴりり紳;土門トキオ作;TossanLand漫画;アキワシンヤほかイラスト ポプラ社（ひらめき★ゲームワールド）2024年10月

「頭がよくなる!ステンドグラスシールパズル」末永幸歩監修 Gakken 2024年7月

「頭がよくなる超いじわるまちがいさがし」THEROCKETGOLDSTAR著;篠原菊紀監 イースト・プレス 2024年7月

「動物のクイズ図鑑―学研の図鑑LIVE Q；7」Gakken 2024年12月

「入試問題で味わう東大化学 = HOW TO ENJOY HIGH SCHOOL CHEMISTRY」吉田隆弘;森上総共著 オーム社 2024年4月

「論理的思考力ナゾトレ 第3ステージ-レベル1」北村良子著 金の星社 2024年8月

スキル、技＞思考力、考え方＞批判的思考、クリティカルシンキング

「未来につなごう生物多様性 4」文溪堂 2024年3月

スキル、技＞思考力、考え方＞マインドマップ

「マインドマップでよくわかる気候変動―マインドマップ・シリーズ」トム・ジャクソン著;ドラガン・コルディッチイラスト;藤崎百合訳 ゆまに書房 2024年10月

「マインドマップでよくわかる水問題―マインドマップ・シリーズ」イザベル・トーマス著;エル・プリモ・ラモンイラスト;藤崎百合訳 ゆまに書房 2024年10月

状況・行動・現象

スキル、技＞思考力、考え方＞論理

「5分後に意外な結末QUIZ ロジカル思考：一ノ瀬究からの挑戦状」一ノ瀬究編著;usi絵
Gakken 2024年12月

「データリテラシー入門：日本の課題を読み解くスキル」友原章典著 岩波書店 2024年10月

スキル、技＞思考力、考え方＞論理＞パラドックス、逆説

「図解はじめて学ぶ数学のせかい」サラ・ハル;トム・マンブレイ文;ポール・ボストンイラスト;浜崎
絵梨訳;植野義明監修 晶文社 2024年1月

スキル、技＞思考力、考え方＞論理＞ロジカルシンキング、論理的思考

「5分後に意外な結末QUIZ ロジカル思考：一ノ瀬究からの挑戦状」一ノ瀬究編著;usi絵
Gakken 2024年12月

「あたまがよくなるめいろ まなび編」高濱正伸監修;花まる学習会アルゴクラブ問題作成 サン
マーク出版 2024年1月

「はじめてのアルゴリズム：論理的思考力を身につける―くもんこれからの学び」島袋舞子著;
兼宗進監修 くもん出版(楽しく知りたいコンピュータ) 2024年3月

「生物、化学、物理、地学まるごと理科：身のまわりの現象がわかる!手軽に学びなおしもできる!
―中・高生からの超絵解本」縣秀彦監修 ニュートンプレス 2024年3月

「頭がよくなる!マインクラフトですいりクイズBOOK」マイクラ職人組合著 宝島社 2024年10月

「論理的思考力ナゾトレ　第3ステージ–レベル1」北村良子著 金の星社 2024年8月

「論理的思考力ナゾトレ　第3ステージ–レベル2」北村良子著 金の星社 2024年8月

「論理的思考力ナゾトレ　第3ステージ–レベル3」北村良子著 金の星社 2024年8月

スキル、技＞自己分析

「どっちがいい?」やまじすみさく;あやみえ 幻冬舎メディアコンサルティング 幻冬舎 2024年4月

スキル、技＞集中力

「あそんできたえる!マインクラフト知育シールパズル」ささむらもえるイラスト KADOKAWA 2024
年5月

「あたまがよくなるめいろ あそび編」高濱正伸監修;花まる学習会アルゴクラブ問題作成 サン
マーク出版 2024年1月

「あたまがよくなるめいろ まなび編」高濱正伸監修;花まる学習会アルゴクラブ問題作成 サン
マーク出版 2024年1月

「おほしさまのくにのプリンセスになろう」朝日新聞出版編著 朝日新聞出版(えあそびブック)
2024年12月

「シールでかんたん!アート脳ちぎりえ」成田奈緒子監修;サタケシュンスケ絵 ポプラ社 2024年7月

「トムとジェリーのまちがいさがしどこからくるの?野菜やフルーツ世界の農場見学—だいすき!トム&ジェリーわかったシリーズ」牧野タカシ絵 河出書房新社 2024年10月

「トムとジェリーのまちがいさがしノリノリ!世界のミュージック—だいすき!トム&ジェリーわかったシリーズ」宮村奈穂絵 河出書房新社 2024年8月

「トムとジェリーをさがせ!たのしみいろいろ!日本の伝統行事—だいすき!トム&ジェリーわかったシリーズ」宮内哲也絵 河出書房新社 2024年4月

「トムとジェリーをさがせ!見つけに行こう!宝さがしの大ぼうけん—だいすき!トム&ジェリーわかったシリーズ」宮内哲也絵 河出書房新社 2024年11月

「マンガでわかるスマホ脳の恐怖」川島隆太監修;久方標マンガ・イラスト 金の星社 2024年9月【マンガ形式・マンガつき】

「マンガでわかるスマホ脳の恐怖」川島隆太監修;久方標マンガ・イラスト 金の星社 2024年12月【マンガ形式・マンガつき】

「むすんで集中力アップ!星のカービィのてんつなぎ」ワープスター監修;黒鍋亭迷路考案 KADOKAWA 2024年4月

「やさしくわかるきもちのえほん [3]」渡辺弥生監修;すがわらけいこ絵;WILLこども知育研究所編著 金の星社 2024年3月

「ようせいのくにのプリンセスになろう」朝日新聞出版編著 朝日新聞出版(えあそびブック) 2024年12月

「数字に強くなる知育シールブック」ダニエル・ネイヤーイーほか著 文響社 2024年3月

「数字に強くなる知育シールブックきょうりゅう」イン・チェン著 文響社 2024年

「数字に強くなる知育シールブックむし」ダニエル・ネイヤーイーほか著 文響社 2024年9月

「頭がよくなる!!ガールズなぞなぞ = Girl's riddle—ひらめき★ゲームワールド」成田奈緒子監修;高橋啓恵作;星乃屑ありす漫画;ちゃの鮎美ほかイラスト ポプラ社 2024年6月

「頭がよくなる!!ガールズまちがいさがし = Girl's Spot the Difference」成田奈緒子監修;星乃屑ありす漫画;ナカムラアヤナほかイラスト・問題作問 ポプラ社(ひらめき★ゲームワールド) 2024年10月

「頭がよくなる!!ガールズめいろ = Girl's maze」成田奈緒子監修;黒鍋亭迷路作;星乃屑ありす漫画;杉谷エコほかイラスト ポプラ社(ひらめき★ゲームワールド) 2024年6月

「頭がよくなる!!なぞなぞ2000—ひらめき★ゲームワールド」成田奈緒子監修;高橋啓恵;こんのゆみ;児島勇気作;黒鍋亭迷路作;イセケヌ漫画;笠原ひろひと;七綱ナギ;よこてさとめイラスト ポプラ社 2024年6月

「頭がよくなる!ステンドグラスシールパズル」末永幸歩監修 Gakken 2024年7月

状況・行動・現象

「頭がよくなる超いじわるまちがいさがし」THEROCKETGOLDSTAR著;篠原菊紀監 イースト・プレス 2024年7月

スキル、技＞推論

「AIにはない「思考力」の身につけ方：ことばの学びはなぜ大切なのか?」今井むつみ著 筑摩書房(ちくまQブックス) 2024年11月

スキル、技＞スキル、技一般

「かくれた能力を見つける!キミだけのスゴい脳のヒミツ」加藤俊徳著 KADOKAWA 2024年2月

「スーパーパワーを手に入れた生きものたち 1」ジョルジュ・フェテルマン文;大西昧訳 鈴木出版 2024年11月

「すごすぎる絵画の図鑑：名画のひみつがぜんぶわかる!」青い日記帳著;川瀬佑介監修 KADOKAWA 2024年5月

「ときめくニッポン職人図鑑」大牧圭吾著 オークラ出版 2024年11月

「呪術闇と光のバトル [2]」橘伊津姫著 汐文社 2024年11月【物語形式(ノンフィクション)】

スキル、技＞造形力

「石や木をつかった造形」 国土社(図画工作deたのしい作品づくり) 2024年8月

スキル、技＞想像力

「イメージをひろげてかく」 国土社(図画工作deたのしい作品づくり) 2024年9月

「うごく!しゃべる!ぬりえーしょん 恐竜」クレール・ファイ文・絵;板橋まりえ訳 小学館集英社プロダクション(ShoPro books) 2024年2月

「おほしさまのくにのプリンセスになろう」朝日新聞出版編著 朝日新聞出版(えあそびブック) 2024年12月

「シールでかんたん!アート脳ちぎりえ」成田奈緒子監修;サタケシュンスケ絵 ポプラ社 2024年7月

「ようせいのくにのプリンセスになろう」朝日新聞出版編著 朝日新聞出版(えあそびブック) 2024年12月

「数字に強くなる知育シールブックきょうりゅう」イン・チェン著 文響社 2024年

「数字に強くなる知育シールブックむし」ダニエル・ネイヤーイーほか著 文響社 2024年9月

「頭がよくなる!ステンドグラスシールパズル」末永幸歩監修 Gakken 2024年7月

スキル、技＞ソーシャルスキル

「しっぱいしたっていいんだよ―ガストンのソーシャルスキルえほん」オーレリー・シアン・ショウ・シーヌぶん・え;垣内磯子やく 主婦の友社 2024年6月

状況・行動・現象

スキル、技＞直感

「バイオリン音階：自分でできる曲がわかりやすくなる：運指表付き1stポジション」金倉えりか編著 ホッタガクフ 2024年7月

スキル、技＞使い方

「9歳から知っておきたいAIを味方につける方法」TOSSAI活用教育研究会編;谷和樹監修 マイクロマガジン社 2024年2月

「おしごと道具名前じてん」菅祐美子著 東京書店 2024年8月

「おとなもこどもも知りたい生成AIの教室」鈴木秀樹監修 カンゼン 2024年7月

「お金の使い方で未来を変えよう! 1」松葉口玲子監修 童心社 2024年3月【マンガ形式・マンガつき】

「お金の使い方で未来を変えよう! 2」松葉口玲子監修 童心社 2024年3月【マンガ形式・マンガつき】

「お金の使い方で未来を変えよう! 3」松葉口玲子監修 童心社 2024年3月【マンガ形式・マンガつき】

「お金の使い方で未来を変えよう! 4」松葉口玲子監修 童心社 2024年3月【マンガ形式・マンガつき】

「お金の使い方で未来を変えよう! 5」松葉口玲子監修 童心社 2024年3月【マンガ形式・マンガつき】

「お金の図鑑：お金の使い方×自分らしい人生の歩き方：夢、仕事、生き方が見つかる」あんびるえつこ監修 新星出版社 2024年2月【マンガ形式・マンガつき】

「お金を大切にできる8つのミッション：noltyキッズワークブック―Nolty kids」八木陽子監修 日本能率協会マネジメントセンター 2024年3月

「こどものためのもしもマニュアル：「きんきゅうじたいにつかうもの」がわかる本 1」佐藤健監修 理論社 2024年1月

「こどものためのもしもマニュアル：「きんきゅうじたいにつかうもの」がわかる本 2」佐藤健監修 理論社 2024年1月

「ふしぎなチカラをもっているハーブの世界―調べる学習百科」真木文絵著;村上志緒監修 岩崎書店 2024年7月

「使える!イラストデジタルツール = Illust Digital Tools」高山瑞穂作 あかね書房(アニメ・イラストの描き方テクニック) 2024年4月

「失敗を成功にかえるお金のつかい方―1日5分!タイプ別診断でわかる ; 3」八木陽子監修;MICANOイラスト ポプラ社 2024年11月

「初心者でもわかるChatGPTとは何か：自然な会話も高精細な画像も生成AIの技術はここまできた―中・高生からの超絵解本」松尾豊監修 ニュートンプレス 2024年1月

状況・行動・現象

「生成AIでなにができる?：人とAIのかかわり方」山田誠二監修 文溪堂 2024年9月

「生成AIのなかみ―ゼロからわかるITほんき入門+マンガ」黒川なお著;橋本泰一監修 インプレス 2024年9月【マンガ形式・マンガつき】

「中学生からの絵本のトリセツ」川口かおる著 岩波書店 2024年6月

スキル、技>作り方

「2分でつくれるかんたんおりがみ 1」竹井史郎作;イグルーダイニング絵 あかね書房 2024年2月

「2分でつくれるかんたんおりがみ 2」竹井史郎作;イグルーダイニング絵 あかね書房 2024年2月

「2分でつくれるかんたんおりがみ 3」竹井史郎作;イグルーダイニング絵 あかね書房 2024年2月

「おりがみであそぼ!夏のおりがみ」寺西恵里子著 新日本出版社 2024年2月

「おりがみであそぼ!秋のおりがみ」寺西恵里子著 新日本出版社 2024年3月

「おりがみであそぼ!春のおりがみ」寺西恵里子著 新日本出版社 2024年1月

「おりがみであそぼ!冬のおりがみ」寺西恵里子著 新日本出版社 2024年4月

「おりがみでごっこあそび：ほんものそっくり!おみせやさん」いしかわまりこ著 主婦の友社(実用No.1) 2024年2月

「かんたんおばけ工作 [2]」いしかわまりこ作 偕成社 2024年3月

「かんたんおばけ工作 [3]」いしかわまりこ作 偕成社 2024年3月

「きせかえたい!推しコスチューム」寺西恵里子作 汐文社 2024年12月

「きほんのソーイングで本格推しぬい」寺西恵里子作 汐文社 2024年11月

「コロコロドミノ装置だいずかん：世界チャンピオンの工作術を大公開!」野出正和著 いかだ社 2024年5月

「サンリオキャラクターズこうさく：4・5・6歳」榊原洋一監修 Gakken(学研わくわく知育ドリル) 2024年5月【指導者用解説つき】

「つくってあそぼう楽器工作：音づくりフレンズ 3」井上明美;小笠原絵三子;大門久美子作 汐文社 2024年3月

「はじめてのりったいどうぶつかん」神谷正徳作 小学館(小学館の図鑑NEOのクラフトぶっく) 2024年3月

「ハリー・ポッターペーパーモデルブック」モイラ・スクワイヤー著;宮川未葉翻訳;松岡佑子監修 静山社 2024年5月

「ブン!ブン!レーシングカー：レゴブロックで最速の車を作れ!」クルツ編集部著;みずしまぱぎい訳 ポプラ社 2024年6月

状況・行動・現象

「ぼくはアーティスト」ドロ・グローバス;ローズ・ブレイク著;さとうりさやく HeHe 2024年3月

「りったい昆虫館 : よりリアル!より作りやすい!!」神谷正徳作 小学館(小学館の図鑑NEOのクラフトぶっく) 2024年7月

「授業でつかえるうごくおもちゃの作り方 1」岩穴口康次監修・制作 汐文社 2024年1月

「授業でつかえるうごくおもちゃの作り方 2」岩穴口康次監修・制作 汐文社 2024年2月

「授業でつかえるうごくおもちゃの作り方 3」岩穴口康次監修・制作 汐文社 2024年2月

「新聞紙でつくる人形劇 1」渡辺真知子;わけみずえ著 いかだ社 2024年2月

「新聞紙でつくる人形劇 2」渡辺真知子;わけみずえ著 いかだ社 2024年3月

「針も糸もつかわない超かんたん推しぬい」寺西恵里子作 汐文社 2024年10月

「大人も子どももキュンとするオルキルラボの小さくてかわいいおりがみBOOK」オルキルラボクラフト著 飛鳥新社 2024年8月

「拓ちゃん博士のよく飛ぶおり紙ヒコーキ教室」戸田拓夫著 いかだ社 2024年7月【マンガ形式・マンガつき】

「脳がぐんぐん育つ!おりがみ : うまくできなくても大丈夫!親子で楽しむ―脳がぐんぐん育つシリーズ」小林一夫著;奥山力監修 ポプラ社 2024年4月

「文字・イラストBook : まいにちがもっと楽しくなる! : おしゃれノート術」はぴふるガール編集部編;双葉陽マンガ 池田書店(ハピかわ) 2024年2月

「未来につなぐ工芸品 [1]」大牧圭吾監修 金の星社 2024年2月

「未来につなぐ工芸品 [2]」大牧圭吾監修 金の星社 2024年3月

「未来につなぐ工芸品 [3]」大牧圭吾監修 金の星社 2024年3月

スキル、技＞伝える力、表現力

「10才からの気持ちを上手に伝える方法―大人だって本当は知らない」大野萌子監修;みるパンマンガ 永岡書店 2024年11月

「Ivy Liu : 4歳の絵画集です」IvyLiu 文芸社 2024年11月

「うごく!しゃべる!ぬりえーしょん 恐竜」クレール・ファイ文・絵;板橋まりえ訳 小学館集英社プロダクション(ShoPro books) 2024年2月

「コミュニケーションの準備体操」兵藤友彦;村上慎一著 岩波書店(岩波ジュニアスタートブックス) 2024年10月

「ともだちづくり まなびの天才―かいけつゾロリアカデミー」原ゆたか原作 ポプラ社 2024年10月

「はじめての漫才 : コミュニケーション能力や表現力をのばす! 2」矢島ノブ雄著;田畑栄一監修;ノダタカヒロイラスト くもん出版 2024年3月

状況・行動・現象

「みんな違うからこそ考えたい!小学生のマナーと約束ごと：気もちよく伝える&行動するために
―まなぶっく」岸田輝美著 メイツユニバーサルコンテンツ 2024年4月

「自分の言葉で社会を変えるための民主主義入門」フィリップ・バンティング文+絵;堀越英美訳
河出書房新社 2024年3月

「伝え合うって楽しい!：もっと知りたい、きちんと伝えたい 1」冨樫忠浩監修 文研出版 2024年9
月

「伝え合うって楽しい!：もっと知りたい、きちんと伝えたい 2」冨樫忠浩監修 文研出版 2024年
10月

「伝え合うって楽しい!：もっと知りたい、きちんと伝えたい 3」冨樫忠浩監修 文研出版 2024年
11月

「発信する人のためのメディア・リテラシー：情報の森で豊かに生きる」内田朋子;堤信子著 晶
文社 2024年8月

スキル、技＞データリテラシー

「データリテラシー入門：日本の課題を読み解くスキル」友原章典著 岩波書店 2024年10月

「数字のトリックを見ぬけはじめてのデータリテラシー 1」前田健太監修 汐文社 2024年11月

「数字のトリックを見ぬけはじめてのデータリテラシー 2」前田健太監修 汐文社 2024年12月

スキル、技＞読解力

「5分間のサバイバル推理クイズにちょうせん!―かがくるBOOK. 科学クイズサバイバルシリー
ズ」韓賢東絵;北村良子クイズ作成・監修;朝日新聞出版編 朝日新聞出版 2024年10月【マンガ
形式・マンガつき】

「9歳から知っておきたい情報読解力を身につける方法」TOSS情報読解力研究会編;谷和樹
監修 マイクロマガジン社 2024年7月

「ちくま評論選：高校生のための現代思想エッセンス」岩間輝生ほか編 筑摩書房 2024年10月

「音読で育てる読解力：国語のアクティブラーニング 小学2年～4年対応3」小田原漂情著 言
問学舎 2024年5月

スキル、技＞努力

「公式は覚えないといけないの?：数学が嫌いになる前に」矢崎成俊著 筑摩書房(ちくまプリ
マー新書) 2024年8月

スキル、技＞話し方

「10才からの気持ちを上手に伝える方法―大人だって本当は知らない」大野萌子監修;みるパ
ンマンガ 永岡書店 2024年11月

状況・行動・現象

「13歳からの「傾聴力」向上バイブル：人間関係を豊かにする聴く力が身につく本—ジュニアコツがわかる本」岩松正史監修 メイツユニバーサルコンテンツ 2024年6月

「お笑い芸人が教えるみんなを笑顔にしちゃう話し方」芝山大補著;オオタヤスシマンガ・イラスト えほんの杜 2024年2月【マンガ形式・マンガつき】

「きみも言ったことがあるかも?ちくちくことば・ふわふわことば言いかえじてん 1」鈴木教夫監修;秋山浩子文;イケガメシノイラスト 汐文社 2024年8月

「きみも言ったことがあるかも?ちくちくことば・ふわふわことば言いかえじてん 2」鈴木教夫監修;秋山浩子文;イケガメシノイラスト 汐文社 2024年10月

「きみも言ったことがあるかも?ちくちくことば・ふわふわことば言いかえじてん 3」鈴木教夫監修;秋山浩子文;イケガメシノイラスト 汐文社 2024年11月

「ことばのまほう：マイメロディのえほん」講談社編;サンリオ著 講談社 2024年1月

「コミュニケーションの準備体操」兵藤友彦;村上慎一著 岩波書店(岩波ジュニアスタートブックス) 2024年10月

「こんなときどう言う?事典：仲よくなる力は人生最大のスキル」齋藤孝著 サンマーク出版 2024年3月

「伝え合うって楽しい!：もっと知りたい、きちんと伝えたい 1」冨樫忠浩監修 文研出版 2024年9月

「伝え合うって楽しい!：もっと知りたい、きちんと伝えたい 3」冨樫忠浩監修 文研出版 2024年11月

スキル、技>判断力

「10歳から知っておきたい「自分で決める力」の伸ばし方」鳥原隆志著;もなかイラスト 日本能率協会マネジメントセンター 2024年9月

「お金のこと—学校では教えてくれない大切なこと；3」関和之マンガ・イラスト 旺文社 2024年3月【マンガ形式・マンガつき】

「だれもがもつ"考え方のくせ"バイアスの心理学：先入観や偏見にとらわれない合理的な判断力が身につく—中・高生からの超絵解本」池田まさみ監修 ニュートンプレス 2024年4月

「バスケットボールIQドリル：ジュニア選手の「考える力」を鍛える50のコツ：判断力を伸ばす!—ジュニアコツがわかる本」倉石平監修 メイツユニバーサルコンテンツ 2024年9月

「ポジティブ思考の育て方—学校では教えてくれない大切なこと；46」小豆だるまマンガ・イラスト 旺文社 2024年3月【マンガ形式・マンガつき】

「働くってどういうこと?：今の自分が未来をつくる—学校では教えてくれない大切なこと；48」関和之マンガ・イラスト 旺文社 2024年6月【マンガ形式・マンガつき】

スキル、技>ひらめき

「あたまをきたえる!すいりクイズ」瀧靖之監修 成美堂出版 2024年7月

状況・行動・現象

「あたまをきたえる!推理クイズむずかしめ」瀧靖之監修 成美堂出版 2024年7月

「ひらめき!はつめいものがたり 1」井上よう子文;川原瑞丸絵 チャイルド本社 2024年4月【物語形式(ノンフィクション)】

「ひらめき!はつめいものがたり 2」 チャイルド本社 2024年5月【物語形式(ノンフィクション)】

「ひらめき!はつめいものがたり 3」 チャイルド本社 2024年6月【物語形式(ノンフィクション)】

「ひらめき!はつめいものがたり 4」 チャイルド本社 2024年7月【物語形式(ノンフィクション)】

「ひらめき!はつめいものがたり 5」 チャイルド本社 2024年8月【物語形式(ノンフィクション)】

「ひらめき!はつめいものがたり 6」 チャイルド本社 2024年9月【物語形式(ノンフィクション)】

「ひらめき!はつめいものがたり 7」 チャイルド本社 2024年1月【物語形式(ノンフィクション)】

「ひらめき!はつめいものがたり 8」 チャイルド本社 2024年11月【物語形式(ノンフィクション)】

「ひらめき!はつめいものがたり 9」 チャイルド本社 2024年12月【物語形式(ノンフィクション)】

「ひらめき力アップ!マインクラフトなぞときクエスト」せいらんイラスト;黒鍋亭迷路の制作 KADOKAWA 2024年1月

「世界一ひらめく!算数&数学の大図鑑」アンナ・ウェルトマン文;ポール・ボストン絵;小林玲子訳 河出書房新社 2024年4月

「天才!生きもの—Newton理系脳を育てる科学クイズドリル ; 2」門脇正史監修 ニュートンプレス 2024年8月

「天才!地球」倉本圭監修 ニュートンプレス(Newton理系脳を育てる科学クイズドリル ; 3) 2024年12月【マンガ形式・マンガつき】

「天才!理科 : Newton理系脳を育てる科学クイズドリル」縣秀彦監修 ニュートンプレス 2024年4月【マンガ形式・マンガつき】

スキル、技>魔法、魔力

「おかしの国のプリンセスとまほうのきらきらクッキー—野いちごぽっぷ. マジカル★パティシエールシリーズ」永良サチ作;くずもち絵 スターツ出版 2024年12月【物語形式(フィクション)】

「ルルとひみつのプリンセス : まほうの国とかがやくティアラ」綾音いと作;オチアイトモミ絵 スターツ出版(野いちごぽっぷ) 2024年12月

「頭がよくなる!!ガールズまちがいさがし = Girl's Spot the Difference」成田奈緒子監修;星乃屑ありす漫画;ナカムラアヤナほかイラスト・問題作問 ポプラ社(ひらめき★ゲームワールド) 2024年10月

スキル、技>ライフハック

「大ピンチのチート的サバイバル術」TAMAchan監修;さかもとこのみ;ツナチナツ;藤井昌子イラスト Gakken 2024年9月

状況・行動・現象

スキル、技＞リーダーシップ

「13歳からのリーダーの教科書：チームを動かし結果を出す方法!」安部哲也著 総合法令出版 2024年5月

「これでだいじょうぶ!はじめてリーダーになるきみへ 1」鹿嶋真弓監修;渋谷唯子文;よこてさとめマンガ・イラスト 汐文社 2024年11月【マンガ形式・マンガつき】

成功

「失敗しない整理整とん―1日5分!タイプ別診断でわかる ; 1」中村佳子監修;伊藤ハムスター;深蔵イラスト ポプラ社 2024年8月

「成功者の町 : 成功者は、成功者をこそ受け入れる。―OR BOOKS」大川隆法原作;大川紫央絵本監修;『成功者の町』作画プロジェクト編・絵 幸福の科学出版 2024年9月【物語形式(フィクション)】

制作、製造

「しょうぼうじどうしゃのあかいねじ」たるいしまこ作 福音館書店(かがくのとも絵本) 2024年4月【物語形式(ノンフィクション)】

「自動車ができるまで」スタジオタッククリエイティブ 2024年6月

生産

「つくる仕事の一日 : 商品企画・開発・生産―会社員の仕事見る知るシリーズ」西山昭彦監修;WILLこども知育研究所編著 保育社 2024年10月

セルフコンパッション

「こころころころ」新井洋行作;北村みなみ絵 岩崎書店 2024年6月【指導者用解説つき】

「マインドフル・セルフ・コンパッション : 批判的な内なる声を克服する」カレン・ブルース著;岩壁茂監訳;浅田仁子訳 金剛出版 2024年11月

「子どものためのセルフ・コンパッション : マインドフルネスで自分を思いやる81のワーク」ロレイン・ホップス;エイミー・バレンティン著;小林亜希子監修;遠藤康子訳 創元社 2024年9月

相談

「知っておきたい子どもの権利 : わたしを守る「子どもの権利条約」事例集」鴻巣麻里香文;細川貂々絵 平凡社 2024年10月

測量

「伊能忠敬 : 地球1周ぶん歩いて地図を作った男―小学館版学習まんが人物館 ; 日本-37」星埜由尚監修;柴崎侑弘まんが 小学館 2024年3月【マンガ形式・マンガつき】

状況・行動・現象

体験、経験

「「ガチャ時代」のやりたいことの見つけ方：″しっぱいを教える教室″の代表が高校生に伝えたい」川村哲也著 教学社（赤本進路）2024年8月

「SDGsから考える世界の食料問題」小沼廣幸著 岩波書店（岩波ジュニア新書）2024年4月

「こころのケガのことわかったよ！：トラウマを経験した子どものためのガイド―子どものトラウマ治療のための絵本シリーズ」スーザン・フェイバー・ストラウス作；マリア・ボガデ絵；亀岡智美監訳；木村有里訳 誠信書房 2024年8月

「こころのラリー：卓球メダリストのメンタルに学ぶたくましく生きる22のヒント――一生役立つこどもメンタル本」水谷隼；石川佳純著 小学館クリエイティブ 小学館 2024年5月

「なのはな学級はみんなの教室：自閉症の娘と家族の夢のような6年間」まさきっち文・絵 石田製本 2024年4月【物語形式（ノンフィクション）】

「フィールドワークってなんだろう」金菱清著 筑摩書房（ちくまプリマー新書）2024年10月

「ぼくとうどんとおばあちゃん」みずたにかつや文；しんぺー絵；なかのこうじ監修 三恵社 2024年7月

「ボクのおじいちゃん」ほしきいわく著 小学館スクウェア 2024年1月【物語形式（ノンフィクション）】

「やってみた！いのちを守る64の防災活動：bosai consciousness」関西大学初等部6年生（第11期生）著 さくら社 2024年2月

「わたしたちの世界を変える方法：アクティビズム入門―14歳の世渡り術」中村眞大編著；あーにゃほか著 河出書房新社 2024年11月

「教科書に出てくる生きものになったら：発見！体験！1」小宮輝之監修 Gakken 2024年2月

「教科書に出てくる生きものになったら：発見！体験！2」小宮輝之監修 Gakken 2024年2月

「教科書に出てくる生きものになったら：発見！体験！3」小宮輝之監修 Gakken 2024年2月

「教科書に出てくる生きものになったら：発見！体験！4」小宮輝之監修 Gakken 2024年2月

「子供の震災記：東京高等師範附属小学校・高等小学校児童作文集」初等教育研究会編 展望社 2024年10月

「窓をひらけばわかるデータのホント：体験！統計リテラシー」田中司朗；艸場よしみ著 かもがわ出版 2024年1月

「南極のたどりつき方：キミも南極に学ぼう」酒井誠至 文芸社 2024年2月

「未来に伝える沖縄戦 8」琉球新報社 琉球プロジェクト 2024年6月

対立

「君たちはどう乗り越える？世界の対立に挑戦！2」小林亮監修 かもがわ出版 2024年1月

状況・行動・現象

「君たちはどう乗り越える?世界の対立に挑戦! 3」小林亮監修 かもがわ出版 2024年2月

誕生、誕生日

「キキ&ララのお星さまずかん : ピカピカきらめく、星座と星がいっぱい!─Sanrio characters KAWAII百科」駒井仁南子;クロイ;新宮文明監修 河出書房新社 2024年7月

「どろどろ〜んオバケーヌのうらない」小泉マーリ著 西東社 2024年10月

段取り、手順

「ドラえもん学びワールドspecialはじめての料理─ビッグ・コロタン ; 225」藤子・F・不二雄まんが;藤子プロ;上田淳子監修 小学館 2024年3月

断面図

「まるごとわかる!地球の科学大図鑑」DK社編集;梅田智世訳 河出書房新社 2024年8月

「輪切り図鑑クロスセクション : 18の建物や乗物の内部を見る」スティーヴン・ビースティー画;リチャード・プラット文;北森俊行訳 岩波書店 2024年10月

超能力

「最恐!!超常怪奇現象ビジュアル大事典 : ムー認定!─ムー・ミステリー・ファイル」並木伸一郎監修 ワン・パブリッシング 2024年3月【マンガ形式・マンガつき】

釣り

「ゆかいな魚たち : フグ ハリセンボン カワハギ アイゴ ハオコゼ ゴンズイ」福井歩写真・文;宮崎佑介監修 少年写真新聞社 2024年6月

「釣って食べて調べる深海魚 = FISHING,COOKING AND EXPLORING THE DEEP-SEA FISHES」平坂寛文;キッチンミノル写真;長嶋祐成絵 福音館書店(たくさんのふしぎ傑作集) 2024年5月

手助け、支援

「「わかり合えない」からはじめる国際協力─探究のDOOR ; 3」吉岡大祐著 旬報社 2024年1月

「おてらおやつクラブ物語 : 子どもの貧困のない社会をめざして」井出留美著 旬報社 2024年10月

「ここがすごい!ロボット図鑑 1」岡田博元監修 あかね書房 2024年9月

「ここがすごい!ロボット図鑑 2」岡田博元監修 あかね書房 2024年9月

「スポーツを支える仕事」元永知宏著 岩波書店(岩波ジュニア新書) 2024年11月

「はじめての法律─世界基準の教養forティーンズ」山本龍彦日本語版監修;川野太郎訳;ララ・ブライアン;ローズ・ホール文;アンナ・ハーディ;ミゲル・ブストス絵 河出書房新社 2024年12月

状況・行動・現象

「自分でできるコグトレ：学校では教えてくれない困っている子どもを支える認知ソーシャルトレーニング 4」明石書店 2024年10月

手助け、支援＞救助

「ロボットのずかん [3]」本田幸夫監修 金の星社 2024年3月

点検

「だいすきドクターイエロー」小賀野実写真・文 JTBパブリッシング（のりもの；12）2024年11月

展示、発表、スピーチ、プレゼンテーション

「発信する人のためのメディア・リテラシー：情報の森で豊かに生きる」内田朋子;堤信子著 晶文社 2024年8月

読書

「13歳からの「身になる読書術」：探し方・読み方がわかる本：今こそ読みたい&教科にも役立つ240冊─ジュニアコツがわかる本」大居雄一著 メイツユニバーサルコンテンツ 2024年12月

「だれもが「本を読める」社会へ読書バリアフリー 2」白坂洋一監修 汐文社 2024年10月

「つながる読書：10代に推したいこの一冊」小池陽慈編 筑摩書房（ちくまプリマー新書）2024年3月

「りんごの棚と読書バリアフリー：だれもが読書を楽しめる世界へ 1」ピープルデザイン研究所りんごプロジェクト監修 フレーベル館 2024年9月

「りんごの棚と読書バリアフリー：だれもが読書を楽しめる世界へ 2」ピープルデザイン研究所りんごプロジェクト監修 フレーベル館 2024年11月

「必ず書けるあなうめ読書感想文」青木伸生監修;粟生こずえ文 Gakken 2024年6月

「本の帯をつくろう!：読書を楽しむ─帯・POP作りのスゴ技」「本のPOPや帯を作ろう」編集室著;ニイルセンイラスト 理論社 2024年2月

「友だち関係で悩んだときに役立つ本を紹介します。─14歳の世渡り術」金原ひとみほか著;河出書房新社編 河出書房新社 2024年4月

読書＞音読

「伝え合うって楽しい!：もっと知りたい、きちんと伝えたい 2」冨樫忠浩監修 文研出版 2024年10月

読書＞読書案内

「いつかあなたに出会ってほしい本：面白すぎて積読できない160冊─14歳の世渡り術」田村文著 河出書房新社 2024年4月

状況・行動・現象

「こまったときのPOP実例集─全国学校図書館POPコンテスト公式本オススメ本POPの作り方」内田剛著 ポプラ社 2024年4月

「つながる読書：10代に推したいこの一冊」小池陽慈編 筑摩書房（ちくまプリマー新書）2024年3月

「気持ちが伝わるPOPを作ろう─全国学校図書館POPコンテスト公式本オススメ本POPの作り方」内田剛著 ポプラ社 2024年4月

「本のPOPをつくろう！：読書を楽しむ─帯・POP作りのスゴ技」「本のPOPや帯を作ろう」編集室著;ニイルセンイラスト 理論社 2024年2月

「本の帯をつくろう！：読書を楽しむ─帯・POP作りのスゴ技」「本のPOPや帯を作ろう」編集室著;ニイルセンイラスト 理論社 2024年2月

読書＞朗読

「音読で育てる読解力：国語のアクティブラーニング 小学2年〜4年対応3」小田原漂情著 言問学舎 2024年5月

「科学のおんどく：考える力がぐんぐん伸びる！」篠原菊紀監修 リベラル社 星雲社 2024年6月【物語形式（ノンフィクション）】

特徴、性能

「「植物」をやめた植物たち = MUSHROOM MUNCHERS:The Fascinating World of Non-Photosynthetic Plants」末次健司文・写真 福音館書店（たくさんのふしぎ傑作集）2024年11月

「13歳からの世界地図：世界のしくみが楽しくわかる」井田仁康編著 幻冬舎 2024年9月

「Birdlifeいろとりどりのせかいのとり」ピート・クロマー作;蒲池由佳訳;高部圭司監修 化学同人 2024年12月

「Wildlifeみんなだいすきやせいのどうぶつ」ピート・クロマー作;蒲池由佳訳;高部圭司監修 化学同人 2024年12月

「あたまの回転がはやくなる！もふもふまちがいさがし」KADOKAWA 2024年10月

「いきもの─はじめてのずかん」成島悦雄・塩見一雄・須田研司監修 高橋書店 2024年3月

「いぬ」岩合光昭写真 ポプラ社（はじめてのミニずかん）2024年1月

「いぬのずかん：家いぬと野生いぬ─学研のえほんずかん；8巻」sakio絵;今泉忠明;ジャパンケネルクラブ監修 Gakken 2024年4月

「きみ、だあれ？きょうりゅう」そくちょるうぉん絵;聞かせ屋。けいたろう文 KADOKAWA 2024年7月【物語形式（フィクション）】

「きょうりゅうレントゲンびょういん」キョンヘウォンぶん・え;こまつようこやく;真鍋真監修 パインインターナショナル 2024年5月

「くらべてわかる！こんちゅう図鑑 [2]」須田研司監修;森のくじらイラスト 童心社 2024年3月

状況・行動・現象

「くらべてわかるサメ」アクアワールド茨城県大洗水族館監修;めかぶ絵 山と溪谷社 2024年3月

「くらべてわかる国旗」桂田祐介監修 山と溪谷社 2024年3月

「すごいクルマ事典：満タン豆チシキ!」横田晃監修;月刊自家用車編集部編集 内外出版社
2024年4月

「すごい不思議な恐竜図鑑：なんで、こうなった!?」土屋健監修;内山大助絵 中央公論新社
2024年7月

「せかいの国鳥にっぽんの県鳥」小宮輝之監修;ポンプラボ編集 カンゼン 2024年11月

「ねこ」岩合光昭写真 ポプラ社（はじめてのミニずかん）2024年3月

「ねこのずかん：家ねこと野生ねこ―学研のえほんずかん；7巻」おちょぴ絵;今泉忠明;アジア
キャットクラブ監修 Gakken 2024年2月

「パラスポーツ事典：夏・冬のスポーツ28：競技のルールと見どころがわかる!―ジュニアコツが
わかる本」髙橋明監修 メイツユニバーサルコンテンツ 2024年5月

「ビジュアル図鑑ドラゴン = Visual Encyclopedia DRAGON」健部伸明監修 カンゼン 2024年1
月

「ビジュアル図鑑妖怪 = Visual Encyclopedia YOKAI」木下昌美監修 カンゼン 2024年6月

「プランクトン：クラゲ・ミジンコ・小さな水の生物」山崎博史;仲村康秀;田中隼人指導・執筆;堀
口和重ほか写真 小学館（小学館の図鑑NEO POCKET）2024年6月

「ほっかいどうはじめての虫さがし」堀繁久 北海道新聞社 2024年3月

「もしも雑草がクラスメイトだったら?：キャラクターで特徴がわかる身近な雑草図鑑」稲垣栄洋
著 幻冬舎 2024年3月

「もっと!とにかくかわいいいきもの図鑑」今泉忠明監修;ふじもとめぐみイラスト 西東社 2024年3
月

「空飛ぶクルマ大研究：しくみや技術から用途・課題まで―楽しい調べ学習シリーズ」中野冠
監修 PHP研究所 2024年8月

「元素の学校―ニュートン科学の学校シリーズ」桜井弘監修 ニュートンプレス 2024年10月

「幻獣の飼い方 = How to keep Fantastic Beasts―「もしも?」の図鑑」健部伸明監修;高代彩生
著 実業之日本社 2024年11月

「昆虫ハンター・牧田習と親子で見つけるにほんの昆虫たち」牧田習著 日東書院本社 2024年
7月

「飼いたいペットのえらびかた」成美堂出版編集部編著 成美堂出版 2024年12月

「出会った魚がわかる図鑑：子どもと一緒にわくわく発見!」杉本幹監修 永岡書店 2024年7月

「森のカプセル探検帳：ドングリいっぱい大発見!」飯田猛構成・文;宮國晋一写真 技術評論社
（科学絵本）2024年8月

状況・行動・現象

「世界を変えた薬—PIKA RIKA」講談社編;船山信次監修 講談社 2024年5月

「大迫力!新・妖怪大百科」山口敏太郎著 西東社 2024年9月

「鳥の落としもの&足あと図鑑—おもしろふしぎ鳥類学の世界」小宮輝之監修;ポンプラボ編集 カンゼン 2024年5月

「未確認動物UMA超図鑑:シン・世界の超ミステリー」並木伸一郎監修;こざきゆう文 ポプラ社 2024年7月

「明るい星がよくわかる!1等星図鑑:全21個の特徴をすべて解説」藤井旭著 誠文堂新光社 (子供の科学サイエンスブックスNEXT) 2024年1月

特徴、性能＞習性

「すごい不思議な恐竜図鑑:なんで、こうなった!?」土屋健監修;内山大助絵 中央公論新社 2024年7月

「生きものたちのスゴ技図鑑 ちょっと変な仲間編」村田浩一監修;アジア・オーランド絵 さ・え・ら書房 2024年10月

「生きものたちのスゴ技図鑑 何しゃべってるの?編」村田浩一監修;アジア・オーランド絵 さ・え・ら書房 2024年2月

「生きものたちのスゴ技図鑑 食われてたまるか編」村田浩一監修;アジア・オーランド絵 さ・え・ら書房 2024年2月

「生きものとくらそう! 3」国土社 2024年3月

「超キュートもふカワどうぶつ図鑑」江口仁詞監修;吾妻まいかイラスト;オフィス・ジータ編 えほんの杜 2024年9月

トラブル

「「リスク」を知って、「自分」を守る!スマホマインドの育てかた [2]」保育社 2024年1月【マンガ形式・マンガつき】

「「リスク」を知って、「自分」を守る!スマホマインドの育てかた [3]」保育社 2024年1月【マンガ形式・マンガつき】

「お金の使い方で未来を変えよう! 5」松葉口玲子監修 童心社 2024年3月【マンガ形式・マンガつき】

「ちびまる子ちゃんのお金の使いかた—満点ゲットシリーズ. せいかつプラス」さくらももこキャラクター原作;沼田晶弘監修 集英社 2024年3月

「マンガでわかる!小学生から知っておきたいお金のトラブル回避術—こどもと生活シリーズ」菊地幸夫監修;ぽぽこ漫画 主婦と生活社 2024年8月【マンガ形式・マンガつき】

「気をつけよう!課金トラブル 2」高橋暁子監修 汐文社 2024年1月

「気をつけよう!課金トラブル 3」高橋暁子監修 汐文社 2024年3月

状況・行動・現象

「働きはじめる前に知っておきたいワークルールの超きほん」佐々木亮監修 旬報社 2024年5月

「便利!危険?自分を守るネットリテラシー [3]」遠藤美季監修 金の星社 2024年1月【マンガ形式・マンガつき】

ノウハウ、指南

「10代からのヘルスリテラシー [1]」松本俊彦監修 大月書店 2024年9月

「13歳からの「身になる読書術」: 探し方・読み方がわかる本: 今こそ読みたい&教科にも役立つ240冊―ジュニアコツがわかる本」大居雄一著 メイツユニバーサルコンテンツ 2024年12月

「1万5000人のデータに基づいたすごい身長の伸ばし方」田邊雄著 KADOKAWA 2024年2月

「No.1勉強・友情・恋がうまくいく!時間&手帳の使い方Lesson」吉武麻子監修 日本文芸社 2024年11月

「あなたがあなたであるために: 自分らしく生きるための自閉スペクトラム・ガイド」ローナ・ウィング監修;吉田友子著 中央法規出版 2024年12月

「イメージをひろげてかく」国土社(図画工作deたのしい作品づくり) 2024年9月

「おそとで飛ばす超紙ヒコーキ = Hyper super paper planes」戸田拓夫著 二見書房 2024年8月【英語つき】

「おりキャラぶっくポケットモンスターテラパゴスとパルデアのなかま」小学館 2024年12月

「がけっぷち!アララはお金を増やしたい! = ARARA WANTS TO MAKE MORE AND MORE MONEY!」大野正人作;トミムラコタ;津村根央マンガ;土屋剛俊監修 ポプラ社 2024年12月【マンガ形式・マンガつき】

「かっこいいをさがせ! 5」長野康平;和田利次監修 文研出版 2024年2月

「かんたん!はじめてでもすぐわかる!カラーそろばんbook」宮本裕史監修 宝島社 2024年2月

「キャンプのずかん―学研のえほんずかん; 9巻」スズキサトル絵・監修 Gakken 2024年4月

「キャンプへいこう」ごとうひでゆきさく;みつたけたみこえ スタジオタッククリエイティブ 2024年5月

「こどもとできるやさしい金継ぎ」ナカムラクニオ著 ホーム社 集英社 2024年6月

「こどもの篠崎ヴァイオリン教本: 篠崎ヴァイオリン教本への導入」篠崎弘嗣;篠崎功子著 全音楽譜出版社 2024年2月【CD・CD-ROMつき】

「これでだいじょうぶ!はじめてリーダーになるきみへ 1」鹿嶋真弓監修;渋谷唯子文;よこてさとめマンガ・イラスト 汐文社 2024年11月【マンガ形式・マンガつき】

「サッカー前橋育英高校式メニュー: 多彩な攻撃を操るスキルを磨く―強豪校の練習法」山田耕介著 ベースボール・マガジン社 2024年1月

状況・行動・現象

「サッカー入門：初心者もぐんぐんレベルアップ―中学デビューシリーズ」中村京平著 ベースボール・マガジン社 2024年7月

「さらに頭がよくなる!ちょいムズおりがみ」山田勝久著;篠原菊紀脳科学監修 西東社 2024年10月

「ジュニアサッカー監督が使いたい選手がやっている!デキるプレー55」鈴木宏輝監修 日本文芸社 2024年1月

「ジュニアのためのボルダリング実践スキル上達バイブル―ジュニアコツがわかる本」小山田大監修 メイツユニバーサルコンテンツ 2024年9月

「すぐに役立つ一生モノの勉強法―学校では教えてくれない大切なこと；47」オオタヤスシマンガ・イラスト 旺文社 2024年6月【マンガ形式・マンガつき】

「ソフトテニス入門：初心者もぐんぐんレベルアップ―中学デビューシリーズ」川端優紀著 ベースボール・マガジン社 2024年10月

「ディズニープリンセスはじめてのはさみ：おしゃれ&すてきなおへや」Gakken（学研きらきら知育ブックス）2024年10月

「テニス上達へ導く理論&メカニズム：必勝メソッドの理解と実践―ジュニアコツがわかる本」佐藤文平著 メイツユニバーサルコンテンツ 2024年5月

「とにかくかわいいいきものイラスト描き方レッスン」ふじもとめぐみ著 西東社 2024年10月

「ともだちづくり まなびの天才―かいけつゾロリアカデミー」原ゆたか原作 ポプラ社 2024年10月

「ドラえもん 学びワールドキャンプと自然観察―ビッグ・コロタン；228」藤子・F・不二雄まんが;藤子プロ;長谷部雅一監修 小学館 2024年7月【マンガ形式・マンガつき】

「はじめてのジュニアサッカー」malvaサッカースクール監修 成美堂出版 2024年3月【DVD・DVD-ROMつき】

「バスケットボールIQドリル：ジュニア選手の「考える力」を鍛える50のコツ：判断力を伸ばす!―ジュニアコツがわかる本」倉石平監修 メイツユニバーサルコンテンツ 2024年9月

「バドミントン練習メニュー200―指導者と選手が一緒に学べる!」堂下智寛監修 池田書店 2024年7月

「バレーボール練習メニュー200―指導者と選手が一緒に学べる!」三枝大地監修 池田書店 2024年6月【指導者用解説つき】

「ひとりですいすいひける!はじめてのピアチャレ：ピアノチャレンジ 1」山本美芽編 音楽之友社 2024年7月

「マンガでわかる子ども・初級者のための1手詰」小田切秀人著;豊島将之監修 マイナビ出版 2024年9月【マンガ形式・マンガつき】

「みんなで描こう!黒板アート 学校行事編」すずきらな著;子供の科学編集部編 誠文堂新光社 2024年10月

状況・行動・現象

「やさしいあやとり：みんなで遊ぼう!59のあやとり」野口廣著 主婦の友社(実用No.1) 2024年1月

「やってみようバスケットボール―こどもスポーツ練習Q&A」佐東雅幸著;鈴木良和監修 ベースボール・マガジン社 2024年3月【指導者用解説つき】

「やってみようバドミントン―こどもスポーツ練習Q&A」松村美智子著 ベースボール・マガジン社 2024年2月

「やってみよう野球―こどもスポーツ練習Q&A」飯塚智広著 ベースボール・マガジン社 2024年2月

「リコーダーがうまくなる」富永和音監修 大月書店(表現力のきほんの「き」) 2024年11月

「わたしたちの世界を変える方法：アクティビズム入門―14歳の世渡り術」中村眞大編著;あーにゃほか著 河出書房新社 2024年11月

「わたしもまわりも笑顔になる小学生のメイク本」イガリシノブ著 講談社 2024年12月

「わたし生活保護を受けられますか：全国10,000件申請サポートの特定行政書士が事例で説明申請から決定まで」三木ひとみ著 ペンコム インプレス 2024年10月

「安田明夏のとってもやさしい囲碁入門」安田明夏著;やまおかさゆりイラスト マイナビ出版(マイナビ囲碁BOOKS) 2024年3月【物語形式(フィクション)】

「羽生善治監修子ども将棋入門：すぐ指せる!面白い!強くなる!」羽生善治監修;安次嶺隆幸著 新星出版社 2024年7月

「楽しいトランプ：ルールと勝ち方が1冊でわかる―まなぶっく」C.L.トランプマイスター著 メイツユニバーサルコンテンツ 2024年1月

「基本スキルを完全マスター!小学生のミニバス最強バイブル―まなぶっく」小鷹勝義監修 メイツユニバーサルコンテンツ 2024年5月

「型おし・転写」国土社(図画工作deたのしい作品づくり) 2024年9月

「剣道入門：初心者もぐんぐんレベルアップ―中学デビューシリーズ」有田祐二著 ベースボール・マガジン社 2024年11月

「失敗しない整理整とん―1日5分!タイプ別診断でわかる；1」中村佳子監修;伊藤ハムスター;深蔵イラスト ポプラ社 2024年8月

「小学生のための「麻雀」教科書―まなぶっく」土田浩翔監修 メイツユニバーサルコンテンツ 2024年9月

「小学生のための星空観察のはじめかた：観測のきほんと天体・星座・現象のひみつ―まなぶっく」甲谷保和監修 メイツユニバーサルコンテンツ 2024年11月

「小学生のバッティング最強上達BOOK：ライバルに差をつける!―まなぶっく」有安信吾監修 メイツユニバーサルコンテンツ 2024年7月

「小学生の柔道必勝のコツ50―まなぶっく」朝飛大監修 メイツユニバーサルコンテンツ 2024年4月

状況・行動・現象

「少年野球がメキメキ上達する60の科学的メソッド」下広志著 鉄人社 2024年5月

「上宮高校から学ぶソフトテニスの軸づくり」小牧幸二著 ベースボール・マガジン社 2024年1月

「神絵師の基本テクニック」高山瑞穂作 あかね書房(アニメ・イラストの描き方テクニック) 2024年3月

「神級にレベルアップする!推しかわイラストレッスン」denほか著 JTBパブリッシング 2024年12月

「水泳日大豊山高校式メニュー：基本を軸に泳ぎをつくる―強豪校の練習法」安村亜洲著 ベースボール・マガジン社 2024年3月

「石や木をつかった造形」国土社(図画工作deたのしい作品づくり) 2024年8月

「絶対作れる!YouTube教室潜入記」長谷川智広著 集英社(勉タメJUMP BOOKS) 2024年7月

「組み紙」国土社(図画工作deたのしい作品づくり) 2024年8月

「卓球入門：初心者もぐんぐんレベルアップ―中学デビューシリーズ」三田村宗明著 ベースボール・マガジン社 2024年9月

「卓球練習メニュー200―指導者と選手が一緒に学べる!」張本宇監修 池田書店 2024年1月

「茶の湯、やってみた!―おはなし日本文化；茶道」石崎洋司作;十々夜絵 講談社 2024年12月【物語形式(フィクション)】

「天職が見つかる空想教室 = Imagination Lesson」植松努著 サンクチュアリ出版(sanctuary books) 2024年10月

「日本語と英語でわかる!もっと知りたくなる日本茶道 = Understand in both Japanese and English!Discover more about Japan CHADO」相島淑美著;三島宗恭監修 秀和システム 2024年11月【英語つき】

「脳がぐんぐん育つ!あやとり：失敗しても大丈夫!のびのびあそぼう!―脳がぐんぐん育つシリーズ」有木昭久著;奥山力監修 ポプラ社 2024年4月

「必ずうまくなる!!バスケットボール基本と練習法」鈴木良和;諸橋幸恵監修 電波社 2024年11月

「必ずうまくなる!!少年野球基本と練習法：打つ投げる守る」関口勝己著 電波社 2024年4月【指導者用解説つき】

「必ず書けるあなうめ読書感想文」青木伸生監修;粟生こずえ文 Gakken 2024年6月

「部活でスキルアップ!勝つテニス動画でわかる最強のコツ50―ジュニアコツがわかる本」矢崎篤監修 メイツユニバーサルコンテンツ 2024年4月

「冒険完全ガイド!マインクラフト大図鑑 サバイバルモード編」KADOKAWA 2024年1月

「陸上競技入門：初心者もぐんぐんレベルアップ―中学デビューシリーズ」菅間友一著 ベースボール・マガジン社 2024年5月

状況・行動・現象

発見、発明、研究

「カムイサウルス：世紀の大発見物語：NHKスペシャル ダーウィンが来た!取材ノートより」植田和貴文;小林快次監修 少年写真新聞社 2024年7月

「こどもが学べる地球の歴史とふしぎな化石図鑑」泉賢太郎;井上ミノル著 創元社 2024年10月【マンガ形式・マンガつき】

「これから研究を始める高校生と指導教員のために：探究活動と課題研究の進め方・論文の書き方・口頭とポスター発表の仕方」酒井聡樹著 共立出版 2024年2月

「チョコかバニラか?」ジェイソン・シガ著;岩城義人訳 アリス館 2024年4月【マンガ形式・マンガつき】

「ノーベル賞受賞者列伝―PIKA RIKA」講談社編;若林文高監修 講談社 2024年2月【物語形式（ノンフィクション）】

「びっくり発見!おうちのなかのサイエンス：NOLTYキッズワークブック」川村康文;小林尚美監修 日本能率協会マネジメントセンター（Nolty kids）2024年8月

「ひらめき!はつめいものがたり 1」井上よう子文;川原瑞丸絵 チャイルド本社 2024年4月【物語形式（ノンフィクション）】

「ひらめき!はつめいものがたり 2」チャイルド本社 2024年5月【物語形式（ノンフィクション）】

「ひらめき!はつめいものがたり 3」チャイルド本社 2024年6月【物語形式（ノンフィクション）】

「ひらめき!はつめいものがたり 4」チャイルド本社 2024年7月【物語形式（ノンフィクション）】

「ひらめき!はつめいものがたり 5」チャイルド本社 2024年8月【物語形式（ノンフィクション）】

「ひらめき!はつめいものがたり 6」チャイルド本社 2024年9月【物語形式（ノンフィクション）】

「ひらめき!はつめいものがたり 7」チャイルド本社 2024年1月【物語形式（ノンフィクション）】

「ひらめき!はつめいものがたり 8」チャイルド本社 2024年11月【物語形式（ノンフィクション）】

「ひらめき!はつめいものがたり 9」チャイルド本社 2024年12月【物語形式（ノンフィクション）】

「ヒロ子さんと巡る広島大学」弘兼憲史作画 広島大学出版会 2024年10月

「やってみた!研究イグノーベル賞」五十嵐杏南著 東京書店 2024年2月

「気もちのミカタ：エモーショナル・リテラシーが身につく35のワーク」八巻香織著;ナムーラミチヨイラスト 合同出版 2024年5月

「古生物学者と40億年」泉賢太郎著 筑摩書房（ちくまプリマー新書）2024年4月

「高校生・化学宣言：高校化学グランドコンテストドキュメンタリー PART15」堀顕子監修 遊タイム出版 2024年5月

「世界一ひらめく!算数&数学の大図鑑」アンナ・ウェルトマン文;ポール・ボストン絵;小林玲子訳 河出書房新社 2024年4月

状況・行動・現象

「微生物のはたらき大研究：人と環境とのかかわりをさぐろう―楽しい調べ学習シリーズ」鈴木智順監修 PHP研究所 2024年7月

「牧野富太郎と植物研究」大場秀章著 玉川大学出版部（日本の伝記：知のパイオニア）2024年6月【物語形式（ノンフィクション）】

発見、発明、研究＞郷土研究

「調べて伝えるわたしたちのまち 1」梅澤真一監修 あかね書房 2024年1月【マンガ形式・マンガつき】

「調べて伝えるわたしたちのまち 2」梅澤真一監修 あかね書房 2024年1月【マンガ形式・マンガつき】

「調べて伝えるわたしたちのまち 3」梅澤真一監修 あかね書房 2024年1月【マンガ形式・マンガつき】

「調べて伝えるわたしたちのまち 4」梅澤真一監修 あかね書房 2024年1月【マンガ形式・マンガつき】

発見、発明、研究＞発掘

「あの恐竜どこにいた?地図で見る恐竜のくらし図鑑」ダレン・ナイシュ監修;クリス・バーカー;ダレン・ナイシュ著;田中康平監訳;喜多直子訳 創元社 2024年5月

「おおむかしのいきもの―はじめてのずかん」甲能直樹ほか監修 高橋書店 2024年4月

「古生物がもっと知りたくなる化石の話：恐竜と絶滅した哺乳類の姿にせまる」木村由莉著 岩波書店（岩波ジュニアスタートブックス）2024年8月

「世界を掘りつくせ!：人類の歴史を変えた18の偉大な発掘の物語」アレクサンドラ・ステュワート;キティ・ハリス著;喜多直子訳 創元社 2024年7月

発酵

「くさい食べ物大図鑑」前橋健二監修;岡本倫幸画;開発社編 金の星社 2024年9月

バトル、戦い

「いきもの大図鑑最強いきものバトルブック」平坂寛監修・文 ポプラ社（超ひみつゲット! ）2024年8月

「いちばん強いヤツはだれだ!?ドラゴンvsビースト凶獣王超バトル図鑑」山口敏太郎著 永岡書店 2024年4月

「サバイバル!危険昆虫大図鑑」中野富美子構成・文;丸山宗利監修 あかね書房 2024年1月

「どっちが強い!?A 6―角川まんが超科学シリーズ ; D6」エアーチームまんが KADOKAWA 2024年6月【マンガ形式・マンガつき】

状況・行動・現象

「どっちが強い!?A(エース) 5―角川まんが超科学シリーズ ; D5」エアーチームまんが;スペンサー倫亜編集・翻訳 KADOKAWA 2024年2月【マンガ形式・マンガつき】

「どっちが強い!?カナダカワウソVS(たい)アメリカビーバー : ツメと牙のガジガジ大勝負―角川まんが科学シリーズ ; A34」ジノストーリー;ブラックインクチームまんが;實吉達郎監修 KADOKAWA 2024年2月【マンガ形式・マンガつき】

「どっちが強い!?からだレスキュー 6―角川まんが科学シリーズ ; A76」ホットブラッドソウルズまんが KADOKAWA 2024年3月【マンガ形式・マンガつき】

「どっちが強い!?ブッとび動物オリンピック編 : トンデモバトル大集合―角川まんが科学シリーズ ; A64」Xベンチャーオールスターズストーリー;ホットブラッドソウルズまんが;實吉達郎監修 KADOKAWA 2024年6月【マンガ形式・マンガつき】

「どっちが強い!?ホシバナモグラVSウッドラット : ホリホリ名人対決―角川まんが科学シリーズ ; A36」ジノ;ヴェズィルストーリー;ブラックインクチームまんが;成島悦雄監修 KADOKAWA 2024年10月【マンガ形式・マンガつき】

「どっちが強い!?ヤシガニVSニワトリ : 超高速きりさきバトル―角川まんが科学シリーズ ; A35」スライウムストーリー;ブラックインクチームまんが;今泉忠明監修 KADOKAWA 2024年7月【マンガ形式・マンガつき】

「どっちが強い!?最強牙バトル : 復活!サーベルタイガー―角川まんが科学シリーズ ; A37」ヴェズィルストーリー;ブラックインクチームまんが;今泉忠明監修 KADOKAWA 2024年11月【マンガ形式・マンガつき】

「ヒャクジュウガッタイ!!! : 最強生物合体バトル」よるどんまんが 集英社(勉タメJUMP BOOKS) 2024年12月

「ぼくたちのことをわすれないで : ロヒンギャの男の子ハールンのものがたり」由美村嬉々作;鈴木まもる絵 佼成出版社 2024年6月【物語形式(フィクション)】

「マンガ昆虫最強王図鑑ザ・ストーリー = THE INSECT KING ENCYCLOPEDIA-COMIC BOOK EDITION- 2」国際〈最強王図鑑〉協会監修;藤川努ストーリー;丸谷朋弘マンガ Gakken 2024年2月【マンガ形式・マンガつき】

「マンガ昆虫最強王図鑑ザ・ストーリー = THE INSECT KING ENCYCLOPEDIA-COMIC BOOK EDITION- 3」国際〈最強王図鑑〉協会監修;藤川努ストーリー;丸谷朋弘マンガ Gakken 2024年7月【マンガ形式・マンガつき】

「マンガ動物最強王図鑑ザ・ストーリー = THE ANIMAL KING ENCYCLOPEDIA-COMIC BOOK EDITION- 3」国際〈最強王図鑑〉協会監修;吉田順ストーリー;漫田画マンガ Gakken 2024年6月【マンガ形式・マンガつき】

「マンガ動物最強王図鑑ザ・ストーリー = THE ANIMAL KING ENCYCLOPEDIA-COMIC BOOK EDITION- 4」国際〈最強王図鑑〉協会監修;吉田順ストーリー;漫田画マンガ Gakken 2024年12月【マンガ形式・マンガつき】

「異種最強王図鑑 : No.1決定トーナメント!! 天界頂上決戦編」健部伸明監修;なんばきび;七海ルシアイラスト Gakken 2024年4月

状況・行動・現象

「応仁の乱：終わらない戦いが始まる」小前亮著;斎賀時人絵 理論社（ものがたり日本の乱）
2024年4月

「幻獣&妖怪タッグ最強王図鑑：No.1決定トーナメント!!」木下昌美監修;なんばきび;七海ルシ
アイラスト Gakken 2024年12月

「実験対決：学校勝ちぬき戦：科学実験対決漫画 47―かがくるBOOK. 実験対決シリーズ」
洪鐘賢絵;HANA韓国語教育研究会訳 朝日新聞出版 2024年5月【マンガ形式・マンガつき】

「小牧・長久手の合戦 = Battle of Komaki & Nagakute：石川数正の決断―コミック版日本の歴
史；89. 歴史を変えた日本の合戦」加来耕三企画・構成・監修;静霞薫原作;小林裕和作画 ポ
プラ社 2024年3月【マンガ形式・マンガつき】

「承久の乱：幕府と朝廷の絆がゆらぐ」小前亮著;斎賀時人絵 理論社（ものがたり日本の乱）
2024年6月

「頂上決戦!異種水中生物オールスター大決戦」CreatureStory編 西東社 2024年3月

「頂上決戦!恐竜最強王決定戦」CreaturesJourney編著 西東社 2024年6月

「頂上決戦!最強動物VS悪魔獣魔大決戦」CreatureStory;小川彗編 西東社 2024年12月

「動物最強王図鑑PFP：No.1決定トーナメント!!」實吉達郎監修;山崎太郎イラスト Gakken
2024年8月

「動物最強王図鑑PFP：No.1決定トーナメント!! [特別版]」實吉達郎監修;山崎太郎イラスト
Gakken 2024年8月

比較

「きみ、だあれ?きょうりゅう」そくちょるうぉん絵;聞かせ屋。けいたろう文 KADOKAWA 2024年7
月【物語形式（フィクション）】

「くらべてわかる!こんちゅう図鑑 [1]」須田研司監修;森のくじらイラスト 童心社 2024年3月

「くらべてわかる!こんちゅう図鑑 [2]」須田研司監修;森のくじらイラスト 童心社 2024年3月

「くらべてわかる!こんちゅう図鑑 [3]」須田研司監修;森のくじらイラスト 童心社 2024年3月

「くらべてわかる!こんちゅう図鑑 [4]」須田研司監修;森のくじらイラスト 童心社 2024年3月

「くらべてわかるサメ」アクアワールド茨城県大洗水族館監修;めかぶ絵 山と溪谷社 2024年3月

「くらべてわかる国旗」桂田祐介監修 山と溪谷社 2024年3月

「くらべて発見タネの「いのち」1」農文協編;山中正大絵 農山漁村文化協会 2024年1月

「くらべて発見タネの「いのち」2」農文協編;山中正大絵 農山漁村文化協会 2024年3月

「くらべて発見タネの「いのち」3」農文協編;山中正大絵 農山漁村文化協会 2024年4月

「さかな：219しゅるい!」 Gakken（ひとりでよめるずかん）2024年5月【指導者用解説つき】

状況・行動・現象

「どっちが強い!?A 6―角川まんが超科学シリーズ；D6」エアーチームまんが KADOKAWA 2024年6月【マンガ形式・マンガつき】

「ないとどうなる?日本国憲法：「ある・なし」をくらべてわかる憲法の大切さ 第2巻」木村草太監修 Gakken 2024年2月

「ないとどうなる?日本国憲法：「ある・なし」をくらべてわかる憲法の大切さ 第3巻」木村草太監修 Gakken 2024年2月

「楽しく学ぼう!日本と世界の歴史年表―まなぶっく」歴史学習研究会著 メイツユニバーサルコンテンツ 2024年1月

「調べて、くらべて、考える!くらしの中の和と洋 [1]」岡部敬史編著 汐文社 2024年2月

「鉄道のひみつ図鑑：ジャンルで比べる―楽しく学んで遊べるシリーズ」朝日新聞出版編著 朝日新聞出版 2024年8月

比較＞選択

「10歳から知っておきたい「自分で決める力」の伸ばし方」鳥原隆志著；もなかイラスト 日本能率協会マネジメントセンター 2024年9月

「チョコかバニラか?」ジェイソン・シガ著；岩城義人訳 アリス館 2024年4月【マンガ形式・マンガつき】

「どっちがいい?」やまじすみさく；あやみえ 幻冬舎メディアコンサルティング 幻冬舎 2024年4月

「どっちを選ぶ?クイズで学ぶ!こども防犯サバイバル 1」国崎信江監修 日本図書センター 2024年1月

「どっちを選ぶ?クイズで学ぶ!こども防犯サバイバル 2」国崎信江監修 日本図書センター 2024年1月

「どっちを選ぶ?クイズで学ぶ!こども防犯サバイバル 3」国崎信江監修 日本図書センター 2024年1月

飛行

「ズーミング!旅客機：疑問を拡大していけば仕組みが見えてくる!」チャーリィ古庄著 秀和システム 2024年1月

「ドラえもん科学ワールド飛行機から生き物まで空を飛ぶしくみ―ビッグ・コロタン；221」藤子・F・不二雄まんが；藤子プロ；岐阜かかみがはら航空宇宙博物館監修 小学館 2024年4月【マンガ形式・マンガつき】

「最強に面白い飛行機―ニュートン超図解新書」浅井圭介監修 ニュートンプレス 2024年6月

「飛行機の学校：わかりやすくておもしろい!!―ニュートン科学の学校シリーズ」今野友和監修 ニュートンプレス 2024年2月

状況・行動・現象

風景、景色

「びっくりせかいりょこうちきゅうのちから─しぜんにタッチ!」ひさかたチャイルド 2024年6月【指導者用解説つき】

不思議、謎、秘密

「10歳からの確率やってみた!：おもしろいほどキミの直感を裏切る!」横山明日希著;カケヒジュンマンガ・イラスト くもん出版(くもんこれからの学び) 2024年12月

「アザラシのひみつ─飼育員さんもっとおしえて!」松橋利光写真;池田菜津美文;神田めぐみイラスト 新日本出版社 2024年4月

「あした話したくなるわくわくどきどき宇宙のひみつ」渡部潤一監修;朝日新聞出版編著 朝日新聞出版 2024年7月

「イネの教え 下巻」群羊社(たべもの・食育絵本) 2024年8月

「う、のはなし」小島こうき作;ハマダミノル絵 幻冬舎メディアコンサルティング 幻冬舎 2024年2月

「うちゅうのなぞ」的川泰宣;斎藤紀男監修;てづかあけみえ・ぶん パイインターナショナル(はじめてのなぜなにふしぎえほん) 2024年6月

「うんこ虫を追え = THE MYSTERIOUS ECOLOGY OF JAPANESE DUNG BEETLES」舘野鴻文・絵 福音館書店(たくさんのふしぎ傑作集) 2024年5月

「エグい星ずかん：こわくて、へんてこで、おもしろい!」渡部潤一監修 すばる舎 2024年1月

「おとなもこどもも知りたい生成AIの教室」鈴木秀樹監修 カンゼン 2024年7月

「おもしろすぎる鉱物・宝石図鑑」さとうかよこ著 幻冬舎 2024年1月

「かがくでなぞときどうわのふしぎ50：名作のなぜ?なに?をさがしにいこう!」川村康文;小林尚美著;北川チハル童話 世界文化ブックス 世界文化社(小学生からよみたいかがくずかん) 2024年3月

「かくれた能力を見つける!キミだけのスゴい脳のヒミツ」加藤俊徳著 KADOKAWA 2024年2月

「カネオくんと学ぶおどろき!現代社会とお金のヒミツ：数字とクイズで楽しくわかる」NHK「有吉のお金発見突撃!カネオくん」制作班編 翔泳社 2024年5月

「カバのひみつ─飼育員さんもっとおしえて!」松橋利光写真;池田菜津美文;神田めぐみイラスト 新日本出版社 2024年3月

「カラダのひみつをのぞいてみよう!すごい人体の図鑑」坂井建雄監修 ナツメ社 2024年8月

「キッチンラボ作って食べておうち実験!」露久保美夏著 偕成社 2024年7月

「キッチン実験室：食べ物のなぜを探ろう!」オレンジページ(こどもオレンジページ) 2024年7月

状況・行動・現象

「きょうりゅうのわかっていることわかっていないこと」国立科学博物館監修;きのしたさとみぶん;よしもりひろすけえ 小学館集英社プロダクション(ShoPro Books) 2024年6月

「くらべて発見タネの「いのち」1」農文協編;山中正大絵 農山漁村文化協会 2024年1月

「くらべて発見タネの「いのち」2」農文協編;山中正大絵 農山漁村文化協会 2024年3月

「くらべて発見タネの「いのち」3」農文協編;山中正大絵 農山漁村文化協会 2024年4月

「これってホント?世界の○×図鑑」タダユキヒロ絵;ウソホント調査隊編 文響社 2024年

「ざんねん?びっくり!文房具のひみつ事典」ヨシムラマリ著;高畑正幸監修 講談社 2024年5月

「しょうこをつかめ!:コレラのなぞをといた医者ジョン・スノウ」デボラ・ホプキンソン文;ニック・ヘンダーソン絵;福本友美子訳 光村教育図書 2024年11月【物語形式(ノンフィクション)】

「シロツメクサはともだち」鈴木純著 ブロンズ新社 2024年3月

「ジンベエザメのひみつ―飼育員さんもっとおしえて!」松橋利光写真;池田菜津美文;神田めぐみイラスト 新日本出版社 2024年5月

「ずかんゴキブリ:★見ながら学習調べてなっとく」柳澤静磨著;安斉俊イラスト 技術評論社 2024年8月

「すごい不思議な恐竜図鑑:なんで、こうなった!?」土屋健監修;内山大助絵 中央公論新社 2024年7月

「すごすぎる絵画の図鑑:名画のひみつがぜんぶわかる!」青い日記帳著;川瀬佑介監修 KADOKAWA 2024年5月

「すすめ!雪国スノーファイター」星野秀樹写真;池田菜津美文 新日本出版社(くらしをささえる乗りもの) 2024年11月

「せがのびる」やぎゅうげんいちろうさく 福音館書店(かがくのとも絵本) 2024年2月

「タコのなぞ:「海の賢者」のひみつ88」池田譲著 講談社 2024年8月

「つぼみ たね はっぱ…しょくぶつこれ、なあに? 1」斎木健一;白坂洋一監修 ポプラ社 2024年4月

「つぼみ たね はっぱ…しょくぶつこれ、なあに? 2」斎木健一;白坂洋一監修 ポプラ社 2024年4月

「つぼみ たね はっぱ…しょくぶつこれ、なあに? 3」斎木健一;白坂洋一監修 ポプラ社 2024年4月

「つぼみ たね はっぱ…しょくぶつこれ、なあに? 4」斎木健一;白坂洋一監修 ポプラ社 2024年4月

「つぼみ たね はっぱ…しょくぶつこれ、なあに? 5」斎木健一;白坂洋一監修 ポプラ社 2024年4月

「つぼみ たね はっぱ…しょくぶつこれ、なあに? 6」斎木健一;白坂洋一監修 ポプラ社 2024年4月

状況・行動・現象

「つぼみ たね はっぱ…しょくぶつこれ、なあに? 7」斎木健一;白坂洋一監修 ポプラ社 2024年4月

「トガリネズミひみつのくらし」六田晴洋写真・文 世界文化ワンダーグループ 世界文化社（世界文化社のワンダー絵本）2024年6月

「ドクターエッグ : いきもの入門 8―かがくるBOOK. 科学漫画いきもの観察シリーズ」パクソンイ文;洪鐘賢絵;チームレインボー訳 朝日新聞出版 2024年4月

「ドクターエッグ : いきもの入門 9―かがくるBOOK. 科学漫画いきもの観察シリーズ」パクソンイ文;洪鐘賢絵;チームレインボー訳 朝日新聞出版 2024年7月【マンガ形式・マンガつき】

「となりのきょうだい理科でミラクル　ふしぎな「人のからだ」編」となりのきょうだい原作;アンチヒョンストーリー;ユナニまんが;イジョンモ;となりのきょうだいカンパニー監修;となりのしまい訳 東洋経済新報社 2024年5月【マンガ形式・マンガつき】

「となりのきょうだい理科でミラクル　気になるお天気編」となりのきょうだい原作;アンチヒョンストーリー;ユナニまんが;イジョンモ;となりのきょうだいカンパニー監修;となりのしまい訳 東洋経済新報社 2024年5月【マンガ形式・マンガつき】

「となりのきょうだい理科でミラクル　食べ物☆天国編」となりのきょうだい原作;アンチヒョンストーリー;ユナニまんが;イジョンモ;となりのきょうだいカンパニー監修;となりのしまい訳 東洋経済新報社 2024年5月【マンガ形式・マンガつき】

「なぜ?どうして?いきもののお話 1年生―よみとく10分」杉野さち子総合監修 Gakken 2024年6月【物語形式（ノンフィクション）】

「なぜお月さまは形を変えるのかな?」西村一洋絵・文 文芸社 2024年9月【物語形式（フィクション）】

「はっけん!カナヘビ」関慎太郎写真;竹中践編著 緑書房（日本のいきものビジュアルガイド）2024年4月

「はっけん!田んぼのいきもの」関慎太郎写真;大塚泰介編著 緑書房 2024年11月

「ビジュアル図鑑妖怪 = Visual Encyclopedia YOKAI」木下昌美監修 カンゼン 2024年6月

「ペンギンのひみつ―飼育員さんもっとおしえて!」松橋利光写真;池田菜津美文;神田めぐみイラスト 新日本出版社 2024年4月

「マインクラフトで楽しく学習!科学のふしぎ : マンガとクイズでよくわかる!」大山光晴監修;学研キッズネット編集部編・著 ワン・パブリッシング 2024年4月【マンガ形式・マンガつき】

「まだまだざんねんないきもの事典 : おもしろい!進化のふしぎ」今泉忠明監修;下間文恵;おおうちあす華;uni絵;有沢重雄ほか文 高橋書店 2024年4月

「まよなかのとっきゅうれっしゃ」溝口イタル絵;こどものほん編集部文 交通新聞社（でんしゃのひみつ）2024年4月

「まるごとわかる!地球の科学大図鑑」DK社編集;梅田智世訳 河出書房新社 2024年8月

状況・行動・現象

「みえた!ぎたいするいきものたち」キャロン・ブラウン作;ウェズリー・ロビンズ絵;小松原宏子訳;河原孝行;しながわ水族館監修 くもん出版(ひかりではっけん) 2024年1月

「みんなが知りたい!クラゲのすべて:きれいな姿や色の魅力からゆらめく動きのヒミツまで―まなぶっく」鶴岡市立加茂水族館著 メイツユニバーサルコンテンツ 2024年6月

「みんなが知りたい!地層のひみつ:岩石・化石・火山・プレート:地球のナゾを解き明かす―まなぶっく」森田澄人監修 メイツユニバーサルコンテンツ 2024年9月

「みんなが知りたい!不思議な「カビ」のすべて:身近な微生物のヒミツがわかる―まなぶっく」細矢剛監修 メイツユニバーサルコンテンツ 2024年12月

「みんなそれぞれ心の時間 = TIME FLOWS DIFFERENTLY FOR YOU AND FOR ME」一川誠文;吉野晃希男絵 福音館書店(たくさんのふしぎ傑作集) 2024年3月

「モナ・リザってどこがすごいの?:作品理解がぐっと深まるルネサンス美術のきほん:マンガでわかるはじめてのアート」池上英洋監修;まつおかたかこイラスト 誠文堂新光社 2024年5月【マンガ形式・マンガつき】

「ワニのひみつ―飼育員さんもっとおしえて!」松橋利光写真;池田菜津美文;神田めぐみイラスト 新日本出版社 2024年3月

「意味がわかるとおもしろい!世界のスゴイ絵画」佐藤晃子著 Gakken 2024年5月

「宇宙には138億年のふしぎがいっぱい!月と銀河と星のロマン」山岡均監修 ナツメ社 2024年1月

「科学のなぞときマジカル・メイズ 1」シアン・グリフィス作;宮坂宏美訳;ONOCO絵;本田隆行日本語版監修・解説 ほるぷ出版 2024年6月

「科学のなぞときマジカル・メイズ 2」シアン・グリフィス作;宮坂宏美訳;ONOCO絵;本田隆行日本語版監修・解説 ほるぷ出版 2024年8月

「科学のなぞときマジカル・メイズ 3」シアン・グリフィス作;宮坂宏美訳;ONOCO絵;本田隆行日本語版監修・解説 ほるぷ出版 2024年9月

「科学のなぞときマジカル・メイズ 4」シアン・グリフィス作;宮坂宏美訳;ONOCO絵;本田隆行日本語版監修・解説 ほるぷ出版 2024年11月

「海の学校―ニュートン科学の学校シリーズ」藤倉克則監修 ニュートンプレス 2024年4月

「絵本うたうからだのふしぎ」川原繁人;北山陽一作;牧村久実まんが 講談社(講談社の創作絵本) 2024年1月

「奇妙で不思議な土の世界」英国王立園芸協会監修;ウェンジア・タン絵;ジャクリーン・ストラウド;マーク・レッドマイル=ゴードン文;林健太郎監訳;北川玲訳 創元社 2024年5月

「奇妙な生き物のオンパレード古生物のせかい:三葉虫、アノマロカリス、恐竜…個性豊かな太古の生き物たち―中・高生からの超絵解本」甲能直樹監修 ニュートンプレス 2024年10月

「技あり!モーレツ植物ずかん 1」長谷部光泰監修 鈴木出版 2024年1月

「技あり!モーレツ植物ずかん 2」長谷部光泰監修 鈴木出版 2024年3月

状況・行動・現象

「技あり!モーレツ植物ずかん 3」長谷部光泰監修 鈴木出版 2024年3月

「恐竜と古代の生き物図鑑」ダレン・ナイシュ監修;ジョン・ウッドワード著;田中康平監訳;喜多直子訳 創元社 2024年4月

「恐竜のあたまの中をのぞいたら : 脳科学でさぐる恐竜の感覚」大島英太郎作;河部壮一郎監修 福音館書店 2024年7月

「恐竜学検定公式ガイドブック : 初級・中級」Gakken 2024年8月

「空からながめる世界の七ふしぎ : タイムトラベル大冒険」コマヤスカン作・絵 Gakken 2024年6月

「月に移住!?宇宙開発物語—PIKA RIKA」講談社編;縣秀彦監修;荒舩良孝文 講談社 2024年4月

「根っこのふしぎな世界 [4]」小泉光久制作・文;中野明正監修;根研究学会編集協力 文研出版 2024年1月

「最強に面白い光」江馬一弘監修 ニュートンプレス(ニュートン超図解新書) 2024年9月

「最強に面白い超ひも理論—ニュートン超図解新書」橋本幸士監修 ニュートンプレス 2024年4月

「時間の学校—ニュートン科学の学校シリーズ」原田知広;田中真樹監修 ニュートンプレス 2024年8月

「自然とあそぼう植物のくらし編 [1]」農山漁村文化協会 2024年9月

「自然とあそぼう植物のくらし編 [3]」農山漁村文化協会 2024年7月

「自然とあそぼう植物のくらし編 [4]」農山漁村文化協会 2024年8月

「自然とあそぼう植物の育ち編 [2]」農山漁村文化協会 2024年2月【指導者用解説つき】

「自分だけの「フシギ」を見つけよう! : NHKカガクノミカタ」NHK「カガクノミカタ」制作班編;ヨシタケシンスケ絵 NHK出版 2024年3月

「身のまわりの不思議を科学する : 自然、健康、生活、料理のサイエンス」古崎新太郎著 花伝社 共栄書房 2024年9月

「身近で発見!「激レア」図鑑—キッズペディア」おかべたかし著 小学館 2024年7月

「人体レスキュー探検隊 : VISCERIS VOYAGE 01」Boichi著 集英社(勉タメJUMP BOOKS) 2024年7月

「人体先生図鑑 : 絵で楽しむ体のふしぎ」つぼいひろき絵;ペズル文;三枝慶一郎監修 プレジデント社 2024年5月

「図解はじめて学ぶ数学のせかい」サラ・ハル;トム・マンブレイ文;ポール・ボストンイラスト;浜崎絵梨訳;植野義明監修 晶文社 2024年1月

「世界お金の大図鑑 : 謎と秘密」青柳正規監修;コンスタンティノフ文・絵;若松宣子訳 西村書店東京出版編集部 2024年9月

状況・行動・現象

「世界の不思議と謎について知っておくべき100のこと―インフォグラフィックスで学ぶ楽しいサイエンス」ジェローム・マーティン;アリス・ジェームズ;ミカエラ・タプセル;アレックス・フリス文;フェデリコ・マリアーニ;ショウ・ニールセン;ドミニク・バイロン;ジェラルディン・サイ絵;竹内薫訳・監修 小学館 2024年1月

「想像をこえたおどろきの世界!感動する物理：自然現象も身近な不思議もすべては物理が教えてくれる―中・高生からの超絵解本」橋本幸士監修 ニュートンプレス 2024年5月

「大人も知らない?日本文化のなぞ事典」日本文化のなぞ研究会編;いぢちひろゆきイラスト;藤井青銅監修 マイクロマガジン社 2024年12月

「大人も知らない科学のふしぎ：「ののちゃんのDO科学」でサイエンスが好きになる：図解つき!」朝日新聞科学みらい部著 講談社 2024年3月

「知らなかった!国旗のひみつ図鑑」苅安望監修・著;講談社編 講談社 2024年2月

「知ると楽しい!パンのすべて：進化し続けるおいしさのひみつを大研究―まなぶっく」「パンのすべて」編集部著 メイツユニバーサルコンテンツ 2024年12月

「知れば楽しいクモの世界：網のひみつと忍者のような能力!?―ちしきのもり」馬場友希著 少年写真新聞社 2024年12月

「知れば知るほど好きになるもっと!科学のひみつ」本田隆行監修 高橋書店 2024年11月

「知れば知るほど好きになる世の中のひみつ」梅澤真一監修 高橋書店 2024年11月

「地球には46億年のふしぎがいっぱい!空と大地と海のミステリー」高橋典嗣監修 ナツメ社 2024年1月

「地球の不思議：秋田の火山学者・林信太郎先生が語る」林信太郎 秋田魁新報社 2024年6月

「茶の湯、やってみた!―おはなし日本文化；茶道」石崎洋司作;十々夜絵 講談社 2024年12月【物語形式(フィクション)】

「哲学ってなんだろう?：哲学の基本がわかる図鑑」DK社編;山本貴光訳 東京書籍 2024年3月

「鉄道のひみつ図鑑：ジャンルで比べる―楽しく学んで遊べるシリーズ」朝日新聞出版編著 朝日新聞出版 2024年8月

「転生したらスライムだった件で学べるBOOK昆虫」講談社編;転スラ製作委員会監修;石川忠学術監修 講談社 2024年10月【マンガ形式・マンガつき】

「転生したらスライムだった件で学べるBOOK人体―講談社まんがで学べるシリーズ」講談社編;転スラ製作委員会監修;山本健人医療監修 講談社 2024年7月【マンガ形式・マンガつき】

「動物―学研の図鑑LIVE；8」姉﨑智子総監修 Gakken 2024年7月【DVD・DVD-ROMつき】

「日本全国新幹線に乗ろう!：日本全国の新幹線が大集合!―まっぷるキッズ」昭文社 2024年11月

「発見がいっぱい!科学の実験」秋山幸也監修 成美堂出版 2024年6月

状況・行動・現象

「未確認動物UMA超図鑑：シン・世界の超ミステリー」並木伸一郎監修;こざきゆう文 ポプラ社 2024年7月

「名探偵コナンの小学生のうちに知っておきたい心のふしぎ103」青山剛昌原作;渡辺弥生監修 小学館 2024年2月

「名探偵コナン灰原哀の科学事件ファイル」青山剛昌原作;あさだみほまんが;くられ科学原案 小学館 2024年9月【マンガ形式・マンガつき】

「予想→観察でわかる!天気の変化 1」筆保弘徳監修 理論社 2024年5月【指導者用解説つき】

「予想→観察でわかる!天気の変化 2」筆保弘徳監修 理論社 2024年6月【指導者用解説つき】

「予想→観察でわかる!天気の変化 3」筆保弘徳監修 理論社 2024年6月【指導者用解説つき】

「予想→観察でわかる!天気の変化 4」筆保弘徳監修 理論社 2024年6月【指導者用解説つき】

不思議、謎、秘密＞暗号

「ようこそ、数学クラブへ：暗記もテストもない、もっと自由な「数」と「形」の世界」キムミニョン著;須見春奈訳 晶文社 2024年1月

分布

「虫たちの生き方事典：虫ってやっぱり面白い!」小松貴文・写真;じゅえき太郎イラスト 文一総合出版 2024年8月

変態

「くらべてわかる!こんちゅう図鑑 [3]」須田研司監修;森のくじらイラスト 童心社 2024年3月

保育

「ニュービジュアル家庭科：資料＋成分表」実教出版編修部著作 実教出版 2024年

「ニューライブラリー家庭科：資料＋成分表 2024」実教出版編修部著作 実教出版 2024年2月

「生活学Navi = Lifestyle Navigation：資料+成分表：家庭 2024」実教出版編修部著作 実教出版 2024年

冒険、探検

「チョコかバニラか?」ジェイソン・シガ著;岩城義人訳 アリス館 2024年4月【マンガ形式・マンガつき】

「とれたんず&でんしゃとことこだいずかん」yajitamaえ Gakken 2024年7月【物語形式（フィクション）】

「ヒーロー&ヒロインが5分でわかる!マンガ人物大百科 3」荒俣宏監修 日本図書センター 2024年4月【マンガ形式・マンガつき】

状況・行動・現象

「むてっぽうな女性探検家ずかん」クリスティーナ・プホル・プイガス著;レーナ・オルテガ絵;星野由美訳 岩崎書店 2024年8月【物語形式（ノンフィクション）】

「海：ビーグル号で海たんけん」高久至著;はせがわはっちイラストレーション アリス館 2024年6月

「元素くん：水素と酸素の旅」飯田ケンイチ作;カプサイシン絵 文芸社 2024年12月【物語形式（フィクション）】

「成功者の町：成功者は、成功者をこそ受け入れる。―OR BOOKS」大川隆法原作;大川紫央絵本監修;『成功者の町』作画プロジェクト編・絵 幸福の科学出版 2024年9月【物語形式（フィクション）】

冒険、探検＞学術探検

「犬ぞりで観測する北極のせかい：北極に通い続けた犬ぞり探検家が語る」山崎哲秀著;イズー漫画イラスト repicbook 2024年4月【マンガ形式・マンガつき】

瞑想、マインドフルネス

「ADHDの子どものためのマインドフルネス」シャロン・グランド著;タイア・モーリーイラスト;芦谷道子訳 創元社 2024年9月

「こころしずまるまほうのまねっこ：こどもマインドフルネス」芦谷道子作・監修;ももろ絵 Gakken 2024年5月【指導者用解説つき】

「サイエンスで納得!心と体のげんき習慣：NOLTYキッズワークブック―Nolty kids」成田奈緒子総合監修 日本能率協会マネジメントセンター 2024年5月

「マインドフル・セルフ・コンパッション：批判的な内なる声を克服する」カレン・ブルース著;岩壁茂監訳;浅田仁子訳 金剛出版 2024年11月

「やさしくわかるきもちのえほん [3]」渡辺弥生監修;すがわらけいこ絵;WILLこども知育研究所編著 金の星社 2024年3月

「子どものためのセルフ・コンパッション：マインドフルネスで自分を思いやる81のワーク」ロレイン・ホッブス;エイミー・バレンティン著;小林亜希子監修;遠藤康子訳 創元社 2024年9月

目標達成、目標設定

「こども目標達成教室：夢をかなえるために何が必要なのかがわかる本」竹橋洋毅監修;バウンド著 カンゼン 2024年5月

「目標を達成するための時間管理が身につく：勉強中にゲームをしてしまう小学生の必読本!」すわべしんいち著 repicbook 2024年1月【マンガ形式・マンガつき】

模様、文様

「楽しむ伝統文化着物 2」織田きもの専門学校監修 保育社 2024年1月

状況・行動・現象

役割

「はじめてのずかんのりもの」瀧靖之総監修;山﨑友也監修 講談社(講談社の動く図鑑 MOVE) 2024年6月

「三角をひっくり返したら」竹下克己文 三恵社 2024年11月

有害、毒

「けなげ!?せつない!?ちょっと意外な毒のある生きもの」今泉忠明監修 ナツメ社 2024年8月【マンガ形式・マンガつき】

「サバイバル!危険昆虫大図鑑」中野富美子構成・文;丸山宗利監修 あかね書房 2024年1月

「技あり!モーレツ植物ずかん 2」長谷部光泰監修 鈴木出版 2024年3月

「毒図鑑 : 生きていくには毒が必要でした。」丸山貴史著;あべたみお絵;国立科学博物館監修 幻冬舎 2024年3月

夢

「10代のキミに贈る夢を叶える50の質問」飯山晄朗著 秀和システム 2024年12月

「こども目標達成教室 : 夢をかなえるために何が必要なのかがわかる本」竹橋洋毅監修;バウンド著 カンゼン 2024年5月

「君に伝えたい「本当にやりたいこと」の見つけかた」池上彰監修 KADOKAWA 2024年2月

「歯科医師シゲちゃんの夢」片山繁樹文 三恵社 2024年7月【物語形式(ノンフィクション)】

「天職が見つかる空想教室 = Imagination Lesson」植松努著 サンクチュアリ出版(sanctuary books) 2024年10月

「夢も金もない高校生が知ると得する進路ガイド」石渡嶺司著 星海社 講談社(星海社新書) 2024年7月

予測

「最強に面白い銀河—ニュートン超図解新書」渡部潤一監修 ニュートンプレス 2024年12月【マンガ形式・マンガつき】

旅行、観光

「さがして!みつけて!世界で旅あそび」しんたにともこ作 小学館 2024年6月

「新幹線でつなぐ!にっぽん発見のたび [1]」山﨑友也監修 ほるぷ出版 2024年2月

「新幹線でつなぐ!にっぽん発見のたび [2]」山﨑友也監修 ほるぷ出版 2024年3月

「新幹線でつなぐ!にっぽん発見のたび [3]」山﨑友也監修 ほるぷ出版 2024年1月

「新幹線でつなぐ!にっぽん発見のたび [4]」山﨑友也監修 ほるぷ出版 2024年2月

状況・行動・現象

「新幹線でつなぐ!にっぽん発見のたび [5]」山﨑友也監修 ほるぷ出版 2024年3月

恋愛

「13歳までに伝えたい女の子の心と体のこと：マンガでよくわかる!」やまがたてるえ著;藤井昌子マンガ かんき出版 2024年9月【マンガ形式・マンガつき】

「mofusandのんびりうらない」ぢゅのイラスト;スパイラルキュート監修;LUA著 KADOKAWA 2024年7月

「No.1勉強・友情・恋がうまくいく!時間&手帳の使い方Lesson」吉武麻子監修 日本文芸社 2024年11月

「最強に面白い心理学――ニュートン超図解新書」外島裕監修 ニュートンプレス 2024年4月

「心理学の学校――ニュートン科学の学校シリーズ」横田正夫監修 ニュートンプレス 2024年6月

「大人に言えない小さな悩みが少しだけ軽くなる本 第3巻」田村節子監修 Gakken 2024年2月

「恋愛ってなんだろう?――中学生の質問箱」大森美佐著 平凡社 2024年2月

練習、トレーニング

「アーニャがかける!イラストレッスン：年中〜小学校中学年」遠藤達哉キャラクター原作;ペキォイラスト 集英社(SPY×FAMILYワークブック) 2024年3月

「ヴァイオリンミッションブック：ザイツまでにやっておきたい基礎完全攻略」髙橋里奈著 音楽之友社 2024年3月

「かくれた能力を見つける!キミだけのスゴい脳のヒミツ」加藤俊徳著 KADOKAWA 2024年2月

「かわいいドレスがたっぷりかける!おえかきレッスン」オチアイトモミイラスト;クロイ心理テスト執筆 ひかりのくに 2024年3月

「こどものバイエル 6」田丸信明編 ドレミ楽譜出版社(夢みるピアニスト) 2024年3月

「こどものバイエル・ドリル 1」内藤雅子編著 デプロMP 2024年2月

「こどものバイエル・ドリル 2」内藤雅子編著 デプロMP 2024年2月

「こどものバイエル・ドリル 3」内藤雅子編著 デプロMP 2024年3月

「こどものバイエル・ドリル 4」内藤雅子編著 デプロMP 2024年3月

「こどものバイエル・ドリル 5」内藤雅子編著 デプロMP 2024年4月

「こどものバイエル教本 2」森本琢郎;池田恭子共編 ドレミ楽譜出版社 2024年2月

「こどもの音楽ドリル：楽しくレベルアップ 1」杉山晴代編著 ドリーム・ミュージック・ファクトリー 2024年4月

「こどもの音楽ドリル：楽しくレベルアップ 2」杉山晴代編著 ドリーム・ミュージック・ファクトリー 2024年4月

状況・行動・現象

「こどもの篠崎ヴァイオリン教本：篠崎ヴァイオリン教本への導入」篠崎弘嗣;篠崎功子著 全音楽譜出版社 2024年2月【CD・CD-ROMつき】

「ゴラ先生のはじめてのヴァイオリン教本」ズデニェク・ゴラ著;山崎千晶訳 音楽之友社 2024年3月

「サッカー前橋育英高校式メニュー：多彩な攻撃を操るスキルを磨く―強豪校の練習法」山田耕介著 ベースボール・マガジン社 2024年1月

「サッカー入門：初心者もぐんぐんレベルアップ―中学デビューシリーズ」中村京平著 ベースボール・マガジン社 2024年7月

「ジュニアソルフェージュ：音とリズムのやさしい基礎 初級編」小倉えり子著 デプロMP 2024年7月

「ジュニアのためのボルダリング実践スキル上達バイブル―ジュニアコツがわかる本」小山田大監修 メイツユニバーサルコンテンツ 2024年9月

「テニス上達へ導く理論&メカニズム：必勝メソッドの理解と実践―ジュニアコツがわかる本」佐藤文平著 メイツユニバーサルコンテンツ 2024年5月

「どっちが強い!?からだレスキュー 6―角川まんが科学シリーズ；A76」ホットブラッドソウルズまんが KADOKAWA 2024年3月【マンガ形式・マンガつき】

「とにかくかわいいいきものイラスト描き方レッスン」ふじもとめぐみ著 西東社 2024年10月

「ともだちのーと：リトミック・ソルフェージュ：答えと指導のポイント付 2-2」石丸由理編著 ドレミ楽譜出版社 2024年2月【指導者用解説つき】

「バイオリン音階：自分でできる曲がわかりやすくなる：運指表付き1stポジション」金倉えりか編著 ホッタガクフ 2024年7月

「はじめてのジュニアサッカー」malvaサッカースクール監修 成美堂出版 2024年3月【DVD・DVD-ROMつき】

「バスケットボールIQドリル：ジュニア選手の「考える力」を鍛える50のコツ：判断力を伸ばす!―ジュニアコツがわかる本」倉石平監修 メイツユニバーサルコンテンツ 2024年9月

「バドミントン練習メニュー200―指導者と選手が一緒に学べる!」堂下智寛監修 池田書店 2024年7月

「バレーボール練習メニュー200―指導者と選手が一緒に学べる!」三枝大地監修 池田書店 2024年6月【指導者用解説つき】

「ひくのだいすき：目から耳から感性を育てる ピアノ編 2」辻井由美子;石井かおり共著 デプロMP 2024年5月

「ひとりですいすいひける!はじめてのピアチャレ：ピアノチャレンジ 3」山本美芽編 音楽之友社 2024年5月

「やさしく学ぶ楽典の森」中村寛子編;長野俊樹監修 音楽之友社 2024年4月

状況・行動・現象

「やってみようバスケットボール―こどもスポーツ練習Q&A」佐東雅幸著;鈴木良和監修 ベースボール・マガジン社 2024年3月【指導者用解説つき】

「やってみようバドミントン―こどもスポーツ練習Q&A」松村美智子著 ベースボール・マガジン社 2024年2月

「やってみよう野球―こどもスポーツ練習Q&A」飯塚智広著 ベースボール・マガジン社 2024年2月

「演奏する子どものためのビジョントレーニング：読譜力が伸びるワークブック」鈴木あみ著;北出勝也監修 ヤマハミュージックエンタテインメントホールディングスミュージックメディア部 2024年4月

「子供のためのソルフェージュ 1a」桐朋学園大学音楽学部附属子供のための音楽教室編 音楽之友社 2024年3月

「週に一度のおんがくワーク：楽典・聴音・ソルフェージュが同時に学べる 上巻」坂東貴余子;石川淑子;池田典子共著 ドレミ楽譜出版社 2024年3月

「上宮高校から学ぶソフトテニスの軸づくり」小牧幸二著 ベースボール・マガジン社 2024年1月

「親子でチャレンジ!防犯クイズブック」清永奈穂監修・解説文;ゆきのゆみこ構成・文 チャイルド本社 2024年12月

「水泳日大豊山高校式メニュー：基本を軸に泳ぎをつくる―強豪校の練習法」安村亜洲著 ベースボール・マガジン社 2024年3月

「卓球入門：初心者もぐんぐんレベルアップ―中学デビューシリーズ」三田村宗明著 ベースボール・マガジン社 2024年9月

「卓球練習メニュー200―指導者と選手が一緒に学べる!」張本宇監修 池田書店 2024年1月

「中高生のためのやさしいスポーツ医学ハンドブック」曽我部晋哉著 日本写真企画 2024年11月

「必ずうまくなる!!バスケットボール基本と練習法」鈴木良和;諸橋幸恵監修 電波社 2024年11月

「必ずうまくなる!!少年野球基本と練習法：打つ投げる守る」関口勝己著 電波社 2024年4月【指導者用解説つき】

「武田双葉のどんな子でも字がきれいになる本：10歳までに身につく「書きこみ式」練習帳―まなぶっく」武田双葉監修 メイツユニバーサルコンテンツ 2024年2月

「部活でスキルアップ!勝つテニス動画でわかる最強のコツ50―ジュニアコツがわかる本」矢崎篤監修 メイツユニバーサルコンテンツ 2024年4月

「陸上競技入門：初心者もぐんぐんレベルアップ―中学デビューシリーズ」菅間友一著 ベースボール・マガジン社 2024年5月

「論理的思考力ナゾトレ 第3ステージ-レベル2」北村良子著 金の星社 2024年8月

「論理的思考力ナゾトレ 第3ステージ-レベル3」北村良子著 金の星社 2024年8月

状況・行動・現象

練習、トレーニング＞訓練
「聴導犬ポッキー：いつもいっしょ」いがらしけいこさく;さかいゆきよえ サンライズ出版 2024年4月【物語形式（ノンフィクション）】

【科学・化学】

明るさ

「明るい星がよくわかる!1等星図鑑：全21個の特徴をすべて解説」藤井旭著 誠文堂新光社（子供の科学サイエンスブックスNEXT）2024年1月

アルコール

「10代からのヘルスリテラシー [2]」松本俊彦監修 大月書店 2024年10月

イオン

「最強に面白い化学―ニュートン超図解新書」桜井弘監修 ニュートンプレス 2024年2月

エネルギー、力

「10代からのサステナブル：持続可能な社会をめざして：輝く心と学ぶ喜びを」野田将晴著 高木書房 2024年9月

「13歳からのエネルギーを知る旅 = A JOURNEY TO KNOW THE WORLD OF ENERGY」関口美奈著 KADOKAWA 2024年2月

「NPOあいんしゅたいん理科実験シリーズ 1」小伊藤麦;くさばよしみ著;知的人材ネットワーク・あいんしゅたいん監修 ゆまに書房 2024年11月

「かこさとし新・絵でみる化学のせかい 5」かこさとし作;藤嶋昭監修 講談社 2024年11月

「のびーる理科エネルギー：音・光・電気・力」小川眞士監修;美濃ぷち子まんが作画 KADOKAWA 2024年10月

「ポプラディアプラス地球環境 = POPLAR ENCYCLOPEDIA PLUS Global Environment 2」ポプラ社 2024年4月

「るるぶマンガとクイズで楽しく学ぶ!電気とエネルギー：「電気ってスゴイ!」がよくわかる」川村康文監修 JTBパブリッシング 2024年3月【マンガ形式・マンガつき】

「元素くん：水素と酸素の旅」飯田ケンイチ作;カプサイシン絵 文芸社 2024年12月【物語形式（フィクション）】

「力と電気、音、光がわかる―ドラえもんの学習シリーズ.ドラえもんの理科おもしろ攻略」藤子・F・不二雄キャラクター原作;浜学園監修 小学館 2024年2月【マンガ形式・マンガつき】

エネルギー、力>カロリー

「生きるためのエネルギーカロリー! 1」牧野直子監修 フレーベル館 2024年12月

科学・化学

エネルギー、力＞放射線

「ビキニの海のねがい」森本忠彦絵;紙芝居「ビキニの海のねがい」を本にする会文 南の風社 2024年3月

「実験対決：学校勝ちぬき戦：科学実験対決漫画 48―かがくるBOOK. 実験対決シリーズ」 洪鐘賢絵;HANA韓国語教育研究会訳 朝日新聞出版 2024年8月【マンガ形式・マンガつき】

エネルギー、力＞放射線＞エックス線、ガンマ線

「透かして学ぼう：X線でなんでもスケスケ! 1」中出哲也監修;鈴木出版スケスケ研究会編 鈴木 出版 2024年2月

「透かして学ぼう：X線でなんでもスケスケ! 2」鈴木出版スケスケ研究会編 鈴木出版 2024年3 月

重さ

「動物最強王図鑑PFP：No.1決定トーナメント!! [特別版]」實吉達郎監修;山崎太郎イラスト Gakken 2024年8月

温度

「物質〈空気・水・水よう液〉がわかる―ドラえもんの学習シリーズ. ドラえもんの理科おもしろ攻 略」藤子・F・不二雄キャラクター原作;浜学園監修 小学館 2024年10月【マンガ形式・マンガつ き】

科学、化学一般

「10分で読めるわくわく科学 小学1・2年」荒俣宏監修 成美堂出版 2024年1月

「10分で読めるわくわく科学 小学3・4年」荒俣宏監修 成美堂出版 2024年1月

「10分で読めるわくわく科学 小学5・6年」荒俣宏監修 成美堂出版 2024年1月

「1話3分「名言」から考えるこども科学の偉人伝」キッズトリビア倶楽部編;トリバタケハルノブ絵 えほんの杜 2024年6月【物語形式（ノンフィクション）】

「3歳から親子でできる!おうち実験&あそび」いわママ著 ワニブックス 2024年7月

「5分間のサバイバル危険生物のなぞ：科学クイズにちょうせん!―かがくるBOOK. 科学クイズ サバイバルシリーズ」韓賢東絵;今泉忠明監修;朝日新聞出版編 朝日新聞出版 2024年2月【マ ンガ形式・マンガつき】

「NPOあいんしゅたいん理科実験シリーズ 1」小伊藤麦;くさばよしみ著;知的人材ネットワーク・ あいんしゅたいん監修 ゆまに書房 2024年11月

「おうちでカンタン!おもしろ実験ブック化学反応」寺本貴啓監修 秀和システム 2024年11月

「かがくあそび366 = 366 types of experiments：「試す力」「考える力」「楽しむ力」が伸びる1日1 実験」山村紳一郎著;子供の科学編 誠文堂新光社 2024年7月

225

科学・化学

「かがくでなぞときどうわのふしぎ50：名作のなぜ?なに?をさがしにいこう!」川村康文;小林尚美著;北川チハル童話 世界文化ブックス 世界文化社（小学生からよみたいかがくずかん）2024年3月

「かこさとし新・絵でみる化学のせかい 1」かこさとし作;藤嶋昭監修 講談社 2024年11月

「かこさとし新・絵でみる化学のせかい 2」かこさとし作;藤嶋昭監修 講談社 2024年11月

「かこさとし新・絵でみる化学のせかい 3」かこさとし作;藤嶋昭監修 講談社 2024年11月

「かこさとし新・絵でみる化学のせかい 4」かこさとし作;藤嶋昭監修 講談社 2024年11月

「かこさとし新・絵でみる化学のせかい 5」かこさとし作;藤嶋昭監修 講談社 2024年11月

「キッチンで頭がよくなる!理系脳が育つレシピ：小中学生向け」中村陽子著;辻義夫監修 飛鳥新社 2024年7月

「キッチンラボ作って食べておうち実験!」露久保美夏著 偕成社 2024年7月

「キッチン実験室：食べ物のなぜを探ろう!」オレンジページ（こどもオレンジページ）2024年7月

「きょうりゅうレントゲンびょういん」キョンヘウォンぶん・え;こまつようこやく;真鍋真監修 パイインターナショナル 2024年5月

「ぐんぐん考える力を育むかがくクイズブック」国立科学博物館ほか監修 西東社 2024年11月

「こども大図鑑：なんでも!いっぱい!」ジュリー・フェリスほか編集;米村でんじろう日本語版監修;オフィス宮崎日本語版編集 河出書房新社 2024年5月

「これってホント?世界の〇×図鑑」タダユキヒロ絵;ウソホント調査隊編 文響社 2024年

「サイエンスで納得!心と体のげんき習慣：NOLTYキッズワークブック—Nolty kids」成田奈緒子総合監修 日本能率協会マネジメントセンター 2024年5月

「サイエンス探偵団 = Science Detectives. 2」サイエンス倶楽部監修;天音まこと漫画 つちや書店 2024年8月【マンガ形式・マンガつき】

「さわって学べる科学図鑑」探究学舎日本語版監修;岡田好惠訳 Gakken 2024年4月

「ジュニア空想科学読本 24」柳田理科雄著;きっか絵 汐文社 2024年1月

「ジュニア空想科学読本 25」柳田理科雄著;きっか絵 汐文社 2024年11月

「ジュニア空想科学読本 26」柳田理科雄著;きっか絵 汐文社 2024年12月

「ジュニア空想科学読本 28」柳田理科雄著;きっか絵 KADOKAWA（角川つばさ文庫；Dや2-28）2024年3月

「ジュニア空想科学読本 29」柳田理科雄著;きっか絵 KADOKAWA（角川つばさ文庫；Dや2-29）2024年9月

「そうなの!?理科—教科別びっくり!オモシロ雑学；3」理科オモシロ雑学研究会編 岩崎書店 2024年1月

科学・化学

「たのしい!かがくのおはなし 1年生」横山正監修 高橋書店 2024年5月【物語形式（フィクション）】

「たのしい!科学のおはなし 2年生」横山正監修 高橋書店 2024年5月

「たべものの中にいるよ! 3」パクウノ文;尹怡景訳;家庭科教育研究者連盟監修 大月書店 2024年1月

「つかめ!理科ダマン 6」シンテフン作;ナスンフンまんが;呉華順訳 マガジンハウス 2024年4月【マンガ形式・マンガつき】

「つかめ!理科ダマン 7」シンテフン作;ナスンフンまんが;呉華順訳 マガジンハウス 2024年7月【マンガ形式・マンガつき】

「つめたいこおりどんなかたち?」細島雅代写真;伊地知英信構成・文 岩崎書店（かがくすっ）2024年12月

「できる!自由研究 小学1・2年生」ガリレオ工房編著 永岡書店 2024年6月

「できる!自由研究 小学3・4年生」ガリレオ工房編著 永岡書店 2024年6月

「できる!自由研究 小学5・6年生」ガリレオ工房編著 永岡書店 2024年6月

「どっちが強い!?A 6―角川まんが超科学シリーズ；D6」エアーチームまんが KADOKAWA 2024年6月【マンガ形式・マンガつき】

「となりのきょうだい理科でミラクル あつまれ!生き物編」となりのきょうだい原作;アンチヒョンストーリー;ユナニまんが;イジョンモ;となりのきょうだいカンパニー監修;となりのしまい訳 東洋経済新報社 2024年10月【マンガ形式・マンガつき】

「となりのきょうだい理科でミラクル きまぐれ☆流れ星編」となりのきょうだい原作;アンチヒョンストーリー;ユナニまんが;イジョンモ;となりのきょうだいカンパニー監修;となりのしまい訳 東洋経済新報社 2024年11月【マンガ形式・マンガつき】

「となりのきょうだい理科でミラクル ふしぎな「人のからだ」編」となりのきょうだい原作;アンチヒョンストーリー;ユナニまんが;イジョンモ;となりのきょうだいカンパニー監修;となりのしまい訳 東洋経済新報社 2024年5月【マンガ形式・マンガつき】

「となりのきょうだい理科でミラクル 花園ひとりじめ編」となりのきょうだい原作;アンチヒョンストーリー;ユナニまんが;イジョンモ;となりのきょうだいカンパニー監修;となりのしまい訳 東洋経済新報社 2024年11月【マンガ形式・マンガつき】

「となりのきょうだい理科でミラクル 気になるお天気編」となりのきょうだい原作;アンチヒョンストーリー;ユナニまんが;イジョンモ;となりのきょうだいカンパニー監修;となりのしまい訳 東洋経済新報社 2024年5月【マンガ形式・マンガつき】

「となりのきょうだい理科でミラクル 食べ物☆天国編」となりのきょうだい原作;アンチヒョンストーリー;ユナニまんが;イジョンモ;となりのきょうだいカンパニー監修;となりのしまい訳 東洋経済新報社 2024年5月【マンガ形式・マンガつき】

科学・化学

「ドラえもん学びワールドspecialわくわく科学実験—ビッグ・コロタン；229」藤子・F・不二雄まんが；藤子プロ；多摩六都科学館監修 小学館 2024年7月【マンガ形式・マンガつき】

「ノーベル賞受賞者列伝—PIKA RIKA」講談社編；若林文高監修 講談社 2024年2月【物語形式（ノンフィクション）】

「ビーカーくんのなるほど理科室用語辞典 = Glossary of science lab terms by Beaker-kun：実験・観察がもっとたのしくなる!」うえたに夫婦著 誠文堂新光社 2024年7月【マンガ形式・マンガつき】

「びっくり発見!おうちのなかのサイエンス：NOLTYキッズワークブック」川村康文；小林尚美監修 日本能率協会マネジメントセンター（Nolty kids）2024年8月

「ふしぎエンドレス理科6年何が言えるか☆まとめる—NHK for School」NHK「ふしぎエンドレス」制作班編；鳴川哲也監修 NHK出版 2024年1月

「ふしぎなグミ実験室：作って食べて科学のナゾをおいしく解き明かす!—まなぶっく」グミラボ編集室著 メイツユニバーサルコンテンツ 2024年7月

「ブリタニカビジュアル大図鑑：INFOGRAPHICA」ヴァレンティーナ・デフィリーポインフォグラフィック制作；アンドリュー・ペティ；コンラッド・キルティ・ハーパー編；武田知世；瀧下哉代；小巻靖子訳 NHK出版（BRITANNICA BOOKS）2024年11月

「マインクラフトで楽しく学習!科学のふしぎ：マンガとクイズでよくわかる!」大山光晴監修；学研キッズネット編集部編・著 ワン・パブリッシング 2024年4月【マンガ形式・マンガつき】

「まるごとわかる!地球の科学大図鑑」DK社編集；梅田智世訳 河出書房新社 2024年8月

「マンガと動画で楽しむオールカラー科学のはなし：生きもの、ものの性質、光、力、AI……：自分で考え、探求する力が身につく!—ナツメ社やる気ぐんぐんシリーズ」レイュール監修 ナツメ社 2024年6月【マンガ形式・マンガつき】

「やってみた!研究イグノーベル賞」五十嵐杏南著 東京書店 2024年2月

「リーゼ・マイトナー：核分裂を発見した女性科学者」マリッサ・モス著；中井川玲子訳 岩波書店 2024年3月【物語形式（ノンフィクション）】

「るるぶ毎日5分でまなびの種まきかがくのおはなし」辻健監修 JTBパブリッシング 2024年1月

「レオナルド・ダ・ビンチ：万能の芸術家—やさしく読めるビジュアル伝記；16巻」山本まさみ文；尾野こし絵；池上英洋監修 Gakken 2024年6月【物語形式（ノンフィクション）】

「偉人たちの挑戦 5—サイエンス探究シリーズ」東京電機大学編 東京電機大学出版局 2024年6月【物語形式（ノンフィクション）】

「音のサイエンス—学習まんがドラえもんふしぎのサイエンス」藤子・F・不二雄キャラクター原作；ひじおか誠まんが；戸井武司監修 小学館 2024年1月

「下水道のサバイバル：生き残り作戦 2—かがくるBOOK. 科学漫画サバイバルシリーズ；85」ポドアルチング文；韓賢東絵；HANA韓国語教育研究会訳 朝日新聞出版 2024年1月【マンガ形式・マンガつき】

科学・化学

「科学でさぐる日本人の図鑑：ビジュアル解説!」秋道智彌監修;本作り空Sola編 文研出版 2024年11月

「科学のおんどく：考える力がぐんぐん伸びる!」篠原菊紀監修 リベラル社 星雲社 2024年6月【物語形式（ノンフィクション）】

「科学のなぞときマジカル・メイズ 1」シアン・グリフィス作;宮坂宏美訳;ONOCO絵;本田隆行日本語版監修・解説 ほるぷ出版 2024年6月

「科学のなぞときマジカル・メイズ 2」シアン・グリフィス作;宮坂宏美訳;ONOCO絵;本田隆行日本語版監修・解説 ほるぷ出版 2024年8月

「科学のなぞときマジカル・メイズ 3」シアン・グリフィス作;宮坂宏美訳;ONOCO絵;本田隆行日本語版監修・解説 ほるぷ出版 2024年9月

「科学のなぞときマジカル・メイズ 4」シアン・グリフィス作;宮坂宏美訳;ONOCO絵;本田隆行日本語版監修・解説 ほるぷ出版 2024年11月

「科学実験―マコト★カガク研究団 ; 3」今井泉監修 ニュートンプレス 2024年11月【マンガ形式・マンガつき】

「海面上昇のサバイバル：生き残り作戦 2―かがくるBOOK. 科学漫画サバイバルシリーズ ; 88」ゴムドリco.文;韓賢東絵;HANA韓国語教育研究会訳 朝日新聞出版 2024年9月【マンガ形式・マンガつき】

「学研の中学生の理科自由研究 お手軽編」尾嶋好美監修 Gakken 2024年6月

「学研の中学生の理科自由研究 差がつく編」尾嶋好美監修 Gakken 2024年6月

「奇妙で不思議な樹木の世界」英国王立園芸協会監修;ジェン・グリーン文;クレア・マケルファトリック絵;加藤知道訳 創元社 2024年8月

「奇妙で不思議な土の世界」英国王立園芸協会監修;ウェンジア・タン絵;ジャクリーン・ストラウド;マーク・レッドマイル=ゴードン文;林健太郎監訳;北川玲訳 創元社 2024年5月

「巨大地震のサバイバル：生き残り作戦―かがくるBOOK. 科学漫画サバイバルシリーズ ; 86」洪在徹原案;もとじろう絵;大木聖子監修 朝日新聞出版 2024年2月【マンガ形式・マンガつき】

「恐竜ハンター：白亜紀の恐竜の捕まえ方」土屋健設定協力;川崎悟司ほかイラスト KADOKAWA 2024年3月

「月のサバイバル―かがくるBOOK. 科学漫画サバイバルシリーズ ; 89」洪在徹原案;吉田健二絵;渡部潤一監修 朝日新聞出版 2024年12月【マンガ形式・マンガつき】

「現代用語の基礎知識：学習版 2024-2025」現代用語検定協会監修 自由国民社 2024年7月

「考える力が身につく食べられる科学実験」露久保美夏著 ナツメ社 2024年8月

「高校生・化学宣言：高校化学グランドコンテストドキュメンタリー PART15」堀顕子監修 遊タイム出版 2024年5月

「今日から楽しい科学実験図鑑」川村康文著 SBクリエイティブ 2024年7月

229

科学・化学

「最強に面白い化学―ニュートン超図解新書」桜井弘監修 ニュートンプレス 2024年2月

「最強に面白い周期表」桜井弘監修 ニュートンプレス(ニュートン超図解新書) 2024年7月

「作ってびっくり!科学脳をきたえる!うごくおもちゃ工作」K&BSTUDIO作 あかね書房 2024年6月

「子どもと作る科学工作：宙に浮くディスプレイスタンド、100均材料で作るバスボム、ステンドグラス風オブジェ……」ささぼう著 工学社(I/O BOOKS) 2024年6月

「時間の学校―ニュートン科学の学校シリーズ」原田知広;田中真樹監修 ニュートンプレス 2024年8月

「自分だけの「フシギ」を見つけよう!：NHKカガクノミカタ」NHK「カガクノミカタ」制作班編;ヨシタケシンスケ絵 NHK出版 2024年3月

「実験でわかる!おいしい料理大研究：卵をゆでると固まるのはなぜ?うま味って何?」石川伸一著 誠文堂新光社(子供の科学サイエンスブックスNEXT) 2024年11月

「実験と観察がわかる―ドラえもんの学習シリーズ.ドラえもんの理科おもしろ攻略」藤子・F・不二雄キャラクター原作;浜学園監修 小学館 2024年11月【マンガ形式・マンガつき】

「実験対決：学校勝ちぬき戦：科学実験対決漫画 47―かがくるBOOK.実験対決シリーズ」洪鐘賢絵;HANA韓国語教育研究会訳 朝日新聞出版 2024年5月【マンガ形式・マンガつき】

「実験対決：学校勝ちぬき戦：科学実験対決漫画 48―かがくるBOOK.実験対決シリーズ」洪鐘賢絵;HANA韓国語教育研究会訳 朝日新聞出版 2024年8月【マンガ形式・マンガつき】

「実験対決：学校勝ちぬき戦：科学実験対決漫画 49―かがくるBOOK.実験対決シリーズ」洪鐘賢絵;HANA韓国語教育研究会訳 朝日新聞出版 2024年12月【マンガ形式・マンガつき】

「少年野球がメキメキ上達する60の科学的メソッド」下広志著 鉄人社 2024年5月

「食べ物のなぜ・不思議でわかる!10歳からの「おいしい」科学」齋藤勝裕著 カンゼン 2024年1月

「身のまわりの不思議を科学する：自然、健康、生活、料理のサイエンス」古崎新太郎著 花伝社 共栄書房 2024年9月

「世界おどろき探検隊!：おとなも知らない400の事実を追え!」ケイト・ヘイル文;アンディ・スミス絵;名取祥子訳 実務教育出版(BRITANNICA BOOKS) 2024年7月

「世界の不思議と謎について知っておくべき100のこと―インフォグラフィックスで学ぶ楽しいサイエンス」ジェローム・マーティン;アリス・ジェームズ;ミカエラ・タプセル;アレックス・フリス文;フェデリコ・マリアーニ;ショウ・ニールセン;ドミニク・バイロン;ジェラルディン・サイ絵;竹内薫訳・監修 小学館 2024年1月

「世界もっとおどろき探検隊!：知れば知るほどスゴイ400の事実を追え!」ケイト・ヘイル文;アンディ・スミス絵;谷岡美佐子訳 実務教育出版(BRITANNICA BOOKS) 2024年9月

「世界史探偵コナン：名探偵コナン歴史まんが シーズン2-5―CONAN HISTORY COMIC SERIES」青山剛昌原作 小学館 2024年10月【マンガ形式・マンガつき】

科学・化学

「生物、化学、物理、地学まるごと理科：身のまわりの現象がわかる！手軽に学びなおしもできる！
―中・高生からの超絵解本」縣秀彦監修 ニュートンプレス 2024年3月

「川の科学ずかん [3]」知花武佳監修；本作り空Sola編 文研出版 2024年1月

「大人も知らない科学のふしぎ：「ののちゃんのDO科学」でサイエンスが好きになる：図解つき！」朝日新聞科学みらい部著 講談社 2024年3月

「知ってるつもり!?13歳からの初耳の科学」ラリー・シェッケル著；片桐恵里；竹﨑紀子；内田真弓訳；川村康文監修 世界文化ブックス 世界文化社 2024年3月

「知れば知るほど好きになるもっと！科学のひみつ」本田隆行監修 高橋書店 2024年11月

「天気と気象―マコト★カガク研究団；2」荒木健太郎監修 ニュートンプレス 2024年6月【マンガ形式・マンガつき】

「天才！理科：Newton理系脳を育てる科学クイズドリル」縣秀彦監修 ニュートンプレス 2024年4月【マンガ形式・マンガつき】

「天才デイビッドの大実験！：ぼくたちが宿題をサボる理由：10歳からの行動経済学」ダン・アリエリー著；オマー・ホフマン絵；金原瑞人訳 静山社 2024年9月

「透かして学ぼう：X線でなんでもスケスケ！1」中出哲也監修；鈴木出版スケスケ研究会編 鈴木出版 2024年2月

「透かして学ぼう：X線でなんでもスケスケ！2」鈴木出版スケスケ研究会編 鈴木出版 2024年3月

「南極のサバイバル：生き残り作戦―かがくるBOOK. 科学漫画サバイバルシリーズ；16」洪在徹原案；もとじろう絵；国立極地研究所監修 朝日新聞出版 2024年10月

「入試問題で味わう東大化学 = HOW TO ENJOY HIGH SCHOOL CHEMISTRY」吉田隆弘；森上総共著 オーム社 2024年4月

「発見がいっぱい！科学の実験」秋山幸也監修 成美堂出版 2024年6月

「物質〈空気・水・水よう液〉がわかる―ドラえもんの学習シリーズ. ドラえもんの理科おもしろ攻略」藤子・F・不二雄キャラクター原作；浜学園監修 小学館 2024年10月【マンガ形式・マンガつき】

「北極で、なにがおきてるの？：気候変動をめぐるタラ号の科学探検」ルーシー・ルモワン作；シルバン・ドランジュ絵；パトゥイエ由美子；小澤友紀訳 花伝社 共栄書房 2024年4月【マンガ形式・マンガつき】

「名探偵コナン灰原哀の科学事件ファイル」青山剛昌原作；あさだみほまんが；くられ科学原案 小学館 2024年9月【マンガ形式・マンガつき】

「名探偵コナン空想科学読本」柳田理科雄著；青山剛昌原案 小学館（小学館ジュニア文庫；ジあ-2-59）2024年7月【マンガ形式・マンガつき】

科学・化学

科学技術

「「好き!」の先にある未来：わたしたちの理系進路選択」加藤美砂子編著 岩波書店（岩波ジュニアスタートブックス）2024年2月

「AIは人を好きになる?：科学技術をめぐる15の疑問―いざ!探Q；6」ピエルドメニコ・バッカラリオ;フェデリーコ・タッディア著;マッシモ・テンポレッリ監修;クラウディア・"ヌーク"・ラッツォーリイラスト;日永田智絵日本版監修;有北雅彦訳 太郎次郎社エディタス 2024年7月

「これから研究を始める高校生と指導教員のために：探究活動と課題研究の進め方・論文の書き方・口頭とポスター発表の仕方」酒井聡樹著 共立出版 2024年2月

「どっちが強い!?A 6―角川まんが超科学シリーズ；D6」エアーチームまんが KADOKAWA 2024年6月【マンガ形式・マンガつき】

「どっちが強い!?A(エース) 5―角川まんが超科学シリーズ；D5」エアーチームまんが;スペンサー倫亜編集・翻訳 KADOKAWA 2024年2月【マンガ形式・マンガつき】

「マインドマップでよくわかる気候変動―マインドマップ・シリーズ」トム・ジャクソン著;ドラガン・コルディッチイラスト;藤崎百合訳 ゆまに書房 2024年10月

「未来をつくる仕事図鑑 第2期1」Gakken 2024年2月

「未来をつくる仕事図鑑 第2期2」Gakken 2024年2月

「未来をつくる仕事図鑑 第2期3」Gakken 2024年2月

「目指せ!科学者：技術が世界を変える 2」藤嶋昭特別監修;岩科季治編集委員長 北野書店 2024年6月

「理系の職場 10」こどもくらぶ編 同友館 2024年9月

「理系の職場 12」こどもくらぶ編 同友館 2024年11月

「理系の職場 8」こどもくらぶ編 同友館 2024年1月

「理系の職場 9」こどもくらぶ編 同友館 2024年9月

科学技術＞バイオミメティクス

「どっちが強い!?A(エース) 5―角川まんが超科学シリーズ；D5」エアーチームまんが;スペンサー倫亜編集・翻訳 KADOKAWA 2024年2月【マンガ形式・マンガつき】

科学技術＞フードテック

「フードテックとSDGs 1」石川伸一監修 フレーベル館 2024年11月

化学反応

「おうちでカンタン!おもしろ実験ブック化学反応」寺本貴啓監修 秀和システム 2024年11月

232

科学・化学

化学物質

「13歳からの環境学：未来世代からの叫び」古庄弘枝著 藤原書店 2024年8月

空気

「絵本うたうからだのふしぎ」川原繁人;北山陽一作;牧村久実まんが 講談社(講談社の創作絵本) 2024年1月

「物質〈空気・水・水よう液〉がわかる─ドラえもんの学習シリーズ. ドラえもんの理科おもしろ攻略」藤子・F・不二雄キャラクター原作;浜学園監修 小学館 2024年10月【マンガ形式・マンガつき】

「理科の力で考えよう!わたしたちの地球環境 1」川村康文著;KANADEL編 岩崎書店 2024年2月

空気＞温室効果ガス

「しっかりわかる「脱炭素=カーボンニュートラル」3」こどもくらぶ編 岩崎書店 2024年2月

「マインドマップでよくわかる気候変動─マインドマップ・シリーズ」トム・ジャクソン著;ドラガン・コルディッチイラスト;藤崎百合訳 ゆまに書房 2024年10月

空気＞酸素

「元素くん：水素と酸素の旅」飯田ケンイチ作;カプサイシン絵 文芸社 2024年12月【物語形式(フィクション)】

「元素の学校─ニュートン科学の学校シリーズ」桜井弘監修 ニュートンプレス 2024年10月

空気＞二酸化炭素（炭酸ガス）

「空気を変える：地球で生きつづけるために、今わたしたちができること」デビー・リヴィ文;アレックス・ボーズマ絵;宮坂宏美訳 あすなろ書房 2024年7月

「元素くん：水素と酸素の旅」飯田ケンイチ作;カプサイシン絵 文芸社 2024年12月【物語形式(フィクション)】

「未来をつくる仕事図鑑 第2期3」Gakken 2024年2月

原子

「かこさとし新・絵でみる化学のせかい 1」かこさとし作;藤嶋昭監修 講談社 2024年11月

「かこさとし新・絵でみる化学のせかい 2」かこさとし作;藤嶋昭監修 講談社 2024年11月

「最強に面白い化学─ニュートン超図解新書」桜井弘監修 ニュートンプレス 2024年2月

「最強に面白い量子論─ニュートン超図解新書」和田純夫監修 ニュートンプレス 2024年1月

科学・化学

元素

「元素くん：水素と酸素の旅」飯田ケンイチ作;カプサイシン絵 文芸社 2024年12月【物語形式（フィクション）】

「元素の学校―ニュートン科学の学校シリーズ」桜井弘監修 ニュートンプレス 2024年10月

「最強に面白い周期表」桜井弘監修 ニュートンプレス（ニュートン超図解新書）2024年7月

「石は元素の案内人」田中陵二文・写真 福音館書店（たくさんのふしぎ傑作集）2024年1月

元素＞水素

「元素くん：水素と酸素の旅」飯田ケンイチ作;カプサイシン絵 文芸社 2024年12月【物語形式（フィクション）】

「元素の学校―ニュートン科学の学校シリーズ」桜井弘監修 ニュートンプレス 2024年10月

元素＞炭素

「やさしくわかるエネルギー地政学：エネルギーを使いつづけるために知っておきたいこと―未来につなげる・みつけるSDGs」小野﨑正樹;奥山真司共著;小野﨑理香絵 技術評論社 2024年7月

「元素の学校―ニュートン科学の学校シリーズ」桜井弘監修 ニュートンプレス 2024年10月

自然科学

「はじめての自然科学366：読みもの&クイズで知識と教養がグングン身につく!」角川の集める図鑑GET!編集部特別編集 KADOKAWA 2024年2月

自然科学＞宇宙科学

「うちゅうのなぞ」的川泰宣;斎藤紀男監修;てづかあけみえ・ぶん パイインターナショナル（はじめてのなぜなにふしぎえほん）2024年6月

「最強に面白い宇宙の終わり―ニュートン超図解新書」横山順一監修 ニュートンプレス 2024年8月

自然科学＞地球科学

「大地、海、空、そして宇宙ぎゅぎゅっと地学：ダイナミックで壮大な地球のサイエンス―中・高生からの超絵解本」田近英一監修 ニュートンプレス 2024年7月

素粒子

「最強に面白い素粒子―ニュートン超図解新書」村山斉監修 ニュートンプレス 2024年3月

素粒子＞ヒッグス粒子

「最強に面白い素粒子―ニュートン超図解新書」村山斉監修 ニュートンプレス 2024年3月

科学・化学

電気、磁気

「のびーる理科エネルギー：音・光・電気・力」小川眞士監修;美濃ぷち子まんが作画 KADOKAWA 2024年10月

「るるぶマンガとクイズで楽しく学ぶ!電気とエネルギー：「電気ってスゴイ!」がよくわかる」川村康文監修 JTBパブリッシング 2024年3月【マンガ形式・マンガつき】

「力と電気、音、光がわかる—ドラえもんの学習シリーズ.ドラえもんの理科おもしろ攻略」藤子・F・不二雄キャラクター原作;浜学園監修 小学館 2024年2月【マンガ形式・マンガつき】

速さ

「ブン!ブン!レーシングカー：レゴブロックで最速の車を作れ!」クルツ編集部著;みずしまぱぎい訳 ポプラ社 2024年6月

「新幹線大集合!スーパー大百科」山﨑友也監修 成美堂出版 2024年10月【DVD・DVD-ROMつき】

光

「ドラえもん学びワールドspecialわくわく科学実験—ビッグ・コロタン；229」藤子・F・不二雄まんが;藤子プロ;多摩六都科学館監修 小学館 2024年7月【マンガ形式・マンガつき】

「のびーる理科エネルギー：音・光・電気・力」小川眞士監修;美濃ぷち子まんが作画 KADOKAWA 2024年10月

「マンガと動画で楽しむオールカラー科学のはなし：生きもの、ものの性質、光、力、AI……：自分で考え、探求する力が身につく!—ナツメ社やる気ぐんぐんシリーズ」レイユール監修 ナツメ社 2024年6月【マンガ形式・マンガつき】

「最強に面白い光」江馬一弘監修 ニュートンプレス(ニュートン超図解新書) 2024年9月

「力と電気、音、光がわかる—ドラえもんの学習シリーズ.ドラえもんの理科おもしろ攻略」藤子・F・不二雄キャラクター原作;浜学園監修 小学館 2024年2月【マンガ形式・マンガつき】

振り子

「のびーる理科エネルギー：音・光・電気・力」小川眞士監修;美濃ぷち子まんが作画 KADOKAWA 2024年10月

「想像をこえたおどろきの世界!感動する物理：自然現象も身近な不思議もすべては物理が教えてくれる—中・高生からの超絵解本」橋本幸士監修 ニュートンプレス 2024年5月

分子

「かこさとし新・絵でみる化学のせかい 1」かこさとし作;藤嶋昭監修 講談社 2024年11月

科学・化学

ミクロの世界、微視的世界

「ミクロワールド微生物大図鑑：電子顕微鏡でさぐる単細胞生物の不思議な世界」宮澤七郎;
洲崎敏伸監修;医学生物学電子顕微鏡技術学会編 小峰書店 2024年3月

「最強に面白い量子論―ニュートン超図解新書」和田純夫監修 ニュートンプレス 2024年1月

有機物

「最強に面白い化学―ニュートン超図解新書」桜井弘監修 ニュートンプレス 2024年2月

溶液＞水溶液

「物質〈空気・水・水よう液〉がわかる―ドラえもんの学習シリーズ.ドラえもんの理科おもしろ攻
略」藤子・F・不二雄キャラクター原作;浜学園監修 小学館 2024年10月【マンガ形式・マンガつ
き】

【自然・環境】

池

「身近で発見!「激レア」図鑑—キッズペディア」おかべたかし著 小学館 2024年7月

色

「あかきみどりのげんきべんとう」ゴトウノリユキ絵;川端輝江監修 少年写真新聞社(たべるってたのしい!) 2024年12月

「いろ・いろ:色覚と進化のひみつ」川端裕人作;中垣ゆたか絵 講談社(講談社の動く図鑑MOVEの科学えほん) 2024年3月

「いろいろぴったんこ!:ぽっちとぽっちくつしたえあわせ」まつばらのりこ作・絵 岩崎書店 2024年7月【英語つき】

「シールでかんたん!アート脳ちぎりえ」成田奈緒子監修;サタケシュンスケ絵 ポプラ社 2024年7月

「とうきょうの電車大百科:首都圏を走るカラフルな電車たち」イカロスのりものKids編集部編 イカロス出版(イカロスのりものKids) 2024年10月

「はってはがせるシールでおけいこ:すいぞくかんへいこう!:知育」小櫻悠太絵 エムピージェー 2024年10月

「何問クリア!?なぞときワールド [2]」児島勇気著 汐文社 2024年2月

「楽しむ伝統文化着物 2」織田きもの専門学校監修 保育社 2024年1月

「国旗と国章大図鑑 = Illustrated Encyclopedia of National Flags & Emblems of The World」苅安望著 世界文化ブックス 世界文化社 2024年1月

「知らなかった!国旗のひみつ図鑑」苅安望監修・著;講談社編 講談社 2024年2月

「頭がよくなる!ステンドグラスシールパズル」末永幸歩監修 Gakken 2024年7月

海

「10代からのサステナブル:持続可能な社会をめざして:輝く心と学ぶ喜びを」野田将晴著 高木書房 2024年9月

「7歳までに知っておきたいちきゅうえほん—Gakken STEAMえほんシリーズ」アリス・ジェームズ文;ステファノ・トネッティ絵;岡田好惠訳 Gakken 2024年6月

「あおいほしのあおいうみ = The blue oceans of a blue planet」シンク・ジ・アース編著 シンク・ジ・アース 紀伊國屋書店 2024年10月

「あさいち」大石可久也え;輪島・朝市の人びとかたり 福音館書店(かがくのとも絵本) 2024年3月

自然・環境

「うまれたよ!サケ」二神慎之介写真・文 岩崎書店(よみきかせいきものしゃしんえほん) 2024年2月

「かいてまなべる冒険ガイドうみ!」ピョートル・カルスキ作;渋谷友香訳 文響社 2024年5月

「カキじいさん、世界へ行く! = Grandpa Oyster goes to the world!」畠山重篤著 講談社 2024年10月

「クラゲのくらし」水口博也著 少年写真新聞社(少年写真新聞社写真絵本) 2024年7月

「こんなの見たことない!海のエイリアン図鑑」堀口和重写真;山崎陽子;山本晴美文 山と溪谷社 2024年7月

「タコのなぞ:「海の賢者」のひみつ88」池田譲著 講談社 2024年8月

「たべものの中にいるよ! 3」パクウノ文;尹怡景訳;家庭科教育研究者連盟監修 大月書店 2024年1月

「ちきゅう:地底のなぞを掘りだせ!―海を科学するマシンたち」山本省三作;ハマダミノル絵 くもん出版 2024年6月

「とびきりかわいくていとおしい海のいきもの図鑑」フクイサチヨイラスト;海遊館一部生態監修 イースト・プレス 2024年7月【マンガ形式・マンガつき】

「はじめての船ずかん」スタジオタッククリエイティブ 2024年7月

「みんなで知りたい生物多様性 5」文研出版 2024年9月

「ゆかいな魚たち:フグ ハリセンボン カワハギ アイゴ ハオコゼ ゴンズイ」福井歩写真・文;宮崎佑介監修 少年写真新聞社 2024年6月

「ロボットのずかん [3]」本田幸夫監修 金の星社 2024年3月

「海:ビーグル号で海たんけん」高久至著;はせがわはっちイラストレーション アリス館 2024年6月

「海からいただく日本のおかず 1」阿部秀樹写真・文;大日本水産会魚食普及推進センター監修 偕成社 2024年2月

「海からいただく日本のおかず 2」大日本水産会魚食普及推進センター監修;阿部秀樹写真・文 偕成社 2024年3月

「海からいただく日本のおかず 3」大日本水産会魚食普及推進センター監修;阿部秀樹写真・文 偕成社 2024年3月

「海にいきる」山城久雄 立夏書房 2024年3月

「海の学校―ニュートン科学の学校シリーズ」藤倉克則監修 ニュートンプレス 2024年4月

「海面上昇のサバイバル:生き残り作戦 1―かがくるBOOK. 科学漫画サバイバルシリーズ;87」ゴムドリco.文;韓賢東絵;HANA韓国語教育研究会訳 朝日新聞出版 2024年7月【マンガ形式・マンガつき】

自然・環境

「海面上昇のサバイバル：生き残り作戦 2—かがくるBOOK. 科学漫画サバイバルシリーズ；88」ゴムドリco.文;韓賢東絵;HANA韓国語教育研究会訳 朝日新聞出版 2024年9月【マンガ形式・マンガつき】

「最強サメと海の危険生物大図鑑」DK社編;黒輪篤嗣訳 河出書房新社 2024年6月

「最新!日本の恐竜」冨田幸光監修;目羅健嗣色鉛筆画 鳳書院 2024年8月

「子ども版これで死ぬ：外遊びで子どもが危険にあわないための安全の話」大武美緒子文;羽根田治ほか監修 山と渓谷社 2024年7月

「深海ロボット：海のふしぎを調べろ!—海を科学するマシンたち」山本省三作・絵 くもん出版 2024年6月

「水の一生図鑑：ぐるぐるめぐる水のサイクルを知って地球環境を学ぶ」林良博監修;片神貴子訳;子供の科学編 誠文堂新光社 2024年11月

「知ってるつもり!?13歳からの初耳の科学」ラリー・シェッケル著;片桐恵里;竹﨑紀子;内田真弓訳;川村康文監修 世界文化ブックス 世界文化社 2024年3月

「地球には46億年のふしぎがいっぱい!空と大地と海のミステリー」高橋典嗣監修 ナツメ社 2024年1月

「地球のいきものをめぐる旅：北極の海から熱帯雨林までなにがいるかな見つけてみよう!」ジョン・ウッドワード作;ニック・クラプトン監修;竹田純子訳 河出書房新社 2024年1月

「北極で、なにがおきてるの?：気候変動をめぐるタラ号の科学探検」ルーシー・ルモワン作;シルバン・ドランジュ絵;パトゥイエ由美子;小澤友紀訳 花伝社 共栄書房 2024年4月【マンガ形式・マンガつき】

「未来につなごう生物多様性 3」 文溪堂 2024年3月

海＞有明海

「カメスケのかわいい水辺の生き物 2」亀井裕介著;田渕周平イラスト;田中克監修;大石涼子企画・取材 やながわ有明海水族館 花乱社 2024年7月

海＞海辺

「カメスケのかわいい水辺の生き物 2」亀井裕介著;田渕周平イラスト;田中克監修;大石涼子企画・取材 やながわ有明海水族館 花乱社 2024年7月

海＞深海

「海の学校—ニュートン科学の学校シリーズ」藤倉克則監修 ニュートンプレス 2024年4月

「深海ロボット：海のふしぎを調べろ!—海を科学するマシンたち」山本省三作・絵 くもん出版 2024年6月

「深海魚に会える海：日本でいちばん深い海とそこにくらす生き物のひみつ」堀口和重写真・文 フレーベル館 2024年6月

自然・環境

「世界おどろき探検隊!：おとなも知らない400のワイルドな事実を追え! 動物編」ジュリー・ビア―文;アンディ・スミス絵;谷岡美佐子訳 実務教育出版(BRITANNICA BOOKS) 2024年7月

「未来につなごう生物多様性 3」 文溪堂 2024年3月

海＞地中海

「世界の歴史 1―集英社版学習まんが」 集英社 2024年10月【マンガ形式・マンガつき】

温泉

「びっくりせかいりょこうちきゅうのちから―しぜんにタッチ!」 ひさかたチャイルド 2024年6月【指導者用解説つき】

「調べてわかる!日本の山 3」鈴木毅彦監修 汐文社 2024年3月

火山、噴火

「ジオパークに出かけよう!：地球・自然・くらしの歴史旅行 2」あかつき教育図書 2024年2月

「みんなが知りたい!地層のひみつ：岩石・化石・火山・プレート：地球のナゾを解き明かす―まなぶっく」森田澄人監修 メイツユニバーサルコンテンツ 2024年9月

「わかる!取り組む!新・災害と防災 3」帝国書院編集部編集 帝国書院 2024年2月

「教訓を生かそう!日本の自然災害史 3」山賀進監修 岩崎書店 2024年1月

「写真でわかる!日本の国土とくらし 2」「写真でわかる!日本の国土とくらし」編集室著 理論社 2024年6月

「正しく知る!備える!火山のしくみ：噴火の基本から防災、火山登山の魅力まで徹底解剖!」及川輝樹;中野俊著 誠文堂新光社(子供の科学サイエンスブックスNEXT) 2024年12月

「大地、海、空、そして宇宙ぎゅぎゅっと地学：ダイナミックで壮大な地球のサイエンス―中・高生からの超絵解本」田近英一監修 ニュートンプレス 2024年7月

「大地のビジュアル大図鑑：日本列島5億年の旅 2」ポプラ社 2024年11月

「地球の不思議：秋田の火山学者・林信太郎先生が語る」林信太郎 秋田魁新報社 2024年6月

「調べてわかる!日本の山 3」鈴木毅彦監修 汐文社 2024年3月

「日本防災ずかん 2」おおつかのりこ文;野上健治監修 あかね書房 2024年1月

川、河原

「イノシシが泳いできた荒川」三井元子著 本の泉社 2024年5月【物語形式(ノンフィクション)】

「うまれたよ!サケ」二神慎之介写真・文 岩崎書店(よみきかせいきものしゃしんえほん) 2024年2月

240

自然・環境

「カキじいさん、世界へ行く! = Grandpa Oyster goes to the world!」畠山重篤著 講談社 2024年10月

「サケの旅 : ふるさとの川をめざす―命のつながり ; 6」平井佑之介写真・文 文一総合出版 2024年9月

「子ども版これで死ぬ : 外遊びで子どもが危険にあわないための安全の話」大武美緒子文;羽根田治ほか監修 山と溪谷社 2024年7月

「水の一生図鑑 : ぐるぐるめぐる水のサイクルを知って地球環境を学ぶ」林良博監修;片神貴子訳;子供の科学編 誠文堂新光社 2024年11月

「川の科学ずかん [3]」知花武佳監修;本作り空Sola編 文研出版 2024年1月

「未来につなごう生物多様性 3」 文溪堂 2024年3月

川、河原＞荒川

「イノシシが泳いできた荒川」三井元子著 本の泉社 2024年5月【物語形式（ノンフィクション）】

環境保全＞カーボンニュートラル

「しっかりわかる「脱炭素=カーボンニュートラル」2」こどもくらぶ編 岩崎書店 2024年1月

「しっかりわかる「脱炭素=カーボンニュートラル」3」こどもくらぶ編 岩崎書店 2024年2月

「ビジュアル脱炭素のしくみ 2」名古屋大学未来社会創造機構脱炭素社会創造センター編 ゆまに書房 2024年3月

環境保全＞再生可能エネルギー

「再生可能エネルギーの「現実」と「未来」がよくわかる本」市村拓斗監修 東京書籍 2024年8月

環境保全＞森林保護、自然保護

「SDGsってなぁに? : みらいのためにみんなができること [5]―やさしくよめるSDGsのえほん」関正雄監修;WILLこども知育研究所編・著 金の星社 2024年1月

「カキじいさん、世界へ行く! = Grandpa Oyster goes to the world!」畠山重篤著 講談社 2024年10月

「ソリアを森へ : マレーグマを救ったチャーンの物語」チャン・グエン作;ジート・ズーン絵;杉田七重訳 鈴木出版 2024年1月【物語形式（ノンフィクション）】

「どっちが強い!?W : オオメジロザメの襲撃―角川まんが科学シリーズ ; A91」ウィルソン・リュウストーリー;マウンテントップスタジオまんが;川口拓;新野大監修 KADOKAWA 2024年3月【マンガ形式・マンガつき】

「みんなで知りたい生物多様性 1」 文研出版 2024年5月

「みんなで知りたい生物多様性 2」 文研出版 2024年6月

自然・環境

「みんなで知りたい生物多様性 3」文研出版 2024年7月

「みんなで知りたい生物多様性 4」文研出版 2024年8月

「みんなで知りたい生物多様性 5」文研出版 2024年9月

「未来につなごう生物多様性 2」文溪堂 2024年2月

「野生生物は「やさしさ」だけで守れるか?：命と向きあう現場から」朝日新聞取材チーム著 岩波書店(岩波ジュニア新書) 2024年7月

環境保全＞脱炭素社会

「ビジュアル脱炭素のしくみ 2」名古屋大学未来社会創造機構脱炭素社会創造センター編 ゆまに書房 2024年3月

環境保全＞動物保護

「いのちの楽園：熊本サンクチュアリより」佐和みずえ作 静山社(静山社ノンフィクションライブラリー) 2024年11月【物語形式(ノンフィクション)】

「ソリアを森へ：マレーグマを救ったチャーンの物語」チャン・グエン作;ジート・ズーン絵;杉田七重訳 鈴木出版 2024年1月【物語形式(ノンフィクション)】

「まほろば動物病院はどこまでも」鷲塚貞長著 つちや書店 2024年7月【物語形式(フィクション)】

「保護ねこものがたり」大塚敦子著 ポプラ社(ポプラ社ノンフィクション) 2024年6月【物語形式(ノンフィクション)】

「野生生物は「やさしさ」だけで守れるか?：命と向きあう現場から」朝日新聞取材チーム著 岩波書店(岩波ジュニア新書) 2024年7月

環境問題＞エシカル消費

「お金の使い方で未来を変えよう! 4」松葉口玲子監修 童心社 2024年3月【マンガ形式・マンガつき】

環境問題＞海洋汚染

「SDGsってなぁに?：みらいのためにみんなができること [5]―やさしくよめるSDGsのえほん」関正雄監修;WILLこども知育研究所編・著 金の星社 2024年1月

「くろいはまべ：アースデイのはじまり―児童図書館・絵本の部屋」ショーナ・スティス;ジョン・スティス文;マリベル・レチューガ絵;武富博子やく 評論社 2024年4月

「マインドマップでよくわかるプラスチック問題―マインドマップ・シリーズ」クライブ・ギフォード著;ハナ・リーイラスト;藤崎百合訳 ゆまに書房 2024年10月

「環境問題とわたしたちのくらし―ドラえもんの学習シリーズ.ドラえもんの社会科おもしろ攻略」藤子・F・不二雄キャラクター原作;上田正人監修 小学館 2024年7月【マンガ形式・マンガつき】

自然・環境

環境問題＞環境問題一般

「50年後の地球と宇宙のこわい話：生きているうちに起こるかも？"こわいけどおもしろい"未来予想図」朝岡幸彦;渡部潤一監修 カンゼン 2024年4月

「SDGs環境編：キミならどう解決する？：水不足、ゴミ問題、大気汚染、絶滅危惧種…：世界が抱える環境問題に向き合おう―子ども教養図鑑」由井薗健;粕谷昌良監修;小学校社会科授業づくり研究会著 誠文堂新光社 2024年10月

「あおいほしのあおいうみ = The blue oceans of a blue planet」シンク・ジ・アース編著 シンク・ジ・アース 紀伊國屋書店 2024年10月

「くろいはまべ：アースデイのはじまり―児童図書館・絵本の部屋」ショーナ・スティス;ジョン・スティス文;マリベル・レチューガ絵;武富博子やく 評論社 2024年4月

「こどもSDGs達成レポート：SDGs達成に向けて、何を取り組むべきかがわかる本」秋山宏次郎監修;バウンド著 カンゼン 2024年2月

「ちょっと変わった環境の本：ミツバチがもたらす世界平和」エリン・ケルシー作;クレイトン・ハンマー絵;桑田健訳 化学同人 2024年3月

「どうぶつに聞いてみた：アニマルSDGs」益田文和;イアン筒井著;藤田咲恵絵;ときわ動物園監修;マリルゥキャラクター監修 ヌールエデザイン総合研究所 太郎次郎社エディタス 2024年5月

「ニッポンの数字：「危機」と「希望」を考える」眞淳平著 筑摩書房（ちくまプリマー新書）2024年2月

「ビジュアル脱炭素のしくみ 2」名古屋大学未来社会創造機構脱炭素社会創造センター編 ゆまに書房 2024年3月

「ポプラディアプラス地球環境 = POPLAR ENCYCLOPEDIA PLUS Global Environment 1」ポプラ社 2024年4月

「ポプラディアプラス地球環境 = POPLAR ENCYCLOPEDIA PLUS Global Environment 2」ポプラ社 2024年4月

「ポプラディアプラス地球環境 = POPLAR ENCYCLOPEDIA PLUS Global Environment 3」ポプラ社 2024年4月

「マインドマップでよくわかる水問題―マインドマップ・シリーズ」イザベル・トーマス著;エル・プリモ・ラモンイラスト;藤崎百合訳 ゆまに書房 2024年10月

「ライフライン = LIFE LINE：ネット・電力・水"見えないシステム"から知る世界のなりたち―14歳の世渡り術プラス」ダン・ノット著;桃井緑美子訳 河出書房新社 2024年2月【マンガ形式・マンガつき】

「環境問題とわたしたちのくらし―ドラえもんの学習シリーズ. ドラえもんの社会科おもしろ攻略」藤子・F・不二雄キャラクター原作;上田正人監修 小学館 2024年7月【マンガ形式・マンガつき】

「高等地図帳 2024-2025」二宮書店編集部著 二宮書店 2024年3月

自然・環境

「国際協力入門：平和な世界のつくりかた」山田満著 玉川大学出版部 2024年2月

「地球―学研の図鑑LIVE；9」上原真一総監修 Gakken 2024年12月【DVD・DVD-ROMつき】

「変えよう!ごみから資源へ―SDGs地球のためにできること；3」田崎智宏監修 国土社 2024年8月

「未来を照らす子どもたち：地球さんご賞作品集 2024年」水のもり文化プロジェクト編 潮出版社 2024年5月

「理科の力で考えよう!わたしたちの地球環境 1」川村康文著;KANADEL編 岩崎書店 2024年2月

「理科の力で考えよう!わたしたちの地球環境 2」川村康文著;KANADEL編 岩崎書店 2024年1月

「理科の力で考えよう!わたしたちの地球環境 3」川村康文著;KANADEL編 岩崎書店 2024年3月

環境問題＞産業廃棄物、廃棄物処理

「どっちが強い!?W：シベリアトラとの激闘―角川まんが科学シリーズ；A92」タダタダストーリー;マウンテントップスタジオまんが;川口拓;小菅正夫監修 KADOKAWA 2024年7月【マンガ形式・マンガつき】

「ペットボトルくんのねっけつ!リサイクルものがたり―SDGsの絵本」田中六大作;滝沢秀一監修 佼成出版社 2024年11月

環境問題＞資源再利用（リサイクル）

「ぞうのうんちはまわる」重松彌佐文;しろぺこり絵 新日本出版社 2024年6月

「ペットボトルくんのねっけつ!リサイクルものがたり―SDGsの絵本」田中六大作;滝沢秀一監修 佼成出版社 2024年11月

「モノの一生はドラマチック! 生まれ変わり編―NHK for School. ぼくドコ」NHK「ぼくドコ」制作班編 NHK出版 2024年6月

「変えよう!ごみから資源へ―SDGs地球のためにできること；3」田崎智宏監修 国土社 2024年8月

環境問題＞水質汚染

「環境問題とわたしたちのくらし―ドラえもんの学習シリーズ. ドラえもんの社会科おもしろ攻略」藤子・F・不二雄キャラクター原作;上田正人監修 小学館 2024年7月【マンガ形式・マンガつき】

環境問題＞大気汚染

「SDGs環境編：キミならどう解決する?：水不足、ゴミ問題、大気汚染、絶滅危惧種…：世界が抱える環境問題に向き合おう―子ども教養図鑑」由井薗健;粕谷昌良監修;小学校社会科授業づくり研究会著 誠文堂新光社 2024年10月

自然・環境

環境問題＞地球温暖化

「13歳からの環境学：未来世代からの叫び」古庄弘枝著 藤原書店 2024年8月

「SDGsってなぁに？：みらいのためにみんながてきること [5]―やさしくよめるSDGsのえほん」関正雄監修;WILLこども知育研究所編・著 金の星社 2024年1月

「しっかりわかる「脱炭素=カーボンニュートラル」2」こどもくらぶ編 岩崎書店 2024年1月

「しっかりわかる「脱炭素=カーボンニュートラル」3」こどもくらぶ編 岩崎書店 2024年2月

「たった2℃で…：地球の気温上昇がもたらす環境災害」キムファン文;チョンジンギョン絵 童心社 2024年5月

「ポプラディアプラス地球環境 = POPLAR ENCYCLOPEDIA PLUS Global Environment 1」ポプラ社 2024年4月

「マインドマップでよくわかる気候変動―マインドマップ・シリーズ」トム・ジャクソン著;ドラガン・コルディッチイラスト;藤崎百合訳 ゆまに書房 2024年10月

「海面上昇のサバイバル：生き残り作戦 1―かがくるBOOK. 科学漫画サバイバルシリーズ；87」ゴムドリco.文;韓賢東絵;HANA韓国語教育研究会訳 朝日新聞出版 2024年7月【マンガ形式・マンガつき】

「海面上昇のサバイバル：生き残り作戦 2―かがくるBOOK. 科学漫画サバイバルシリーズ；88」ゴムドリco.文;韓賢東絵;HANA韓国語教育研究会訳 朝日新聞出版 2024年9月【マンガ形式・マンガつき】

「環境問題とわたしたちのくらし―ドラえもんの学習シリーズ. ドラえもんの社会科おもしろ攻略」藤子・F・不二雄キャラクター原作;上田正人監修 小学館 2024年7月【マンガ形式・マンガつき】

「空気を変える：地球で生きつづけるために、今わたしたちができること」デビー・リヴィ文;アレックス・ボーズマ絵;宮坂宏美訳 あすなろ書房 2024年7月

「地球が悲鳴をあげている：さっちゃんと梅子おばあちゃんのSDGs 2」水谷久子著 文芸社 2024年6月【物語形式（フィクション）】

「天才!地球」倉本圭監修 ニュートンプレス(Newton理系脳を育てる科学クイズドリル；3) 2024年12月【マンガ形式・マンガつき】

「北極で、なにがおきてるの？：気候変動をめぐるタラ号の科学探検」ルーシー・ルモワン作;シルバン・ドランジュ絵;パトゥイエ由美子;小澤友紀訳 花伝社 共栄書房 2024年4月【マンガ形式・マンガつき】

「理科の力で考えよう!わたしたちの地球環境 1」川村康文著;KANADEL編 岩崎書店 2024年2月

「理科の力で考えよう!わたしたちの地球環境 2」川村康文著;KANADEL編 岩崎書店 2024年1月

「理科の力で考えよう!わたしたちの地球環境 3」川村康文著;KANADEL編 岩崎書店 2024年3月

自然・環境

環境問題＞プラスチックごみ

「マインドマップでよくわかるプラスチック問題―マインドマップ・シリーズ」クライブ・ギフォード著;ハナ・リーイラスト;藤崎百合訳 ゆまに書房 2024年10月

環境問題＞水不足

「SDGs環境編：キミならどう解決する？：水不足、ゴミ問題、大気汚染、絶滅危惧種…：世界が抱える環境問題に向き合おう―子ども教養図鑑」由井薗健;粕谷昌良監修;小学校社会科授業づくり研究会著 誠文堂新光社 2024年10月

「マインドマップでよくわかる水問題―マインドマップ・シリーズ」イザベル・トーマス著;エル・プリモ・ラモンイラスト;藤崎百合訳 ゆまに書房 2024年10月

環境問題＞リデュース

「変えよう!ごみから資源へ―SDGs地球のためにできること；3」田崎智宏監修 国土社 2024年8月

環境問題＞リユース

「変えよう!ごみから資源へ―SDGs地球のためにできること；3」田崎智宏監修 国土社 2024年8月

岩石、鉱物、化石＞化石

「あの恐竜どこにいた?地図で見る恐竜のくらし図鑑」ダレン・ナイシュ監修;クリス・バーカー;ダレン・ナイシュ著;田中康平監訳;喜多直子訳 創元社 2024年5月

「イグアノドンのツノはなぜきえた？：すがたをかえる恐竜たち」ショーン・ルービン文・絵;千葉茂樹訳 岩崎書店 2024年7月

「うんこ化石：地球と生命の歴史がわかる!」泉賢太郎著;藤嶋マル絵 飛鳥新社 2024年6月

「おおむかしのいきもの―はじめてのずかん」甲能直樹ほか監修 高橋書店 2024年4月

「カムイサウルス：世紀の大発見物語：NHKスペシャル ダーウィンが来た!取材ノートより」植田和貴文;小林快次監修 少年写真新聞社 2024年7月

「きょうりゅうレントゲンびょういん」キョンヘウォンぶん・え;こまつようこやく;真鍋真監修 パイインターナショナル 2024年5月

「こどもが学べる地球の歴史とふしぎな化石図鑑」泉賢太郎;井上ミノル著 創元社 2024年10月
【マンガ形式・マンガつき】

「ずかん古生物のりれきしょ：★見ながら学習調べてなっとく」土屋健著;土屋香絵;芝原暁彦監修 技術評論社 2024年8月

「みんなが知りたい!地層のひみつ：岩石・化石・火山・プレート：地球のナゾを解き明かす―まなぶっく」森田澄人監修 メイツユニバーサルコンテンツ 2024年9月

246

自然・環境

「恐竜と古代の生き物図鑑」ダレン・ナイシュ監修;ジョン・ウッドワード著;田中康平監訳;喜多直子訳 創元社 2024年4月

「古生物がもっと知りたくなる化石の話：恐竜と絶滅した哺乳類の姿にせまる」木村由莉著 岩波書店(岩波ジュニアスタートブックス) 2024年8月

「古生物学者と40億年」泉賢太郎著 筑摩書房(ちくまプリマー新書) 2024年4月

「最新!日本の恐竜」冨田幸光監修;目羅健嗣色鉛筆画 鳳書院 2024年8月

「世界を掘りつくせ!：人類の歴史を変えた18の偉大な発掘の物語」アレクサンドラ・ステュワート;キティ・ハリス著;喜多直子訳 創元社 2024年7月

「大地のビジュアル大図鑑：日本列島5億年の旅 6」ポプラ社 2024年11月

岩石、鉱物、化石＞岩石、鉱物、化石一般

「おもしろすぎる鉱物・宝石図鑑」さとうかよこ著 幻冬舎 2024年1月

「マンガマインクラフトで楽しく学べる!地球のひみつ」左巻健男監修;マイクラ職人組合著 宝島社 2024年3月【マンガ形式・マンガつき】

「みんなが知りたい!地層のひみつ：岩石・化石・火山・プレート：地球のナゾを解き明かす―まなぶっく」森田澄人監修 メイツユニバーサルコンテンツ 2024年9月

「ムクウェゲ医師、平和への闘い：「女性にとって世界最悪の場所」と私たち」立山芽以子;華井和代;八木亜紀子著 岩波書店(岩波ジュニア新書) 2024年6月

「石は元素の案内人」田中陵二文・写真 福音館書店(たくさんのふしぎ傑作集) 2024年1月

「石や木をつかった造形」国土社(図画工作deたのしい作品づくり) 2024年8月

「大地のビジュアル大図鑑：日本列島5億年の旅 4」ポプラ社 2024年11月

「大地のビジュアル大図鑑：日本列島5億年の旅 5」ポプラ社 2024年11月

岩石、鉱物、化石＞宝石

「おもしろすぎる鉱物・宝石図鑑」さとうかよこ著 幻冬舎 2024年1月

「何問クリア!?なぞときワールド [2]」児島勇気著 汐文社 2024年2月

「何問クリア!?なぞときワールド [3]」児島勇気著 汐文社 2024年3月

「何問クリア!?なぞときワールド [4]」児島勇気著 汐文社 2024年3月

「大地のビジュアル大図鑑：日本列島5億年の旅 5」ポプラ社 2024年11月

気象、気候

「7歳までに知っておきたいちきゅうえほん―Gakken STEAMえほんシリーズ」アリス・ジェームズ文;ステファノ・トネッティ絵;岡田好惠訳 Gakken 2024年6月

「そら・てんき―はじめてのずかん」くぼてんき;岩谷忠幸監修 高橋書店 2024年3月

自然・環境

「のびーる社会日本の地理：47都道府県・地形・気候他─角川まんが学習シリーズ；T20」篠塚昭司監修 KADOKAWA 2024年3月【マンガ形式・マンガつき】

「のびーる理科天体と気象：地球・宇宙・天気・自然─角川まんが学習シリーズ；T30」小川眞士監修;小川京美まんが作画 KADOKAWA 2024年10月

「はじめての地理学─世界基準の教養forティーンズ」ミナ・レイシー;ララ・ブライアン;サラ・ハル文;ウェスレー・ロビンズ絵;ロジャー・トレンド監修;水野一晴日本語版監修;清水玲奈訳 河出書房新社 2024年11月

「はれるんのぼうさい教室：クイズで学ぼう」堀江譲絵と文;日本気象予報士会監修 東京堂出版 2024年12月

「みんなが知りたい!気象のしくみ：身近な天気から世界の異常気象まで─まなぶっく」菅井貴子著 メイツユニバーサルコンテンツ 2024年4月

「みんなで知りたい生物多様性 4」文研出版 2024年8月

「めくって学べるてんきのしくみ図鑑」荒木健太郎著 Gakken 2024年8月

「海面上昇のサバイバル：生き残り作戦 1─かがくる BOOK. 科学漫画サバイバルシリーズ；87」ゴムドリco.文;韓賢東絵;HANA韓国語教育研究会訳 朝日新聞出版 2024年7月【マンガ形式・マンガつき】

「気象予報士わぴちゃんのお天気を知る本 [2]」岩槻秀明著 いかだ社 2024年3月

「気象予報士わぴちゃんのお天気を知る本 [3]」岩槻秀明著 いかだ社 2024年4月

「教訓を生かそう!日本の自然災害史 4」山賀進監修 岩崎書店 2024年2月

「高等地図帳 2024-2025」二宮書店編集部著 二宮書店 2024年3月

「最高にすごすぎる天気の図鑑 = The Most Amazing Visual Dictionary of Weather：空のひみつがぜんぶわかる!」荒木健太郎著 KADOKAWA 2024年4月

「写真でわかる!日本の国土とくらし 3」「写真でわかる!日本の国土とくらし」編集室著 理論社 2024年7月

「写真でわかる!日本の国土とくらし 4」「写真でわかる!日本の国土とくらし」編集室著 理論社 2024年7月

「鉄道で学ぶ小学生の「社会科」：町や暮らしとのおもしろいつながり─まなぶっく」今道琢也著 メイツユニバーサルコンテンツ 2024年8月

「天気と気象─マコト★カガク研究団；2」荒木健太郎監修 ニュートンプレス 2024年6月【マンガ形式・マンガつき】

「予想→観察でわかる!天気の変化 1」筆保弘徳監修 理論社 2024年5月【指導者用解説つき】

気象、気候＞異常気象

「みんなが知りたい!気象のしくみ：身近な天気から世界の異常気象まで─まなぶっく」菅井貴子著 メイツユニバーサルコンテンツ 2024年4月

自然・環境

「天気と気象─マコト★カガク研究団；2」荒木健太郎監修 ニュートンプレス 2024年6月【マンガ形式・マンガつき】

「予想→観察でわかる!天気の変化 4」筆保弘徳監修 理論社 2024年6月【指導者用解説つき】

気象、気候＞気温

「たった2℃で…：地球の気温上昇がもたらす環境災害」キムファン文；チョンジンギョン絵 童心社 2024年5月

気象、気候＞気候変動

「SDGsってなぁに？：みらいのためにみんなができること [5]─やさしくよめるSDGsのえほん」関正雄監修；WILLこども知育研究所編・著 金の星社 2024年1月

「マインドマップでよくわかる気候変動─マインドマップ・シリーズ」トム・ジャクソン著；ドラガン・コルディッチイラスト；藤崎百合訳 ゆまに書房 2024年10月

「まるごとわかる!地球の科学大図鑑」DK社編集；梅田智世訳 河出書房新社 2024年8月

「北極で、なにがおきてるの？：気候変動をめぐるタラ号の科学探検」ルーシー・ルモワン作；シルバン・ドランジュ絵；パトゥイエ由美子；小澤友紀訳 花伝社 共栄書房 2024年4月【マンガ形式・マンガつき】

季節＞秋

「10分でイベントスイーツ：カンタンなのにかわいい★ 秋」木村遥著 理論社 2024年7月

「おりがみであそぼ!秋のおりがみ」寺西恵里子著 新日本出版社 2024年3月

「きせつと行事をまなぶ秋のえほん」たかいひろこ絵・文 ポプラ社（もっとしりたいぶっく）2024年8月

「きせつをかんじる!12か月のぎょうじ [3]」田村学監修 ほるぷ出版 2024年2月

季節＞季節一般

「10分でイベントスイーツ：カンタンなのにかわいい★ 夏」木村遥著 理論社 2024年4月

「キャンプへいこう」ごとうひでゆきさく；みつたけたみこえ スタジオタッククリエイティブ 2024年5月

「こうえんのしぜん」PIXTA写真 ポプラ社（はじめてのミニずかん）2024年3月

「そら・てんき─はじめてのずかん」くぼてんき；岩谷忠幸監修 高橋書店 2024年3月

「つぼみ実物大ずかん」高岡昌江編 あすなろ書房 2024年2月

「ドラえもん学びワールドキャンプと自然観察─ビッグ・コロタン；228」藤子・F・不二雄まんが；藤子プロ；長谷部雅一監修 小学館 2024年7月【マンガ形式・マンガつき】

自然・環境

「ドラえもん学びワールド季節の行事としきたり―ビッグ・コロタン；232」藤子・F・不二雄原作；藤子プロ；橋本裕之監修 小学館 2024年12月【マンガ形式・マンガつき】

「昆虫ハンター・牧田習と親子で見つけるにほんの昆虫たち」牧田習著 日東書院本社 2024年7月

「子どもも大人も楽しくクラフト＆ディスプレイ！一年間のイベント手作り工作：つまみ細工で作る桜の髪飾り 明かりを灯すと回転する回り灯籠 紙を巻いて作るジャックオランタン……」IO編集部編 工学社(I/O BOOKS) 2024年9月

「小さな生きものの春夏秋冬：しゃしん絵本 13」池田菜津美文・構成 ポプラ社 2024年3月

「小さな生きものの春夏秋冬：しゃしん絵本 14」池田菜津美文・構成 ポプラ社 2024年3月

「小さな生きものの春夏秋冬：しゃしん絵本 15」池田菜津美文・構成 ポプラ社 2024年3月

「小さな生きものの春夏秋冬：しゃしん絵本 16」池田菜津美文・構成 ポプラ社 2024年3月

「小さな生きものの春夏秋冬：しゃしん絵本 17」池田菜津美文・構成 ポプラ社 2024年3月

「小さな生きものの春夏秋冬：しゃしん絵本 18」池田菜津美文・構成 ポプラ社 2024年3月

「小学生のための星空観察のはじめかた：観測のきほんと天体・星座・現象のひみつ―まなぶっく」甲谷保和監修 メイツユニバーサルコンテンツ 2024年11月

「植物」天野誠；斎木健一監修 講談社(講談社の動く図鑑MOVE) 2024年6月【DVD・DVD-ROMつき】

「大人も子どもも楽しいあたらしい自然あそび」奥山英治著 山と渓谷社 2024年8月

「鳥」 Gakken(はっけんずかんプラス. まどあきしかけ) 2024年3月

「予想→観察でわかる！天気の変化 3」筆保弘徳監修 理論社 2024年6月【指導者用解説つき】

季節＞旬

「コンフィチュールづくりは子どもの遊びです」ミシェル・オリヴェ文と絵；猫沢エミ訳 河出書房新社 2024年9月

季節＞夏

「おりがみであそぼ！夏のおりがみ」寺西恵里子著 新日本出版社 2024年2月

「きせつと行事をまなぶ夏のえほん」たかいひろこ絵・文 ポプラ社(もっとしりたいぶっく) 2024年5月

「きせつをかんじる！12か月のぎょうじ [2]」田村学監修 ほるぷ出版 2024年2月

「バタフライ：サイトウトシオdrama selection：十代に贈るドラマ」斉藤俊雄著 晩成書房 2024年3月【物語形式(ノンフィクション)】

250

自然・環境

季節＞春

「10分でイベントスイーツ：カンタンなのにかわいい★ 春」木村遥著 理論社 2024年4月

「おはなみパーティーさくらさくさく」すとうあさえ文;山田花菜絵;川島雅子レシピ提供 ほるぷ出版（おいしい行事のえほん）2024年2月

「おりがみであそぼ!春のおりがみ」寺西恵里子著 新日本出版社 2024年1月

「カワセミとはるのなかまたち」つだあみ 文芸社 2024年1月

「きせつと行事をまなぶ春のえほん」たかいひろこ絵・文 ポプラ社（もっとしりたいぶっく）2024年2月

「春の宇宙で幸せさがし—科学絵本シリーズ」ほっしーえいじさく;いちはらしんごえ 三恵社 2024年4月

季節＞冬

「10分でイベントスイーツ：カンタンなのにかわいい★ 冬」木村遥著 理論社 2024年7月

「おりがみであそぼ!冬のおりがみ」寺西恵里子著 新日本出版社 2024年4月

「きせつをかんじる!12か月のぎょうじ [4]」田村学監修 ほるぷ出版 2024年3月

「つぼみ たね はっぱ…しょくぶつこれ、なあに? 6」斎木健一;白坂洋一監修 ポプラ社 2024年4月

雲

「最高にすごすぎる天気の図鑑 = The Most Amazing Visual Dictionary of Weather：空のひみつがぜんぶわかる!」荒木健太郎著 KADOKAWA 2024年4月

「天気と気象—マコト★カガク研究団 ; 2」荒木健太郎監修 ニュートンプレス 2024年6月【マンガ形式・マンガつき】

「予想→観察でわかる!天気の変化 1」筆保弘徳監修 理論社 2024年5月【指導者用解説つき】

高原

「写真でわかる!日本の国土とくらし 2」「写真でわかる!日本の国土とくらし」編集室著 理論社 2024年6月

災害

「72時間生きぬくための101の方法：子どものための防災BOOK」夏緑著;たかおかゆみこ絵 童心社 2024年9月

「おじいちゃん、おばあちゃんを知ろう! 4」佐藤眞一監修 小峰書店 2024年4月

「キミも防災サバイバー!自分で探そう命のルート—NHK for School」NHK「キミも防災サバイバー!」制作班編;齋藤博伸監修 NHK出版 2024年11月

自然・環境

「すぐそこにせまる脅威巨大地震：南海トラフ地震に首都直下型地震何を想定し、どう備えるべきか—中・高生からの超絵解本」遠田晋次監修 ニュートンプレス 2024年12月

「たった2℃で…：地球の気温上昇がもたらす環境災害」キムファン文;チョンジンギョン絵 童心社 2024年5月

「みんなが知りたい!気象のしくみ：身近な天気から世界の異常気象まで—まなぶっく」菅井貴子著 メイツユニバーサルコンテンツ 2024年4月

「ロボット大図鑑：どんなときにたすけてくれるかな? 5」佐藤知正監修 ポプラ社 2024年4月

「気象予報士わぴちゃんのお天気を知る本 [2]」岩槻秀明著 いかだ社 2024年3月

「教訓を生かそう!日本の自然災害史 2」山賀進監修 岩崎書店 2024年1月

「教訓を生かそう!日本の自然災害史 3」山賀進監修 岩崎書店 2024年1月

「教訓を生かそう!日本の自然災害史 4」山賀進監修 岩崎書店 2024年2月

「国際協力入門：平和な世界のつくりかた」山田満著 玉川大学出版部 2024年2月

「最強に面白い人工知能 仕事編—ニュートン超図解新書」松原仁監修 ニュートンプレス 2024年6月

「調べてわかる!日本の山 3」鈴木毅彦監修 汐文社 2024年3月

「読んでみよう!もしものときの防災ブックガイド：小中学生のための500冊」舩木伸江監修 日外アソシエーツ 2024年12月

「日本防災ずかん 1」おおつかのりこ文;野上健治監修 あかね書房 2024年1月

災害＞大雨、豪雨、浸水、洪水

「わかる!取り組む!新・災害と防災 4」帝国書院編集部編集 帝国書院 2024年2月

「下水道のサバイバル：生き残り作戦 2—かがくるBOOK. 科学漫画サバイバルシリーズ；85」ポドアルチング文;韓賢東絵;HANA韓国語教育研究会訳 朝日新聞出版 2024年1月【マンガ形式・マンガつき】

「教訓を生かそう!日本の自然災害史 4」山賀進監修 岩崎書店 2024年2月

「日本防災ずかん 3」おおつかのりこ文;野上健治監修 あかね書房 2024年1月

「予想→観察でわかる!天気の変化 4」筆保弘徳監修 理論社 2024年6月【指導者用解説つき】

災害＞火事

「どっちが強い!?W：巨大ヒグマの暴走—角川まんが科学シリーズ；A93」ウィルソン・リュウストーリー;マウンテントップスタジオまんが;川口拓,小菅正夫監修 KADOKAWA 2024年11月【マンガ形式・マンガつき】

「巨大地震のサバイバル：生き残り作戦—かがくるBOOK. 科学漫画サバイバルシリーズ；86」洪在徹原案;もとじろう絵;大木聖子監修 朝日新聞出版 2024年2月【マンガ形式・マンガつき】

自然・環境

災害＞地震

「こんな時どうする?子ども防災BOOK : 親子でできる「準備」と「備え」がまるわかり!」警視庁警備部災害対策課;東京臨海広域防災公園そなエリア東京;国崎信江取材協力 主婦と生活社 2024年5月

「ジオパークに出かけよう! : 地球・自然・くらしの歴史旅行 2」あかつき教育図書 2024年2月

「すぐそこにせまる脅威巨大地震 : 南海トラフ地震に首都直下型地震何を想定し、どう備えるべきか―中・高生からの超絵解本」遠田晋次監修 ニュートンプレス 2024年12月

「はれるんのぼうさい教室 : クイズで学ぼう」堀江譲絵と文;日本気象予報士会監修 東京堂出版 2024年12月

「やってみた!いのちを守る64の防災活動 : bosai consciousness」関西大学初等部6年生(第11期生)著 さくら社 2024年2月

「わかる!取り組む!新・災害と防災 1」帝国書院編集部編集 帝国書院 2024年2月

「巨大地震のサバイバル : 生き残り作戦―かがくるBOOK. 科学漫画サバイバルシリーズ ; 86」洪在徹原案;もとじろう絵;大木聖子監修 朝日新聞出版 2024年2月【マンガ形式・マンガつき】

「教訓を生かそう!日本の自然災害史 2」山賀進監修 岩崎書店 2024年1月

「大地、海、空、そして宇宙ぎゅぎゅっと地学 : ダイナミックで壮大な地球のサイエンス―中・高生からの超絵解本」田近英一監修 ニュートンプレス 2024年7月

「大地のビジュアル大図鑑 : 日本列島5億年の旅 2」ポプラ社 2024年11月

「地底―好きを知識と力にかえるNewton博士ずかん ; 2」長沼毅監修 ニュートンプレス 2024年8月【マンガ形式・マンガつき】

「日本防災ずかん 2」おおつかのりこ文;野上健治監修 あかね書房 2024年1月

災害＞地震＞関東大震災

「子供の震災記 : 東京高等師範附属小学校・高等小学校児童作文集」初等教育研究会編 展望社 2024年10月

災害＞地震＞首都直下地震

「すぐそこにせまる脅威巨大地震 : 南海トラフ地震に首都直下型地震何を想定し、どう備えるべきか―中・高生からの超絵解本」遠田晋次監修 ニュートンプレス 2024年12月

災害＞地震＞津波

「たったひとつのおやくそく」かなざわまゆこ作・絵;よこばやしよしずみ原案 防災100年えほんプロジェクト実行委員会 神戸新聞総合出版センター 2024年3月

「ふしぎな光のしずく : けんたとの約束」木村真紀;田村弘美著 金港堂出版部 2024年3月【物語形式(フィクション)】

253

自然・環境

「わかる!取り組む!新・災害と防災 2」帝国書院編集部編集 帝国書院 2024年2月

「わかる!取り組む!新・災害と防災 4」帝国書院編集部編集 帝国書院 2024年2月

「巨大地震のサバイバル：生き残り作戦―かがくるBOOK. 科学漫画サバイバルシリーズ；86」洪在徹原案;もとじろう絵;大木聖子監修 朝日新聞出版 2024年2月【マンガ形式・マンガつき】

「最強に面白い人工知能 仕事編―ニュートン超図解新書」松原仁監修 ニュートンプレス 2024年6月

「日本防災ずかん 2」おおつかのりこ文;野上健治監修 あかね書房 2024年1月

災害＞地震＞南海トラフ地震

「すぐそこにせまる脅威巨大地震：南海トラフ地震に首都直下型地震何を想定し、どう備えるべきか―中・高生からの超絵解本」遠田晋次監修 ニュートンプレス 2024年12月

災害＞地震＞阪神・淡路大震災

「ありがとう!パンダタンタン激動のパン生：懸命に生きた28年間」神戸万知文・写真 技術評論社 2024年10月

災害＞地震＞東日本大震災

「2人の天使にあったボク」「石巻・絵本制作」プロジェクトチーム文;佐藤美宇;青山朱璃絵 日和幼稚園遺族有志の会 リーブル出版 2024年3月【物語形式(フィクション)】

「サケの旅：ふるさとの川をめざす―命のつながり；6」平井佑之介写真・文 文一総合出版 2024年9月

「ふしぎな光のしずく：けんたとの約束」木村真紀;田村弘美著 金港堂出版部 2024年3月【物語形式(フィクション)】

「原発事故、ひとりひとりの記憶：3.11から今に続くこと」吉田千亜著 岩波書店 (岩波ジュニア新書) 2024年2月

災害＞地震＞プレート

「大地、海、空、そして宇宙ぎゅぎゅっと地学：ダイナミックで壮大な地球のサイエンス―中・高生からの超絵解本」田近英一監修 ニュートンプレス 2024年7月

「大地のビジュアル大図鑑：日本列島5億年の旅 1」ポプラ社 2024年11月

災害＞自然災害

「キミも防災サバイバー!自分で探そう命のルート―NHK for School」NHK「キミも防災サバイバー!」制作班編;齋藤博伸監修 NHK出版 2024年11月

「はれるんのぼうさい教室：クイズで学ぼう」堀江讓絵と文;日本気象予報士会監修 東京堂出版 2024年12月

自然・環境

災害＞水害

「みんなを守る防災のしせつ [2]」ほるぷ出版 2024年12月

「写真でわかる!日本の国土とくらし 1」「写真でわかる!日本の国土とくらし」編集室著 理論社
2024年6月

災害＞水害＞治水

「みんなを守る防災のしせつ [2]」ほるぷ出版 2024年12月

災害＞台風、ハリケーン

「イノシシが泳いできた荒川」三井元子著 本の泉社 2024年5月【物語形式(ノンフィクション)】

「わかる!取り組む!新・災害と防災 4」帝国書院編集部編集 帝国書院 2024年2月

「教訓を生かそう!日本の自然災害史 4」山賀進監修 岩崎書店 2024年2月

「日本防災ずかん 3」おおつかのりこ文;野上健治監修 あかね書房 2024年1月

「予想→観察でわかる!天気の変化 2」筆保弘徳監修 理論社 2024年6月【指導者用解説つき】

災害＞竜巻

「はれるんのぼうさい教室 : クイズで学ぼう」堀江譲絵と文;日本気象予報士会監修 東京堂出
版 2024年12月

「わかる!取り組む!新・災害と防災 5」帝国書院編集部編集 帝国書院 2024年2月

「日本防災ずかん 3」おおつかのりこ文;野上健治監修 あかね書房 2024年1月

災害＞鳥獣害

「日本防災ずかん 3」おおつかのりこ文;野上健治監修 あかね書房 2024年1月

「野生生物は「やさしさ」だけで守れるか? : 命と向きあう現場から」朝日新聞取材チーム著 岩
波書店(岩波ジュニア新書) 2024年7月

災害＞土砂災害

「わかる!取り組む!新・災害と防災 5」帝国書院編集部編集 帝国書院 2024年2月

「巨大地震のサバイバル : 生き残り作戦―かがくるBOOK. 科学漫画サバイバルシリーズ ; 86」
洪在徹原案;もとじろう絵;大木聖子監修 朝日新聞出版 2024年2月【マンガ形式・マンガつき】

自然、環境一般

「クラゲのくらし」水口博也著 少年写真新聞社(少年写真新聞社写真絵本) 2024年7月

「しぜんのつながりのぞいてみよう : おきなわというちいさなしまのおはなし」おおしろあいかさく
ボーダーインク 2024年4月

自然・環境

「どうぶつに聞いてみた：アニマルSDGs」益田文和・イアン筒井著;藤田咲恵絵;ときわ動物園監修;マリルゥキャラクター監修 ヌールエデザイン総合研究所 太郎次郎社エディタス 2024年5月

「となりのきょうだい理科でミラクル　花園ひとりじめ編」となりのきょうだい原作;アンチヒョンストーリー;ユナニまんが;イジョンモ;となりのきょうだいカンパニー監修;となりのしまい訳 東洋経済新報社 2024年11月【マンガ形式・マンガつき】

「のびーる理科天体と気象：地球・宇宙・天気・自然―角川まんが学習シリーズ；T30」小川眞士監修;小川京美まんが作画 KADOKAWA 2024年10月

「フロントランナー = Front Runner 6」朝日新聞be編集部監修 岩崎書店 2024年10月【物語形式（ノンフィクション）】

「奇妙で不思議な樹木の世界」英国王立園芸協会監修;ジェン・グリーン文;クレア・マケルファトリック絵;加藤知道訳 創元社 2024年8月

「自然とあそぼう植物のくらし編 [1]」 農山漁村文化協会 2024年9月

「森の演出家ツッチーの自然あそびハンドブック」土屋一昭著 スタジオタッククリエイティブ 2024年8月

「正解のない問題集：自分らしく考え、生き抜くための　ボクらの課題編―新時代の教養」池上彰監修 Gakken 2024年7月

「調べてわかる!日本の山 2」鈴木毅彦監修 汐文社 2024年3月

「天才!理科：Newton理系脳を育てる科学クイズドリル」縣秀彦監修 ニュートンプレス 2024年4月【マンガ形式・マンガつき】

「微生物のはたらき大研究：人と環境とのかかわりをさぐろう―楽しい調べ学習シリーズ」鈴木智順監修 PHP研究所 2024年7月

「未来を照らす子どもたち：地球さんご賞作品集 2024年」水のもり文化プロジェクト編 潮出版社 2024年5月

自然現象＞つらら

「つめたいこおりどんなかたち?」細島雅代写真;伊地知英信構成・文 岩崎書店（かがくすっ）2024年12月

島

「リンディスファーンふくいんしょ = Lindisfarne Gospels：さいしょにえいごにほんやくされたせいしょ―絵本・聖書翻訳人物伝シリーズ；4」はまじまびんぶん;みのわまりこえ 22世紀アート 2024年1月【英語つき/物語形式（ノンフィクション）】

草原、草地

「世界おどろき探検隊!：おとなも知らない400のワイルドな事実を追え! 動物編」ジュリー・ビアー文;アンディ・スミス絵;谷岡美佐子訳 実務教育出版（BRITANNICA BOOKS）2024年7月

自然・環境

地形＞平野

「写真でわかる!日本の国土とくらし 1」「写真でわかる!日本の国土とくらし」編集室著 理論社 2024年6月

地形

「高等地図帳 2024-2025」二宮書店編集部著 二宮書店 2024年3月

地形＞盆地

「写真でわかる!日本の国土とくらし 1」「写真でわかる!日本の国土とくらし」編集室著 理論社 2024年6月

地形＞陸

「7歳までに知っておきたいちきゅうえほん—Gakken STEAMえほんシリーズ」アリス・ジェームズ 文;ステファノ・トネッティ絵;岡田好惠訳 Gakken 2024年6月

「知ってるつもり!?13歳からの初耳の科学」ラリー・シェッケル著;片桐恵里;竹﨑紀子;内田真弓 訳;川村康文監修 世界文化ブックス 世界文化社 2024年3月

「未来につなごう生物多様性 2」 文溪堂 2024年2月

地質、地層

「あの恐竜どこにいた?地図で見る恐竜のくらし図鑑」ダレン・ナイシュ監修;クリス・バーカー;ダ レン・ナイシュ著;田中康平監訳;喜多直子訳 創元社 2024年5月

「ジオパークに出かけよう! : 地球・自然・くらしの歴史旅行 3」 あかつき教育図書 2024年3月

「ちきゅう : 地底のなぞを掘りだせ!—海を科学するマシンたち」山本省三作;ハマダミノル絵 く もん出版 2024年6月

「みんなが知りたい!地層のひみつ : 岩石・化石・火山・プレート : 地球のナゾを解き明かす—ま なぶっく」森田澄人監修 メイツユニバーサルコンテンツ 2024年9月

「詳解現代地図 : 最新版 2024-2025」二宮書店編集部著 二宮書店 2024年3月

「大地のビジュアル大図鑑 : 日本列島5億年の旅 3」 ポプラ社 2024年11月

地底

「ちきゅう : 地底のなぞを掘りだせ!—海を科学するマシンたち」山本省三作;ハマダミノル絵 く もん出版 2024年6月

「地底—好きを知識と力にかえるNewton博士ずかん ; 2」長沼毅監修 ニュートンプレス 2024年 8月【マンガ形式・マンガつき】

自然・環境

土

「奇妙で不思議な土の世界」英国王立園芸協会監修;ウェンジア・タン絵;ジャクリーン・ストラウド;マーク・レッドマイル=ゴードン文;林健太郎監訳;北川玲訳 創元社 2024年5月

「地面の下には、何があるの?:地球のまんなかまでどんどんのびるしかけ絵本」シャーロット・ギラン文;ユヴァル・ゾマー絵;小林美幸訳 河出書房新社 2024年3月

「理科の力で考えよう!わたしたちの地球環境 3」川村康文著;KANADEL編 岩崎書店 2024年3月

天気

「そら・てんき―はじめてのずかん」くぼてんき;岩谷忠幸監修 高橋書店 2024年3月

「となりのきょうだい理科でミラクル 気になるお天気編」となりのきょうだい原作;アンチヒョンストーリー;ユナニまんが;イジョンモ;となりのきょうだいカンパニー監修;となりのしまい訳 東洋経済新報社 2024年5月【マンガ形式・マンガつき】

「はれるんのぼうさい教室:クイズで学ぼう」堀江譲絵と文;日本気象予報士会監修 東京堂出版 2024年12月

「みんなが知りたい!気象のしくみ:身近な天気から世界の異常気象まで―まなぶっく」菅井貴子著 メイツユニバーサルコンテンツ 2024年4月

「めくって学べるてんきのしくみ図鑑」荒木健太郎著 Gakken 2024年8月

「気象予報士わぴちゃんのお天気を知る本 [2]」岩槻秀明著 いかだ社 2024年3月

「最高にすごすぎる天気の図鑑 = The Most Amazing Visual Dictionary of Weather:空のひみつがぜんぶわかる!」荒木健太郎著 KADOKAWA 2024年4月

「調べて伝えるわたしたちのまち 1」梅澤真一監修 あかね書房 2024年1月【マンガ形式・マンガつき】

「天気と気象―マコト★カガク研究団;2」荒木健太郎監修 ニュートンプレス 2024年6月【マンガ形式・マンガつき】

「予想→観察でわかる!天気の変化 1」筆保弘徳監修 理論社 2024年5月【指導者用解説つき】

「予想→観察でわかる!天気の変化 2」筆保弘徳監修 理論社 2024年6月【指導者用解説つき】

「予想→観察でわかる!天気の変化 3」筆保弘徳監修 理論社 2024年6月【指導者用解説つき】

「予想→観察でわかる!天気の変化 4」筆保弘徳監修 理論社 2024年6月【指導者用解説つき】

天気＞雨

「にじ」武田康男監修・写真;小杉みのり構成・文 岩崎書店 2024年7月

「天気と気象―マコト★カガク研究団;2」荒木健太郎監修 ニュートンプレス 2024年6月【マンガ形式・マンガつき】

自然・環境

「予想→観察でわかる!天気の変化 1」筆保弘徳監修 理論社 2024年5月【指導者用解説つき】

天気＞雷

「これってホント?世界の〇×図鑑」タダユキヒロ絵;ウソホント調査隊編 文響社 2024年

「はれるんのぼうさい教室 : クイズで学ぼう」堀江譲絵と文;日本気象予報士会監修 東京堂出版 2024年12月

天気＞天気予報

「気象予報士わぴちゃんのお天気を知る本 [3]」岩槻秀明著 いかだ社 2024年4月

「天気と気象―マコト★カガク研究団 ; 2」荒木健太郎監修 ニュートンプレス 2024年6月【マンガ形式・マンガつき】

天気＞虹

「さわって学べる科学図鑑」探究学舎日本語版監修;岡田好惠訳 Gakken 2024年4月

「ドラえもん学びワールドspecialわくわく科学実験―ビッグ・コロタン ; 229」藤子・F・不二雄まんが;藤子プロ;多摩六都科学館監修 小学館 2024年7月【マンガ形式・マンガつき】

「にじ」武田康男監修・写真;小杉みのり構成・文 岩崎書店 2024年7月

天気＞雪

「すすめ!雪国スノーファイター」星野秀樹写真;池田菜津美文 新日本出版社（くらしをささえる乗りもの）2024年11月

「南極のサバイバル : 生き残り作戦―かがくるBOOK. 科学漫画サバイバルシリーズ ; 16」洪在徹原案;もとじろう絵;国立極地研究所監修 朝日新聞出版 2024年10月

洞窟

「地球―学研の図鑑LIVE ; 9」上原真一総監修 Gakken 2024年12月【DVD・DVD-ROMつき】

マグマ

「地球の不思議 : 秋田の火山学者・林信太郎先生が語る」林信太郎 秋田魁新報社 2024年6月

水

「のびーる理科天体と気象 : 地球・宇宙・天気・自然―角川まんが学習シリーズ ; T30」小川眞士監修;小川京美まんが作画 KADOKAWA 2024年10月

「はじめての地理学―世界基準の教養forティーンズ」ミナ・レイシー;ララ・ブライアン;サラ・ハル文;ウェスレー・ロビンズ絵;ロジャー・トレンド監修;水野一晴日本語版監修;清水玲奈訳 河出書房新社 2024年11月

自然・環境

「マインドマップでよくわかる水問題―マインドマップ・シリーズ」イザベル・トーマス著;エル・プリモ・ラモンイラスト;藤崎百合訳 ゆまに書房 2024年10月

「ライフライン＝LIFE LINE：ネット・電力・水"見えないシステム"から知る世界のなりたち―14歳の世渡り術プラス」ダン・ノット著;桃井緑美子訳 河出書房新社 2024年2月【マンガ形式・マンガつき】

「今日から楽しい科学実験図鑑」川村康文著 SBクリエイティブ 2024年7月

「水の一生図鑑：ぐるぐるめぐる水のサイクルを知って地球環境を学ぶ」林良博監修;片神貴子訳;子供の科学編 誠文堂新光社 2024年11月

「世界史探偵コナン：名探偵コナン歴史まんが シーズン2-1―CONAN HISTORY COMIC SERIES」青山剛昌原作 小学館 2024年4月【マンガ形式・マンガつき】

「物質〈空気・水・水よう液〉がわかる―ドラえもんの学習シリーズ.ドラえもんの理科おもしろ攻略」藤子・F・不二雄キャラクター原作;浜学園監修 小学館 2024年10月【マンガ形式・マンガつき】

「未来を照らす子どもたち：地球さんご賞作品集 2024年」水のもり文化プロジェクト編 潮出版社 2024年5月

「理科の力で考えよう!わたしたちの地球環境 2」川村康文著;KANADEL編 岩崎書店 2024年1月

湖＞琵琶湖

「びわ湖疏水探究紀行：児童版 人物編」琵琶湖疏水アカデミー編集 琵琶湖疏水アカデミー 2024年3月

水辺

「つぼみのずかん [第3巻]」稲垣栄洋監修 金の星社 2024年3月

「めざせ!国内外来生物マスター 2」五箇公一監修 フレーベル館 2024年3月

森、林

「おもしろすぎる山図鑑」ひげ隊長著 主婦の友社 2024年3月

「オランウータン：森のさとりびと」前川貴行写真・文 新日本出版社 2024年6月

「カキじいさん、世界へ行く!＝Grandpa Oyster goes to the world!」畠山重篤著 講談社 2024年10月

「どっちが強い!?W：巨大ヒグマの暴走―角川まんが科学シリーズ；A93」ウィルソン・リュウストーリー;マウンテントップスタジオまんが;川口拓;小菅正夫監修 KADOKAWA 2024年11月【マンガ形式・マンガつき】

「奄美の森でドングリたべた?」松橋利光写真;木元侑菜文 新日本出版社 2024年10月

「奇妙で不思議な樹木の世界」英国王立園芸協会監修;ジェン・グリーン文;クレア・マケルファトリック絵;加藤知道訳 創元社 2024年8月

自然・環境

「森のカプセル探検帳：ドングリいっぱい大発見!」飯田猛構成・文;宮國晋一写真 技術評論社
（科学絵本）2024年8月

「調べて伝えるわたしたちのまち 1」梅澤真一監修 あかね書房 2024年1月【マンガ形式・マン
ガつき】

「理科の力で考えよう!わたしたちの地球環境 3」川村康文著;KANADEL編 岩崎書店 2024年3
月

森、林＞熱帯雨林、ジャングル

「オランウータン：森のさとりびと」前川貴行写真・文 新日本出版社 2024年6月

「どっちが強い!?W：オオメジロザメの襲撃──角川まんが科学シリーズ；A91」ウィルソン・リュウ
ストーリー;マウンテントップスタジオまんが;川口拓;新野大監修 KADOKAWA 2024年3月【マン
ガ形式・マンガつき】

「出会った魚がわかる図鑑：子どもと一緒にわくわく発見!」杉本幹監修 永岡書店 2024年7月

「地球のいきものをめぐる旅：北極の海から熱帯雨林までなにがいるかな見つけてみよう!」ジョ
ン・ウッドワード作;ニック・クラプトン監修;竹田純子訳 河出書房新社 2024年1月

森、林＞熱帯雨林、ジャングル＞アマゾン

「移動する民：ノマドのくらし」キンチョイ・ラム作;八木橋伸浩日本語版監修;くまがいじゅんこ訳
玉川大学出版部 2024年12月

「未知なる冒険の物語：はじまりの旅、ラスト・リバーを探して」名もなき冒険家文・絵;テディ・
キーン原書編集;葉山亜由美訳 トゥーヴァージンズ 2024年7月

山、里山

「おもしろすぎる山図鑑」ひげ隊長著 主婦の友社 2024年3月

「これはなんのつぼみかな 3」多田多恵子監修;阿部浩志文 汐文社 2024年3月

「つぼみのずかん［第2巻］」稲垣栄洋監修 金の星社 2024年3月

「ともに生きる：山のツキノワグマ」前川貴行写真・文 あかね書房 2024年7月

「めざせ!国内外来生物マスター 2」五箇公一監修 フレーベル館 2024年3月

「子ども版これで死ぬ：外遊びで子どもが危険にあわないための安全の話」大武美緒子文;羽
根田治ほか監修 山と溪谷社 2024年7月

「写真でわかる!日本の国土とくらし 2」「写真でわかる!日本の国土とくらし」編集室著 理論社
2024年6月

「調べてわかる!日本の山 2」鈴木毅彦監修 汐文社 2024年3月

「調べて伝えるわたしたちのまち 1」梅澤真一監修 あかね書房 2024年1月【マンガ形式・マン
ガつき】

自然・環境

「飛べ!山小屋ヘリコプター：くらしをささえる乗りもの」星野秀樹写真;池田菜津美文 新日本出版社 2024年7月

夜、夜間

「働く現場をみてみよう! [1]」パーソルキャリア株式会社"はたらく"を考えるワークショップ推進チーム監修 保育社 2024年9月

湾＞駿河湾

「深海魚に会える海：日本でいちばん深い海とそこにくらす生き物のひみつ」堀口和重写真・文 フレーベル館 2024年6月

【星・宇宙・地球】

天の川、銀河系

「ドラえもん学びワールドおもしろいぞ!天体観測─ビッグ・コロタン ; 223」藤子・F・不二雄まんが;藤子プロ;縣秀彦監修 小学館 2024年3月

「宇宙には138億年のふしぎがいっぱい!月と銀河と星のロマン」山岡均監修 ナツメ社 2024年1月

「最強に面白い銀河─ニュートン超図解新書」渡部潤一監修 ニュートンプレス 2024年12月
【マンガ形式・マンガつき】

「知ってるつもり!?13歳からの初耳の科学」ラリー・シェッケル著;片桐恵里;竹崎紀子;内田真弓訳;川村康文監修 世界文化ブックス 世界文化社 2024年3月

宇宙

「10分で読めるわくわく科学 小学1・2年」荒俣宏監修 成美堂出版 2024年1月

「10分で読めるわくわく科学 小学3・4年」荒俣宏監修 成美堂出版 2024年1月

「10分で読めるわくわく科学 小学5・6年」荒俣宏監修 成美堂出版 2024年1月

「50年後の地球と宇宙のこわい話 : 生きているうちに起こるかも?"こわいけどおもしろい"未来予想図」朝岡幸彦;渡部潤一監修 カンゼン 2024年4月

「あおいほしのあおいうみ = The blue oceans of a blue planet」シンク・ジ・アース編著 シンク・ジ・アース 紀伊國屋書店 2024年10月

「あした話したくなるわくわくどきどき宇宙のひみつ」渡部潤一監修;朝日新聞出版編著 朝日新聞出版 2024年7月

「エグい星ずかん : こわくて、へんてこで、おもしろい!」渡部潤一監修 すばる舎 2024年1月

「おしえてガリレオ先生!月がなくなったら南極が砂漠になるってホント?」渡部潤一監修 つちや書店 2024年12月

「かこさとし新・絵でみる化学のせかい 4」かこさとし作;藤嶋昭監修 講談社 2024年11月

「ぐんぐん考える力を育むよみきかせうちゅうのお話20」国立天文台監修;山下美樹作 西東社 2024年7月

「こども大図鑑 : なんでも!いっぱい!」ジュリー・フェリスほか編集;米村でんじろう日本語版監修;オフィス宮崎日本語版編集 河出書房新社 2024年5月

「そうなの!?理科─教科別びっくり!オモシロ雑学 ; 3」理科オモシロ雑学研究会編 岩崎書店 2024年1月

星・宇宙・地球

「どっちが強い!?宇宙アドベンチャー 1―角川まんが科学シリーズ；A81」フロッグストーリー；ホットブラッドソウルズまんが；吉川真監修；串山大訳 KADOKAWA 2024年9月【マンガ形式・マンガつき】

「ドラえもん学びワールドおもしろいぞ!天体観測―ビッグ・コロタン；223」藤子・F・不二雄まんが；藤子プロ；縣秀彦監修 小学館 2024年3月

「ブリタニカビジュアル大図鑑：INFOGRAPHICA」ヴァレンティーナ・デフィリーポインフォグラフィック制作；アンドリュー・ペティ；コンラッド・キルティ・ハーパー編；武田知世；瀧下哉代；小巻靖子訳 NHK出版(BRITANNICA BOOKS) 2024年11月

「まんがで覚える星座・星名と神話がわかる本」成瀬裕子監修 日本文芸社 2024年7月【マンガ形式・マンガつき】

「みんなで知りたい生物多様性 5」 文研出版 2024年9月

「めくって学べるうちゅうのしくみ図鑑」 Gakken 2024年9月

「めざせ!未来の宇宙飛行士」榎本麗美著 時事通信出版局 時事通信社 2024年11月

「るるぶ毎日5分でまなびの種まきかがくのおはなし」辻健監修 JTBパブリッシング 2024年1月

「ロボットのずかん [3]」本田幸夫監修 金の星社 2024年3月

「宇宙ステーションおしごと大図鑑：宇宙飛行士のすべてを見よう!」野口聡一日本語版監修;DK社編；桑原洋子訳 河出書房新社 2024年6月

「宇宙には138億年のふしぎがいっぱい!月と銀河と星のロマン」山岡均監修 ナツメ社 2024年1月

「宇宙の24時間」ロブ・ロイド・ジョーンズ作；ローラン・キリング絵；竹内薫訳・監修 小学館 2024年11月

「宇宙の誕生から現代まで138億年のこども大百科」クリストファー・ロイド編;100人以上の専門家執筆・監修；権田敦司;瀧下哉代;倉橋俊介訳 ディスカヴァー・トゥエンティワン(BRITANNICA BOOKS) 2024年11月

「宇宙天文：好きを知識と力にかえるNewton博士ずかん」縣秀彦監修 ニュートンプレス 2024年3月【マンガ形式・マンガつき】

「宇宙飛行士は見た宇宙に行ったらこうだった!」山崎直子著；フジタヒロミイラスト repicbook 2024年4月

「科学のおんどく：考える力がぐんぐん伸びる!」篠原菊紀監修 リベラル社 星雲社 2024年6月【物語形式(ノンフィクション)】

「科学実験―マコト★カガク研究団；3」今井泉監修 ニュートンプレス 2024年11月【マンガ形式・マンガつき】

「月に移住!?宇宙開発物語―PIKA RIKA」講談社編；縣秀彦監修；荒舩良孝文 講談社 2024年4月

星・宇宙・地球

「最強に面白い宇宙の終わり―ニュートン超図解新書」横山順一監修 ニュートンプレス 2024年8月

「最強に面白い素粒子―ニュートン超図解新書」村山斉監修 ニュートンプレス 2024年3月

「最強に面白い超ひも理論―ニュートン超図解新書」橋本幸士監修 ニュートンプレス 2024年4月

「春の宇宙で幸せさがし―科学絵本シリーズ」ほっしーえいじさく;いちはらしんごえ 三恵社 2024年4月

「世界おどろき探検隊!：おとなも知らない400の事実を追え!」ケイト・ヘイル文;アンディ・スミス絵;名取祥子訳 実務教育出版(BRITANNICA BOOKS) 2024年7月

「星と星座のクイズ図鑑―学研の図鑑LIVE Q；4」Gakken 2024年5月

「知れば知るほど好きになるもっと!科学のひみつ」本田隆行監修 高橋書店 2024年11月

「未来に飛び立つ最新宇宙技術 2」渡辺勝巳監修 汐文社 2024年3月

「未来に飛び立つ最新宇宙技術 3」渡辺勝巳監修 汐文社 2024年3月

宇宙＞宇宙人

「おしごとそうだんセンター」ヨシタケシンスケ著 集英社 2024年2月【物語形式(フィクション)】

「大迫力!異界の都市伝説大百科」朝里樹監修 西東社 2024年3月

宇宙開発

「どっちが強い!?宇宙アドベンチャー 1―角川まんが科学シリーズ；A81」フロッグストーリー;ホットブラッドソウルズまんが;吉川真監修;串山大訳 KADOKAWA 2024年9月【マンガ形式・マンガつき】

「めざせ!未来の宇宙飛行士」榎本麗美著 時事通信出版局 時事通信社 2024年11月

「宇宙飛行士は見た宇宙に行ったらこうだった!」山崎直子著;フジタヒロミイラスト repicbook 2024年4月

「月に移住!?宇宙開発物語―PIKA RIKA」講談社編;縣秀彦監修;荒舩良孝文 講談社 2024年4月

「月のサバイバル―かがくるBOOK. 科学漫画サバイバルシリーズ；89」洪在徹原案;吉田健二絵;渡部潤一監修 朝日新聞出版 2024年12月【マンガ形式・マンガつき】

「月探査の大研究：月の基礎知識から資源開発まで―楽しい調べ学習シリーズ」佐伯和人監修 PHP研究所 2024年11月

「図解でバッチリわかる宇宙旅行おもしろ図鑑―まっぷるキッズ」鈴木喜生監修 昭文社 2024年7月

「未来に飛び立つ最新宇宙技術 2」渡辺勝巳監修 汐文社 2024年3月

星・宇宙・地球

「未来に飛び立つ最新宇宙技術 3」渡辺勝巳監修 汐文社 2024年3月

火星

「未来に飛び立つ最新宇宙技術 3」渡辺勝巳監修 汐文社 2024年3月

重力

「なぜ重力は存在するのか：世界の「解像度」を上げる物理学超入門」野村泰紀著 マガジンハウス(マガジンハウス新書) 2024年7月

空

「そら・てんき―はじめてのずかん」くぼてんき;岩谷忠幸監修 高橋書店 2024年3月

「にじ」武田康男監修・写真;小杉みのり構成・文 岩崎書店 2024年7月

「最高にすごすぎる天気の図鑑 = The Most Amazing Visual Dictionary of Weather：空のひみつがぜんぶわかる!」荒木健太郎著 KADOKAWA 2024年4月

「地球には46億年のふしぎがいっぱい!空と大地と海のミステリー」高橋典嗣監修 ナツメ社 2024年1月

空＞夜空

「最強に面白い銀河―ニュートン超図解新書」渡部潤一監修 ニュートンプレス 2024年12月【マンガ形式・マンガつき】

「春の宇宙で幸せさがし―科学絵本シリーズ」ほっしーえいじさく;いちはらしんごえ 三恵社 2024年4月

太陽

「のびーる理科天体と気象：地球・宇宙・天気・自然―角川まんが学習シリーズ；T30」小川眞士監修;小川京美まんが作画 KADOKAWA 2024年10月

「宇宙天文：好きを知識と力にかえるNewton博士ずかん」縣秀彦監修 ニュートンプレス 2024年3月【マンガ形式・マンガつき】

「太陽系の学校：わかりやすくておもしろい!!―ニュートン科学の学校シリーズ」渡部潤一監修 ニュートンプレス 2024年1月

「天体〈地球・月・太陽・星の動き〉がわかる―ドラえもんの学習シリーズ.ドラえもんの理科おもしろ攻略」藤子・F・不二雄キャラクター原作;浜学園監修 小学館 2024年2月

太陽系

「めくって学べるうちゅうのしくみ図鑑」 Gakken 2024年9月

「図解でバッチリわかる宇宙旅行おもしろ図鑑―まっぷるキッズ」鈴木喜生監修 昭文社 2024年7月

星・宇宙・地球

「太陽系の学校：わかりやすくておもしろい!!—ニュートン科学の学校シリーズ」渡部潤一監修 ニュートンプレス 2024年1月

地球

「10分で読めるわくわく科学 小学1・2年」荒俣宏監修 成美堂出版 2024年1月

「10分で読めるわくわく科学 小学3・4年」荒俣宏監修 成美堂出版 2024年1月

「10分で読めるわくわく科学 小学5・6年」荒俣宏監修 成美堂出版 2024年1月

「50年後の地球と宇宙のこわい話：生きているうちに起こるかも?"こわいけどおもしろい"未来予想図」朝岡幸彦;渡部潤一監修 カンゼン 2024年4月

「7歳までに知っておきたいちきゅうえほん—Gakken STEAMえほんシリーズ」アリス・ジェームズ文;ステファノ・トネッティ絵;岡田好惠訳 Gakken 2024年6月

「あおいほしのあおいうみ = The blue oceans of a blue planet」シンク・ジ・アース編著 シンク・ジ・アース 紀伊國屋書店 2024年10月

「おもしろすぎる鉱物・宝石図鑑」さとうかよこ著 幻冬舎 2024年1月

「かこさとし新・絵でみる化学のせかい 4」かこさとし作;藤嶋昭監修 講談社 2024年11月

「こども大図鑑：なんでも!いっぱい!」ジュリー・フェリスほか編集;米村でんじろう日本語版監修;オフィス宮崎日本語版編集 河出書房新社 2024年5月

「ジオパークに出かけよう!：地球・自然・くらしの歴史旅行 1」あかつき教育図書 2024年3月

「ジオパークに出かけよう!：地球・自然・くらしの歴史旅行 2」あかつき教育図書 2024年2月

「ジオパークに出かけよう!：地球・自然・くらしの歴史旅行 3」あかつき教育図書 2024年3月

「ジオパークに出かけよう!：地球・自然・くらしの歴史旅行 4」あかつき教育図書 2024年3月

「そうなの!?理科—教科別びっくり!オモシロ雑学 ; 3」理科オモシロ雑学研究会編 岩崎書店 2024年1月

「ちきゅう：地底のなぞを掘りだせ!—海を科学するマシンたち」山本省三作;ハマダミノル絵 くもん出版 2024年6月

「のびーる理科天体と気象：地球・宇宙・天気・自然—角川まんが学習シリーズ ; T30」小川眞士監修;小川京美まんが作画 KADOKAWA 2024年10月

「びっくりせかいりょこうちきゅうのちから—しぜんにタッチ!」ひさかたチャイルド 2024年6月【指導者用解説つき】

「ブリタニカビジュアル大図鑑：INFOGRAPHICA」ヴァレンティーナ・デフィリーポインフォグラフィック制作;アンドリュー・ペティ;コンラッド・キルティ・ハーパー編;武田知世;瀧下哉代;小巻靖子訳 NHK出版(BRITANNICA BOOKS) 2024年11月

「ポプラディアプラス地球環境 = POPLAR ENCYCLOPEDIA PLUS Global Environment 1」ポプラ社 2024年4月

星・宇宙・地球

「ポプラディアプラス地球環境 = POPLAR ENCYCLOPEDIA PLUS Global Environment 3」ポプラ社 2024年4月

「まるごとわかる!地球の科学大図鑑」DK社編集;梅田智世訳 河出書房新社 2024年8月

「マンガマインクラフトで楽しく学べる!地球のひみつ」左巻健男監修;マイクラ職人組合著 宝島社 2024年3月【マンガ形式・マンガつき】

「みんなが知りたい!地層のひみつ:岩石・化石・火山・プレート:地球のナゾを解き明かす─まなぶっく」森田澄人監修 メイツユニバーサルコンテンツ 2024年9月

「めくって学べるうちゅうのしくみ図鑑」Gakken 2024年9月

「環境問題とわたしたちのくらし─ドラえもんの学習シリーズ.ドラえもんの社会科おもしろ攻略」藤子・F・不二雄キャラクター原作;上田正人監修 小学館 2024年7月【マンガ形式・マンガつき】

「空気を変える:地球で生きつづけるために、今わたしたちができること」デビー・リヴィ文;アレックス・ボーズマ絵;宮坂宏美訳 あすなろ書房 2024年7月

「昆虫が世界をすくう!─児童図書館・絵本の部屋」バグライフ文;チュイラン絵;佐藤見果夢やく;田邊ила編集協力 評論社 2024年3月

「植物が世界をすくう!─児童図書館・絵本の部屋」アナベル・セイヴァリー文;チュイラン絵;佐藤見果夢やく 評論社 2024年3月

「太陽系の学校:わかりやすくておもしろい!!─ニュートン科学の学校シリーズ」渡部潤一監修 ニュートンプレス 2024年1月

「大地、海、空、そして宇宙ぎゅぎゅっと地学:ダイナミックで壮大な地球のサイエンス─中・高生からの超絵解本」田近英一監修 ニュートンプレス 2024年7月

「知ってるつもり!?13歳からの初耳の科学」ラリー・シェッケル著;片桐恵里;竹﨑紀子;内田真弓訳;川村康文監修 世界文化ブックス 世界文化社 2024年3月

「知れば知るほど好きになるもっと!科学のひみつ」本田隆行監修 高橋書店 2024年11月

「地球」丸山茂徳ほか監修・指導 小学館(小学館の図鑑NEO)2024年12月【DVD・DVD-ROMつき】

「地球には46億年のふしぎがいっぱい!空と大地と海のミステリー」高橋典嗣監修 ナツメ社 2024年1月

「地球の不思議:秋田の火山学者・林信太郎先生が語る」林信太郎 秋田魁新報社 2024年6月

「地球─学研の図鑑LIVE;9」上原真一総監修 Gakken 2024年12月【DVD・DVD-ROMつき】

「地面の下には、何があるの?:地球のまんなかまでどんどんのびるしかけ絵本」シャーロット・ギラン文;ユヴァル・ゾマー絵;小林美幸訳 河出書房新社 2024年3月

「天才!地球」倉本圭監修 ニュートンプレス(Newton理系脳を育てる科学クイズドリル;3)2024年12月【マンガ形式・マンガつき】

星・宇宙・地球

「天才!理科：Newton理系脳を育てる科学クイズドリル」縣秀彦監修 ニュートンプレス 2024年4月【マンガ形式・マンガつき】

「天体〈地球・月・太陽・星の動き〉がわかる—ドラえもんの学習シリーズ.ドラえもんの理科おもしろ攻略」藤子・F・不二雄キャラクター原作;浜学園監修 小学館 2024年2月

「未来をつくる仕事図鑑 第2期3」Gakken 2024年2月

月

「あした話したくなるわくわくどきどき宇宙のひみつ」渡部潤一監修;朝日新聞出版編著 朝日新聞出版 2024年7月

「おしえてガリレオ先生!月がなくなったら南極が砂漠になるってホント?」渡部潤一監修 つちや書店 2024年12月

「なぜお月さまは形を変えるのかな?」西村一洋絵・文 文芸社 2024年9月【物語形式(フィクション)】

「月のサバイバル—かがくるBOOK.科学漫画サバイバルシリーズ；89」洪在徹原案;吉田健二絵;渡部潤一監修 朝日新聞出版 2024年12月【マンガ形式・マンガつき】

「月探査の大研究：月の基礎知識から資源開発まで—楽しい調べ学習シリーズ」佐伯和人監修 PHP研究所 2024年11月

「小学生のための星空観察のはじめかた：観測のきほんと天体・星座・現象のひみつ—まなぶっく」甲谷保和監修 メイツユニバーサルコンテンツ 2024年11月

「太陽系の学校：わかりやすくておもしろい!!—ニュートン科学の学校シリーズ」渡部潤一監修 ニュートンプレス 2024年1月

「天体〈地球・月・太陽・星の動き〉がわかる—ドラえもんの学習シリーズ.ドラえもんの理科おもしろ攻略」藤子・F・不二雄キャラクター原作;浜学園監修 小学館 2024年2月

「未来に飛び立つ最新宇宙技術 3」渡辺勝巳監修 汐文社 2024年3月

月＞皆既月食、月食

「ドラえもん学びワールドおもしろいぞ!天体観測—ビッグ・コロタン；223」藤子・F・不二雄まんが;藤子プロ;縣秀彦監修 小学館 2024年3月

月＞月の満ち欠け

「なぜお月さまは形を変えるのかな?」西村一洋絵・文 文芸社 2024年9月【物語形式(フィクション)】

「月探査の大研究：月の基礎知識から資源開発まで—楽しい調べ学習シリーズ」佐伯和人監修 PHP研究所 2024年11月

星・宇宙・地球

月＞日食

「ドラえもん学びワールドおもしろいぞ!天体観測—ビッグ・コロタン;223」藤子・F・不二雄まんが;藤子プロ;縣秀彦監修 小学館 2024年3月

天体＞惑星

「キキ&ララのお星さまずかん：ピカピカきらめく、星座と星がいっぱい!—Sanrio characters KAWAII百科」駒井仁南子;クロイ;新宮文明監修 河出書房新社 2024年7月

天体観測

「ドラえもん学びワールドおもしろいぞ!天体観測—ビッグ・コロタン;223」藤子・F・不二雄まんが;藤子プロ;縣秀彦監修 小学館 2024年3月

「まんがで覚える星座・星名と神話がわかる本」成瀬裕子監修 日本文芸社 2024年7月【マンガ形式・マンガつき】

「春の宇宙で幸せさがし—科学絵本シリーズ」ほっしーえいじさく;いちはらしんごえ 三恵社 2024年4月

「小学生のための星空観察のはじめかた：観測のきほんと天体・星座・現象のひみつ—まなぶっく」甲谷保和監修 メイツユニバーサルコンテンツ 2024年11月

ブラックホール

「おしえてガリレオ先生!月がなくなったら南極が砂漠になるってホント?」渡部潤一監修 つちや書店 2024年12月

「みのまわりのありとあらゆるしくみ図解：脳細胞からブラックホールまで」DK社編著;藤嶋昭日本版監修 東京書籍 2024年7月

「宇宙には138億年のふしぎがいっぱい!月と銀河と星のロマン」山岡均監修 ナツメ社 2024年1月

星、宇宙、地球一般

「うちゅうのなぞ」的川泰宣;斎藤紀男監修;てづかあけみえ・ぶん パイインターナショナル（はじめてのなぜなにふしぎえほん）2024年6月

星、星座

「あした話したくなるわくわくどきどき宇宙のひみつ」渡部潤一監修;朝日新聞出版編著 朝日新聞出版 2024年7月

「エグい星ずかん：こわくて、へんてこで、おもしろい!」渡部潤一監修 すばる舎 2024年1月

「おしえてガリレオ先生!月がなくなったら南極が砂漠になるってホント?」渡部潤一監修 つちや書店 2024年12月

星・宇宙・地球

「キキ&ララのお星さまずかん：ピカピカきらめく、星座と星がいっぱい!―Sanrio characters KAWAII百科」駒井仁南子;クロイ;新宮文明監修 河出書房新社 2024年7月

「どろどろ～んオバケーヌのうらない」小泉マーリ著 西東社 2024年10月

「はじめての自然科学366：読みもの&クイズで知識と教養がグングン身につく!」角川の集める図鑑GET!編集部特別編集 KADOKAWA 2024年2月

「まんがで覚える星座・星名と神話がわかる本」成瀬裕子監修 日本文芸社 2024年7月【マンガ形式・マンガつき】

「宇宙には138億年のふしぎがいっぱい!月と銀河と星のロマン」山岡均監修 ナツメ社 2024年1月

「最強に面白い宇宙の終わり―ニュートン超図解新書」横山順一監修 ニュートンプレス 2024年8月

「最強に面白い銀河―ニュートン超図解新書」渡部潤一監修 ニュートンプレス 2024年12月【マンガ形式・マンガつき】

「春の宇宙で幸せさがし―科学絵本シリーズ」ほっしーえいじさく;いちはらしんごえ 三恵社 2024年4月

「小学生のための星空観察のはじめかた：観測のきほんと天体・星座・現象のひみつ―まなぶっく」甲谷保和監修 メイツユニバーサルコンテンツ 2024年11月

「星と星座のクイズ図鑑―学研の図鑑LIVE Q；4」 Gakken 2024年5月

「天体〈地球・月・太陽・星の動き〉がわかる―ドラえもんの学習シリーズ.ドラえもんの理科おもしろ攻略」藤子・F・不二雄キャラクター原作;浜学園監修 小学館 2024年2月

「明るい星がよくわかる!1等星図鑑：全21個の特徴をすべて解説」藤井旭著 誠文堂新光社（子供の科学サイエンスブックスNEXT）2024年1月

星、星座＞オリオン座

「星と星座のクイズ図鑑―学研の図鑑LIVE Q；4」 Gakken 2024年5月

星、星座＞流れ星、流星群

「となりのきょうだい理科でミラクル きまぐれ☆流れ星編」となりのきょうだい原作;アンチヒョンストーリー;ユナニまんが;イジョンモ;となりのきょうだいカンパニー監修;となりのしまい訳 東洋経済新報社 2024年11月【マンガ形式・マンガつき】

【生物】

赤ちゃん

「おなかのあかちゃん、もういいか～い?」豪田トモさく;いけみやみなえ ポプラ社(ポプラ社の絵本) 2024年9月

「カラダのひみつをのぞいてみよう!すごい人体の図鑑」坂井建雄監修 ナツメ社 2024年8月

「わたしはみつけた!:バージニア・アプガー博士の赤ちゃんの命をすくう発明」キャリー・A.ピアソン文;ナンシー・カーペンター絵;さくまゆみこ訳 子どもの未来社 2024年12月【物語形式(ノンフィクション)】

「未来のために知っておきたいみんなの子育てスキル」水野正司著 マイクロマガジン社 2024年10月【マンガ形式・マンガつき】

依存

「最強にわかる依存症―ニュートン超図解新書」松本俊彦監修 ニュートンプレス 2024年11月

遺伝、遺伝子

「わたしたちのからだと心 [1]」アニータ・ガネリ文;ヴェーラ・ポポーワ絵;野井真吾日本語版監修;くまがいじゅんこ訳 サイエンティスト社 2024年11月

遺伝、遺伝子＞ゲノム

「22世紀からきたでっかいタイ:ゲノム編集とこれからの食べ物の話」木下政人著;入澤宣幸文・構成;さはらそのこ;ラムダプロダクションイラスト Gakken(環境ノンフィクション) 2024年8月

遺伝、遺伝子＞DNA、デオキシリボ核酸

「こどもホモ・サピエンス:人類の起源、日本人のルーツについて考える本」国立科学博物館人類研究部監修;ライブ著 カンゼン 2024年9月

命

「2人の天使にあったボク」「石巻・絵本制作」プロジェクトチーム文;佐藤美宇;青山朱璃絵 日和幼稚園遺族有志の会 リーブル出版 2024年3月【物語形式(フィクション)】

「72時間生きぬくための101の方法:子どものための防災BOOK」夏緑著;たかおかゆみこ絵 童心社 2024年9月

「ありがとう!パンダタンタン激動のパン生:懸命に生きた28年間」神戸万知文・写真 技術評論社 2024年10月

「いのちの楽園:熊本サンクチュアリより」佐和みずえ作 静山社(静山社ノンフィクションライブラリー) 2024年11月【物語形式(ノンフィクション)】

生物

「いのちをまもるじゅういのしごと 1」小峰書店 2024年4月

「いのちをまもるじゅういのしごと 2」小峰書店 2024年4月

「いのちをまもるじゅういのしごと 3」小峰書店 2024年4月

「いのちをまもるじゅういのしごと 4」小峰書店 2024年4月

「いのちをまもるじゅういのしごと 5」小峰書店 2024年4月

「いのちをまもるじゅういのしごと 6」小峰書店 2024年4月

「うまれたよ!サケ」二神慎之介写真・文 岩崎書店(よみきかせいきものしゃしんえほん) 2024年2月

「おじぞうさんのおけしょうがかり」御崎あおい原案;たさききょうこ作・絵 防災100年えほんプロジェクト実行委員会 神戸新聞総合出版センター 2024年3月【物語形式(フィクション)】

「カメにのった捨て犬・未来!:とっとこ「いのち」と、のんびり「いのち」」今西乃子著;浜田一男写真 岩崎書店 2024年11月【物語形式(ノンフィクション)】

「クジラがしんだら」江口絵理文;かわさきしゅんいち絵;藤原義弘監修 童心社 2024年9月

「くらべて発見タネの「いのち」1」農文協編;山中正大絵 農山漁村文化協会 2024年1月

「くらべて発見タネの「いのち」2」農文協編;山中正大絵 農山漁村文化協会 2024年3月

「くらべて発見タネの「いのち」3」農文協編;山中正大絵 農山漁村文化協会 2024年4月

「コミック生き物の死にざま:わたしはあなたとともにある」稲垣栄洋原案・監修;槙吾脚本・絵コンテ;藤本たみこ画 小学館 2024年8月【マンガ形式・マンガつき】

「ジャージー牛のサンちゃん」佐和みずえ著 新日本出版社 2024年10月

「しゅじゅつってこわくないよ」青山興司作・監修;中山忍文・絵 吉備人出版 2024年2月

「しょうこをつかめ!:コレラのなぞをといた医者ジョン・スノウ」デボラ・ホプキンソン文;ニック・ヘンダーソン絵;福本友美子訳 光村教育図書 2024年11月【物語形式(ノンフィクション)】

「たったひとつのおやくそく」かなざわまゆこ作・絵;よこばやしよしずみ原案 防災100年えほんプロジェクト実行委員会 神戸新聞総合出版センター 2024年3月

「たまご:命が生まれるしゅんかん」ドーリング・キンダースリー社編集部企画・編集;水島ぱぎい訳 BL出版 2024年8月

「パンダのタンタン:二人の飼育員との約束」杉浦大悟作;中村愛絵 講談社 2024年10月【物語形式(ノンフィクション)】

「ひとりじゃないよ」エリン・ケルシー文;ソイアン・キム絵;光橋翠訳 新評論 2024年6月

「ふしぎな光のしずく:けんたとの約束」木村真紀;田村弘美著 金港堂出版部 2024年3月【物語形式(フィクション)】

「フロントランナー＝Front Runner 4」朝日新聞be編集部監修 岩崎書店 2024年10月【物語形式(ノンフィクション)】

生物

「わたしたちのからだと心 [2]」アニータ・ガネリ文;ヴェーラ・ポポーワ絵;野井真吾日本語版監修 サイエンティスト社 2024年12月

「絵本からだうた」日暮かをるぶん;中島優子え エイデル研究所 2024年5月

「自然とあそぼう|植物の育ち編 [1]」 農山漁村文化協会 2024年1月【指導者用解説つき】

「新・ごはん : 食べることは、生きること」辻川牧子絵・文 博進堂営義出版 2024年7月

「人体―マコト★カガク研究団 ; 1」坂井建雄監修 ニュートンプレス 2024年1月【マンガ形式・マンガつき】

「地球には46億年のふしぎがいっぱい!空と大地と海のミステリー」高橋典嗣監修 ナツメ社 2024年1月

「聴導犬ポッキー : いつもいっしょ」いがらしけいこさく;さかいゆきよえ サンライズ出版 2024年4月【物語形式(ノンフィクション)】

「日本防災ずかん 2」おおつかのりこ文;野上健治監修 あかね書房 2024年1月

「日本防災ずかん 4」野上健治監修;おおつかのりこ文 あかね書房 2024年3月

「能力で人を分けなくなる日 : いのちと価値のあいだ―あいだで考える」最首悟著 創元社 2024年4月

「未来を照らす子どもたち : 地球さんご賞作品集 2024年」水のもり文化プロジェクト編 潮出版社 2024年5月

命＞死

「コミック生き物の死にざま : わたしはあなたとともにある」稲垣栄洋原案・監修;槙吾脚本・絵コンテ;藤本たみこ画 小学館 2024年8月【マンガ形式・マンガつき】

「ふしぎな光のしずく : けんたとの約束」木村真紀;田村弘美著 金港堂出版部 2024年3月【物語形式(フィクション)】

「ようこそじごくへ : 新地獄草紙―未来への記憶」広松由希子文;100%ORANGE絵 玉川大学出版部 2024年6月

「子ども版これで死ぬ : 外遊びで子どもが危険にあわないための安全の話」大武美緒子文;羽根田治ほか監修 山と溪谷社 2024年7月

「死ぬのは、こわい?―よりみちパン!セ ; YP11」徳永進著 新曜社 2024年1月

「人生があと200日で終わるとしたら = What would you do if your life ended in 200 days? : 治らない病気になったミュージシャンの話」林良彦著 文芸社 2024年5月

「人体先生図鑑 : 絵で楽しむ体のふしぎ」つぼいひろき絵;ペズル文;三枝慶一郎監修 プレジデント社 2024年5月

生物

命＞出産

「おなかのあかちゃん、もういいか～い？」豪田トモさく;いけみやみなえ ポプラ社（ポプラ社の絵本）2024年9月

「一生モノの生理とからだの取り扱い大全：13歳から更年期世代まで女性ならではの悩みがスーッと消える！」保健師めぐみ著 日東書院本社 2024年3月

命＞寿命

「大人も知らない科学のふしぎ：「ののちゃんのDO科学」でサイエンスが好きになる：図解つき！」朝日新聞科学みらい部著 講談社 2024年3月

命＞妊娠

「10才からの保健体育：こころとからだのギモン―大人だって本当は知らない」今西洋介監修;よこてさとめマンガ 永岡書店 2024年7月

「一生モノの生理とからだの取り扱い大全：13歳から更年期世代まで女性ならではの悩みがスーッと消える！」保健師めぐみ著 日東書院本社 2024年3月

命＞妊娠＞胎児

「おなかのあかちゃん、もういいか～い？」豪田トモさく;いけみやみなえ ポプラ社（ポプラ社の絵本）2024年9月

餌、えさ

「くらべてわかる！こんちゅう図鑑 [4]」須田研司監修;森のくじらイラスト 童心社 2024年3月

外見、容姿、見た目

「ねこ」岩合光昭写真 ポプラ社（はじめてのミニずかん）2024年3月

「人は見た目!?ルッキズムの呪いをとく！1」矢吹康夫監修 フレーベル館 2024年10月

「人は見た目!?ルッキズムの呪いをとく！2」矢吹康夫監修 フレーベル館 2024年12月

「大人に言えない小さな悩みが少しだけ軽くなる本 第3巻」田村節子監修 Gakken 2024年2月

海洋生物

「かいてまなべる冒険ガイドうみ！」ピョートル・カルスキ作;渋谷友香訳 文響社 2024年5月

「カメスケのかわいい水辺の生き物 2」亀井裕介著;田渕周平イラスト;田中克監修;大石涼子企画・取材 やながわ有明海水族館 花乱社 2024年7月

「こんなの見たことない！海のエイリアン図鑑」堀口和重写真;山崎陽子;山本晴美文 山と溪谷社 2024年7月

「さかな：219しゅるい！」Gakken（ひとりでよめるずかん）2024年5月【指導者用解説つき】

生物

「とびきりかわいくていとおしい海のいきもの図鑑」フクイサチヨイラスト;海遊館一部生態監修 イースト・プレス 2024年7月【マンガ形式・マンガつき】

「海：ビーグル号で海たんけん」高久至著;はせがわはっちイラストレーション アリス館 2024年6月

「海の学校―ニュートン科学の学校シリーズ」藤倉克則監修 ニュートンプレス 2024年4月

「頂上決戦!異種水中生物オールスター大決戦」CreatureStory編 西東社 2024年3月

外来生物

「めざせ!国内外来生物マスター 2」五箇公一監修 フレーベル館 2024年3月

「野生生物は「やさしさ」だけで守れるか?：命と向きあう現場から」朝日新聞取材チーム著 岩波書店(岩波ジュニア新書) 2024年7月

体の部位、組織＞足

「虫のからだ 4」新開孝写真・文 岩崎書店 2024年2月

体の部位、組織＞汗

「これがでたっていうことは… 4」草川功監修 理論社 2024年1月

体の部位、組織＞尾、しっぽ

「イグアノドンのツノはなぜきえた?：すがたをかえる恐竜たち」ショーン・ルービン文・絵;千葉茂樹訳 岩崎書店 2024年7月

「ねこ語辞典：4コマまんがでゆるっとわかる!」今泉忠明監修 Gakken 2024年9月【マンガ形式・マンガつき】

体の部位、組織＞顔

「どアップ!びっくり?昆虫の顔写真えほん [2]」海野和男写真;伊藤弥寿彦監修 ほるぷ出版 2024年2月

「どアップ!びっくり?昆虫の顔写真えほん [3]」海野和男写真;伊藤弥寿彦監修 ほるぷ出版 2024年2月

「はじめてかいたじぶんのかお 2024」清水有生編集 ENOTOMO江ノ島ともだち幼稚園 ポット出版プラス 2024年3月

体の部位、組織＞体の部位、組織一般

「いぬ」岩合光昭写真 ポプラ社(はじめてのミニずかん) 2024年1月

「いぬのずかん：家いぬと野生いぬ―学研のえほんずかん；8巻」sakio絵;今泉忠明;ジャパンケネルクラブ監修 Gakken 2024年4月

生物

「くらべてわかる!こんちゅう図鑑 [2]」須田研司監修;森のくじらイラスト 童心社 2024年3月

「でんしゃ : 絵でみるなが〜いずかん」佐伯英次絵 永岡書店 2024年3月

「ねこ」岩合光昭写真 ポプラ社（はじめてのミニずかん）2024年3月

「ねこのずかん : 家ねこと野生ねこ―学研のえほんずかん ; 7巻」おちょぴ絵;今泉忠明;アジアキャットクラブ監修 Gakken 2024年2月

「虫のからだ 3」新開孝写真・文 岩崎書店 2024年1月

「虫のからだ 4」新開孝写真・文 岩崎書店 2024年2月

「虫のからだ 5」新開孝写真・文 岩崎書店 2024年2月

体の部位、組織＞キバ

「どっちが強い!?カナダカワウソVS(たい)アメリカビーバー : ツメと牙のガジガジ大勝負―角川まんが科学シリーズ ; A34」ジノストーリー;ブラックインクチームまんが;實吉達郎監修 KADOKAWA 2024年2月【マンガ形式・マンガつき】

体の部位、組織＞筋肉

「どっちが強い!?からだレスキュー 6―角川まんが科学シリーズ ; A76」ホットブラッドソウルズまんが KADOKAWA 2024年3月【マンガ形式・マンガつき】

「人体―マコト★カガク研究団 ; 1」坂井建雄監修 ニュートンプレス 2024年1月【マンガ形式・マンガつき】

「転生したらスライムだった件で学べるBOOK人体―講談社まんがで学べるシリーズ」講談社編;転スラ製作委員会監修;山本健人医療監修 講談社 2024年7月【マンガ形式・マンガつき】

体の部位、組織＞筋肉＞筋力

「上宮高校から学ぶソフトテニスの軸づくり」小牧幸二著 ベースボール・マガジン社 2024年1月

体の部位、組織＞筋肉＞体幹筋

「上宮高校から学ぶソフトテニスの軸づくり」小牧幸二著 ベースボール・マガジン社 2024年1月

体の部位、組織＞血液

「ドクターエッグ : いきもの入門 10―かがくるBOOK. 科学漫画いきもの観察シリーズ」パクソンイ文;洪鐘賢絵;チームレインボー訳 朝日新聞出版 2024年10月【マンガ形式・マンガつき】

「人体先生図鑑 : 絵で楽しむ体のふしぎ」つぼいひろき絵;ペズル文;三枝慶一郎監修 プレジデント社 2024年5月

「生理ってなあに?」高橋幸子監修;きたによしこ絵;孫奈美文 汐文社 2024年5月【指導者用解説つき】

生物

「知ってるつもり!?13歳からの初耳の科学」ラリー・シェッケル著;片桐恵里;竹﨑紀子;内田真弓訳;川村康文監修 世界文化ブックス 世界文化社 2024年3月

体の部位、組織＞触覚

「虫のからだ 3」新開孝写真・文 岩崎書店 2024年1月

体の部位、組織＞ツノ

「イグアノドンのツノはなぜきえた?：すがたをかえる恐竜たち」ショーン・ルービン文・絵;千葉茂樹訳 岩崎書店 2024年7月

「虫のからだ 3」新開孝写真・文 岩崎書店 2024年1月

体の部位、組織＞爪

「どっちが強い!?カナダカワウソVS(たい)アメリカビーバー：ツメと牙のガジガジ大勝負─角川まんが科学シリーズ；A34」ジノストーリー;ブラックインクチームまんが;實吉達郎監修 KADOKAWA 2024年2月【マンガ形式・マンガつき】

体の部位、組織＞歯

「〈図説〉歯からみた生物の進化 = Illustrated History of Teeth」後藤仁敏著 朝倉書店 2024年10月

「チーズではがげんき」さかいあけみさく;サワイワタルえ リーブル出版 2024年4月【物語形式（フィクション）】

「教えて歯医者さん!調べて守る歯の話 1」桜堤あみの歯科監修 くもん出版 2024年9月

「教えて歯医者さん!調べて守る歯の話 2」桜堤あみの歯科監修 くもん出版 2024年9月

「教えて歯医者さん!調べて守る歯の話 3」桜堤あみの歯科監修 くもん出版 2024年9月

体の部位、組織＞鼻

「これがでたっていうことは… 3」草川功監修 理論社 2024年1月

「鼻をかみましょう：絵本でまなべる、鼻の正しいかみ方：星野書房の発育絵本」武田桃子著;星野友絵構成;遠藤庸子絵 星野書房 サンクチュアリ出版 2024年2月

体の部位、組織＞プライベートゾーン

「あなたのからだをだいじにするほん」横山洋子監修;moco絵 Gakken（おしえて!サンリオキャラクターズ）2024年12月

「わたしたちのからだと心 [2]」アニータ・ガネリ文;ヴェーラ・ポポーワ絵;野井真吾日本語版監修 サイエンティスト社 2024年12月

「親子でチャレンジ!防犯クイズブック」清永奈穂監修・解説文;ゆきのゆみこ構成・文 チャイルド本社 2024年12月

278

生物

体の部位、組織＞骨

「カラダのひみつをのぞいてみよう!すごい人体の図鑑」坂井建雄監修 ナツメ社 2024年8月

「どっちが強い!?からだレスキュー 6―角川まんが科学シリーズ；A76」ホットブラッドソウルズまんが KADOKAWA 2024年3月【マンガ形式・マンガつき】

「恐竜のあたまの中をのぞいたら：脳科学でさぐる恐竜の感覚」大島英太郎作;河部壮一郎監修 福音館書店 2024年7月

「人体―マコト★カガク研究団；1」坂井建雄監修 ニュートンプレス 2024年1月【マンガ形式・マンガつき】

「転生したらスライムだった件で学べるBOOK人体―講談社まんがで学べるシリーズ」講談社編;転スラ製作委員会監修;山本健人医療監修 講談社 2024年7月【マンガ形式・マンガつき】

体の部位、組織＞骨＞骨格

「きょうりゅうレントゲンびょういん」キョンヘウォンぶん・え;こまつようこやく;真鍋真監修 パインインターナショナル 2024年5月

体の部位、組織＞耳

「ひくのだいすき：目から耳から感性を育てる ピアノ編 2」辻井由美子;石井かおり共著 デプロMP 2024年5月

体の部位、組織＞目、眼

「ミルミルミエル：3つの20で目を守る」はたのつばさ作;いわさきかおり絵 石田製本 2024年3月

「わたしのくつしたはどこ？：ゆめみるアデラと目のおはなし」フロレンシア・エレラ文;ベルナルディータ・オヘダ絵;あみのまきこ訳 岩崎書店 2024年9月【物語形式（フィクション）】

「演奏する子どものためのビジョントレーニング：読譜力が伸びるワークブック」鈴木あみ著;北出勝也監修 ヤマハミュージックエンタテインメントホールディングスミュージックメディア部 2024年4月

「虫のからだ 5」新開孝写真・文 岩崎書店 2024年2月

体の部位、組織＞目、眼＞視力

「ミルミルミエル：3つの20で目を守る」はたのつばさ作;いわさきかおり絵 石田製本 2024年3月

体の部位、組織＞目、眼＞視力＞近視

「ミルミルミエル：3つの20で目を守る」はたのつばさ作;いわさきかおり絵 石田製本 2024年3月

生物

器官、臓器＞性器、生殖器官、生殖器

「ぞうちんとぱんつのくに：おとこのことおかあさんのための「性」のえほん」ゆままま作画・構成；石嶺みき原作・監修 KADOKAWA 2024年4月

器官、臓器＞腸

「ちょうおもしろい」あわたのぶこ作；はたこうしろう絵 フレーベル館 2024年10月【物語形式（フィクション）】

器官、臓器＞脳

「「リスク」を知って、「自分」を守る!スマホマインドの育てかた [1]」保育社 2024年1月【マンガ形式・マンガつき】

「いろ・いろ：色覚と進化のひみつ」川端裕人作；中垣ゆたか絵 講談社（講談社の動く図鑑MOVEの科学えほん）2024年3月

「かくれた能力を見つける!キミだけのスゴい脳のヒミツ」加藤俊徳著 KADOKAWA 2024年2月

「きみがだいすき1・2・3：脳が喜ぶ親子の指さしコミュニケーション：英語・日本語3語文」あいばしづか文・絵 文芸社 2024年5月【英語つき】

「さらに頭がよくなる!ちょいムズおりがみ」山田勝久著；篠原菊紀脳科学監修 西東社 2024年10月

「シールでかんたん!アート脳ちぎりえ」成田奈緒子監修；サタケシュンスケ絵 ポプラ社 2024年7月

「のうとからだにいいことえほん」成田奈緒子作；しごくん絵 PHP研究所 2024年2月【指導者用解説つき】

「マンガでわかるスマホ脳の恐怖」川島隆太監修；久方標マンガ・イラスト 金の星社 2024年9月【マンガ形式・マンガつき】

「マンガでわかるスマホ脳の恐怖」川島隆太監修；久方標マンガ・イラスト 金の星社 2024年12月【マンガ形式・マンガつき】

「メンタル脳」アンデシュ・ハンセン；マッツ・ヴェンブラード著；久山葉子訳 新潮社（新潮新書）2024年1月

「わたしたちのからだと心 [1]」アニータ・ガネリ文；ヴェーラ・ポポーワ絵；野井真吾日本語版監修；くまがいじゅんこ訳 サイエンティスト社 2024年11月

「演奏する子どものためのビジョントレーニング：読譜力が伸びるワークブック」鈴木あみ著；北出勝也監修 ヤマハミュージックエンタテインメントホールディングスミュージックメディア部 2024年4月

「最強にわかる発達障害—ニュートン超図解新書」山末英典監修 ニュートンプレス 2024年10月

生物

「人体―マコト★カガク研究団；1」坂井建雄監修 ニュートンプレス 2024年1月【マンガ形式・マンガつき】

「頭がよくなる!マインクラフトですいりクイズBOOK」マイクラ職人組合著 宝島社 2024年10月

「脳がぐんぐん育つ!あやとり：失敗しても大丈夫!のびのびあそぼう!―脳がぐんぐん育つシリーズ」有木昭久著;奥山力監修 ポプラ社 2024年4月

「脳がぐんぐん育つ!おりがみ：うまくできなくでも大丈夫!親子で楽しむ―脳がぐんぐん育つシリーズ」小林一夫著;奥山力監修 ポプラ社 2024年4月

「脳のはたらきとニューロダイバーシティ：みんなちがって、それでいい!」ルイーズ・グッディング著;岡田俊;林(高木)朗子日本語版監修;上原昌子訳 東京書籍 2024年11月

危険生物

「5分間のサバイバル危険生物のなぞ：科学クイズにちょうせん!―かがくるBOOK. 科学クイズサバイバルシリーズ」韓賢東絵;今泉忠明監修;朝日新聞出版編 朝日新聞出版 2024年2月【マンガ形式・マンガつき】

「サバイバル!危険昆虫大図鑑」中野富美子構成・文;丸山宗利監修 あかね書房 2024年1月

「サバイバル!最強!危険生物めいろブック」WILLこども知育研究所編 金の星社 2024年8月【マンガ形式・マンガつき】

「危険生物のクイズ図鑑―学研の図鑑LIVE Q；2」Gakken 2024年3月

「最強サメと海の危険生物大図鑑」DK社編;黒輪篤嗣訳 河出書房新社 2024年6月

希少種、稀少種

「ぼくらのまちがいさがし：動物と地球環境」バースデイ 2024年4月

「ラテールとアースセイバー ＝ Latair and the Earth Saver：絶滅危惧種が教えてくれること」高岸遥作;ロマン・トマ絵;WWFジャパン監修 フレーベル館（日本語―English Bilingual book）2024年9月【物語形式（フィクション）】

「衝撃!世界の食文化」藤田晋一文 金の星社（5分後に世界のリアル）2024年3月

寄生生物、寄生虫

「技あり!モーレツ植物ずかん 3」長谷部光泰監修 鈴木出版 2024年3月

機能＞くしゃみ

「これがでたっていうことは… 3」草川功監修 理論社 2024年1月

機能＞五感、感覚

「科学のなぞときマジカル・メイズ 2」シアン・グリフィス作;宮坂宏美訳;ONOCO絵;本田隆行日本語版監修・解説 ほるぷ出版 2024年8月

生物

「恐竜のあたまの中をのぞいたら：脳科学でさぐる恐竜の感覚」大島英太郎作;河部壮一郎監修 福音館書店 2024年7月

「人体―マコト★カガク研究団；1」坂井建雄監修 ニュートンプレス 2024年1月【マンガ形式・マンガつき】

「体と心のしくみって？：マンガでわかる！―小学生が身につけたい！考えるチカラ」木村翔太監修 ベネッセコーポレーション 2024年3月【マンガ形式・マンガつき】

「転生したらスライムだった件で学べるBOOK人体―講談社まんがで学べるシリーズ」講談社編;転スラ製作委員会監修;山本健人医療監修 講談社 2024年7月【マンガ形式・マンガつき】

機能＞五感、感覚＞視覚＞色覚

「いろ・いろ：色覚と進化のひみつ」川端裕人作;中垣ゆたか絵 講談社（講談社の動く図鑑MOVEの科学えほん）2024年3月

機能＞五感、感覚＞味覚

「食べ物のなぜ・不思議でわかる！10歳からの「おいしい」科学」齋藤勝裕著 カンゼン 2024年1月

「人体先生図鑑：絵で楽しむ体のふしぎ」つぼいひろき絵;ペズル文;三枝慶一郎監修 プレジデント社 2024年5月

機能＞呼吸

「やさしくわかるきもちのえほん [3]」渡辺弥生監修;すがわらけいこ絵;WILLこども知育研究所編著 金の星社 2024年3月

「人体―マコト★カガク研究団；1」坂井建雄監修 ニュートンプレス 2024年1月【マンガ形式・マンガつき】

「転生したらスライムだった件で学べるBOOK人体―講談社まんがで学べるシリーズ」講談社編;転スラ製作委員会監修;山本健人医療監修 講談社 2024年7月【マンガ形式・マンガつき】

機能＞時間知覚

「みんなそれぞれ心の時間 = TIME FLOWS DIFFERENTLY FOR YOU AND FOR ME」一川誠文;吉野晃希男絵 福音館書店（たくさんのふしぎ傑作集）2024年3月

機能＞消化

「転生したらスライムだった件で学べるBOOK人体―講談社まんがで学べるシリーズ」講談社編;転スラ製作委員会監修;山本健人医療監修 講談社 2024年7月【マンガ形式・マンガつき】

機能＞神経＞運動神経

「人体先生図鑑：絵で楽しむ体のふしぎ」つぼいひろき絵;ペズル文;三枝慶一郎監修 プレジデント社 2024年5月

生物

機能＞発声、声

「絵本うたうからだのふしぎ」川原繁人;北山陽一作;牧村久実まんが 講談社(講談社の創作絵本) 2024年1月

機能＞発声、声＞鳴き声

「ねこ語辞典：4コマまんがでゆるっとわかる!」今泉忠明監修 Gakken 2024年9月【マンガ形式・マンガつき】

「ワレワレはアマガエル」松橋利光文・写真 アリス館 2024年3月

「生きものたちのスゴ技図鑑 何しゃべってるの?編」村田浩一監修;アジア・オーランド絵 さ・え・ら書房 2024年2月

求愛行動

「ビジュアルクジラ&イルカ大図鑑」エリック・ホイト著;田島木綿子日本語版監修;片神貴子訳 日経ナショナルジオグラフィック 日経BPマーケティング 2024年2月

菌、菌類

「「植物」をやめた植物たち = MUSHROOM MUNCHERS:The Fascinating World of Non-Photosynthetic Plants」末次健司文・写真 福音館書店(たくさんのふしぎ傑作集) 2024年11月

「技あり!モーレツ植物ずかん 3」長谷部光泰監修 鈴木出版 2024年3月

「細胞の学校―ニュートン科学の学校シリーズ」牛木辰男監修 ニュートンプレス 2024年12月

菌、菌類＞カビ

「みんなが知りたい!不思議な「カビ」のすべて：身近な微生物のヒミツがわかる―まなぶっく」細矢剛監修 メイツユニバーサルコンテンツ 2024年12月

菌、菌類＞細菌

「いただきます!のまえのぴかぴかてあらい」八木橋かずよ絵;中野貴司監修 少年写真新聞社(たべるってたのしい!) 2024年11月【物語形式(フィクション)】

「人体レスキュー探検隊：VISCERIS VOYAGE 01」Boichi著 集英社(勉タメJUMP BOOKS) 2024年7月

細胞

「みのまわりのありとあらゆるしくみ図解：脳細胞からブラックホールまで」DK社編著;藤嶋昭日本版監修 東京書籍 2024年7月

「細胞の学校―ニュートン科学の学校シリーズ」牛木辰男監修 ニュートンプレス 2024年12月

生物

「人体レスキュー探検隊：VISCERIS VOYAGE 01」Boichi著 集英社（勉タメJUMP BOOKS）
2024年7月

姿勢

「こどもの篠崎ヴァイオリン教本：篠崎ヴァイオリン教本への導入」篠崎弘嗣;篠崎功子著 全音
楽譜出版社 2024年2月【CD・CD-ROMつき】

植物、樹木、花＞アサガオ

「つぼみのずかん [第1巻]」稲垣栄洋監修 金の星社 2024年2月

「つぼみ実物大ずかん」高岡昌江編 あすなろ書房 2024年2月

植物、樹木、花＞イネ

「イネの教え 下巻」 群羊社（たべもの・食育絵本） 2024年8月

「イネの教え 上巻」 群羊社（たべもの・食育絵本） 2024年8月

「こめつぶ丸のごはんができるまで」スタジオ・エーワン作・絵;全農パールライス株式会社監修
全農パールライス株式会社 三恵社 2024年3月

「稲作ライブ：おもしろくてたいへんな田んぼの一年」サルイン著 くもん出版 2024年10月

「新・ごはん：食べることは、生きること」辻川牧子絵・文 博進堂営義出版 2024年7月

植物、樹木、花＞オシロイバナ

「花をそだててじーっとかんさつ [4]」鈴木純文・写真 ほるぷ出版 2024年2月

植物、樹木、花＞海藻＞昆布

「空気を変える：地球で生きつづけるために、今わたしたちができること」デビー・リヴィ文;ア
レックス・ボーズマ絵;宮坂宏美訳 あすなろ書房 2024年7月

植物、樹木、花＞カカオ

「ジャングルのチョコレート工場：甘いチョコの甘くない現実に挑んだ大学生」横山亜未著 ポプ
ラ社（ポプラ社ノンフィクション） 2024年7月【物語形式（ノンフィクション）】

植物、樹木、花＞カタバミ

「これ、なんのはな?：つぼみ・みとたね・はっぱ 3」多田多恵子監修;青山由紀指導 小峰書店
2024年4月

植物、樹木、花＞花粉

「技あり!モーレツ植物ずかん 1」長谷部光泰監修 鈴木出版 2024年1月

「自然とあそぼう|植物の育ち編 [5]」農山漁村文化協会 2024年2月【指導者用解説つき】

生物

植物、樹木、花＞寄生植物

「「植物」をやめた植物たち = MUSHROOM MUNCHERS:The Fascinating World of Non-Photosynthetic Plants」末次健司文・写真 福音館書店（たくさんのふしぎ傑作集）2024年11月

植物、樹木、花＞茎

「つぼみ たね はっぱ…しょくぶつこれ、なあに? 7」斎木健一;白坂洋一監修 ポプラ社 2024年4月

植物、樹木、花＞果物＞果物一般

「コンフィチュールづくりは子どもの遊びです」ミシェル・オリヴェ文と絵;猫沢エミ訳 河出書房新社 2024年9月

「たのしい!かがくのおはなし 1年生」横山正監修 高橋書店 2024年5月【物語形式（フィクション）】

「たべてみて! : フリーダ・キャプランがひろげた食のせかい」マーラ・ロックリフ文;ジゼル・ポター絵;福本由紀子訳 BL出版 2024年1月【物語形式（ノンフィクション）】

「知っておいしい!野菜と果物ずかん」髙畑健監修 成美堂出版 2024年3月

植物、樹木、花＞木の実

「つぼみ たね はっぱ…しょくぶつこれ、なあに? 4」斎木健一;白坂洋一監修 ポプラ社 2024年4月

植物、樹木、花＞木の実＞ギンナン

「くさい食べ物大図鑑」前橋健二監修;岡本倫幸画;開発社編 金の星社 2024年2月

植物、樹木、花＞木の実＞ドングリ

「ドングリのたんけん―ぼくの自然観察記」おくやまひさし著 少年写真新聞社 2024年6月

「奄美の森でドングリたべた?」松橋利光写真;木元侑菜文 新日本出版社 2024年10月

「森のカプセル探検帳 : ドングリいっぱい大発見!」飯田猛構成・文;宮國晋一写真 技術評論社（科学絵本）2024年8月

「大人も子どもも楽しいあたらしい自然あそび」奥山英治著 山と溪谷社 2024年8月

植物、樹木、花＞サクラ

「これ、なんのはな? : つぼみ・みとたね・はっぱ 3」多田多恵子監修;青山由紀指導 小峰書店 2024年4月

生物

植物、樹木、花＞雑草

「もしも雑草がクラスメイトだったら？：キャラクターで特徴がわかる身近な雑草図鑑」稲垣栄洋
著 幻冬舎 2024年3月

植物、樹木、花＞食虫植物

「技あり！モーレツ植物ずかん 1」長谷部光泰監修 鈴木出版 2024年1月

植物、樹木、花＞植物、樹木、花一般

「「植物」をやめた植物たち = MUSHROOM MUNCHERS:The Fascinating World of Non-Photosynthetic Plants」末次健司文・写真 福音館書店（たくさんのふしぎ傑作集）2024年11月

「10分で読めるわくわく科学 小学1・2年」荒俣宏監修 成美堂出版 2024年1月

「10分で読めるわくわく科学 小学3・4年」荒俣宏監修 成美堂出版 2024年1月

「10分で読めるわくわく科学 小学5・6年」荒俣宏監修 成美堂出版 2024年1月

「きせつをかんじる！12か月のぎょうじ [2]」田村学監修 ほるぷ出版 2024年2月

「きせつをかんじる！12か月のぎょうじ [3]」田村学監修 ほるぷ出版 2024年2月

「きせつをかんじる！12か月のぎょうじ [4]」田村学監修 ほるぷ出版 2024年3月

「くらべて発見タネの「いのち」1」農文協編;山中正大絵 農山漁村文化協会 2024年1月

「くらべて発見タネの「いのち」2」農文協編;山中正大絵 農山漁村文化協会 2024年3月

「くらべて発見タネの「いのち」3」農文協編;山中正大絵 農山漁村文化協会 2024年4月

「こうえんのしぜん」PIXTA写真 ポプラ社（はじめてのミニずかん）2024年3月

「これ、なんのはな？：つぼみ・みとたね・はっぱ 1」多田多恵子監修;青山由紀指導 小峰書店
2024年4月

「これ、なんのはな？：つぼみ・みとたね・はっぱ 2」多田多恵子監修;青山由紀指導 小峰書店
2024年4月

「これ、なんのはな？：つぼみ・みとたね・はっぱ 3」多田多恵子監修;青山由紀指導 小峰書店
2024年4月

「これはなんのつぼみかな 2」阿部浩志文;多田多恵子監修 汐文社 2024年1月

「これはなんのつぼみかな 3」多田多恵子監修;阿部浩志文 汐文社 2024年3月

「これはなんのつぼみかな 4」多田多恵子監修;阿部浩志文 汐文社 2024年3月

「じぶんでよめるはなずかん：はなとそのなかま162」成美堂出版編集部編著 成美堂出版
2024年7月

「たのしい色鉛筆画 Vol 2」フェアリー洋子 三恵社 2024年7月

生物

「つかめ!理科ダマン 7」シンテフン作;ナスンフンまんが;呉華順訳 マガジンハウス 2024年7月
【マンガ形式・マンガつき】

「つぼみ たね はっぱ…しょくぶつこれ、なあに? 1」斎木健一;白坂洋一監修 ポプラ社 2024年4月

「つぼみ たね はっぱ…しょくぶつこれ、なあに? 2」斎木健一;白坂洋一監修 ポプラ社 2024年4月

「つぼみ たね はっぱ…しょくぶつこれ、なあに? 3」斎木健一;白坂洋一監修 ポプラ社 2024年4月

「つぼみ たね はっぱ…しょくぶつこれ、なあに? 4」斎木健一;白坂洋一監修 ポプラ社 2024年4月

「つぼみ たね はっぱ…しょくぶつこれ、なあに? 5」斎木健一;白坂洋一監修 ポプラ社 2024年4月

「つぼみ たね はっぱ…しょくぶつこれ、なあに? 6」斎木健一;白坂洋一監修 ポプラ社 2024年4月

「つぼみ たね はっぱ…しょくぶつこれ、なあに? 7」斎木健一;白坂洋一監修 ポプラ社 2024年4月

「つぼみのずかん [第1巻]」稲垣栄洋監修 金の星社 2024年2月

「つぼみのずかん [第2巻]」稲垣栄洋監修 金の星社 2024年3月

「つぼみのずかん [第3巻]」稲垣栄洋監修 金の星社 2024年3月

「つぼみをみつけよう 1」つぼみをみつけよう編集委員会編;亀田龍吉写真 あかね書房 2024年4月

「つぼみをみつけよう 2」つぼみをみつけよう編集委員会編;亀田龍吉写真 あかね書房 2024年4月

「つぼみをみつけよう 3」つぼみをみつけよう編集委員会編;亀田龍吉写真 あかね書房 2024年4月

「つぼみ実物大ずかん」高岡昌江編 あすなろ書房 2024年2月

「なぜ?どうして?いきもののお話 1年生—よみとく10分」杉野さち子総合監修 Gakken 2024年6月【物語形式(ノンフィクション)】

「なぜ?どうして?いきもののお話 2年生—よみとく10分」杉野さち子総合監修 Gakken 2024年6月【物語形式(ノンフィクション)】

「なぞなぞMAXチャレンジ!4008問 : 頭の回転無限大」嵩瀬ひろし著 新星出版社 2024年7月

「ネイティブアメリカンの植物学者が語る10代からの環境哲学 : 植物の知性がつなぐ科学と伝承」ロビン・ウォール・キマラー著;モニーク・グレイ・スミス翻案;三木直子訳 築地書館 2024年6月

生物

「ホウキ：イチは、いのちのはじまり―イチからつくる」宮原克人編;堀川理万子絵 農山漁村文化協会 2024年3月

「マンガマインクラフトで楽しく学べる!地球のひみつ」左巻健男監修;マイクラ職人組合著 宝島社 2024年3月【マンガ形式・マンガつき】

「るるぶ 毎日5分でまなびの種まきかがくのおはなし」辻健監修 JTBパブリッシング 2024年1月

「わくわく園芸部：マンガと写真でよくわかる 1」清水俊英著 誠文堂新光社 2024年11月【マンガ形式・マンガつき】

「わくわく園芸部：マンガと写真でよくわかる 2」清水俊英著 誠文堂新光社 2024年12月【マンガ形式・マンガつき】

「奇妙で不思議な樹木の世界」英国王立園芸協会監修;ジェン・グリーン文;クレア・マケルファトリック絵;加藤知道訳 創元社 2024年8月

「技あり!モーレツ植物ずかん 1」長谷部光泰監修 鈴木出版 2024年1月

「技あり!モーレツ植物ずかん 2」長谷部光泰監修 鈴木出版 2024年3月

「技あり!モーレツ植物ずかん 3」長谷部光泰監修 鈴木出版 2024年3月

「昆虫が世界をすくう!―児童図書館・絵本の部屋」バグライフ文;チュイラン絵;佐藤見果夢やく;田邊力編集協力 評論社 2024年3月

「根っこのふしぎな世界 [4]」小泉光久制作・文;中野明正監修;根研究学会編集協力 文研出版 2024年1月

「自然とあそぼう植物の育ち編 [1]」農山漁村文化協会 2024年1月【指導者用解説つき】

「自然とあそぼう植物の育ち編 [5]」農山漁村文化協会 2024年2月【指導者用解説つき】

「自然とあそぼう植物のくらし編 [1]」農山漁村文化協会 2024年9月

「自然とあそぼう植物のくらし編 [2]」農山漁村文化協会 2024年9月

「自然とあそぼう植物のくらし編 [3]」農山漁村文化協会 2024年7月

「自然とあそぼう植物のくらし編 [4]」農山漁村文化協会 2024年8月

「自然とあそぼう植物の育ち編 [2]」農山漁村文化協会 2024年2月【指導者用解説つき】

「植物」天野誠;斎木健一監修 講談社(講談社の動く図鑑MOVE) 2024年6月【DVD・DVD-ROMつき】

「植物が彩る切り絵・しかけ図鑑」エレーヌ・ドゥルヴェール絵;ジュリエット・アインホーン文;檜垣裕美訳;矢守航監修 化学同人 2024年3月

「植物が世界をすくう!―児童図書館・絵本の部屋」アナベル・セイヴァリー文;チュイラン絵;佐藤見果夢やく 評論社 2024年3月

「森の演出家ツッチーの自然あそびハンドブック」土屋一昭著 スタジオタッククリエイティブ 2024年8月

生物

「身のまわりの不思議を科学する：自然、健康、生活、料理のサイエンス」古崎新太郎著 花伝社 共栄書房 2024年9月

「生物〈植物・昆虫・動物〉がわかる—ドラえもんの学習シリーズ．ドラえもんの理科おもしろ攻略」藤子・F・不二雄キャラクター原作;浜学園監修 小学館 2024年2月【マンガ形式・マンガつき】

「石や木をつかった造形」国土社(図画工作deたのしい作品づくり) 2024年8月

「調べてわかる!日本の山 2」鈴木毅彦監修 汐文社 2024年3月

「毒図鑑：生きていくには毒が必要でした。」丸山貴史著;あべたみお絵;国立科学博物館監修 幻冬舎 2024年3月

「牧野富太郎と植物研究」大場秀章著 玉川大学出版部(日本の伝記：知のパイオニア) 2024年6月【物語形式(ノンフィクション)】

「野生生物は「やさしさ」だけで守れるか?：命と向きあう現場から」朝日新聞取材チーム著 岩波書店(岩波ジュニア新書) 2024年7月

植物、樹木、花＞シロツメクサ

「シロツメクサはともだち」鈴木純著 ブロンズ新社 2024年3月

植物、樹木、花＞スイートピー

「じぶんでよめるはなずかん：はなとそのなかま162」成美堂出版編集部編著 成美堂出版 2024年7月

植物、樹木、花＞ススキ

「もしも雑草がクラスメイトだったら?：キャラクターで特徴がわかる身近な雑草図鑑」稲垣栄洋著 幻冬舎 2024年3月

植物、樹木、花＞スズラン

「じぶんでよめるはなずかん：はなとそのなかま162」成美堂出版編集部編著 成美堂出版 2024年7月

植物、樹木、花＞スミレ

「もしも雑草がクラスメイトだったら?：キャラクターで特徴がわかる身近な雑草図鑑」稲垣栄洋著 幻冬舎 2024年3月

植物、樹木、花＞種、種子

「くらべて発見タネの「いのち」1」農文協編;山中正大絵 農山漁村文化協会 2024年1月

「くらべて発見タネの「いのち」2」農文協編;山中正大絵 農山漁村文化協会 2024年3月

「くらべて発見タネの「いのち」3」農文協編;山中正大絵 農山漁村文化協会 2024年4月

生物

「これ、なんのはな?：つぼみ・みとたね・はっぱ 1」多田多恵子監修;青山由紀指導 小峰書店 2024年4月

「これ、なんのはな?：つぼみ・みとたね・はっぱ 2」多田多恵子監修;青山由紀指導 小峰書店 2024年4月

「つぼみ たね はっぱ…しょくぶつこれ、なあに? 2」斎木健一;白坂洋一監修 ポプラ社 2024年4月

「花をそだててじーっとかんさつ [2]」鈴木純文・写真 ほるぷ出版 2024年2月

「花をそだててじーっとかんさつ [3]」鈴木純文・写真 ほるぷ出版 2024年2月

「花をそだててじーっとかんさつ [4]」鈴木純文・写真 ほるぷ出版 2024年2月

「花をそだててじーっとかんさつ [5]」鈴木純文・写真 ほるぷ出版 2024年2月

「自然とあそぼう植物の育ち編 [1]」農山漁村文化協会 2024年1月【指導者用解説つき】

「自然とあそぼう植物の育ち編 [2]」農山漁村文化協会 2024年2月【指導者用解説つき】

「小学生の野菜づくりブック：ぜ〜んぶプランターでできちゃう!」藤田智監修 家の光協会 2024年3月

植物、樹木、花＞タンポポ

「これ、なんのはな?：つぼみ・みとたね・はっぱ 2」多田多恵子監修;青山由紀指導 小峰書店 2024年4月

「つぼみのずかん [第2巻]」稲垣栄洋監修 金の星社 2024年3月

「自然とあそぼう植物の育ち編 [2]」農山漁村文化協会 2024年2月【指導者用解説つき】

植物、樹木、花＞チューリップ

「花をそだててじーっとかんさつ [5]」鈴木純文・写真 ほるぷ出版 2024年2月

植物、樹木、花＞蕾

「これ、なんのはな?：つぼみ・みとたね・はっぱ 1」多田多恵子監修;青山由紀指導 小峰書店 2024年4月

「これはなんのつぼみかな 2」阿部浩志文;多田多恵子監修 汐文社 2024年1月

「これはなんのつぼみかな 3」多田多恵子監修;阿部浩志文 汐文社 2024年3月

「これはなんのつぼみかな 4」多田多恵子監修;阿部浩志文 汐文社 2024年3月

「つぼみ たね はっぱ…しょくぶつこれ、なあに? 1」斎木健一;白坂洋一監修 ポプラ社 2024年4月

「つぼみのずかん [第1巻]」稲垣栄洋監修 金の星社 2024年2月

「つぼみのずかん [第2巻]」稲垣栄洋監修 金の星社 2024年3月

290

生物

「つぼみのずかん [第3巻]」稲垣栄洋監修 金の星社 2024年3月

「つぼみをみつけよう 1」つぼみをみつけよう編集委員会編;亀田龍吉写真 あかね書房 2024年4月

「つぼみをみつけよう 2」つぼみをみつけよう編集委員会編;亀田龍吉写真 あかね書房 2024年4月

「つぼみをみつけよう 3」つぼみをみつけよう編集委員会編;亀田龍吉写真 あかね書房 2024年4月

「つぼみ実物大ずかん」高岡昌江編 あすなろ書房 2024年2月

植物、樹木、花＞トウモロコシ

「自分だけの「フシギ」を見つけよう! : NHKカガクノミカタ」NHK「カガクノミカタ」制作班編;ヨシタケシンスケ絵 NHK出版 2024年3月

植物、樹木、花＞トゲ

「技あり!モーレツ植物ずかん 2」長谷部光泰監修 鈴木出版 2024年3月

植物、樹木、花＞ナノハナ

「つぼみ実物大ずかん」高岡昌江編 あすなろ書房 2024年2月

植物、樹木、花＞根っこ

「根っこのふしぎな世界 [4]」小泉光久制作・文;中野明正監修;根研究学会編集協力 文研出版 2024年1月

植物、樹木、花＞葉、葉っぱ

「これ、なんのはな? : つぼみ・みとたね・はっぱ 1」多田多恵子監修;青山由紀指導 小峰書店 2024年4月

「これ、なんのはな? : つぼみ・みとたね・はっぱ 3」多田多恵子監修;青山由紀指導 小峰書店 2024年4月

「つぼみ たね はっぱ…しょくぶつこれ、なあに? 3」斎木健一;白坂洋一監修 ポプラ社 2024年4月

植物、樹木、花＞ハーブ

「ふしぎなチカラをもっているハーブの世界—調べる学習百科」真木文絵著;村上志緒監修 岩崎書店 2024年7月

植物、樹木、花＞ハス

「つぼみのずかん [第3巻]」稲垣栄洋監修 金の星社 2024年3月

生物

植物、樹木、花＞発芽

「くらべて発見タネの「いのち」1」農文協編;山中正大絵 農山漁村文化協会 2024年1月

「くらべて発見タネの「いのち」2」農文協編;山中正大絵 農山漁村文化協会 2024年3月

「くらべて発見タネの「いのち」3」農文協編;山中正大絵 農山漁村文化協会 2024年4月

「つぼみ たね はっぱ…しょくぶつこれ、なあに? 6」斎木健一;白坂洋一監修 ポプラ社 2024年4月

植物、樹木、花＞ヒマワリ

「つぼみのずかん [第1巻]」稲垣栄洋監修 金の星社 2024年2月

「花をそだててじーっとかんさつ [2]」鈴木純文・写真 ほるぷ出版 2024年2月

植物、樹木、花＞ヒルガオ

「もしも雑草がクラスメイトだったら?：キャラクターで特徴がわかる身近な雑草図鑑」稲垣栄洋著 幻冬舎 2024年3月

植物、樹木、花＞ベゴニア

「これ、なんのはな?：つぼみ・みとたね・はっぱ 1」多田多恵子監修;青山由紀指導 小峰書店 2024年4月

植物、樹木、花＞ホウセンカ

「これ、なんのはな?：つぼみ・みとたね・はっぱ 2」多田多恵子監修;青山由紀指導 小峰書店 2024年4月

「花をそだててじーっとかんさつ [3]」鈴木純文・写真 ほるぷ出版 2024年2月

植物、樹木、花＞マメ＞ダイズ

「ひき石と24丁のとうふ」大西暢夫著 アリス館 2024年4月

植物、樹木、花＞マングローブ

「空気を変える：地球で生きつづけるために、今わたしたちができること」デビー・リヴィ文;アレックス・ボーズマ絵;宮坂宏美訳 あすなろ書房 2024年7月

植物、樹木、花＞ミズバショウ

「つぼみのずかん [第3巻]」稲垣栄洋監修 金の星社 2024年3月

植物、樹木、花＞野菜＞カブ

「わくわく園芸部：マンガと写真でよくわかる 2」清水俊英著 誠文堂新光社 2024年12月【マンガ形式・マンガつき】

292

生物

植物、樹木、花＞野菜＞ダイコン

「わくわく園芸部：マンガと写真でよくわかる 2」清水俊英著 誠文堂新光社 2024年12月【マンガ形式・マンガつき】

植物、樹木、花＞野菜＞トマト＞ミニトマト

「わくわく園芸部：マンガと写真でよくわかる 1」清水俊英著 誠文堂新光社 2024年11月【マンガ形式・マンガつき】

植物、樹木、花＞野菜＞ブロッコリー

「つぼみ実物大ずかん」髙岡昌江編 あすなろ書房 2024年2月

植物、樹木、花＞野菜＞野菜一般

「1年生からのらくらくレシピ+ [4]」若宮寿子監修 文研出版 2024年2月

「コンフィチュールづくりは子どもの遊びです」ミシェル・オリヴェ文と絵;猫沢エミ訳 河出書房新社 2024年9月

「たべてみて！：フリーダ・キャプランがひろげた食のせかい」マーラ・ロックリフ文;ジゼル・ポター絵;福本由紀子訳 BL出版 2024年1月【物語形式（ノンフィクション）】

「つぼみをみつけよう 3」つぼみをみつけよう編集委員会編;亀田龍吉写真 あかね書房 2024年4月

「小学生の野菜づくりブック：ぜ～んぶプランターでできちゃう！」藤田智監修 家の光協会 2024年3月

「知っておいしい！野菜と果物ずかん」髙畑健監修 成美堂出版 2024年3月

植物、樹木、花＞野草

「もしも雑草がクラスメイトだったら？：キャラクターで特徴がわかる身近な雑草図鑑」稲垣栄洋著 幻冬舎 2024年3月

植物、樹木、花＞ユリ

「これ、なんのはな？：つぼみ・みとたね・はっぱ 1」多田多恵子監修;青山由紀指導 小峰書店 2024年4月

植物、樹木、花＞ワスレナグサ

「じぶんでよめるはなずかん：はなとそのなかま162」成美堂出版編集部編著 成美堂出版 2024年7月

生物

食物連鎖

「生きものたちのスゴ技図鑑　食われてたまるか編」村田浩一監修;アジア・オーランド絵 さ・え・ら書房 2024年2月

深海生物

「クジラがしんだら」江口絵理文;かわさきしゅんいち絵;藤原義弘監修 童心社 2024年9月

「ドクターエッグ：いきもの入門 9―かがくるBOOK. 科学漫画いきもの観察シリーズ」パクソンイ文;洪鐘賢絵;チームレインボー訳 朝日新聞出版 2024年7月【マンガ形式・マンガつき】

「海の学校―ニュートン科学の学校シリーズ」藤倉克則監修 ニュートンプレス 2024年4月

「出会った魚がわかる図鑑：子どもと一緒にわくわく発見!」杉本幹監修 永岡書店 2024年7月

「深海魚に会える海：日本でいちばん深い海とそこにくらす生き物のひみつ」堀口和重写真・文 フレーベル館 2024年6月

「釣って食べて調べる深海魚 = FISHING,COOKING AND EXPLORING THE DEEP-SEA FISHES」平坂寛文;キッチンミノル写真;長嶋祐成絵 福音館書店 (たくさんのふしぎ傑作集) 2024年5月

身長、体長

「1万5000人のデータに基づいたすごい身長の伸ばし方」田邊雄著 KADOKAWA 2024年2月

「せがのびる」やぎゅうげんいちろうさく 福音館書店 (かがくのとも絵本) 2024年2月

人類

「こどもホモ・サピエンス：人類の起源、日本人のルーツについて考える本」国立科学博物館人類研究部監修;ライブ著 カンゼン 2024年9月

「しっかりわかる「脱炭素=カーボンニュートラル」2」こどもくらぶ編 岩崎書店 2024年1月

「世界を掘りつくせ!：人類の歴史を変えた18の偉大な発掘の物語」アレクサンドラ・ステュワート;キティ・ハリス著;喜多直子訳 創元社 2024年7月

「微生物のはたらき大研究：人と環境とのかかわりをさぐろう―楽しい調べ学習シリーズ」鈴木智順監修 PHP研究所 2024年7月

水生生物

「さかな：219しゅるい!」Gakken (ひとりでよめるずかん) 2024年5月【指導者用解説つき】

性

「10才からの保健体育：こころとからだのギモン―大人だって本当は知らない」今西洋介監修;よこてさとめマンガ 永岡書店 2024年7月

生物

「10歳までに知っておきたい子どもを一生守る「からだ・こころ・権利」の話：自分とまわりの人を大切にできる力を育てます」やまがたてるえ;渡邉安衣子著 青春出版社 2024年7月

「10代のカラダのハテナ：図書館版」高尾美穂監修 あかね書房 2024年1月

「13歳までに伝えたい女の子の心と体のこと：マンガでよくわかる!」やまがたてるえ著;藤井昌子マンガ かんき出版 2024年9月【マンガ形式・マンガつき】

「あなたのからだをだいじにするほん」横山洋子監修;moco絵 Gakken(おしえて!サンリオキャラクターズ) 2024年12月

「キミのからだはキミのもの」ルシア・セラーノ絵と文;宇野和美訳;シオリーヌ監修 ポプラ社 2024年1月

「じぶんであるっていいかんじ：きみとジェンダーについての本」テレサ・ソーン作;ノア・グリニ絵;たかいゆとり訳 エトセトラブックス 2024年4月

「ハマれないまま、生きてます：こどもとおとなのあいだ―あいだで考える」栗田隆子著 創元社 2024年5月

「ようこそ!思春期：おとなに近づくからだの成長のはなし」レイチェル・グリーナー文;クレア・オーウェン絵;浦野匡子;艮香織訳・解説 大月書店 2024年2月

「絵本からだうた」日暮かをるぶん;中島優子え エイデル研究所 2024年5月

「学校では教えてくれない性の話：みんなでひらく包括的性教育のとびら」樋上典子著 皓星社 2024年7月

「性のモヤモヤをひっくり返す!：ジェンダー・権利・性的同意26のワーク」ちゃぶ台返し女子アクション著;染矢明日香監修 合同出版 2024年3月

性格

「きみのいいところがみつかるえほん」足立啓美監修;川原瑞丸絵 主婦の友社 2024年8月

「こんなときどう言う?事典：仲よくなる力は人生最大のスキル」齋藤孝著 サンマーク出版 2024年3月

「失敗しない整理整とん―1日5分!タイプ別診断でわかる；1」中村佳子監修;伊藤ハムスター;深蔵イラスト ポプラ社 2024年8月

性質

「物質〈空気・水・水よう液〉がわかる―ドラえもんの学習シリーズ.ドラえもんの理科おもしろ攻略」藤子・F・不二雄キャラクター原作;浜学園監修 小学館 2024年10月【マンガ形式・マンガつき】

生息地、生息環境

「あの恐竜どこにいた?地図で見る恐竜のくらし図鑑」ダレン・ナイシュ監修;クリス・バーカー;ダレン・ナイシュ著;田中康平監訳;喜多直子訳 創元社 2024年5月

生物

「かわいいどうぶつだいしゅうごうもふもふいっぱいずかん」小宮輝之監修 KADOKAWA 2024年2月

「こびと固有種大図鑑 東日本編」なばたとしたかさく ロクリン社 2024年9月

「せかいの国鳥にっぽんの県鳥」小宮輝之監修;ポンプラボ編集 カンゼン 2024年11月

「奄美の森でドングリたべた?」松橋利光写真;木元侑菜文 新日本出版社 2024年10月

「自然とあそぼう植物のくらし編[2]」農山漁村文化協会 2024年9月

「生きものたちのスゴ技図鑑 ちょっと変な仲間編」村田浩一監修;アジア・オーランド絵 さ・え・ら書房 2024年10月

「虫たちの生き方事典:虫ってやっぱり面白い!」小松貴文・写真;じゅえき太郎イラスト 文一総合出版 2024年8月

「頂上決戦!恐竜最強王決定戦」Creatures Journey編著 西東社 2024年6月

「鳥たちのヤバイ進化図鑑:大鳥小鳥恐い鳥」川崎悟司絵と文;柴田佳秀監修 二見書房 2024年6月

生存競争、生存戦略

「けなげに生きぬくいきもの図鑑:いきものから学べ!」馬場悠男監修;岡幸子執筆;しばさなイラスト 実教出版 2024年3月

「コミック生き物の死にざま:わたしはあなたとともにある」稲垣栄洋原案・監修;槙吾脚本・絵コンテ;藤本たみこ画 小学館 2024年8月【マンガ形式・マンガつき】

「技あり!モーレツ植物ずかん 2」長谷部光泰監修 鈴木出版 2024年3月

生態

「アザラシのひみつ—飼育員さんもっとおしえて!」松橋利光写真;池田菜津美文;神田めぐみイラスト 新日本出版社 2024年4月

「あしの多い虫図鑑 = Arthropods with many legs:あしが8本以上あるのはどんな虫たち?」小野展嗣著;鈴木知之写真 偕成社 2024年1月

「いきもの大図鑑最強いきものバトルブック」平坂寛監修・文 ポプラ社(超ひみつゲット!) 2024年8月

「イネの教え 下巻」群羊社(たべもの・食育絵本) 2024年8月

「イリエワニ」福田雄介文;関俊一絵 福音館書店 2024年6月

「うまれたよ!サケ」二神慎之介写真・文 岩崎書店(よみきかせいきものしゃしんえほん) 2024年2月

「うまれたよ!ヤモリ—よみきかせいきものしゃしんえほん;48」関慎太郎写真・文 岩崎書店 2024年2月

生物

「うんこ虫を追え = THE MYSTERIOUS ECOLOGY OF JAPANESE DUNG BEETLES」舘野鴻文・絵 福音館書店（たくさんのふしぎ傑作集）2024年5月

「エナガのくらし : いつも仲間といっしょ―命のつながり ; 7」東郷なりさ作;江口欣照写真 文一総合出版 2024年10月

「カバのひみつ―飼育員さんもっとおしえて!」松橋利光写真;池田菜津美文;神田めぐみイラスト 新日本出版社 2024年3月

「カブトムシ・クワガタムシ―あそべる図鑑GO」筒井学写真・監修;さがわゆめこ絵 金の星社 2024年6月

「カブトムシみっけ!―ふしぎみつけた!」里中正紀構成・文 徳間書店 2024年7月

「カメスケのかわいい水辺の生き物 2」亀井裕介著;田渕周平イラスト;田中克監修;大石涼子企画・取材 やながわ有明海水族館 花乱社 2024年7月

「クセがすごすぎる世界の鳥図鑑」今泉忠明監修;森松輝夫イラスト 宝島社 2024年7月

「クラゲのくらし」水口博也著 少年写真新聞社(少年写真新聞社写真絵本) 2024年7月

「くらべてわかるサメ」アクアワールド茨城県大洗水族館監修;めかぶ絵 山と溪谷社 2024年3月

「こびと固有種大図鑑 東日本編」なばたとしたかさく ロクリン社 2024年9月

「こんなの見たことない!海のエイリアン図鑑」堀口和重写真;山崎陽子;山本晴美文 山と溪谷社 2024年7月

「サケの旅 : ふるさとの川をめざす―命のつながり ; 6」平井佑之介写真・文 文一総合出版 2024年9月

「サバイバル!危険昆虫大図鑑」中野富美子構成・文;丸山宗利監修 あかね書房 2024年1月

「スーパーパワーを手に入れた生きものたち 1」ジョルジュ・フェテルマン文;大西昧訳 鈴木出版 2024年11月

「ずかんハチのおしごと : ★見ながら学習調べてなっとく」井手竜也著 技術評論社 2024年8月

「ずかん古生物のりれきしょ : ★見ながら学習調べてなっとく」土屋健著;土屋香絵;芝原暁彦監修 技術評論社 2024年8月

「タコのなぞ :「海の賢者」のひみつ88」池田譲著 講談社 2024年8月

「つぼみ たね はっぱ…しょくぶつこれ、なあに? 1」斎木健一;白坂洋一監修 ポプラ社 2024年4月

「つぼみ たね はっぱ…しょくぶつこれ、なあに? 2」斎木健一;白坂洋一監修 ポプラ社 2024年4月

「つぼみ たね はっぱ…しょくぶつこれ、なあに? 3」斎木健一;白坂洋一監修 ポプラ社 2024年4月

「つぼみ たね はっぱ…しょくぶつこれ、なあに? 4」斎木健一;白坂洋一監修 ポプラ社 2024年4月

生物

「つぼみ たね はっぱ…しょくぶつこれ、なあに? 5」斎木健一;白坂洋一監修 ポプラ社 2024年
4月

「つぼみ たね はっぱ…しょくぶつこれ、なあに? 6」斎木健一;白坂洋一監修 ポプラ社 2024年
4月

「つぼみ たね はっぱ…しょくぶつこれ、なあに? 7」斎木健一;白坂洋一監修 ポプラ社 2024年
4月

「トガリネズミひみつのくらし」六田晴洋写真・文 世界文化ワンダーグループ 世界文化社(世界
文化社のワンダー絵本) 2024年6月

「ドクターエッグ:いきもの入門 10―かがくるBOOK. 科学漫画いきもの観察シリーズ」パクソンイ
文;洪鐘賢絵;チームレインボー訳 朝日新聞出版 2024年10月【マンガ形式・マンガつき】

「ドクターエッグ:いきもの入門 8―かがくるBOOK. 科学漫画いきもの観察シリーズ」パクソンイ
文;洪鐘賢絵;チームレインボー訳 朝日新聞出版 2024年4月

「ドクターエッグ:いきもの入門 9―かがくるBOOK. 科学漫画いきもの観察シリーズ」パクソンイ
文;洪鐘賢絵;チームレインボー訳 朝日新聞出版 2024年7月【マンガ形式・マンガつき】

「どっちが強い!?W:オオメジロザメの襲撃―角川まんが科学シリーズ;A91」ウィルソン・リュウ
ストーリー;マウンテントップスタジオまんが;川口拓;新野大監修 KADOKAWA 2024年3月【マン
ガ形式・マンガつき】

「どっちが強い!?W:シベリアトラとの激闘―角川まんが科学シリーズ;A92」タダタダストーリー
;マウンテントップスタジオまんが;川口拓;小菅正夫監修 KADOKAWA 2024年7月【マンガ形
式・マンガつき】

「どっちが強い!?W:巨大ヒグマの暴走―角川まんが科学シリーズ;A93」ウィルソン・リュウス
トーリー;マウンテントップスタジオまんが;川口拓;小菅正夫監修 KADOKAWA 2024年11月【マ
ンガ形式・マンガつき】

「どっちが強い!?ヤシガニVSニワトリ:超高速きりさきバトル―角川まんが科学シリーズ;A35」
スライウムストーリー;ブラックインクチームまんが;今泉忠明監修 KADOKAWA 2024年7月【マン
ガ形式・マンガつき】

「とびきりかわいくていとおしい海のいきもの図鑑」フクイサチヨイラスト;海遊館一部生態監修
イースト・プレス 2024年7月【マンガ形式・マンガつき】

「ともに生きる:山のツキノワグマ」前川貴行写真・文 あかね書房 2024年7月

「ねこ」岩合光昭写真 ポプラ社(はじめてのミニずかん) 2024年3月

「はっけん!カナヘビ」関慎太郎写真;竹中践編著 緑書房(日本のいきものビジュアルガイド)
2024年4月

「ばったのたんちゃんうまれたよ!―むしのたまごシリーズ」ねもとまゆみ作;たけがみたえ絵;須
田研司監修 童心社 2024年5月【物語形式(フィクション)】

生物

「ビジュアルクジラ&イルカ大図鑑」エリック・ホイト著;田島木綿子日本語版監修;片神貴子訳 日経ナショナルジオグラフィック 日経BPマーケティング 2024年2月

「ビジュアル図鑑ドラゴン = Visual Encyclopedia DRAGON」健部伸明監修 カンゼン 2024年1月

「ファーブルに学ぶ昆虫大じてん」小野展嗣監修 成美堂出版 2024年8月

「フィールドに出かけよう!野鳥の観察入門：身近な鳥から渡り鳥まで」秋山幸也著 誠文堂新光社(子供の科学サイエンスブックスNEXT) 2024年12月

「ペンギンのひみつ―飼育員さんもっとおしえて!」松橋利光写真;池田菜津美文;神田めぐみイラスト 新日本出版社 2024年4月

「マンガで見る「イモムシ」の生きざま」しらかわあすか編著 東京堂出版 2024年9月【マンガ形式・マンガつき】

「マンガ昆虫最強王図鑑ザ・ストーリー = THE INSECT KING ENCYCLOPEDIA-COMIC BOOK EDITION- 2」国際〈最強王図鑑〉協会監修;藤川努ストーリー;丸谷朋弘マンガ Gakken 2024年2月【マンガ形式・マンガつき】

「ミツツボアリをもとめて：アボリジニ家族との旅」今森光彦著 偕成社 2024年9月

「ミツバチとミミズ」弥生訳;フロランス・ティナール作;バンジャマン・フルー絵 日本文化啓発 鳥影社 2024年11月

「みのまわりのありとあらゆるしくみ図解：脳細胞からブラックホールまで」DK社編著;藤嶋昭日本版監修 東京書籍 2024年7月

「みんなが知りたい!クラゲのすべて：きれいな姿や色の魅力からゆらめく動きのヒミツまで―まなぶっく」鶴岡市立加茂水族館著 メイツユニバーサルコンテンツ 2024年6月

「めざせ!国内外来生物マスター 2」五箇公一監修 フレーベル館 2024年3月

「もしもミツバチが世界から消えてしまったら」有沢重雄著;中村純監修 旬報社 2024年6月

「もっと!とにかくかわいいいきもの図鑑」今泉忠明監修;ふじもとめぐみイラスト 西東社 2024年3月

「ゆるゆる怪魚図鑑」かげまんが;本村浩之監修 Gakken 2024年8月【マンガ形式・マンガつき】

「ワニのひみつ―飼育員さんもっとおしえて!」松橋利光写真;池田菜津美文;神田めぐみイラスト 新日本出版社 2024年3月

「ワレワレはアマガエル」松橋利光文・写真 アリス館 2024年3月

「危険生物のクイズ図鑑―学研の図鑑LIVE Q；2」Gakken 2024年3月

「奇妙で不思議な樹木の世界」英国王立園芸協会監修;ジェン・グリーン文;クレア・マケルファトリック絵;加藤知道訳 創元社 2024年8月

「恐竜のクイズ図鑑―学研の図鑑LIVE Q；1」Gakken 2024年3月

生物

「恐竜ハンター : 白亜紀の恐竜の捕まえ方」土屋健設定協力;川崎悟司ほかイラスト
KADOKAWA 2024年3月

「恐竜学検定公式ガイドブック : 初級・中級」 Gakken 2024年8月

「恐竜―マコト★カガク研究団 ; 4」ニュートン編集部編 ニュートンプレス 2024年12月【マンガ
形式・マンガつき】

「教えて!クラゲのほんと : 世界一のクラゲ水族館が答える100の質問」鶴岡市立加茂水族館編
著 緑書房 2024年11月

「幻獣の飼い方 = How to keep Fantastic Beasts―「もしも?」の図鑑」健部伸明監修;高代彩生
著 実業之日本社 2024年11月

「昆虫のクイズ図鑑―学研の図鑑LIVE Q ; 3」 Gakken 2024年5月

「昆虫ハンター・牧田習と親子で見つけるにほんの昆虫たち」牧田習著 日東書院本社 2024年
7月

「昆虫超クイズ図鑑」伊藤弥寿彦監修 講談社(講談社の動く図鑑MOVE) 2024年3月

「佐渡のアマガエル―ネイチャー絵本シリーズ」ナカツヒロム著 みらいパブリッシング 星雲社
2024年6月

「最強サメと海の危険生物大図鑑」DK社編;黒輪篤嗣訳 河出書房新社 2024年6月

「思い出をありがとう!上野のパンダリーリーとシンシン : いつまでも素敵なパン生を!」神戸万知
文・写真 技術評論社 2024年11月

「紙飛行機で空とぶみずのいきもの―空とぶいきものシリーズ」アンドリュー・デュアー著 パイイ
ンターナショナル 2024年7月

「似せかたイロイロ!昆虫擬態図鑑 = Insect Mimicry Picture Book」川邊透;前畑真実著;平井規
央監修 ポプラ社 2024年12月

「自然とあそぼう植物のくらし編 [2]」 農山漁村文化協会 2024年9月

「出会った魚がわかる図鑑 : 子どもと一緒にわくわく発見!」杉本幹監修 永岡書店 2024年7月

「小さな生きものの春夏秋冬 : しゃしん絵本 13」池田菜津美文・構成 ポプラ社 2024年3月

「小さな生きものの春夏秋冬 : しゃしん絵本 14」池田菜津美文・構成 ポプラ社 2024年3月

「小さな生きものの春夏秋冬 : しゃしん絵本 15」池田菜津美文・構成 ポプラ社 2024年3月

「小さな生きものの春夏秋冬 : しゃしん絵本 16」池田菜津美文・構成 ポプラ社 2024年3月

「小さな生きものの春夏秋冬 : しゃしん絵本 17」池田菜津美文・構成 ポプラ社 2024年3月

「小さな生きものの春夏秋冬 : しゃしん絵本 18」池田菜津美文・構成 ポプラ社 2024年3月

「植物」天野誠;斎木健一監修 講談社(講談社の動く図鑑MOVE) 2024年6月【DVD・DVD-
ROMつき】

300

生物

「信州版森の子クマの子」中下留美子;瀧井暁子;橋本操;濵口あかり作・文;柏木牧子絵 信州
ツキノワグマ研究会 2024年5月

「信州版森の子クマの子」中下留美子;瀧井暁子;橋本操;濵口あかり作・文;柏木牧子絵 信州
ツキノワグマ研究会 2024年6月

「森でつながるエゾモモンガ」原田佳実写真・文 文一総合出版 2024年11月

「人とくらす街の虫発見記：ゲッチョ先生の街の虫コレクション」盛口満文・絵 少年写真新聞社
2024年6月

「生きものたちのスゴ技図鑑 ちょっと変な仲間編」村田浩一監修;アジア・オーランド絵 さ・え・
ら書房 2024年10月

「知っておいしい!野菜と果物ずかん」髙畑健監修 成美堂出版 2024年3月

「知れば楽しいクモの世界：網のひみつと忍者のような能力!?―ちしきのもり」馬場友希著 少
年写真新聞社 2024年12月

「虫たちの生き方事典：虫ってやっぱり面白い!」小松貴文・写真;じゅえき太郎イラスト 文一総
合出版 2024年8月

「虫のからだ 3」新開孝写真・文 岩崎書店 2024年1月

「虫のからだ 4」新開孝写真・文 岩崎書店 2024年2月

「虫のからだ 5」新開孝写真・文 岩崎書店 2024年2月

「鳥たちのヤバイ進化図鑑：大鳥小鳥恐い鳥」川崎悟司絵と文;柴田佳秀監修 二見書房
2024年6月

「鳥の落としもの&足あと図鑑―おもしろふしぎ鳥類学の世界」小宮輝之監修;ポンプラボ編集
カンゼン 2024年5月

「釣って食べて調べる深海魚 = FISHING,COOKING AND EXPLORING THE DEEP-SEA
FISHES」平坂寛文;キッチンミノル写真;長嶋祐成絵 福音館書店(たくさんのふしぎ傑作集)
2024年5月

「土佐湾のカツオクジラ：中西和夫の写真絵本」中西和夫写真・文;岩田高志監修 大空出版
2024年9月

「動物」本郷峻;山極壽一監修 講談社(講談社の動く図鑑MOVE) 2024年6月【DVD・DVD-
ROMつき】

「動物のクイズ図鑑―学研の図鑑LIVE Q；7」Gakken 2024年12月

「動物―学研の図鑑LIVE；8」姉﨑智子総監修 Gakken 2024年7月【DVD・DVD-ROMつき】

生態＞擬態

「まだまだざんねんないきもの事典：おもしろい!進化のふしぎ」今泉忠明監修;下間文恵;おお
うちあす華;uni絵;有沢重雄ほか文 高橋書店 2024年4月

生物

「みえた!ぎたいするいきものたち」キャロン・ブラウン作;ウェズリー・ロビンズ絵;小松原宏子訳;河原孝行;しながわ水族館監修 くもん出版（ひかりではっけん）2024年1月

「似せかたイロイロ!昆虫擬態図鑑 = Insect Mimicry Picture Book」川邊透;前畑真実著;平井規央監修 ポプラ社 2024年12月

生態＞脱皮

「ばったのたんちゃんうまれたよ!―むしのたまごシリーズ」ねもとまゆみ作;たけがみたえ絵;須田研司監修 童心社 2024年5月【物語形式（フィクション）】

生態＞冬眠

「小さな生きものの春夏秋冬 : しゃしん絵本 17」池田菜津美文・構成 ポプラ社 2024年3月

生態系

「ずかんハチのおしごと : ★見ながら学習調べてなっとく」井手竜也著 技術評論社 2024年8月

「ひとりじゃないよ」エリン・ケルシー文;ソイアン・キム絵;光橋翠訳 新評論 2024年6月

「みんなで知りたい生物多様性 1」 文研出版 2024年5月

「みんなで知りたい生物多様性 3」 文研出版 2024年7月

「科学のなぞときマジカル・メイズ 1」シアン・グリフィス作;宮坂宏美訳;ONOCO絵;本田隆行日本語版監修・解説 ほるぷ出版 2024年6月

「自然とあそぼう植物のくらし編 [3]」農山漁村文化協会 2024年7月

「植物が世界をすくう!―児童図書館・絵本の部屋」アナベル・セイヴァリー文;チュイラン絵;佐藤見果夢やく 評論社 2024年3月

「未来につなごう生物多様性 1」 文溪堂 2024年3月

「未来につなごう生物多様性 2」 文溪堂 2024年2月

「未来につなごう生物多様性 3」 文溪堂 2024年3月

生物一般

「あおいほしのあおいうみ = The blue oceans of a blue planet」シンク・ジ・アース編著 シンク・ジ・アース 紀伊國屋書店 2024年10月

「いきもの大図鑑最強いきものバトルブック」平坂寛監修・文 ポプラ社（超ひみつゲット! ）2024年8月

「おもしろすぎる山図鑑」ひげ隊長著 主婦の友社 2024年3月

「カメスケのかわいい水辺の生き物 2」亀井裕介著;田渕周平イラスト;田中克監修;大石涼子企画・取材 やながわ有明海水族館 花乱社 2024年7月

生物

「けなげに生きぬくいきもの図鑑：いきものから学べ!」馬場悠男監修;岡幸子執筆;しばさなイラスト 実教出版 2024年3月

「こうえんのしぜん」PIXTA写真 ポプラ社(はじめてのミニずかん) 2024年3月

「こおりのせかいなんきょくへいこう―しぜんにタッチ!」ひさかたチャイルド 2024年12月

「こめつぶ丸のごはんができるまで」スタジオ・エーワン作・絵;全農パールライス株式会社監修 全農パールライス株式会社 三恵社 2024年3月

「しぜんのつながりのぞいてみよう：おきなわというちいさなしまのおはなし」おおしろあいかさく ボーダーインク 2024年4月

「ズーミング!水族館：疑問を拡大していけば仕組みが見えてくる!」小宮輝之監修 秀和システム 2024年12月

「そうなの!?理科―教科別びっくり!オモシロ雑学；3」理科オモシロ雑学研究会編 岩崎書店 2024年1月

「たった2℃で…：地球の気温上昇がもたらす環境災害」キムファン文;チョンジンギョン絵 童心社 2024年5月

「つかめ!理科ダマン 7」シンテフン作;ナスンフンまんが;呉華順訳 マガジンハウス 2024年7月 【マンガ形式・マンガつき】

「ドクターエッグ：いきもの入門 10―かがくるBOOK. 科学漫画いきもの観察シリーズ」パクソンイ文;洪鐘賢絵;チームレインボー訳 朝日新聞出版 2024年10月【マンガ形式・マンガつき】

「どっちが強い!?カナダカワウソVS(たい)アメリカビーバー：ツメと牙のガジガジ大勝負―角川まんが科学シリーズ；A34」ジノストーリー;ブラックインクチームまんが;實吉達郎監修 KADOKAWA 2024年2月【マンガ形式・マンガつき】

「となりのきょうだい理科でミラクル あつまれ!生き物編」となりのきょうだい原作;アンチヒョンストーリー;ユナリまんが;イジョンモ;となりのきょうだいカンパニー監修;となりのしまい訳 東洋経済新報社 2024年10月【マンガ形式・マンガつき】

「ドラえもん探究ワールド水族館のなぞ―ビッグ・コロタン；227」藤子・F・不二雄まんが;藤子プロ;西田清徳監修 小学館 2024年4月【マンガ形式・マンガつき】

「なぜ?がわかる!にゃんこ大戦争クイズブック 生き物のぎもん編」ポノス株式会社;今泉忠明監修 Gakken 2024年9月

「なぜ?どうして?いきもののお話 2年生―よみとく10分」杉野さち子総合監修 Gakken 2024年6月【物語形式(ノンフィクション)】

「なぞなぞブック」マーガレット・レイ;ハンス・アウグスト・レイ原作;WILLこども知育研究所編著 金の星社(アニメおさるのジョージ) 2024年9月

「ヒャクジュウガッタイ!!!：最強生物合体バトル」よるどんまんが 集英社(勉タメJUMP BOOKS) 2024年12月

303

生物

「ブリタニカビジュアル大図鑑：INFOGRAPHICA」ヴァレンティーナ・デフィリーポインフォグラフィック制作;アンドリュー・ペティ;コンラッド・キルティ・ハーパー編;武田知世;瀧下哉代;小巻靖子訳 NHK出版（BRITANNICA BOOKS）2024年11月

「まだまだざんねんないきもの事典：おもしろい!進化のふしぎ」今泉忠明監修;下間文恵;おおうちあす華;uni絵;有沢重雄ほか文 高橋書店 2024年4月

「マンガと動画で楽しむオールカラー科学のはなし：生きもの、ものの性質、光、力、AI……：自分で考え、探求する力が身につく!―ナツメ社やる気ぐんぐんシリーズ」レイユール監修 ナツメ社 2024年6月【マンガ形式・マンガつき】

「マンガマインクラフトで楽しく学べる!地球のひみつ」左巻健男監修;マイクラ職人組合著 宝島社 2024年3月【マンガ形式・マンガつき】

「みえた!ぎたいするいきものたち」キャロン・ブラウン作;ウェズリー・ロビンズ絵;小松原宏子訳;河原孝行;しながわ水族館監修 くもん出版（ひかりではっけん）2024年1月

「みんなで知りたい生物多様性 1」 文研出版 2024年5月

「ラテールとアースセイバー = Latair and the Earth Saver：絶滅危惧種が教えてくれること」高岸遥作;ロマン・トマ絵;WWFジャパン監修 フレーベル館（日本語−English Bilingual book）2024年9月【物語形式（フィクション）】

「るるぶ毎日5分でまなびの種まきかがくのおはなし」辻健監修 JTBパブリッシング 2024年1月

「奄美の森でドングリたべた?」松橋利光写真;木元侑菜文 新日本出版社 2024年10月

「科学のおんどく：考える力がぐんぐん伸びる!」篠原菊紀監修 リベラル社 星雲社 2024年6月【物語形式（ノンフィクション）】

「奇妙で不思議な土の世界」英国王立園芸協会監修;ウェンジア・タン絵;ジャクリーン・ストラウド;マーク・レッドマイル=ゴードン文;林健太郎監訳;北川玲訳 創元社 2024年5月

「古生物学者と40億年」泉賢太郎著 筑摩書房（ちくまプリマー新書）2024年4月

「紙飛行機で空とぶみずのいきもの―空とぶいきものシリーズ」アンドリュー・デュアー著 パイインターナショナル 2024年7月

「自然とあそぼう植物のくらし編 [3]」 農山漁村文化協会 2024年7月

「植物が世界をすくう!―児童図書館・絵本の部屋」アナベル・セイヴァリー文;チュイラン絵;佐藤見果夢やく 評論社 2024年3月

「世界おどろき探検隊!：おとなも知らない400の事実を追え!」ケイト・ヘイル文;アンディ・スミス絵;名取祥子訳 実務教育出版（BRITANNICA BOOKS）2024年7月

「生きものたちのスゴ技図鑑 ちょっと変な仲間編」村田浩一監修;アジア・オーランド絵 さ・え・ら書房 2024年10月

「生物〈植物・昆虫・動物〉がわかる―ドラえもんの学習シリーズ. ドラえもんの理科おもしろ攻略」藤子・F・不二雄キャラクター原作;浜学園監修 小学館 2024年2月【マンガ形式・マンガつき】

「知れば知るほど好きになるもっと!科学のひみつ」本田隆行監修 高橋書店 2024年11月

生物

「地球のいきものをめぐる旅：北極の海から熱帯雨林までなにがいるかな見つけてみよう!」ジョン・ウッドワード作;ニック・クラプトン監修;竹田純子訳 河出書房新社 2024年1月

「頂上決戦!異種水中生物オールスター大決戦」CreatureStory編 西東社 2024年3月

「天才!理科：Newton理系脳を育てる科学クイズドリル」縣秀彦監修 ニュートンプレス 2024年4月【マンガ形式・マンガつき】

「頭がよくなる!!なぞなぞ2000—ひらめき★ゲームワールド」成田奈緒子監修;高橋啓恵;こんのゆみ;児島勇気作;黒鍋亭迷路作;イセケヌ漫画;笠原ひろひと;七綱ナギ;よこてさとめイラスト ポプラ社 2024年6月

「南極のたどりつき方：キミも南極に学ぼう」酒井誠至 文芸社 2024年2月

「未来につなごう生物多様性 1」 文渓堂 2024年3月

生物多様性

「ミツバチとミミズ」弥生訳;フロランス・ティナール作;バンジャマン・フルー絵 日本文化啓発 鳥影社 2024年11月

「みんなで知りたい生物多様性 1」 文研出版 2024年5月

「みんなで知りたい生物多様性 2」 文研出版 2024年6月

「みんなで知りたい生物多様性 3」 文研出版 2024年7月

「みんなで知りたい生物多様性 4」 文研出版 2024年8月

「みんなで知りたい生物多様性 5」 文研出版 2024年9月

「地球のいきものをめぐる旅：北極の海から熱帯雨林までなにがいるかな見つけてみよう!」ジョン・ウッドワード作;ニック・クラプトン監修;竹田純子訳 河出書房新社 2024年1月

「未来につなごう生物多様性 1」 文渓堂 2024年3月

「未来につなごう生物多様性 2」 文渓堂 2024年2月

「未来につなごう生物多様性 3」 文渓堂 2024年3月

「未来につなごう生物多様性 4」 文渓堂 2024年3月

生理

「13歳までに伝えたい女の子の心と体のこと：マンガでよくわかる!」やまがたてるえ著;藤井昌子マンガ かんき出版 2024年9月【マンガ形式・マンガつき】

「一生モノの生理とからだの取り扱い大全：13歳から更年期世代まで女性ならではの悩みがスーッと消える!」保健師めぐみ著 日東書院本社 2024年3月

「生理ってなあに?」高橋幸子監修;きたによしこ絵;孫奈美文 汐文社 2024年5月【指導者用解説つき】

生物

絶滅種、絶滅危惧種

「SDGs環境編：キミならどう解決する？：水不足、ゴミ問題、大気汚染、絶滅危惧種…：世界が抱える環境問題に向き合おう―子ども教養図鑑」由井薗健;粕谷昌良監修;小学校社会科授業づくり研究会著 誠文堂新光社 2024年10月

「ぼくらのまちがいさがし：動物と地球環境」バースデイ 2024年4月

「ラテールとアースセイバー ＝ Latair and the Earth Saver：絶滅危惧種が教えてくれること」高岸遥作;ロマン・トマ絵;WWFジャパン監修 フレーベル館（日本語–English Bilingual book）2024年9月【物語形式（フィクション）】

「恐竜と古代の生き物図鑑」ダレン・ナイシュ監修;ジョン・ウッドワード著;田中康平監訳;喜多直子訳 創元社 2024年4月

「古生物がもっと知りたくなる化石の話：恐竜と絶滅した哺乳類の姿にせまる」木村由莉著 岩波書店（岩波ジュニアスタートブックス）2024年8月

「最強サメと海の危険生物大図鑑」DK社編;黒輪篤嗣訳 河出書房新社 2024年6月

「頂上決戦!異種水中生物オールスター大決戦」CreatureStory編 西東社 2024年3月

第二次性徴

「10才からの保健体育：こころとからだのギモン―大人だって本当は知らない」今西洋介監修;よこてさとめマンガ 永岡書店 2024年7月

「中高生のための新しい性教育ワークブック からだの発達と生殖編」高橋幸子監修・編著 学事出版 2024年7月

淡水生物

「はっけん!田んぼのいきもの」関慎太郎写真;大塚泰介編著 緑書房 2024年11月

手形、足形

「鳥の落としもの&足あと図鑑―おもしろふしぎ鳥類学の世界」小宮輝之監修;ポンプラボ編集 カンゼン 2024年5月

人間、人体＞体温

「体温って何だろう？：調節のしくみから低体温症・熱中症まで―楽しい調べ学習シリーズ」永島計監修 PHP研究所 2024年10月

人間、人体＞人間、人体一般

「13歳までに伝えたい女の子の心と体のこと：マンガでよくわかる!」やまがたてるえ著;藤井昌子マンガ かんき出版 2024年9月【マンガ形式・マンガつき】

生物

「AIにはない「思考力」の身につけ方 : ことばの学びはなぜ大切なのか?」今井むつみ著 筑摩書房（ちくまQブックス）2024年11月

「おなかのあかちゃん、もういいか〜い?」豪田トモさく;いけみやみなえ ポプラ社（ポプラ社の絵本）2024年9月

「カラダのひみつをのぞいてみよう!すごい人体の図鑑」坂井建雄監修 ナツメ社 2024年8月

「キミのからだはキミのもの」ルシア・セラーノ絵と文;宇野和美訳;シオリーヌ監修 ポプラ社 2024年1月

「こども大図鑑 : なんでも!いっぱい!」ジュリー・フェリスほか編集;米村でんじろう日本語版監修;オフィス宮崎日本語版編集 河出書房新社 2024年5月

「せがのびる」やぎゅうげんいちろうさく 福音館書店（かがくのとも絵本）2024年2月

「ちょうおもしろい」あわたのぶこ作;はたこうしろう絵 フレーベル館 2024年10月【物語形式（フィクション）】

「つかめ!理科ダマン 6」シンテフン作;ナスンフンまんが;呉華順訳 マガジンハウス 2024年4月【マンガ形式・マンガつき】

「つかめ!理科ダマン 7」シンテフン作;ナスンフンまんが;呉華順訳 マガジンハウス 2024年7月【マンガ形式・マンガつき】

「どっちが強い!?からだレスキュー 6─角川まんが科学シリーズ ; A76」ホットブラッドソウルズまんが KADOKAWA 2024年3月【マンガ形式・マンガつき】

「となりのきょうだい理科でミラクル ふしぎな「人のからだ」編」となりのきょうだい原作;アンチヒョンストーリー;ユナニまんが;イジョンモ;となりのきょうだいカンパニー監修;となりのしまい訳 東洋経済新報社 2024年5月【マンガ形式・マンガつき】

「となりのきょうだい理科でミラクル 花園ひとりじめ編」となりのきょうだい原作;アンチヒョンストーリー;ユナニまんが;イジョンモ;となりのきょうだいカンパニー監修;となりのしまい訳 東洋経済新報社 2024年11月【マンガ形式・マンガつき】

「なぞなぞMAXチャレンジ!4008問 : 頭の回転無限大」嵩瀬ひろし著 新星出版社 2024年7月

「のうとからだにいいことえほん」成田奈緒子作;しごくん絵 PHP研究所 2024年2月【指導者用解説つき】

「はじめての哲学─世界基準の教養forティーンズ」戸谷洋志日本語版監修;川野太郎訳;ジョーダン・アクポジャロ;レイチェル・ファース;ミンナ・レイシー文;ニック・ラドフォード絵 河出書房新社 2024年4月

「ふしぎなチカラをもっているハーブの世界─調べる学習百科」真木文絵著;村上志緒監修 岩崎書店 2024年7月

「ブリタニカビジュアル大図鑑 : INFOGRAPHICA」ヴァレンティーナ・デフィリーポインフォグラフィック制作;アンドリュー・ペティ;コンラッド・キルティ・ハーパー編;武田知世;瀧下哉代;小巻靖子訳 NHK出版（BRITANNICA BOOKS）2024年11月

生物

「まわせP循環!：マンガで学ぶセルフ・カウンセリング」東豊著;見那ミノル画 遠見書房 2024年2月【マンガ形式・マンガつき】

「マンガ動物最強王図鑑ザ・ストーリー = THE ANIMAL KING ENCYCLOPEDIA-COMIC BOOK EDITION- 3」国際〈最強王図鑑〉協会監修;吉田順ストーリー;漫田画マンガ Gakken 2024年6月【マンガ形式・マンガつき】

「みのまわりのありとあらゆるしくみ図解：脳細胞からブラックホールまで」DK社編著;藤嶋昭日本版監修 東京書籍 2024年7月

「るるぶ毎日5分でまなびの種まきかがくのおはなし」辻健監修 JTBパブリッシング 2024年1月

「わたしたちのからだと心 [1]」アニータ・ガネリ文;ヴェーラ・ポポーワ絵;野井真吾日本語版監修;くまがいじゅんこ訳 サイエンティスト社 2024年11月

「科学のなぞときマジカル・メイズ 3」シアン・グリフィス作;宮坂宏美訳;ONOCO絵;本田隆行日本語版監修・解説 ほるぷ出版 2024年9月

「科学のなぞときマジカル・メイズ 4」シアン・グリフィス作;宮坂宏美訳;ONOCO絵;本田隆行日本語版監修・解説 ほるぷ出版 2024年11月

「絵本からだうた」日暮かをるぶん;中島優子え エイデル研究所 2024年5月

「学校では教えてくれない性の話：みんなでひらく包括的性教育のとびら」樋上典子著 皓星社 2024年7月

「最強に面白い人体 取扱説明書編―ニュートン超図解新書」坂井建雄監修 ニュートンプレス 2024年5月

「細胞の学校―ニュートン科学の学校シリーズ」牛木辰男監修 ニュートンプレス 2024年12月

「食べ物のなぜ・不思議でわかる!10歳からの「おいしい」科学」齋藤勝裕著 カンゼン 2024年1月

「人とくらす街の虫発見記：ゲッチョ先生の街の虫コレクション」盛口満文・絵 少年写真新聞社 2024年6月

「人間は料理をする生きものだ」森枝卓士文・写真 福音館書店 2024年3月

「人体レスキュー探検隊：VISCERIS VOYAGE 01」Boichi著 集英社（勉タメJUMP BOOKS）2024年7月

「人体先生図鑑：絵で楽しむ体のふしぎ」つぼいひろき絵;ペズル文;三枝慶一郎監修 プレジデント社 2024年5月

「人体―マコト★カガク研究団 ; 1」坂井建雄監修 ニュートンプレス 2024年1月【マンガ形式・マンガつき】

「体と心のしくみって?：マンガでわかる!―小学生が身につけたい!考えるチカラ」木村翔太監修 ベネッセコーポレーション 2024年3月【マンガ形式・マンガつき】

「体温って何だろう?：調節のしくみから低体温症・熱中症まで―楽しい調べ学習シリーズ」永島計監修 PHP研究所 2024年10月

生物

「大切な人に話したくなる体と命のなぜなに : ぶつけたら痛いのはどうして?ケガをしたらどうする?」湘南ER著 KADOKAWA 2024年4月

「知ってるつもり!?13歳からの初耳の科学」ラリー・シェッケル著;片桐恵里;竹﨑紀子;内田真弓訳;川村康文監修 世界文化ブックス 世界文化社 2024年3月

「中高生のための新しい性教育ワークブック からだの発達と生殖編」高橋幸子監修・編著 学事出版 2024年7月

「転生したらスライムだった件で学べるBOOK人体—講談社まんがで学べるシリーズ」講談社編;転スラ製作委員会監修;山本健人医療監修 講談社 2024年7月【マンガ形式・マンガつき】

「鼻をかみましょう : 絵本でまなべる、鼻の正しいかみ方 : 星野書房の発育絵本」武田桃子著;星野友絵構成;遠藤庸子絵 星野書房 サンクチュアリ出版 2024年2月

「未来につなごう生物多様性 1」 文溪堂 2024年3月

認知

「自分でできるコグトレ : 学校では教えてくれない困っている子どもを支える認知ソーシャルトレーニング 4」明石書店 2024年10月

「自分でできるコグトレ : 学校では教えてくれない困っている子どもを支える認知作業トレーニング 6」明石書店 2024年3月

フィールドサイン

「鳥の落としもの&足あと図鑑—おもしろふしぎ鳥類学の世界」小宮輝之監修;ポンプラボ編集 カンゼン 2024年5月

糞、便、おなら、尿

「うんこ化石 : 地球と生命の歴史がわかる!」泉賢太郎著;藤嶋マル絵 飛鳥新社 2024年6月

「うんこ虫を追え = THE MYSTERIOUS ECOLOGY OF JAPANESE DUNG BEETLES」舘野鴻文・絵 福音館書店(たくさんのふしぎ傑作集) 2024年5月

「これってホント?世界の〇×図鑑」タダユキヒロ絵;ウソホント調査隊編 文響社 2024年

「ぞうのうんちはまわる」重松麻佐文;しろぺこり絵 新日本出版社 2024年6月

「どっちが強い!?ブッとび動物オリンピック編 : トンデモバトル大集合—角川まんが科学シリーズ ; A64」Xベンチャーオールスターズストーリー;ホットブラッドソウルズまんが;實吉達郎監修 KADOKAWA 2024年6月【マンガ形式・マンガつき】

「学校では教えてくれない世界のヘンな常識」斗鬼正一著 三笠書房(知的生きかた文庫) 2024年4月

「人体レスキュー探検隊 : VISCERIS VOYAGE 01」Boichi著 集英社(勉タメJUMP BOOKS) 2024年7月

生物

ミクロ生物、微生物

「ミクロワールド微生物大図鑑：電子顕微鏡でさぐる単細胞生物の不思議な世界」宮澤七郎;
洲崎敏伸監修;医学生物学電子顕微鏡技術学会編 小峰書店 2024年3月

「みんなが知りたい!不思議な「カビ」のすべて：身近な微生物のヒミツがわかる—まなぶっく」細
矢剛監修 メイツユニバーサルコンテンツ 2024年12月

「微生物のはたらき大研究：人と環境とのかかわりをさぐろう—楽しい調べ学習シリーズ」鈴木
智順監修 PHP研究所 2024年7月

ミクロ生物、微生物＞プランクトン

「プランクトン：クラゲ・ミジンコ・小さな水の生物」山崎博史;仲村康秀;田中隼人指導・執筆;堀
口和重ほか写真 小学館（小学館の図鑑NEO POCKET）2024年6月

ミクロ生物、微生物＞ミジンコ

「プランクトン：クラゲ・ミジンコ・小さな水の生物」山崎博史;仲村康秀;田中隼人指導・執筆;堀
口和重ほか写真 小学館（小学館の図鑑NEO POCKET）2024年6月

有毒生物

「けなげ!?せつない!?ちょっと意外な毒のある生きもの」今泉忠明監修 ナツメ社 2024年8月【マ
ンガ形式・マンガつき】

「サバイバル!危険昆虫大図鑑」中野富美子構成・文;丸山宗利監修 あかね書房 2024年1月

「危険生物のクイズ図鑑—学研の図鑑LIVE Q；2」Gakken 2024年3月

「技あり!モーレツ植物ずかん 2」長谷部光泰監修 鈴木出版 2024年3月

「毒図鑑：生きていくには毒が必要でした。」丸山貴史著;あべたみお絵;国立科学博物館監修
幻冬舎 2024年3月

【動物】

アザラシ

「アザラシのひみつ―飼育員さんもっとおしえて!」松橋利光写真;池田菜津美文;神田めぐみイラスト 新日本出版社 2024年4月

イカ＞ダイオウイカ

「ドクターエッグ：いきもの入門 9―かがくるBOOK. 科学漫画いきもの観察シリーズ」パクソンイ文;洪鐘賢絵;チームレインボー訳 朝日新聞出版 2024年7月【マンガ形式・マンガつき】

イヌ

「あたまの回転がはやくなる!もふもふまちがいさがし」KADOKAWA 2024年10月

「いぬ」岩合光昭写真 ポプラ社(はじめてのミニずかん) 2024年1月

「いぬのずかん：家いぬと野生いぬ―学研のえほんずかん；8巻」sakio絵;今泉忠明;ジャパンケネルクラブ監修 Gakken 2024年4月

「カメにのった捨て犬・未来!：とっとこ「いのち」と、のんびり「いのち」」今西乃子著;浜田一男写真 岩崎書店 2024年11月【物語形式(ノンフィクション)】

「かわいいどうぶつだいしゅうごうもふもふいっぱいずかん」小宮輝之監修 KADOKAWA 2024年2月

「生きものとくらそう! 4」国土社 2024年10月

「知っておこう!いっしょに暮らす動物の健康・病気のこと [1]」平林雅和監修 保育社 2024年1月

「聴導犬ポッキー：いつもいっしょ」いがらしけいこさく;さかいゆきよえ サンライズ出版 2024年4月【物語形式(ノンフィクション)】

「動物の義足やさん = The brace of the animal」沢田俊子文 講談社 2024年6月

「南極犬物語」綾野まさる著;くまおり純絵 ハート出版 2024年12月【物語形式(ノンフィクション)】

イヌ＞盲導犬、聴導犬、介助犬

「聴導犬ポッキー：いつもいっしょ」いがらしけいこさく;さかいゆきよえ サンライズ出版 2024年4月【物語形式(ノンフィクション)】

イノシシ

「イノシシが泳いできた荒川」三井元子著 本の泉社 2024年5月【物語形式(ノンフィクション)】

「頂上決戦!最強動物VS悪魔獣魔大決戦」CreatureStory;小川彗編 西東社 2024年12月

動物

イルカ

「こちら、沖縄美ら海水族館動物健康管理室。= This is Okinawa Churaumi Aquarium Animal Health Management Section : 世界一の治療をチームで目指す」岩貞るみこ文;サタケシュンスケイラスト 講談社 2024年6月【物語形式（ノンフィクション）】

「ビジュアルクジラ&イルカ大図鑑」エリック・ホイト著;田島木綿子日本語版監修;片神貴子訳 日経ナショナルジオグラフィック 日経BPマーケティング 2024年2月

イルカ＞バンドウイルカ

「とびきりかわいくていとおしい海のいきもの図鑑」フクイサチヨイラスト;海遊館一部生態監修 イースト・プレス 2024年7月【マンガ形式・マンガつき】

ウサギ

「かわいいどうぶつだいしゅうごうもふもふいっぱいずかん」小宮輝之監修 KADOKAWA 2024年2月

「たのしい!科学のおはなし 2年生」横山正監修 高橋書店 2024年5月

「飼いたいペットのえらびかた」成美堂出版編集部編著 成美堂出版 2024年12月

「生きものとくらそう! 3」国土社 2024年3月

「生きものとなかよしはじめての飼育・観察 1」小宮輝之監修;こどもくらぶ編 ポプラ社 2024年4月

ウシ

「ジャージー牛のサンちゃん」佐和みずえ著 新日本出版社 2024年10月

「牛乳から世界がかわる : 酪農家になりたい君へ」小林国之著 農山漁村文化協会（かんがえるタネ）2024年9月

エビ＞イセエビ

「さかなクンのギョギョッとサカナ★スター図鑑 3」さかなクン著 講談社 2024年7月

オランウータン

「Wildlifeみんなだいすきやせいのどうぶつ」ピート・クロマー作;蒲池由佳訳;高部圭司監修 化学同人 2024年12月

「オランウータン : 森のさとりびと」前川貴行写真・文 新日本出版社 2024年6月

害虫、益虫

「転生したらスライムだった件で学べるBOOK昆虫」講談社編;転スラ製作委員会監修;石川忠学術監修 講談社 2024年10月【マンガ形式・マンガつき】

動物

カタツムリ

「ほっかいどうはじめての虫さがし」堀繁久 北海道新聞社 2024年3月

「自分だけの「フシギ」を見つけよう!：NHKカガクノミカタ」NHK「カガクノミカタ」制作班編;ヨシタケシンスケ絵 NHK出版 2024年3月

家畜

「ジャージー牛のサンちゃん」佐和みずえ著 新日本出版社 2024年10月

カニ

「教科書に出てくる生きものになったら：発見!体験! 3」小宮輝之監修 Gakken 2024年2月

「大人も子どもも楽しいあたらしい自然あそび」奥山英治著 山と溪谷社 2024年8月

カニ＞タカアシガニ

「深海魚に会える海：日本でいちばん深い海とそこにくらす生き物のひみつ」堀口和重写真・文 フレーベル館 2024年6月

カバ

「カバのひみつ―飼育員さんもっとおしえて!」松橋利光写真;池田菜津美文;神田めぐみイラスト 新日本出版社 2024年3月

カワウソ

「どっちが強い!?カナダカワウソVS(たい)アメリカビーバー：ツメと牙のガジガジ大勝負―角川まんが科学シリーズ；A34」ジノストーリー;ブラックインクチームまんが;實吉達郎監修 KADOKAWA 2024年2月【マンガ形式・マンガつき】

魚類、貝類＞アロワナ

「ゆるゆる怪魚図鑑」かげまんが;本村浩之監修 Gakken 2024年8月【マンガ形式・マンガつき】

魚類、貝類＞アワビ

「まだまだざんねんないきもの事典：おもしろい!進化のふしぎ」今泉忠明監修;下間文恵;おおうちあす華;uni絵;有沢重雄ほか文 高橋書店 2024年4月

魚類、貝類＞ウツボ

「けなげ!?せつない!?ちょっと意外な毒のある生きもの」今泉忠明監修 ナツメ社 2024年8月【マンガ形式・マンガつき】

動物

魚類、貝類＞カキ（牡蠣）

「カキじいさん、世界へ行く! = Grandpa Oyster goes to the world!」畠山重篤著 講談社 2024年10月

魚類、貝類＞カレイ

「さかなクンのギョギョッとサカナ★スター図鑑 3」さかなクン著 講談社 2024年7月

魚類、貝類＞魚類、貝類一般

「さかな：219しゅるい!」Gakken（ひとりでよめるずかん）2024年5月【指導者用解説つき】

「さかなクンのギョギョッとサカナ★スター図鑑 3」さかなクン著 講談社 2024年7月

「ズーミング!水族館：疑問を拡大していけば仕組みが見えてくる!」小宮輝之監修 秀和システム 2024年12月

「プランクトン：クラゲ・ミジンコ・小さな水の生物」山崎博史;仲村康秀;田中隼人指導・執筆;堀口和重ほか写真 小学館（小学館の図鑑NEO POCKET）2024年6月

「ゆかいな魚たち：フグ ハリセンボン カワハギ アイゴ ハオコゼ ゴンズイ」福井歩写真・文;宮崎佑介監修 少年写真新聞社 2024年6月

「ゆるゆる怪魚図鑑」かげまんが;本村浩之監修 Gakken 2024年8月【マンガ形式・マンガつき】

「魚のクイズ図鑑―学研の図鑑LIVE Q；8」Gakken 2024年12月

「出会った魚がわかる図鑑：子どもと一緒にわくわく発見!」杉本幹監修 永岡書店 2024年7月

「身近な生きもの捕まえ方&飼い方：上手に育てて、長生きさせる!」佐々木浩之写真・文 電波社 2024年7月

「知ってるつもり!?13歳からの初耳の科学」ラリー・シェッケル著;片桐恵里;竹﨑紀子;内田真弓訳;川村康文監修 世界文化ブックス 世界文化社 2024年3月

「天才!生きもの―Newton理系脳を育てる科学クイズドリル；2」門脇正史監修 ニュートンプレス 2024年8月

魚類、貝類＞キンギョ

「メダカ・金魚熱帯魚」橋本寿史;岡本信明;斉藤憲治指導・監修・執筆;松沢陽士;大美賀隆;佐々木浩之ほか写真 小学館（小学館の図鑑NEO）2024年6月【DVD・DVD-ROMつき】

魚類、貝類＞クラウンローチ

「ゆるゆる怪魚図鑑」かげまんが;本村浩之監修 Gakken 2024年8月【マンガ形式・マンガつき】

動物

魚類、貝類＞サケ

「うまれたよ!サケ」二神慎之介写真・文 岩崎書店(よみきかせいきものしゃしんえほん) 2024年2月

「サケの旅：ふるさとの川をめざす―命のつながり;6」平井佑之介写真・文 文一総合出版 2024年9月

魚類、貝類＞サメ

「くらべてわかるサメ」アクアワールド茨城県大洗水族館監修;めかぶ絵 山と溪谷社 2024年3月

「最強サメと海の危険生物大図鑑」DK社編;黒輪篤嗣訳 河出書房新社 2024年6月

魚類、貝類＞サメ＞オオメジロザメ

「どっちが強い!?W：オオメジロザメの襲撃―角川まんが科学シリーズ；A91」ウィルソン・リュウストーリー;マウンテントップスタジオまんが;川口拓;新野大監修 KADOKAWA 2024年3月【マンガ形式・マンガつき】

魚類、貝類＞サメ＞ジンベエザメ

「ジンベエザメのひみつ―飼育員さんもっとおしえて!」松橋利光写真;池田菜津美文;神田めぐみイラスト 新日本出版社 2024年5月

魚類、貝類＞タイ

「22世紀からきたでっかいタイ：ゲノム編集とこれからの食べ物の話」木下政人著;入澤宣幸文・構成;さはらそのこ;ラムダプロダクションイラスト Gakken(環境ノンフィクション) 2024年8月

魚類、貝類＞稚魚、幼魚

「ゆかいな魚たち：フグ ハリセンボン カワハギ アイゴ ハオコゼ ゴンズイ」福井歩写真・文;宮崎佑介監修 少年写真新聞社 2024年6月

魚類、貝類＞テッポウウオ

「ゆるゆる怪魚図鑑」かげまんが;本村浩之監修 Gakken 2024年8月【マンガ形式・マンガつき】

魚類、貝類＞テングノタチ

「こんなの見たことない!海のエイリアン図鑑」堀口和重写真;山崎陽子;山本晴美文 山と溪谷社 2024年7月

魚類、貝類＞熱帯魚

「メダカ・金魚熱帯魚」橋本寿史;岡本信明;斉藤憲治指導・監修・執筆;松沢陽士;大美賀隆;佐々木浩之ほか写真 小学館(小学館の図鑑NEO) 2024年6月【DVD・DVD-ROMつき】

動物

魚類、貝類＞ハマグリ

「教科書に出てくる生きものになったら：発見!体験! 3」小宮輝之監修 Gakken 2024年2月

魚類、貝類＞ハリセンボン

「とびきりかわいくていとおしい海のいきもの図鑑」フクイサチヨイラスト;海遊館一部生態監修
イースト・プレス 2024年7月【マンガ形式・マンガつき】

魚類、貝類＞ヒラメ

「さかなクンのギョギョッとサカナ★スター図鑑 3」さかなクン著 講談社 2024年7月

魚類、貝類＞フグ

「けなげ!?せつない!?ちょっと意外な毒のある生きもの」今泉忠明監修 ナツメ社 2024年8月【マ
ンガ形式・マンガつき】

魚類、貝類＞メダカ

「はじめてのメダカ：メダカの第一人者・青木先生がていねいに教えます!」青木崇浩著 日東
書院本社 2024年6月

「メダカ・金魚熱帯魚」橋本寿史;岡本信明;斉藤憲治指導・監修・執筆;松沢陽士;大美賀隆;
佐々木浩之ほか写真 小学館(小学館の図鑑NEO) 2024年6月【DVD・DVD-ROMつき】

「飼いたいペットのえらびかた」成美堂出版編集部編著 成美堂出版 2024年12月

「生きものとなかよしはじめての飼育・観察 8」小宮輝之監修;こどもくらぶ編 ポプラ社 2024年4
月

魚類、貝類＞リュウグウノツカイ

「深海魚に会える海：日本でいちばん深い海とそこにくらす生き物のひみつ」堀口和重写真・
文 フレーベル館 2024年6月

クジラ

「クジラがしんだら」江口絵理文;かわさきしゅんいち絵;藤原義弘監修 童心社 2024年9月

「ビジュアルクジラ&イルカ大図鑑」エリック・ホイト著;田島木綿子日本語版監修;片神貴子訳 日
経ナショナルジオグラフィック 日経BPマーケティング 2024年2月

「土佐湾のカツオクジラ：中西和夫の写真絵本」中西和夫写真・文;岩田高志監修 大空出版
2024年9月

クジラ＞カツオクジラ

「土佐湾のカツオクジラ：中西和夫の写真絵本」中西和夫写真・文;岩田高志監修 大空出版
2024年9月

動物

クジラ＞マッコウクジラ

「ドクターエッグ：いきもの入門 9―かがくるBOOK. 科学漫画いきもの観察シリーズ」パクソンイ
文;洪鐘賢絵;チームレインボー訳 朝日新聞出版 2024年7月【マンガ形式・マンガつき】

クマ＞クマ一般

「ともに生きる：山のツキノワグマ」前川貴行写真・文 あかね書房 2024年7月

「マンガ動物最強王図鑑ザ・ストーリー = THE ANIMAL KING ENCYCLOPEDIA-COMIC
BOOK EDITION- 3」国際〈最強王図鑑〉協会監修;吉田順ストーリー;漫田画マンガ Gakken
2024年6月【マンガ形式・マンガつき】

「信州版森の子クマの子」中下留美子;瀧井暁子;橋本操;濵口あかり作・文;柏木牧子絵 信州
ツキノワグマ研究会 2024年5月

「信州版森の子クマの子」中下留美子;瀧井暁子;橋本操;濵口あかり作・文;柏木牧子絵 信州
ツキノワグマ研究会 2024年6月

クマ＞シロクマ、ホッキョクグマ

「マンガ動物最強王図鑑ザ・ストーリー = THE ANIMAL KING ENCYCLOPEDIA-COMIC
BOOK EDITION- 4」国際〈最強王図鑑〉協会監修;吉田順ストーリー;漫田画マンガ Gakken
2024年12月【マンガ形式・マンガつき】

「動物のクイズ図鑑―学研の図鑑LIVE Q ; 7」Gakken 2024年12月

クマ＞ツキノワグマ

「ともに生きる：山のツキノワグマ」前川貴行写真・文 あかね書房 2024年7月

「ゆるゆる猛獣図鑑」和音まんが;小宮輝之監修 Gakken 2024年9月【マンガ形式・マンガつき】

クマ＞ヒグマ

「5分間のサバイバル危険生物のなぞ：科学クイズにちょうせん!―かがくるBOOK. 科学クイズ
サバイバルシリーズ」韓賢東絵;今泉忠明監修;朝日新聞出版編 朝日新聞出版 2024年2月【マ
ンガ形式・マンガつき】

「どっちが強い!?W：巨大ヒグマの暴走―角川まんが科学シリーズ ; A93」ウィルソン・リュウス
トーリー;マウンテントップスタジオまんが;川口拓;小菅正夫監修 KADOKAWA 2024年11月【マ
ンガ形式・マンガつき】

「頂上決戦!最強動物VS悪魔獣魔大決戦」CreatureStory;小川彗編 西東社 2024年12月

クマ＞マレーグマ

「ソリアを森へ：マレーグマを救ったチャーンの物語」チャン・グエン作;ジート・ズーン絵;杉田
七重訳 鈴木出版 2024年1月【物語形式（ノンフィクション）】

動物

クモ

「似せかたイロイロ!昆虫擬態図鑑 = Insect Mimicry Picture Book」川邊透;前畑真実著;平井規央監修 ポプラ社 2024年12月

「知れば楽しいクモの世界：網のひみつと忍者のような能力!?—ちしきのもり」馬場友希著 少年写真新聞社 2024年12月

「虫たちの生き方事典：虫ってやっぱり面白い!」小松貴文・写真;じゅえき太郎イラスト 文一総合出版 2024年8月

クラゲ

「クラゲのくらし」水口博也著 少年写真新聞社(少年写真新聞社写真絵本) 2024年7月

「プランクトン：クラゲ・ミジンコ・小さな水の生物」山崎博史;仲村康秀;田中隼人指導・執筆;堀口和重ほか写真 小学館(小学館の図鑑NEO POCKET) 2024年6月

「みんなが知りたい!クラゲのすべて：きれいな姿や色の魅力からゆらめく動きのヒミツまで—まなぶっく」鶴岡市立加茂水族館著 メイツユニバーサルコンテンツ 2024年6月

「教えて!クラゲのほんと：世界一のクラゲ水族館が答える100の質問」鶴岡市立加茂水族館編著 緑書房 2024年11月

コウモリ

「ドクターエッグ：いきもの入門 10—かがくるBOOK. 科学漫画いきもの観察シリーズ」パクソンイ文;洪鐘賢絵;チームレインボー訳 朝日新聞出版 2024年10月【マンガ形式・マンガつき】

昆虫類＞アメンボ

「小さな生きものの春夏秋冬：しゃしん絵本 17」池田菜津美文・構成 ポプラ社 2024年3月

昆虫類＞アリ

「ドクターエッグ：いきもの入門 8—かがくるBOOK. 科学漫画いきもの観察シリーズ」パクソンイ文;洪鐘賢絵;チームレインボー訳 朝日新聞出版 2024年4月

「ミツツボアリをもとめて：アボリジニ家族との旅」今森光彦著 偕成社 2024年9月

昆虫類＞アリ＞ヒアリ

「5分間のサバイバル危険生物のなぞ：科学クイズにちょうせん!—かがくるBOOK. 科学クイズサバイバルシリーズ」韓賢東絵;今泉忠明監修;朝日新聞出版編 朝日新聞出版 2024年2月【マンガ形式・マンガつき】

昆虫類＞アリ＞ミツツボアリ

「ミツツボアリをもとめて：アボリジニ家族との旅」今森光彦著 偕成社 2024年9月

動物

昆虫類＞イモムシ

「マンガで見る「イモムシ」の生きざま」しらかわあすか編著 東京堂出版 2024年9月【マンガ形式・マンガつき】

「生きものとなかよしはじめての飼育・観察 5」小宮輝之監修;こどもくらぶ編 ポプラ社 2024年4月

昆虫類＞オオセンチコガネ

「うんこ虫を追え = THE MYSTERIOUS ECOLOGY OF JAPANESE DUNG BEETLES」舘野鴻文・絵 福音館書店(たくさんのふしぎ傑作集) 2024年5月

昆虫類＞カ

「ドクターエッグ：いきもの入門 10―かがくるBOOK. 科学漫画いきもの観察シリーズ」パクソンイ文;洪鐘賢絵;チームレインボー訳 朝日新聞出版 2024年10月【マンガ形式・マンガつき】

昆虫類＞ガ

「どアップ!びっくり?昆虫の顔写真えほん [2]」海野和男写真;伊藤弥寿彦監修 ほるぷ出版 2024年2月

「マンガで見る「イモムシ」の生きざま」しらかわあすか編著 東京堂出版 2024年9月【マンガ形式・マンガつき】

「小さな生きものの春夏秋冬：しゃしん絵本 15」池田菜津美文・構成 ポプラ社 2024年3月

昆虫類＞カブトムシ

「カブトムシ・クワガタムシ―あそべる図鑑GO」筒井学写真・監修;さがわゆめこ絵 金の星社 2024年6月

「カブトムシみっけ!―ふしぎみつけた!」里中正紀構成・文 徳間書店 2024年7月

「くらべてわかる!こんちゅう図鑑 [1]」須田研司監修;森のくじらイラスト 童心社 2024年3月

「こんちゅう100―講談社のアルバムシリーズ. いきものアルバム」須田研司監修;海野和男写真 講談社 2024年5月

「のりものいっぱい」青山邦彦作絵 金の星社 2024年2月【物語形式(フィクション)】

「フードテックとSDGs 1」石川伸一監修 フレーベル館 2024年11月

「生きものとなかよしはじめての飼育・観察 4」小宮輝之監修;こどもくらぶ編 ポプラ社 2024年4月

昆虫類＞カマキリ

「どアップ!びっくり?昆虫の顔写真えほん [3]」海野和男写真;伊藤弥寿彦監修 ほるぷ出版 2024年2月

動物

「マンガ昆虫最強王図鑑 ザ・ストーリー = THE INSECT KING ENCYCLOPEDIA-COMIC
BOOK EDITION- 3」国際〈最強王図鑑〉協会監修;藤川努ストーリー;丸谷朋弘マンガ
Gakken 2024年7月【マンガ形式・マンガつき】

昆虫類＞クワガタムシ

「カブトムシ・クワガタムシ―あそべる図鑑GO」筒井学写真・監修;さがわゆめこ絵 金の星社
2024年6月

「くわがたむし」海野和男写真 ポプラ社(はじめてのミニずかん) 2024年6月

「マンガ昆虫最強王図鑑 ザ・ストーリー = THE INSECT KING ENCYCLOPEDIA-COMIC
BOOK EDITION- 3」国際〈最強王図鑑〉協会監修;藤川努ストーリー;丸谷朋弘マンガ
Gakken 2024年7月【マンガ形式・マンガつき】

「昆虫のクイズ図鑑―学研の図鑑LIVE Q ; 3」 Gakken 2024年5月

「飼いたいペットのえらびかた」成美堂出版編集部編著 成美堂出版 2024年12月

「小さな生きものの春夏秋冬 : しゃしん絵本 13」池田菜津美文・構成 ポプラ社 2024年3月

「生きものとなかよしはじめての飼育・観察 4」小宮輝之監修;こどもくらぶ編 ポプラ社 2024年4
月

昆虫類＞クワガタムシ＞ノコギリクワガタ

「くわがたむし」海野和男写真 ポプラ社(はじめてのミニずかん) 2024年6月

「マンガ昆虫最強王図鑑 ザ・ストーリー = THE INSECT KING ENCYCLOPEDIA-COMIC
BOOK EDITION- 2」国際〈最強王図鑑〉協会監修;藤川努ストーリー;丸谷朋弘マンガ
Gakken 2024年2月【マンガ形式・マンガつき】

昆虫類＞ゴキブリ

「ずかんゴキブリ : ★見ながら学習調べてなっとく」柳澤静磨著;安斉俊イラスト 技術評論社
2024年8月

「ドクターエッグ : いきもの入門 8―かがくるBOOK. 科学漫画いきもの観察シリーズ」パクソンイ
文;洪鐘賢絵;チームレインボー訳 朝日新聞出版 2024年4月

昆虫類＞ゴミムシ＞ミイデラゴミムシ

「ヒャクジュウガッタイ!!! : 最強生物合体バトル」よるどんまんが 集英社(勉タメJUMP BOOKS)
2024年12月

昆虫類＞昆虫類一般

「10分で読めるわくわく科学 小学1・2年」荒俣宏監修 成美堂出版 2024年1月

「10分で読めるわくわく科学 小学3・4年」荒俣宏監修 成美堂出版 2024年1月

動物

「10分で読めるわくわく科学 小学5・6年」荒俣宏監修 成美堂出版 2024年1月

「あしの多い虫図鑑 = Arthropods with many legs : あしが8本以上あるのはどんな虫たち?」小野展嗣著;鈴木知之写真 偕成社 2024年1月

「くらべてわかる!こんちゅう図鑑 [1]」須田研司監修;森のくじらイラスト 童心社 2024年3月

「くらべてわかる!こんちゅう図鑑 [2]」須田研司監修;森のくじらイラスト 童心社 2024年3月

「くらべてわかる!こんちゅう図鑑 [3]」須田研司監修;森のくじらイラスト 童心社 2024年3月

「くらべてわかる!こんちゅう図鑑 [4]」須田研司監修;森のくじらイラスト 童心社 2024年3月

「コミック生き物の死にざま : わたしはあなたとともにある」稲垣栄洋原案・監修;槙吾脚本・絵コンテ;藤本たみこ画 小学館 2024年8月【マンガ形式・マンガつき】

「こんちゅう100—講談社のアルバムシリーズ. いきものアルバム」須田研司監修;海野和男写真 講談社 2024年5月

「こんちゅうさがしえずかん」横山拓彦作・絵;丸山宗利監修 KADOKAWA 2024年7月

「サバイバル!危険昆虫大図鑑」中野富美子構成・文;丸山宗利監修 あかね書房 2024年1月

「たまご : 命が生まれるしゅんかん」ドーリング・キンダースリー社編集部企画・編集;水島ぱぎい訳 BL出版 2024年8月

「どアップ!びっくり?昆虫の顔写真えほん [2]」海野和男写真;伊藤弥寿彦監修 ほるぷ出版 2024年2月

「どアップ!びっくり?昆虫の顔写真えほん [3]」海野和男写真;伊藤弥寿彦監修 ほるぷ出版 2024年2月

「ドクターエッグ : いきもの入門 8—かがくるBOOK. 科学漫画いきもの観察シリーズ」パクソンイ文;洪鐘賢絵;チームレインボー訳 朝日新聞出版 2024年4月

「なぜ?どうして?いきもののお話 1年生—よみとく10分」杉野さち子総合監修 Gakken 2024年6月【物語形式(ノンフィクション)】

「なぜ?どうして?いきもののお話 2年生—よみとく10分」杉野さち子総合監修 Gakken 2024年6月【物語形式(ノンフィクション)】

「はじめての自然科学366 : 読みもの&クイズで知識と教養がグングン身につく!」角川の集める図鑑GET!編集部特別編集 KADOKAWA 2024年2月

「ファーブルに学ぶ昆虫大じてん」小野展嗣監修 成美堂出版 2024年8月

「ほっかいどうはじめての虫さがし」堀繁久 北海道新聞社 2024年3月

「マンガ昆虫最強王図鑑ザ・ストーリー = THE INSECT KING ENCYCLOPEDIA-COMIC BOOK EDITION- 2」国際〈最強王図鑑〉協会監修;藤川努ストーリー;丸谷朋弘マンガ Gakken 2024年2月【マンガ形式・マンガつき】

動物

「マンガ昆虫最強王図鑑 ザ・ストーリー = THE INSECT KING ENCYCLOPEDIA-COMIC BOOK EDITION- 3」国際〈最強王図鑑〉協会監修;藤川努ストーリー;丸谷朋弘マンガ Gakken 2024年7月【マンガ形式・マンガつき】

「りったい昆虫館：よりリアル!より作りやすい!!」神谷正徳作 小学館（小学館の図鑑NEOのクラフトぶっく）2024年7月

「技あり!モーレツ植物ずかん 1」長谷部光泰監修 鈴木出版 2024年1月

「教科書に出てくる生きものになったら：発見!体験! 2」小宮輝之監修 Gakken 2024年2月

「昆虫が世界をすくう!—児童図書館・絵本の部屋」バグライフ文;チュイラン絵;佐藤見果夢やく;田邊力編集協力 評論社 2024年3月

「昆虫のクイズ図鑑—学研の図鑑LIVE Q ; 3」Gakken 2024年5月

「昆虫ハンター・牧田習と親子で見つけるにほんの昆虫たち」牧田習著 日東書院本社 2024年7月

「昆虫館へ行こう!」全国昆虫施設連絡協議会著 repicbook 2024年5月

「昆虫超クイズ図鑑」伊藤弥寿彦監修 講談社（講談社の動く図鑑MOVE）2024年3月

「似せかたイロイロ!昆虫擬態図鑑 = Insect Mimicry Picture Book」川邊透;前畑真実著;平井規央監修 ポプラ社 2024年12月

「自然とあそぼう|植物の育ち編 [5]」農山漁村文化協会 2024年2月【指導者用解説つき】

「小さな生きものの春夏秋冬：しゃしん絵本 13」池田菜津美文・構成 ポプラ社 2024年3月

「小さな生きものの春夏秋冬：しゃしん絵本 14」池田菜津美文・構成 ポプラ社 2024年3月

「小さな生きものの春夏秋冬：しゃしん絵本 15」池田菜津美文・構成 ポプラ社 2024年3月

「小さな生きものの春夏秋冬：しゃしん絵本 16」池田菜津美文・構成 ポプラ社 2024年3月

「小さな生きものの春夏秋冬：しゃしん絵本 17」池田菜津美文・構成 ポプラ社 2024年3月

「身近な生きもの捕まえ方&飼い方：上手に育てて、長生きさせる!」佐々木浩之写真・文 電波社 2024年7月

「人とくらす街の虫発見記：ゲッチョ先生の街の虫コレクション」盛口満文・絵 少年写真新聞社 2024年6月

「生物〈植物・昆虫・動物〉がわかる—ドラえもんの学習シリーズ.ドラえもんの理科おもしろ攻略」藤子・F・不二雄キャラクター原作;浜学園監修 小学館 2024年2月【マンガ形式・マンガつき】

「虫たちの生き方事典：虫ってやっぱり面白い!」小松貴文・写真;じゅえき太郎イラスト 文一総合出版 2024年8月

「虫のからだ 3」新開孝写真・文 岩崎書店 2024年1月

「虫のからだ 4」新開孝写真・文 岩崎書店 2024年2月

「虫のからだ 5」新開孝写真・文 岩崎書店 2024年2月

動物

「天才!生きもの─Newton理系脳を育てる科学クイズドリル；2」門脇正史監修 ニュートンプレス 2024年8月

「転生したらスライムだった件で学べるBOOK昆虫」講談社編;転スラ製作委員会監修;石川忠 学術監修 講談社 2024年10月【マンガ形式・マンガつき】

「毒図鑑：生きていくには毒が必要でした。」丸山貴史著;あべたみお絵;国立科学博物館監修 幻冬舎 2024年3月

昆虫類＞サナギ

「モンシロチョウ、「ねむるさなぎ」のひみつ」橋本健一著 汐文社 2024年10月

「小さな生きものの春夏秋冬：しゃしん絵本 15」池田菜津美文・構成 ポプラ社 2024年3月

昆虫類＞成虫

「くらべてわかる!こんちゅう図鑑 [4]」須田研司監修;森のくじらイラスト 童心社 2024年3月

「マンガで見る「イモムシ」の生きざま」しらかわあすか編著 東京堂出版 2024年9月【マンガ形式・マンガつき】

「小さな生きものの春夏秋冬：しゃしん絵本 16」池田菜津美文・構成 ポプラ社 2024年3月

昆虫類＞セミ

「小さな生きものの春夏秋冬：しゃしん絵本 14」池田菜津美文・構成 ポプラ社 2024年3月

昆虫類＞セミ＞アブラゼミ

「くらべてわかる!こんちゅう図鑑 [2]」須田研司監修;森のくじらイラスト 童心社 2024年3月

「くらべてわかる!こんちゅう図鑑 [3]」須田研司監修;森のくじらイラスト 童心社 2024年3月

昆虫類＞チョウ

「カワセミとはるのなかまたち」つだあみ 文芸社 2024年1月

「どアップ!びっくり?昆虫の顔写真えほん [2]」海野和男写真;伊藤弥寿彦監修 ほるぷ出版 2024年2月

「ドクターエッグ：いきもの入門 8─かがくるBOOK. 科学漫画いきもの観察シリーズ」パクソンイ 文;洪鐘賢絵;チームレインボー訳 朝日新聞出版 2024年4月

「マンガで見る「イモムシ」の生きざま」しらかわあすか編著 東京堂出版 2024年9月【マンガ形式・マンガつき】

「教科書に出てくる生きものになったら：発見!体験! 2」小宮輝之監修 Gakken 2024年2月

昆虫類＞チョウ＞モンシロチョウ

「くらべてわかる!こんちゅう図鑑 [1]」須田研司監修;森のくじらイラスト 童心社 2024年3月

動物

「くらべてわかる!こんちゅう図鑑 [3]」須田研司監修;森のくじらイラスト 童心社 2024年3月

「モンシロチョウ、「ねむるさなぎ」のひみつ」橋本健一著 汐文社 2024年10月

昆虫類＞トンボ＞ヤゴ

「生きものとなかよしはじめての飼育・観察 6」小宮輝之監修;こどもくらぶ編 ポプラ社 2024年4月

昆虫類＞ハチ

「ずかんハチのおしごと：★見ながら学習調べてなっとく」井手竜也著 技術評論社 2024年8月

昆虫類＞ハチ＞スズメバチ

「どアップ!びっくり?昆虫の顔写真えほん [2]」海野和男写真;伊藤弥寿彦監修 ほるぷ出版 2024年2月

昆虫類＞ハチ＞ミツバチ

「くらべてわかる!こんちゅう図鑑 [2]」須田研司監修;森のくじらイラスト 童心社 2024年3月

「ちょっと変わった環境の本：ミツバチがもたらす世界平和」エリン・ケルシー作;クレイトン・ハンマー絵;桑田健訳 化学同人 2024年3月

「ミツバチとミミズ」弥生訳;フロランス・ティナール作;バンジャマン・フルー絵 日本文化啓発 鳥影社 2024年11月

「もしもミツバチが世界から消えてしまったら」有沢重雄著;中村純監修 旬報社 2024年6月

昆虫類＞バッタ

「ばったのたんちゃんうまれたよ!—むしのたまごシリーズ」ねもとまゆみ作;たけがみたえ絵;須田研司監修 童心社 2024年5月【物語形式(フィクション)】

「ほっかいどうはじめての虫さがし」堀繁久 北海道新聞社 2024年3月

「教科書に出てくる生きものになったら：発見!体験! 2」小宮輝之監修 Gakken 2024年2月

昆虫類＞ホタル

「昆虫のクイズ図鑑—学研の図鑑LIVE Q；3」Gakken 2024年5月

「小さな生きものの春夏秋冬：しゃしん絵本 16」池田菜津美文・構成 ポプラ社 2024年3月

サソリ

「マンガ昆虫最強王図鑑ザ・ストーリー ＝ THE INSECT KING ENCYCLOPEDIA-COMIC BOOK EDITION- 2」国際〈最強王図鑑〉協会監修;藤川努ストーリー;丸谷朋弘マンガ Gakken 2024年2月【マンガ形式・マンガつき】

動物

サンゴ

「未来につなごう生物多様性 3」文溪堂 2024年3月

シマウマ

「教科書に出てくる生きものになったら : 発見!体験! 1」小宮輝之監修 Gakken 2024年2月

巣

「くらべてわかる!にんちゅう図鑑 [4]」須田研司監修;森のくじらイラスト 童心社 2024年3月

脊柱動物

「透かして学ぼう : X線でなんでもスケスケ! 1」中出哲也監修;鈴木出版スケスケ研究会編 鈴木出版 2024年2月

節足動物

「あしの多い虫図鑑 = Arthropods with many legs : あしが8本以上あるのはどんな虫たち?」小野展嗣著;鈴木知之写真 偕成社 2024年1月

ゾウ

「ぞうのうんちはまわる」重松彌佐文;しろぺこり絵 新日本出版社 2024年6月

「たのしい!かがくのおはなし 1年生」横山正監修 高橋書店 2024年5月【物語形式(フィクション)】

ダイオウグソクムシ

「さかなクンのギョギョッとサカナ★スター図鑑 3」さかなクン著 講談社 2024年7月

タコ

「タコのなぞ :「海の賢者」のひみつ88」池田譲著 講談社 2024年8月

「教科書に出てくる生きものになったら : 発見!体験! 3」小宮輝之監修 Gakken 2024年2月

タコ>クラゲダコ

「こんなの見たことない!海のエイリアン図鑑」堀口和重写真;山崎陽子;山本晴美文 山と渓谷社 2024年7月

タスマニアデビル

「どっちが強い!?最強牙バトル : 復活!サーベルタイガー——角川まんが科学シリーズ ; A37」ヴェズィルストーリー;ブラックインクチームまんが;今泉忠明監修 KADOKAWA 2024年11月【マンガ形式・マンガつき】

325

動物

ダニ

「ドクターエッグ：いきもの入門 10─かがくるBOOK. 科学漫画いきもの観察シリーズ」パクソンイ文;洪鐘賢絵;チームレインボー訳 朝日新聞出版 2024年10月【マンガ形式・マンガつき】

卵

「たいせつなたまご」キッチンミノル著 白泉社(コドモエのえほん) 2024年7月

「たまご：命が生まれるしゅんかん」ドーリング・キンダースリー社編集部企画・編集;水島ぱぎい訳 BL出版 2024年8月

卵＞産卵

「サケの旅：ふるさとの川をめざす─命のつながり；6」平井佑之介写真・文 文一総合出版 2024年9月

「たいせつなたまご」キッチンミノル著 白泉社(コドモエのえほん) 2024年7月

ダンゴムシ

「ほっかいどうはじめての虫さがし」堀繁久 北海道新聞社 2024年3月

鳥類＞インコ

「Birdlifeいろとりどりのせかいのとり」ピート・クロマー作;蒲池由佳訳;高部圭司監修 化学同人 2024年12月

「飼いたいペットのえらびかた」成美堂出版編集部編著 成美堂出版 2024年12月

鳥類＞ウ

「う、のはなし」小島こうき作;ハマダミノル絵 幻冬舎メディアコンサルティング 幻冬舎 2024年2月

鳥類＞エナガ

「エナガのくらし：いつも仲間といっしょ─命のつながり；7」東郷なりさ作;江口欣照写真 文一総合出版 2024年10月

鳥類＞カワセミ

「カワセミとはるのなかまたち」つだあみ 文芸社 2024年1月

鳥類＞キツツキ

「教科書に出てくる生きものになったら：発見!体験! 4」小宮輝之監修 Gakken 2024年2月

動物

鳥類＞国鳥、県鳥

「せかいの国鳥にっぽんの県鳥」小宮輝之監修;ポンプラボ編集 カンゼン 2024年11月

鳥類＞シマエナガ

「エナガのくらし：いつも仲間といっしょ―命のつながり；7」東郷なりさ作;江口欣照写真 文一総合出版 2024年10月

鳥類＞スズメ

「教科書に出てくる生きものになったら：発見!体験! 4」小宮輝之監修 Gakken 2024年2月

鳥類＞鳥類一般

「Birdlifeいろとりどりのせかいのとり」ピート・クロマー作;蒲池由佳訳;高部圭司監修 化学同人 2024年12月

「いきもの―はじめてのずかん」成島悦雄;塩見一雄;須田研司監修 高橋書店 2024年3月

「クセがすごすぎる世界の鳥図鑑」今泉忠明監修;森松輝夫イラスト 宝島社 2024年7月

「せかいの国鳥にっぽんの県鳥」小宮輝之監修;ポンプラボ編集 カンゼン 2024年11月

「たまご：命が生まれるしゅんかん」ドーリング・キンダースリー社編集部企画・編集;水島ぱぎい訳 BL出版 2024年8月

「ドラえもん科学ワールド飛行機から生き物まで空を飛ぶしくみ―ビッグ・コロタン；221」藤子・F・不二雄まんが;藤子プロ;岐阜かかみがはら航空宇宙博物館監修 小学館 2024年4月【マンガ形式・マンガつき】

「フィールドに出かけよう!野鳥の観察入門：身近な鳥から渡り鳥まで」秋山幸也著 誠文堂新光社(子供の科学サイエンスブックスNEXT) 2024年12月

「教科書に出てくる生きものになったら：発見!体験! 4」小宮輝之監修 Gakken 2024年2月

「生きものとくらそう!：はじめてでも安心 2」国土社 2024年1月

「知っておこう!いっしょに暮らす動物の健康・病気のこと [3]」平林雅和監修 保育社 2024年1月

「鳥」Gakken(はっけんずかんプラス. まどあきしかけ) 2024年3月

「鳥がおしえてくれること」鈴木まもる作 あすなろ書房 2024年3月

「鳥たちのヤバイ進化図鑑：大鳥小鳥恐い鳥」川崎悟司絵と文;柴田佳秀監修 二見書房 2024年6月

「鳥の落としもの&足あと図鑑―おもしろふしぎ鳥類学の世界」小宮輝之監修;ポンプラボ編集 カンゼン 2024年5月

動物

「天才!生きもの―Newton理系脳を育てる科学クイズドリル;2」門脇正史監修 ニュートンプレス
2024年8月

鳥類＞ツバメ

「教科書に出てくる生きものになったら:発見!体験! 4」小宮輝之監修 Gakken 2024年2月

鳥類＞ニワトリ、ヒヨコ

「たいせつなたまご」キッチンミノル著 白泉社(コドモエのえほん) 2024年7月

「どっちが強い!?ヤシガニVSニワトリ:超高速きりさきバトル―角川まんが科学シリーズ;A35」
スライウムストーリー;ブラックインクチームまんが;今泉忠明監修 KADOKAWA 2024年7月【マン
ガ形式・マンガつき】

鳥類＞ハヤブサ

「クセがすごすぎる世界の鳥図鑑」今泉忠明監修;森松輝夫イラスト 宝島社 2024年7月

鳥類＞フクロウ

「Birdlifeいろとりどりのせかいのとり」ピート・クロマー作;蒲池由佳訳;高部圭司監修 化学同人
2024年12月

鳥類＞ペンギン

「ペンギンのひみつ―飼育員さんもっとおしえて!」松橋利光写真;池田菜津美文;神田めぐみイ
ラスト 新日本出版社 2024年4月

鳥類＞ペンギン＞コウテイペンギン

「Birdlifeいろとりどりのせかいのとり」ピート・クロマー作;蒲池由佳訳;高部圭司監修 化学同人
2024年12月

鳥類＞メジロ

「カワセミとはるのなかまたち」つだあみ 文芸社 2024年1月

鳥類＞モズ

「クセがすごすぎる世界の鳥図鑑」今泉忠明監修;森松輝夫イラスト 宝島社 2024年7月

チンパンジー

「いのちの楽園:熊本サンクチュアリより」佐和みずえ作 静山社(静山社ノンフィクションライブ
ラリー) 2024年11月【物語形式(ノンフィクション)】

動物

動物一般

「10代に届けたい5つの"授業"」生田武志;山下耕平編著;松岡千紘ほか著 大月書店 2024年3月

「10分で読めるわくわく科学 小学1・2年」荒俣宏監修 成美堂出版 2024年1月

「10分で読めるわくわく科学 小学3・4年」荒俣宏監修 成美堂出版 2024年1月

「10分で読めるわくわく科学 小学5・6年」荒俣宏監修 成美堂出版 2024年1月

「2分でつくれるかんたんおりがみ 1」竹井史郎作;イグルーダイニング絵 あかね書房 2024年2月

「7歳までに知っておきたいちきゅうえほん―Gakken STEAMえほんシリーズ」アリス・ジェームズ文;ステファノ・トネッティ絵;岡田好惠訳 Gakken 2024年6月

「いきもの―はじめてのずかん」成島悦雄;塩見一雄;須田研司監修 高橋書店 2024年3月

「かわいいどうぶつだいしゅうごうもふもふいっぱいずかん」小宮輝之監修 KADOKAWA 2024年2月

「きみ、だあれ?きょうりゅう」そくちょるうぉん絵;聞かせ屋。けいたろう文 KADOKAWA 2024年7月【物語形式(フィクション)】

「けなげに生きぬくいきもの図鑑 : いきものから学べ!」馬場悠男監修;岡幸子執筆;しばさなイラスト 実教出版 2024年3月

「ゴリラとオオカミ・ヤギとゾウのお話 : 僕のコミュニケーションの掟 : 山極壽一・きむらゆういち・林家木久扇の異色鼎談集―今人舎・子ども大学叢書 ; 2」山極壽一;きむらゆういち;林家木久扇著 今人舎 2024年8月

「スーパーパワーを手に入れた生きものたち 1」ジョルジュ・フェテルマン文;大西昧訳 鈴木出版 2024年11月

「ズーミング!動物園 : 疑問を拡大していけば仕組みが見えてくる!」小宮輝之監修 秀和システム 2024年8月

「どうぶつに聞いてみた : アニマルSDGs」益田文和;イアン筒井著;藤田咲恵絵;ときわ動物園監修;マリルゥキャラクター監修 ヌールエデザイン総合研究所 太郎次郎社エディタス 2024年5月

「どっちが強い!?W : シベリアトラとの激闘―角川まんが科学シリーズ ; A92」タダタダストーリー;マウンテントップスタジオまんが;川口拓;小菅正夫監修 KADOKAWA 2024年7月【マンガ形式・マンガつき】

「どっちが強い!?ブッとび動物オリンピック編 : トンデモバトル大集合―角川まんが科学シリーズ ; A64」Xベンチャーオールスターズストーリー;ホットブラッドソウルズまんが;實吉達郎監修 KADOKAWA 2024年6月【マンガ形式・マンガつき】

「とにかくかわいいいきものイラスト描き方レッスン」ふじもとめぐみ著 西東社 2024年10月

動物

「なぜ?どうして?いきもののお話 1年生―よみとく10分」杉野さち子総合監修 Gakken 2024年6月【物語形式(ノンフィクション)】

「なぜ?どうして?いきもののお話 2年生―よみとく10分」杉野さち子総合監修 Gakken 2024年6月【物語形式(ノンフィクション)】

「なぞなぞMAXチャレンジ!4008問 : 頭の回転無限大」嵩瀬ひろし著 新星出版社 2024年7月

「にぎやかなどうぶつたちとクリスマスのできごと」ジャン・ゴッドフリーぶん;ポーラ・ドーアティえ サンパウロ 2024年9月【物語形式(フィクション)】

「はじめてのりったいどうぶつかん」神谷正徳作 小学館(小学館の図鑑NEOのクラフトぶっく) 2024年3月

「はじめての自然科学366 : 読みもの&クイズで知識と教養がグングン身につく!」角川の集める図鑑GET!編集部特別編集 KADOKAWA 2024年2月

「ぼくらのまちがいさがし : 動物と地球環境」バースデイ 2024年4月

「まほろば動物病院はどこまでも」鷲塚貞長著 つちや書店 2024年7月【物語形式(フィクション)】

「マンガ動物最強王図鑑ザ・ストーリー = THE ANIMAL KING ENCYCLOPEDIA-COMIC BOOK EDITION- 3」国際〈最強王図鑑〉協会監修;吉田順ストーリー;漫田画マンガ Gakken 2024年6月【マンガ形式・マンガつき】

「もっと!とにかくかわいいいきもの図鑑」今泉忠明監修;ふじもとめぐみイラスト 西東社 2024年3月

「ゆるゆる猛獣図鑑」和音まんが;小宮輝之監修 Gakken 2024年9月【マンガ形式・マンガつき】

「教科書に出てくる生きものになったら : 発見!体験! 1」小宮輝之監修 Gakken 2024年2月

「十二支がくえん」かんべあやこ作 あかね書房 2024年10月

「世界おどろき探検隊! : おとなも知らない400のワイルドな事実を追え! 動物編」ジュリー・ビアー文;アンディ・スミス絵;谷岡美佐子訳 実務教育出版(BRITANNICA BOOKS) 2024年7月

「生きものたちのスゴ技図鑑 何しゃべってるの?編」村田浩一監修;アジア・オーランド絵 さ・え・ら書房 2024年2月

「生きものたちのスゴ技図鑑 食われてたまるか編」村田浩一監修;アジア・オーランド絵 さ・え・ら書房 2024年2月

「生物〈植物・昆虫・動物〉がわかる―ドラえもんの学習シリーズ. ドラえもんの理科おもしろ攻略」藤子・F・不二雄キャラクター原作;浜学園監修 小学館 2024年2月【マンガ形式・マンガつき】

「超キュートもふカワどうぶつ図鑑」江口仁詞監修;吾妻まいかイラスト;オフィス・ジータ編 えほんの杜 2024年9月

「頂上決戦!最強動物VS悪魔獣魔大決戦」CreatureStory;小川彗編 西東社 2024年12月

330

動物

「天才!生きもの―Newton理系脳を育てる科学クイズドリル;2」門脇正史監修 ニュートンプレス 2024年8月

「動物」本郷峻;山極壽一監修 講談社(講談社の動く図鑑MOVE) 2024年6月【DVD・DVD-ROMつき】

「動物のクイズ図鑑―学研の図鑑LIVE Q;7」 Gakken 2024年12月

「動物の義足やさん = The brace of the animal」沢田俊子文 講談社 2024年6月

「動物最強王図鑑PFP:No.1決定トーナメント!!」實吉達郎監修;山崎太郎イラスト Gakken 2024年8月

「動物最強王図鑑PFP:No.1決定トーナメント!! [特別版]」實吉達郎監修;山崎太郎イラスト Gakken 2024年8月

「動物―学研の図鑑LIVE;8」姉﨑智子総監修 Gakken 2024年7月【DVD・DVD-ROMつき】

「毒図鑑:生きていくには毒が必要でした。」丸山貴史著;あべたみお絵;国立科学博物館監修 幻冬舎 2024年3月

「名探偵はハムスター!1」こざきゆう作;やぶのてんや絵;小宮輝之監修 文響社 2024年8月【物語形式(フィクション)】

「名探偵はハムスター!2」こざきゆう作;やぶのてんや絵;小宮輝之監修 文響社 2024年12月【物語形式(フィクション)】

トラ

「マンガ動物最強王図鑑ザ・ストーリー = THE ANIMAL KING ENCYCLOPEDIA-COMIC BOOK EDITION- 3」国際〈最強王図鑑〉協会監修;吉田順ストーリー;漫田画マンガ Gakken 2024年6月【マンガ形式・マンガつき】

トラ>アムールトラ、シベリアトラ

「どっちが強い!?W:シベリアトラとの激闘―角川まんが科学シリーズ;A92」タダタダストーリー;マウンテントップスタジオまんが;川口拓;小菅正夫監修 KADOKAWA 2024年7月【マンガ形式・マンガつき】

軟体動物

「たまご:命が生まれるしゅんかん」ドーリング・キンダースリー社編集部企画・編集;水島ぱぎい訳 BL出版 2024年8月

ネコ

「かわいいどうぶつだいしゅうごうもふもふいっぱいずかん」小宮輝之監修 KADOKAWA 2024年2月

「ねこ」岩合光昭写真 ポプラ社(はじめてのミニずかん) 2024年3月

動物

「ねこのずかん : 家ねこと野生ねこ―学研のえほんずかん ; 7巻」おちょぴ絵;今泉忠明;アジアキャットクラブ監修 Gakken 2024年2月

「ねこ語辞典 : 4コマまんがでゆるっとわかる!」今泉忠明監修 Gakken 2024年9月【マンガ形式・マンガつき】

「もふかわネコ―学研の図鑑LIVE petit」山本宗伸;アジアキャットクラブ監修 Gakken 2024年3月

「知っておこう!いっしょに暮らす動物の健康・病気のこと [2]」平林雅和監修 保育社 2024年1月

「保護ねこものがたり」大塚敦子著 ポプラ社(ポプラ社ノンフィクション) 2024年6月【物語形式（ノンフィクション）】

ネズミ

「トガリネズミひみつのくらし」六田晴洋写真・文 世界文化ワンダーグループ 世界文化社（世界文化社のワンダー絵本）2024年6月

「どっちが強い!?ホシバナモグラVSウッドラット : ホリホリ名人対決―角川まんが科学シリーズ ; A36」ジノ;ヴェズィルストーリー;ブラックインクチームまんが;成島悦雄監修 KADOKAWA 2024年10月【マンガ形式・マンガつき】

「動物最強王図鑑PFP : No.1決定トーナメント!!」實吉達郎監修;山﨑太郎イラスト Gakken 2024年8月

ネズミ＞トガリネズミ

「トガリネズミひみつのくらし」六田晴洋写真・文 世界文化ワンダーグループ 世界文化社（世界文化社のワンダー絵本）2024年6月

ネズミ＞モルモット

「かわいいどうぶつだいしゅうごうもふもふいっぱいずかん」小宮輝之監修 KADOKAWA 2024年2月

「小学生でも安心!はじめてのモルモット正しい飼い方・育て方―まなぶっく」大庭秀一監修 メイツユニバーサルコンテンツ 2024年3月

「生きものとくらそう! 5」国土社 2024年11月

ハムスター

「飼いたいペットのえらびかた」成美堂出版編集部編著 成美堂出版 2024年12月

「生きものとなかよしはじめての飼育・観察 2」小宮輝之監修;こどもくらぶ編 ポプラ社 2024年4月

「知っておこう!いっしょに暮らす動物の健康・病気のこと [3]」平林雅和監修 保育社 2024年1月

動物

パンダ

「ありがとう!パンダタンタン激動のパン生：懸命に生きた28年間」神戸万知文・写真 技術評論社 2024年10月

「パンダのタンタン：二人の飼育員との約束」杉浦大悟作;中村愛絵 講談社 2024年10月【物語形式（ノンフィクション）】

「思い出をありがとう!上野のパンダリーリーとシンシン：いつまでも素敵なパン生を!」神戸万知文・写真 技術評論社 2024年11月

ビーバー

「どっちが強い!?カナダカワウソVS(たい)アメリカビーバー：ツメと牙のガジガジ大勝負─角川まんが科学シリーズ；A34」ジノストーリー;ブラックインクチームまんが;實吉達郎監修 KADOKAWA 2024年2月【マンガ形式・マンガつき】

ヒツジ

「羊の毛糸とフェルト：イチは、いのちのはじまり─イチからつくる」本出ますみ監修;バンチハル絵 農山漁村文化協会 2024年3月

哺乳類

「いきもの─はじめてのずかん」成島悦雄;塩見一雄;須田研司監修 高橋書店 2024年3月

「ビジュアルクジラ&イルカ大図鑑」エリック・ホイト著;田島木綿子日本語版監修;片神貴子訳 日経ナショナルジオグラフィック 日経BPマーケティング 2024年2月

「ゆるゆる猛獣図鑑」和音まんが;小宮輝之監修 Gakken 2024年9月【マンガ形式・マンガつき】

「古生物がもっと知りたくなる化石の話：恐竜と絶滅した哺乳類の姿にせまる」木村由莉著 岩波書店（岩波ジュニアスタートブックス） 2024年8月

「天才!生きもの─Newton理系脳を育てる科学クイズドリル；2」門脇正史監修 ニュートンプレス 2024年8月

「動物」本郷峻;山極壽一監修 講談社（講談社の動く図鑑MOVE） 2024年6月【DVD・DVD-ROMつき】

「動物─学研の図鑑LIVE；8」姉﨑智子総監修 Gakken 2024年7月【DVD・DVD-ROMつき】

「毒図鑑：生きていくには毒が必要でした。」丸山貴史著;あべたみお絵;国立科学博物館監修 幻冬舎 2024年3月

マナティー

「こちら、沖縄美ら海水族館動物健康管理室。= This is Okinawa Churaumi Aquarium Animal Health Management Section：世界一の治療をチームで目指す」岩貞るみこ文;サタケシュンスケイラスト 講談社 2024年6月【物語形式（ノンフィクション）】

動物

ミミズ

「ミツバチとミミズ」弥生訳;フロランス・ティナール作;バンジャマン・フルー絵 日本文化啓発 鳥影社 2024年11月

虫一般

「数字に強くなる知育シールブックむし」ダニエル・ネイヤーイーほか著 文響社 2024年9月

無脊柱動物

「透かして学ぼう：X線でなんでもスケスケ! 1」中出哲也監修;鈴木出版スケスケ研究会編 鈴木出版 2024年2月

猛獣

「どっちが強い!?最強牙バトル：復活!サーベルタイガー──角川まんが科学シリーズ；A37」ヴェズィルストーリー;ブラックインクチームまんが;今泉忠明監修 KADOKAWA 2024年11月【マンガ形式・マンガつき】

「ゆるゆる猛獣図鑑」和音まんが;小宮輝之監修 Gakken 2024年9月【マンガ形式・マンガつき】

モグラ

「どっちが強い!?ホシバナモグラVSウッドラット：ホリホリ名人対決──角川まんが科学シリーズ；A36」ジノ;ヴェズィルストーリー;ブラックインクチームまんが;成島悦雄監修 KADOKAWA 2024年10月【マンガ形式・マンガつき】

モモンガ

「森でつながるエゾモモンガ」原田佳実写真・文 文一総合出版 2024年11月

モモンガ＞エゾモモンガ

「森でつながるエゾモモンガ」原田佳実写真・文 文一総合出版 2024年11月

野生動物

「Wildlifeみんなだいすきやせいのどうぶつ」ピート・クロマー作;蒲池由佳訳;高部圭司監修 化学同人 2024年12月

「イリエワニ」福田雄介文;関俊一絵 福音館書店 2024年6月

「かわいいどうぶつだいしゅうごうもふもふいっぱいずかん」小宮輝之監修 KADOKAWA 2024年2月

「ソリアを森へ：マレーグマを救ったチャーンの物語」チャン・グエン作;ジート・ズーン絵;杉田七重訳 鈴木出版 2024年1月【物語形式（ノンフィクション）】

動物

「どっちが強い!?ホシバナモグラVSウッドラット：ホリホリ名人対決―角川まんが科学シリーズ；A36」ジノ；ヴェズィルストーリー；ブラックインクチームまんが；成島悦雄監修 KADOKAWA 2024年10月【マンガ形式・マンガつき】

「ともに生きる：山のツキノワグマ」前川貴行写真・文 あかね書房 2024年7月

「野生生物は「やさしさ」だけで守れるか？：命と向きあう現場から」朝日新聞取材チーム著 岩波書店（岩波ジュニア新書）2024年7月

ヤドカリ＞ヤシガニ

「どっちが強い!?ヤシガニVSニワトリ：超高速きりさきバトル―角川まんが科学シリーズ；A35」スライウムストーリー；ブラックインクチームまんが；今泉忠明監修 KADOKAWA 2024年7月【マンガ形式・マンガつき】

ヤマアラシ

「動物最強王図鑑PFP：No.1決定トーナメント!!」實吉達郎監修；山崎太郎イラスト Gakken 2024年8月

有袋類

「どっちが強い!?最強牙バトル：復活!サーベルタイガー―角川まんが科学シリーズ；A37」ヴェズィルストーリー；ブラックインクチームまんが；今泉忠明監修 KADOKAWA 2024年11月【マンガ形式・マンガつき】

幼虫

「うんこ虫を追え = THE MYSTERIOUS ECOLOGY OF JAPANESE DUNG BEETLES」舘野鴻文・絵 福音館書店（たくさんのふしぎ傑作集）2024年5月

「くらべてわかる!こんちゅう図鑑 [4]」須田研司監修；森のくじらイラスト 童心社 2024年3月

「ばったのたんちゃんうまれたよ!―むしのたまごシリーズ」ねもとまゆみ作；たけがみたえ絵；須田研司監修 童心社 2024年5月【物語形式（フィクション）】

「マンガで見る「イモムシ」の生きざま」しらかわあすか編著 東京堂出版 2024年9月【マンガ形式・マンガつき】

「モンシロチョウ、「ねむるさなぎ」のひみつ」橋本健一著 汐文社 2024年10月

「小さな生きものの春夏秋冬：しゃしん絵本 15」池田菜津美文・構成 ポプラ社 2024年3月

「小さな生きものの春夏秋冬：しゃしん絵本 16」池田菜津美文・構成 ポプラ社 2024年3月

ライオン

「ヒャクジュウガッタイ!!!：最強生物合体バトル」よるどんまんが 集英社（勉タメJUMP BOOKS）2024年12月

「ゆるゆる猛獣図鑑」和音まんが；小宮輝之監修 Gakken 2024年9月【マンガ形式・マンガつき】

動物

「教科書に出てくる生きものになったら：発見!体験! 1」小宮輝之監修 Gakken 2024年2月

「動物最強王図鑑PFP：No.1決定トーナメント!!」實吉達郎監修;山崎太郎イラスト Gakken 2024年8月

ラッコ

「動物のクイズ図鑑—学研の図鑑LIVE Q；7」 Gakken 2024年12月

両生類、は虫類＞イグアナ

「イグアノドンのツノはなぜきえた？：すがたをかえる恐竜たち」ショーン・ルービン文・絵;千葉茂樹訳 岩崎書店 2024年7月

両生類、は虫類＞カエル

「教科書に出てくる生きものになったら：発見!体験! 3」小宮輝之監修 Gakken 2024年2月

「佐渡のアマガエル—ネイチャー絵本シリーズ」ナカツヒロム著 みらいパブリッシング 星雲社 2024年6月

「小さな生きものの春夏秋冬：しゃしん絵本 18」池田菜津美文・構成 ポプラ社 2024年3月

両生類、は虫類＞カエル＞アマガエル

「ワレワレはアマガエル」松橋利光文・写真 アリス館 2024年3月

「佐渡のアマガエル—ネイチャー絵本シリーズ」ナカツヒロム著 みらいパブリッシング 星雲社 2024年6月

両生類、は虫類＞カエル＞オタマジャクシ

「ワレワレはアマガエル」松橋利光文・写真 アリス館 2024年3月

「佐渡のアマガエル—ネイチャー絵本シリーズ」ナカツヒロム著 みらいパブリッシング 星雲社 2024年6月

「小さな生きものの春夏秋冬：しゃしん絵本 18」池田菜津美文・構成 ポプラ社 2024年3月

「生きものとなかよしはじめての飼育・観察 7」小宮輝之監修;こどもくらぶ編 ポプラ社 2024年4月

両生類、は虫類＞カメ

「飼いたいペットのえらびかた」成美堂出版編集部編著 成美堂出版 2024年12月

「小学生でも安心!はじめてのカメ正しい飼い方・育て方—まなぶっく」佐藤公定監修 メイツユニバーサルコンテンツ 2024年5月

両生類、は虫類＞カメ＞ウミガメ

「教科書に出てくる生きものになったら：発見!体験! 3」小宮輝之監修 Gakken 2024年2月

336

動物

両生類、は虫類＞カメ＞リクガメ

「カメにのった捨て犬・未来! : とっとこ「いのち」と、のんびり「いのち」」今西乃子著;浜田一男写真 岩崎書店 2024年11月【物語形式（ノンフィクション）】

両生類、は虫類＞カメレオン

「たのしい色鉛筆画　Vol　2」フェアリー洋子 三恵社 2024年7月

両生類、は虫類＞トカゲ

「大人も子どもも楽しいあたらしい自然あそび」奥山英治著 山と溪谷社 2024年8月

両生類、は虫類＞トカゲ＞カナヘビ

「はっけん!カナヘビ」関慎太郎写真;竹中践編著 緑書房（日本のいきものビジュアルガイド）2024年4月

「生きものとなかよしはじめての飼育・観察 3」小宮輝之監修;こどもくらぶ編 ポプラ社 2024年4月

両生類、は虫類＞トカゲ＞コモドオオトカゲ

「ヒャクジュウガッタイ!!! : 最強生物合体バトル」よるどんまんが 集英社（勉タメJUMP BOOKS）2024年12月

両生類、は虫類＞ヘビ

「マンガ動物最強王図鑑ザ・ストーリー = THE ANIMAL KING ENCYCLOPEDIA-COMIC BOOK EDITION- 4」国際〈最強王図鑑〉協会監修;吉田順ストーリー;漫田画マンガ Gakken 2024年12月【マンガ形式・マンガつき】

両生類、は虫類＞ヘビ＞アナコンダ

「マンガ動物最強王図鑑ザ・ストーリー = THE ANIMAL KING ENCYCLOPEDIA-COMIC BOOK EDITION- 4」国際〈最強王図鑑〉協会監修;吉田順ストーリー;漫田画マンガ Gakken 2024年12月【マンガ形式・マンガつき】

両生類、は虫類＞ヘビ＞キングコブラ

「動物最強王図鑑PFP : No.1決定トーナメント!!」實吉達郎監修;山崎太郎イラスト Gakken 2024年8月

両生類、は虫類＞ヤモリ

「うまれたよ!ヤモリ―よみきかせいきものしゃしんえほん ; 48」関慎太郎写真・文 岩崎書店 2024年2月

動物

両生類、は虫類＞両生類、は虫類一般

「たまご：命が生まれるしゅんかん」ドーリング・キンダースリー社編集部企画・編集;水島ぱぎい訳 BL出版 2024年8月

「最新!日本の恐竜」冨田幸光監修;目羅健嗣色鉛筆画 鳳書院 2024年8月

「毒図鑑：生きていくには毒が必要でした。」丸山貴史著;あべたみお絵;国立科学博物館監修 幻冬舎 2024年3月

両生類、は虫類＞ワニ

「イリエワニ」福田雄介文;関俊一絵 福音館書店 2024年6月

「ワニのひみつ―飼育員さんもっとおしえて!」松橋利光写真;池田菜津美文;神田めぐみイラスト 新日本出版社 2024年3月

両生類、は虫類＞ワニ＞イリエワニ

「イリエワニ」福田雄介文;関俊一絵 福音館書店 2024年6月

レッサーパンダ

「Wildlifeみんなだいすきやせいのどうぶつ」ピート・クロマー作;蒲池由佳訳;高部圭司監修 化学同人 2024年12月

【恐竜・絶滅生物・古生物・古代生物】

イグアノドン

「イグアノドンのツノはなぜきえた？：すがたをかえる恐竜たち」ショーン・ルービン文・絵；千葉茂樹訳 岩崎書店 2024年7月

カムイサウルス、むかわ竜

「カムイサウルス：世紀の大発見物語：NHKスペシャル ダーウィンが来た!取材ノートより」植田和貴文；小林快次監修 少年写真新聞社 2024年7月

恐竜、絶滅生物、古生物、古代生物一般

「あの恐竜どこにいた?地図で見る恐竜のくらし図鑑」ダレン・ナイシュ監修；クリス・バーカー；ダレン・ナイシュ著；田中康平監訳；喜多直子訳 創元社 2024年5月

「うごく!しゃべる!ぬりえーしょん 恐竜」クレール・ファイ文・絵；板橋まりえ訳 小学館集英社プロダクション（ShoPro books）2024年2月

「うんこ化石：地球と生命の歴史がわかる!」泉賢太郎著；藤嶋マル絵 飛鳥新社 2024年6月

「おおむかしのいきもの―はじめてのずかん」甲能直樹ほか監修 高橋書店 2024年4月

「きみ、だあれ?きょうりゅう」そくちょるうぉん絵；聞かせ屋。けいたろう文 KADOKAWA 2024年7月【物語形式（フィクション）】

「きょうりゅうのわかっていることわかっていないこと」国立科学博物館監修；きのしたさとみぶん；よしもりひろすけえ 小学館集英社プロダクション（ShoPro Books）2024年6月

「きょうりゅうレントゲンびょういん」キョンヘウォンぶん・え；こまつようこやく；真鍋真監修 パイインターナショナル 2024年5月

「こどもが学べる地球の歴史とふしぎな化石図鑑」泉賢太郎；井上ミノル著 創元社 2024年10月【マンガ形式・マンガつき】

「こどもずかんきょうりゅう555：英語つき：しゃしんとリアルイラスト」Gakken 2024年1月【英語つき】

「ずかん古生物のりれきしょ：★見ながら学習調べてなっとく」土屋健著；土屋香絵；芝原暁彦監修 技術評論社 2024年8月

「すごい不思議な恐竜図鑑：なんで、こうなった!?」土屋健監修；内山大助絵 中央公論新社 2024年7月

「どっちが強い!?最強牙バトル：復活!サーベルタイガー――角川まんが科学シリーズ；A37」ヴェズィルストーリー；ブラックインクチームまんが；今泉忠明監修 KADOKAWA 2024年11月【マンガ形式・マンガつき】

恐竜・絶滅生物・古生物・古代生物

「はじめての自然科学366：読みもの&クイズで知識と教養がグングン身につく!」角川の集める図鑑GET!編集部特別編集 KADOKAWA 2024年2月

「科学のおんどく：考える力がぐんぐん伸びる!」篠原菊紀監修 リベラル社 星雲社 2024年6月【物語形式(ノンフィクション)】

「奇妙な生き物のオンパレード古生物のせかい：三葉虫、アノマロカリス、恐竜…個性豊かな太古の生き物たち―中・高生からの超絵解本」甲能直樹監修 ニュートンプレス 2024年10月

「恐竜」千葉謙太郎監修 講談社(講談社の動く図鑑MOVE) 2024年11月【DVD・DVD-ROMつき】

「恐竜と古代の生き物図鑑」ダレン・ナイシュ監修;ジョン・ウッドワード著;田中康平監訳;喜多直子訳 創元社 2024年4月

「恐竜のあたまの中をのぞいたら：脳科学でさぐる恐竜の感覚」大島英太郎作;河部壮一郎監修 福音館書店 2024年7月

「恐竜のクイズ図鑑―学研の図鑑LIVE Q；1」 Gakken 2024年3月

「恐竜ハンター：白亜紀の恐竜の捕まえ方」土屋健設定協力;川崎悟司ほかイラスト KADOKAWA 2024年3月

「恐竜レッスン」コマヤスカン作;田中康平監修 くもん出版 2024年6月

「恐竜学検定公式ガイドブック：初級・中級」 Gakken 2024年8月

「恐竜―マコト★カガク研究団；4」ニュートン編集部編 ニュートンプレス 2024年12月【マンガ形式・マンガつき】

「古生物がもっと知りたくなる化石の話：恐竜と絶滅した哺乳類の姿にせまる」木村由莉著 岩波書店(岩波ジュニアスタートブックス) 2024年8月

「古生物学者と40億年」泉賢太郎著 筑摩書房(ちくまプリマー新書) 2024年4月

「最新!日本の恐竜」冨田幸光監修;目羅健嗣色鉛筆画 鳳書院 2024年8月

「数字に強くなる知育シールブックきょうりゅう」イン・チェン著 文響社 2024年

「世界もっとおどろき探検隊!：知れば知るほどスゴイ400の事実を追え!」ケイト・ヘイル文;アンディ・スミス絵;谷岡美佐子訳 実務教育出版(BRITANNICA BOOKS) 2024年9月

「超恐竜!めいろ・まちがいさがし」グループ・コロンブス構成・文 あかね書房 2024年7月

「頂上決戦!恐竜最強王決定戦」CreaturesJourney編著 西東社 2024年6月

「鳥たちのヤバイ進化図鑑：大鳥小鳥恐い鳥」川崎悟司絵と文;柴田佳秀監修 二見書房 2024年6月

恐竜・絶滅生物・古生物・古代生物

サーベルタイガー（剣歯虎）

「どっちが強い!?最強牙バトル：復活!サーベルタイガー——角川まんが科学シリーズ；A37」
ヴェズィルストーリー;ブラックインクチームまんが;今泉忠明監修 KADOKAWA 2024年11月【マ
ンガ形式・マンガつき】

サーベルタイガー（剣歯虎）＞スミロドン

「どっちが強い!?最強牙バトル：復活!サーベルタイガー——角川まんが科学シリーズ；A37」
ヴェズィルストーリー;ブラックインクチームまんが;今泉忠明監修 KADOKAWA 2024年11月【マ
ンガ形式・マンガつき】

サイカニア

「頂上決戦!恐竜最強王決定戦」CreaturesJourney編著 西東社 2024年6月

三葉虫

「奇妙な生き物のオンパレード古生物のせかい：三葉虫、アノマロカリス、恐竜…個性豊かな太
古の生き物たち——中・高生からの超絵解本」甲能直樹監修 ニュートンプレス 2024年10月

デイノニクス

「頂上決戦!恐竜最強王決定戦」CreaturesJourney編著 西東社 2024年6月

ドロマエオサウルス

「恐竜レッスン」コマヤスカン作;田中康平監修 くもん出版 2024年6月

フクロオオカミ

「どっちが強い!?最強牙バトル：復活!サーベルタイガー——角川まんが科学シリーズ；A37」
ヴェズィルストーリー;ブラックインクチームまんが;今泉忠明監修 KADOKAWA 2024年11月【マ
ンガ形式・マンガつき】

情報・通信・メディア

【情報・通信・メディア】

IT、情報技術

「お仕事さくいん：新時代のIT・ゲーム・デジタルクリエイティブにかかわるお仕事」DBジャパン
編集 DBジャパン 2024年7月

「スティーブ・ジョブズ：革命的IT機器を生み出し世界を変えた実業家─学研まんが日本と世
界の伝記」田中顕まんが;林信行監修 Gakken 2024年2月【物語形式（ノンフィクション）】

「受験・大人の学びにも使えるIT・通信の歴史図鑑」玉原輝基著;星野友絵文 星野書房 サンク
チュアリ出版 2024年8月

アプリ

「未来をつくる仕事図鑑 第2期2」Gakken 2024年2月

アルゴリズム

「はじめてのアルゴリズム：論理的思考力を身につける─くもんこれからの学び」島袋舞子著;
兼宗進監修 くもん出版（楽しく知りたいコンピュータ）2024年3月

インターネット、ウェブ

「「リスク」を知って、「自分」を守る!スマホマインドの育てかた [3]」保育社 2024年1月【マンガ形
式・マンガつき】

「10代からのヘルスリテラシー [3]」松本俊彦監修 大月書店 2024年11月

「AIは人を好きになる?：科学技術をめぐる15の疑問─いざ!探Q；6」ピエルドメニコ・バッカラリ
オ;フェデリーコ・タッディア著;マッシモ・テンポレッリ監修;クラウディア・"ヌーク"・ラッツォーリイラ
スト;日永田智絵日本版監修;有北雅彦訳 太郎次郎社エディタス 2024年7月

「どう付き合う?ネットの世界：マンガでわかる!─小学生が身につけたい!考えるチカラ」木村翔
太監修 ベネッセコーポレーション 2024年3月【マンガ形式・マンガつき】

「ネットでいじめられたら、どうすればいいの?：5人の専門家と処方箋を考えた─14歳の世渡り
術」春名風花著 河出書房新社 2024年7月

「ネットはなぜいつも揉めているのか」津田正太郎著 筑摩書房（ちくまプリマー新書）2024年5
月

「マンガでわかる!小学生から知っておきたいお金のトラブル回避術─こどもと生活シリーズ」菊
地幸夫監修;ぽぽこ漫画 主婦と生活社 2024年8月【マンガ形式・マンガつき】

「ようこそ!思春期：おとなに近づくからだの成長のはなし」レイチェル・グリーナー文;クレア・
オーウェン絵;浦野匡子;艮香織訳・解説 大月書店 2024年2月

342

情報・通信・メディア

「ライフライン = LIFE LINE : ネット・電力・水"見えないシステム"から知る世界のなりたち—14歳の世渡り術プラス」ダン・ノット著;桃井緑美子訳 河出書房新社 2024年2月【マンガ形式・マンガつき】

「気をつけよう!海賊版・違法ダウンロード 1」上沼紫野監修;メディア・ビュー編;コンテンツ海外流通促進機構;ABJ;日本漫画家協会取材協力 汐文社 2024年1月

「気をつけよう!海賊版・違法ダウンロード 2」上沼紫野監修;メディア・ビュー編;コンテンツ海外流通促進機構;ABJ取材協力 汐文社 2024年2月

「気をつけよう!海賊版・違法ダウンロード 3」上沼紫野監修;メディア・ビュー編 汐文社 2024年3月

「世界が広がる!地図を読もう : 地図記号からウェブ地図まで、知って、遊んで、使いこなす」今和泉隆行著 誠文堂新光社(子供の科学サイエンスブックスNEXT) 2024年2月

「世界の歴史 18—集英社版学習まんが」集英社 2024年10月【マンガ形式・マンガつき】

「知って活用!メディア・リテラシー [1]—NHK for School. アッ!とメディア」NHK「アッ!とメディア」制作班;中橋雄監修 NHK出版 2024年1月

「便利!危険?自分を守るネットリテラシー [3]」遠藤美季監修 金の星社 2024年1月【マンガ形式・マンガつき】

インターネット、ウェブ＞SNS(ソーシャル・ネットワーキング・サービス)

「「リスク」を知って、「自分」を守る!スマホマインドの育てかた [2]」保育社 2024年1月【マンガ形式・マンガつき】

「「リスク」を知って、「自分」を守る!スマホマインドの育てかた [3]」保育社 2024年1月【マンガ形式・マンガつき】

「10歳からの著作権」福井健策;田島佑規監修;ぴたんと;ひらまつ;小崎あきら;なぎまんが Gakken 2024年2月【マンガ形式・マンガつき】

「SNS時代のメディアリテラシー : ウソとホントは見分けられる?」山脇岳志著 筑摩書房(ちくまQブックス) 2024年11月

「ゼロからの著作権 : 学校・社会・SNSの情報ルール」宮武久佳著 岩波書店(岩波ジュニア新書) 2024年9月

「どっちを選ぶ?クイズで学ぶ!こども防犯サバイバル 3」国崎信江監修 日本図書センター 2024年1月

「ネットでいじめられたら、どうすればいいの? : 5人の専門家と処方箋を考えた—14歳の世渡り術」春名風花著 河出書房新社 2024年7月

「メンタル脳」アンデシュ・ハンセン;マッツ・ヴェンブラード著;久山葉子訳 新潮社(新潮新書) 2024年1月

「ようこそ!思春期 : おとなに近づくからだの成長のはなし」レイチェル・グリーナー文;クレア・オーウェン絵;浦野匡子;艮香織訳・解説 大月書店 2024年2月

情報・通信・メディア

「実技で学ぶ情報モラル」日本情報処理検定協会編集 日本情報処理検定協会 2024年4月
【マンガ形式・マンガつき】

「受験・大人の学びにも使えるIT・通信の歴史図鑑」玉原輝基著;星野友絵文 星野書房 サンク
チュアリ出版 2024年8月

「心理学の学校―ニュートン科学の学校シリーズ」横田正夫監修 ニュートンプレス 2024年6月

「知って活用!メディア・リテラシー [2]―NHK for School. アッ!とメディア」NHK「アッ!とメディア」
制作班編;中橋雄監修 NHK出版 2024年1月

インターネット、ウェブ＞ネットリテラシー

「実技で学ぶ情報モラル」日本情報処理検定協会編集 日本情報処理検定協会 2024年4月
【マンガ形式・マンガつき】

「絶対作れる!YouTube教室潜入記」長谷川智広著 集英社(勉タメJUMP BOOKS) 2024年7月

「便利!危険?自分を守るネットリテラシー [3]」遠藤美季監修 金の星社 2024年1月【マンガ形
式・マンガつき】

ゲーム

「10代からのヘルスリテラシー [3]」松本俊彦監修 大月書店 2024年11月

「13歳からのプログラミング入門 : マインクラフト&Pythonでやさしく学べる!」山口由美著 メイツ
ユニバーサルコンテンツ 2024年4月

「AIの世界へようこそ : 未来を変えるあなたへ」美馬のゆり著 Gakken 2024年9月

「お仕事さくいん : 新時代のIT・ゲーム・デジタルクリエイティブにかかわるお仕事」DBジャパン
編集 DBジャパン 2024年7月

「クレヨンしんちゃんの勉強がどんどん楽しくなる!―先生は教えてくれない!」臼井儀人キャラク
ター原作;高田ミレイまんが 双葉社 2024年12月【マンガ形式・マンガつき】

「気をつけよう!課金トラブル 2」高橋暁子監修 汐文社 2024年1月

「気をつけよう!課金トラブル 3」高橋暁子監修 汐文社 2024年3月

「最強にわかる依存症―ニュートン超図解新書」松本俊彦監修 ニュートンプレス 2024年11月

「便利!危険?自分を守るネットリテラシー [3]」遠藤美季監修 金の星社 2024年1月【マンガ形
式・マンガつき】

ゲーム＞課金

「気をつけよう!課金トラブル 2」高橋暁子監修 汐文社 2024年1月

「気をつけよう!課金トラブル 3」高橋暁子監修 汐文社 2024年3月

情報・通信・メディア

ゲーム＞マインクラフト

「13歳からのプログラミング入門：マインクラフト&Pythonでやさしく学べる!」山口由美著 メイツユニバーサルコンテンツ 2024年4月

「MINECRAFTゾンビはどこへ消えた?」Entalize訳 小学館 2024年10月

「あそびながら楽しく学ぶ!マインクラフトはじめてのおかねのほん」浜田節子監修;せいらんイラスト KADOKAWA 2024年6月

「あそんでいるうちに頭がよくなる!マインクラフトパズルブック」篠原菊紀;加藤裕美子監修;せいらんイラスト KADOKAWA 2024年6月

「あそんできたえる!マインクラフト知育シールパズル」ささむらもえるイラスト KADOKAWA 2024年5月

「ひらめき力アップ!マインクラフトなぞときクエスト」せいらんイラスト;黒鍋亭迷路の制作 KADOKAWA 2024年1月

「まいぜんシスターズのまちがいさがしBOOK家族再会」まいぜんシスターズ著 宝島社 2024年7月

「まいぜんシスターズをさがせ!!：ゾンビパラダイスへようこそ!?」佐久間さのすけ絵 ポプラ社 2024年12月

「マインクラフトで楽しく学習!科学のふしぎ：マンガとクイズでよくわかる!」大山光晴監修;学研キッズネット編集部編・著 ワン・パブリッシング 2024年4月【マンガ形式・マンガつき】

「マインクラフトで頭がよくなる学べるクイズ366日」陰山英男監修 西東社 2024年12月

「マインクラフト頭がよくなる冒険なぞとき365」なぞとき委員会著 イースト・プレス 2024年7月

「マンガマインクラフトで楽しく学べる!地球のひみつ」左巻健男監修;マイクラ職人組合著 宝島社 2024年3月【マンガ形式・マンガつき】

「頭がよくなる!マインクラフトですいりクイズBOOK」マイクラ職人組合著 宝島社 2024年10月

「冒険完全ガイド!マインクラフト大図鑑 サバイバルモード編」KADOKAWA 2024年1月

ゲーム＞桃太郎電鉄

「桃太郎電鉄でわかる世界地理大図鑑」宝島社「学べるゲーム本」編集部編 宝島社 2024年5月

「桃太郎電鉄で学ぶ世界の地理・歴史攻略：マンガ・クイズつき」Gakken 2024年3月【マンガ形式・マンガつき】

「桃太郎電鉄ワールド4コマ大百科」さくまあきら原作;ひこちゃんまんが 小学館 2024年7月【マンガ形式・マンガつき】

情報・通信・メディア

広告、チラシ、ポスター

「こまったときのPOP実例集―全国学校図書館POPコンテスト公式本オススメ本POPの作り方」内田剛著 ポプラ社 2024年4月

「気持ちが伝わるPOPを作ろう―全国学校図書館POPコンテスト公式本オススメ本POPの作り方」内田剛著 ポプラ社 2024年4月

「本のPOPをつくろう!：読書を楽しむ―帯・POP作りのスゴ技」「本のPOPや帯を作ろう」編集室著;ニイルセンイラスト 理論社 2024年2月

広告、チラシ、ポスター＞キャッチコピー

「知って活用!メディア・リテラシー [2]―NHK for School. アッ!とメディア」NHK「アッ!とメディア」制作班編;中橋雄監修 NHK出版 2024年1月

コンピュータ・リテラシー

「実技で学ぶ情報モラル」日本情報処理検定協会編集 日本情報処理検定協会 2024年4月【マンガ形式・マンガつき】

情報、通信、メディア一般

「9歳から知っておきたい情報読解力を身につける方法」TOSS情報読解力研究会編;谷和樹監修 マイクロマガジン社 2024年7月

「ネットはなぜいつも揉めているのか」津田正太郎著 筑摩書房(ちくまプリマー新書) 2024年5月

「受験・大人の学びにも使えるIT・通信の歴史図鑑」玉原輝基著;星野友絵文 星野書房 サンクチュアリ出版 2024年8月

「発信する人のためのメディア・リテラシー：情報の森で豊かに生きる」内田朋子;堤信子著 晶文社 2024年8月

情報＞個人情報

「明日話したくなる個人情報のはなし」蔦大輔ほか編著 清水書院 2024年8月【マンガ形式・マンガつき】

情報科学

「情報最新トピック集：高校版 2024」奥村晴彦;佐藤義弘;中野由章監修;奥村晴彦;佐藤義弘;中野由章;清水哲郎;能城茂雄;松浦敏雄;岩元直久;大島篤;勝村幸博著 日経BP 日本文教出版 2024年1月

情報・通信・メディア

情報管理

「もやもや、ごちゃごちゃがスッキリする手書きノート&メモ術—14歳の世渡り術」奥野宣之著 河出書房新社 2024年11月

情報機器＞コンピュータ

「13歳からのプログラミング入門：マインクラフト&Pythonでやさしく学べる!」山口由美著 メイツユニバーサルコンテンツ 2024年4月

「アラン・チューリング：AIの礎を築いた天才数学者—角川まんが学習シリーズ；N18. まんが人物伝」松尾豊監修;長田馨まんが作画 KADOKAWA 2024年1月【物語形式(ノンフィクション)】

「でんしゃでおぼえる!はじめてのプログラミング」藤田大介著;富永順一監修 交通新聞社 2024年2月

「るるぶマンガとクイズで楽しく学ぶ!数の世界：算数センスが身につくパズル付き」松野陽一郎監修 JTBパブリッシング 2024年3月【マンガ形式・マンガつき】

「実技で学ぶ情報モラル」日本情報処理検定協会編集 日本情報処理検定協会 2024年4月【マンガ形式・マンガつき】

情報機器＞コンピュータ＞パソコン

「スティーブ・ジョブズ：革命的IT機器を生み出し世界を変えた実業家—学研まんが日本と世界の伝記」田中顕まんが;林信行監修 Gakken 2024年2月【物語形式(ノンフィクション)】

情報機器＞コンピュータ・グラフィック

「使える!イラストデジタルツール = Illust Digital Tools」高山瑞穂作 あかね書房(アニメ・イラストの描き方テクニック) 2024年4月

情報機器＞スマートフォン

「「リスク」を知って、「自分」を守る!スマホマインドの育てかた [1]」保育社 2024年1月【マンガ形式・マンガつき】

「「リスク」を知って、「自分」を守る!スマホマインドの育てかた [2]」保育社 2024年1月【マンガ形式・マンガつき】

「「リスク」を知って、「自分」を守る!スマホマインドの育てかた [3]」保育社 2024年1月【マンガ形式・マンガつき】

「10代からのヘルスリテラシー [3]」松本俊彦監修 大月書店 2024年11月

「FPママの親と子で学ぶお金のABC：13歳からのマネーレッスンの本!」山内真由美著 河出書房新社 2024年4月

情報・通信・メディア

「スティーブ・ジョブズ：革命的IT機器を生み出し世界を変えた実業家—学研まんが日本と世界の伝記」田中顕まんが;林信行監修 Gakken 2024年2月【物語形式（ノンフィクション）】

「それって決めつけじゃない!?アンコンシャス・バイアス 3巻」北村英哉監修;松島恵利子文;のはらあこマンガ・イラスト 汐文社 2024年10月

「どっちを選ぶ?クイズで学ぶ!こども防犯サバイバル 3」国崎信江監修 日本図書センター 2024年1月

「マンガでわかるスマホ脳の恐怖」川島隆太監修;久方標マンガ・イラスト 金の星社 2024年9月【マンガ形式・マンガつき】

「マンガでわかるスマホ脳の恐怖」川島隆太監修;久方標マンガ・イラスト 金の星社 2024年12月【マンガ形式・マンガつき】

「わたしはわたし。あなたじゃない。：10代の心を守る境界線「バウンダリー」の引き方」鴻巣麻里香著 リトルモア 2024年9月

「最強にわかる依存症—ニュートン超図解新書」松本俊彦監修 ニュートンプレス 2024年11月

「透かして学ぼう：X線でなんでもスケスケ! 2」鈴木出版スケスケ研究会編 鈴木出版 2024年3月

情報通信技術（ICT）

「Life Design 資料 + 成分表 + ICT：家庭 2024」実教出版編修部編 実教出版 2024年

情報倫理

「「リスク」を知って、「自分」を守る!スマホマインドの育てかた [2]」保育社 2024年1月【マンガ形式・マンガつき】

「「リスク」を知って、「自分」を守る!スマホマインドの育てかた [3]」保育社 2024年1月【マンガ形式・マンガつき】

「どう付き合う?ネットの世界：マンガでわかる!—小学生が身につけたい!考えるチカラ」木村翔太監修 ベネッセコーポレーション 2024年3月【マンガ形式・マンガつき】

「気をつけよう!課金トラブル 2」高橋暁子監修 汐文社 2024年1月

「気をつけよう!課金トラブル 3」高橋暁子監修 汐文社 2024年3月

「事例でわかる情報モラル&セキュリティ：30テーマ 2024」実教出版編修部編 実教出版 2024年2月【マンガ形式・マンガつき】

「実技で学ぶ情報モラル」日本情報処理検定協会編集 日本情報処理検定協会 2024年4月【マンガ形式・マンガつき】

「便利!危険?自分を守るネットリテラシー [3]」遠藤美季監修 金の星社 2024年1月【マンガ形式・マンガつき】

情報・通信・メディア

人工知能（AI）

「〈弱いロボット〉から考える：人・社会・生きること」岡田美智男著 岩波書店 2024年8月

「9歳から知っておきたいAIを味方につける方法」TOSSAI活用教育研究会編;谷和樹監修 マイクロマガジン社 2024年2月

「AIにはない「思考力」の身につけ方：ことばの学びはなぜ大切なのか?」今井むつみ著 筑摩書房（ちくまQブックス）2024年11月

「AIの世界へようこそ：未来を変えるあなたへ」美馬のゆり著 Gakken 2024年9月

「AIは人を好きになる?：科学技術をめぐる15の疑問―いざ!探Q；6」ピエルドメニコ・バッカラリオ;フェデリーコ・タッディア著;マッシモ・テンポレッリ監修;クラウディア・"ヌーク"・ラッツォーリイラスト;日永田智絵日本版監修;有北雅彦訳 太郎次郎社エディタス 2024年7月

「SNS時代のメディアリテラシー：ウソとホントは見分けられる?」山脇岳志著 筑摩書房（ちくまQブックス）2024年11月

「アラン・チューリング：AIの礎を築いた天才数学者―角川まんが学習シリーズ；N18. まんが人物伝」松尾豊監修;長田馨まんが作画 KADOKAWA 2024年1月【物語形式（ノンフィクション）】

「おとなもこどもも知りたい生成AIの教室」鈴木秀樹監修 カンゼン 2024年7月

「お仕事さくいん：新時代のIT・ゲーム・デジタルクリエイティブにかかわるお仕事」DBジャパン編集 DBジャパン 2024年7月

「キャリア教育に活きる!仕事ファイル：センパイに聞く 46」小峰書店編集部編著 小峰書店 2024年4月

「ニッポンの数字：「危機」と「希望」を考える」眞淳平著 筑摩書房（ちくまプリマー新書）2024年2月

「マンガと動画で楽しむオールカラー科学のはなし：生きもの、ものの性質、光、力、AI……：自分で考え、探求する力が身につく!―ナツメ社やる気ぐんぐんシリーズ」レイユール監修 ナツメ社 2024年6月【マンガ形式・マンガつき】

「最強に面白い人工知能 仕事編―ニュートン超図解新書」松原仁監修 ニュートンプレス 2024年6月

「生成AIでなにができる?：人とAIのかかわり方」山田誠二監修 文溪堂 2024年9月

「未来をつくる仕事図鑑 第2期1」Gakken 2024年2月

人工知能（AI）＞生成AI

「おとなもこどもも知りたい生成AIの教室」鈴木秀樹監修 カンゼン 2024年7月

「初心者でもわかるChatGPTとは何か：自然な会話も高精細な画像も生成AIの技術はここまできた―中・高生からの超絵解本」松尾豊監修 ニュートンプレス 2024年1月

情報・通信・メディア

「生成AIでなにができる?：人とAIのかかわり方」山田誠二監修 文溪堂 2024年9月

「生成AIのなかみ―ゼロからわかるITほんき入門+マンガ」黒川なお著;橋本泰一監修 インプレス 2024年9月【マンガ形式・マンガつき】

人工知能（AI）＞生成AI＞ChatGPT

「初心者でもわかるChatGPTとは何か：自然な会話も高精細な画像も生成AIの技術はここまできた―中・高生からの超絵解本」松尾豊監修 ニュートンプレス 2024年1月

新聞、新聞紙、雑誌

「新聞紙でつくる人形劇 1」渡辺真知子;わけみずえ著 いかだ社 2024年2月

「新聞紙でつくる人形劇 2」渡辺真知子;わけみずえ著 いかだ社 2024年3月

セキュリティ

「事例でわかる情報モラル&セキュリティ：30テーマ 2024」実教出版編修部編 実教出版 2024年2月【マンガ形式・マンガつき】

「便利!危険?自分を守るネットリテラシー [3]」遠藤美季監修 金の星社 2024年1月【マンガ形式・マンガつき】

データ

「新幹線スーパー大図鑑」山﨑友也著 永岡書店(こども写真ひゃっか) 2024年8月【DVD・DVD-ROMつき】

「数字のトリックを見ぬけはじめてのデータリテラシー 2」前田健太監修 汐文社 2024年12月

「窓をひらけばわかるデータのホント：体験!統計リテラシー」田中司朗;艸場よしみ著 かもがわ出版 2024年1月

「調べる学習子ども年鑑 2024」朝日小学生新聞監修 岩崎書店 2024年3月

デジタル

「うごく!しゃべる!ぬりえーしょん 恐竜」クレール・ファイ文・絵;板橋まりえ訳 小学館集英社プロダクション(ShoPro books) 2024年2月

「使える!イラストデジタルツール = Illust Digital Tools」高山瑞穂作 あかね書房(アニメ・イラストの描き方テクニック) 2024年4月

「時間もお金も軽やかに!中学生のためのウルトラライト勉強法」横山北斗著 KTC中央出版 2024年7月

「所有権について考える：デジタル社会における財産―民法研究レクチャーシリーズ」道垣内弘人著 信山社 2024年7月

350

情報・通信・メディア

PCソフト＞CLIP STUDIO PAINT

「使える!イラストデジタルツール = Illust Digital Tools」高山瑞穂作 あかね書房(アニメ・イラストの描き方テクニック) 2024年4月

プログラミング

「13歳からのプログラミング入門 : マインクラフト&Pythonでやさしく学べる!」山口由美著 メイツユニバーサルコンテンツ 2024年4月

「でんしゃでおぼえる!はじめてのプログラミング」藤田大介著;富永順一監修 交通新聞社 2024年2月

プログラミング＞コンピュータ言語、プログラミング言語、マークアップ言語＞Scratch

「AIの世界へようこそ : 未来を変えるあなたへ」美馬のゆり著 Gakken 2024年9月

「でんしゃでおぼえる!はじめてのプログラミング」藤田大介著;富永順一監修 交通新聞社 2024年2月

プログラミング＞コンピュータ言語、プログラミング言語、マークアップ言語＞Python

「13歳からのプログラミング入門 : マインクラフト&Pythonでやさしく学べる!」山口由美著 メイツユニバーサルコンテンツ 2024年4月

メディアリテラシー

「9歳から知っておきたい 情報読解力を身につける方法」TOSS情報読解力研究会編;谷和樹監修 マイクロマガジン社 2024年7月

「SNS時代のメディアリテラシー : ウソとホントは見分けられる?」山脇岳志著 筑摩書房(ちくまQブックス) 2024年11月

「知って活用!メディア・リテラシー [1]—NHK for School. アッ!とメディア」NHK「アッ!とメディア」制作班編;中橋雄監修 NHK出版 2024年1月

「知って活用!メディア・リテラシー [2]—NHK for School. アッ!とメディア」NHK「アッ!とメディア」制作班編;中橋雄監修 NHK出版 2024年1月

「発信する人のためのメディア・リテラシー : 情報の森で豊かに生きる」内田朋子;堤信子著 晶文社 2024年8月

【物質・物体・資源】

ガラス

「モノの一生はドラマチック! 生まれ変わり編―NHK for School. ぼくドコ」NHK「ぼくドコ」制作班編 NHK出版 2024年6月

金属

「物質〈空気・水・水よう液〉がわかる―ドラえもんの学習シリーズ. ドラえもんの理科おもしろ攻略」藤子・F・不二雄キャラクター原作;浜学園監修 小学館 2024年10月【マンガ形式・マンガつき】

薬

「10代からのヘルスリテラシー [1]」松本俊彦監修 大月書店 2024年9月

「世界を変えた薬―PIKA RIKA」講談社編;船山信次監修 講談社 2024年5月

薬＞エピペン

「そらくんのすてきな給食―えほんのもり」竹内早希子作;木村いこ絵 文研出版 2024年6月

結晶

「石は元素の案内人」田中陵二文・写真 福音館書店(たくさんのふしぎ傑作集) 2024年1月

氷

「つめたいこおりどんなかたち?」細島雅代写真;伊地知英信構成・文 岩崎書店(かがくすっ) 2024年12月

氷＞霜柱

「つめたいこおりどんなかたち?」細島雅代写真;伊地知英信構成・文 岩崎書店(かがくすっ) 2024年12月

氷＞氷河

「南極のサバイバル : 生き残り作戦―かがくるBOOK. 科学漫画サバイバルシリーズ ; 16」洪在徹原案;もとじろう絵;国立極地研究所監修 朝日新聞出版 2024年10月

資源、燃料＞石油

「くろいはまべ : アースデイのはじまり―児童図書館・絵本の部屋」ショーナ・スティス;ジョン・スティス文;マリベル・レチューガ絵;武富博子やく 評論社 2024年4月

物質・物体・資源

磁石、マグネット

「のびーる理科エネルギー：音・光・電気・力」小川眞士監修;美濃ぷち子まんが作画
KADOKAWA 2024年10月

「わくわく工作部 2」かんばこうじ著;子供の科学編 誠文堂新光社 2024年1月

電池

「ドラえもん学びワールドspecialわくわく科学実験―ビッグ・コロタン；229」藤子・F・不二雄まん
が;藤子プロ;多摩六都科学館監修 小学館 2024年7月【マンガ形式・マンガつき】

プラスチック

「マインドマップでよくわかるプラスチック問題―マインドマップ・シリーズ」クライブ・ギフォード著
;ハナ・リーイラスト;藤崎百合訳 ゆまに書房 2024年10月

プラスチック＞ペットボトル

「ペットボトルくんのねっけつ!リサイクルものがたり―SDGsの絵本」田中六大作;滝沢秀一監修
佼成出版社 2024年11月

「伝えよう!和の文化お茶のひみつ 1」国土社 2024年10月

放射性物質

「実験対決：学校勝ちぬき戦：科学実験対決漫画 48―かがくるBOOK. 実験対決シリーズ」
洪鐘賢絵;HANA韓国語教育研究会訳 朝日新聞出版 2024年8月【マンガ形式・マンガつき】

テーマ・ジャンル別分類見出し索引

アースデイ→社会・生活・暮らし＞行事、イベント＞アースデイ

あいさつ→社会・生活・暮らし＞言葉、言語＞あいさつ

愛情→状況・行動・現象＞愛情

アイスクリーム、シャーベット→社会・生活・暮らし＞食べもの、食品＞菓子、スイーツ＞アイスクリーム、シャーベット

IT、情報技術→情報・通信・メディア＞IT、情報技術

アイデンティティ→社会・生活・暮らし＞アイデンティティ

アイヌ→社会・生活・暮らし＞民族＞アイヌ

赤ちゃん→生物＞赤ちゃん

明るさ→科学・化学＞明るさ

秋→自然・環境＞季節＞秋

アクティブラーニング→社会・生活・暮らし＞教育、学習、学校生活＞アクティブラーニング

悪魔→社会・生活・暮らし＞伝承、しきたり、伝説＞悪魔

アサガオ→生物＞植物、樹木、花＞アサガオ

アザラシ→動物＞アザラシ

足→生物＞体の部位、組織＞足

アスレチック→状況・行動・現象＞遊び＞アスレチック

汗→生物＞体の部位、組織＞汗

遊び→状況・行動・現象＞遊び

アナコンダ→動物＞両生類、は虫類＞ヘビ＞アナコンダ

アニマルウェルフェア→社会・生活・暮らし＞福祉、介護、ボランティア＞動物福祉＞アニマルウェルフェア

アブラゼミ→動物＞昆虫類＞セミ＞アブラゼミ

アプリ→情報・通信・メディア＞アプリ

アボリジニ→社会・生活・暮らし＞民族＞アボリジニ

アマガエル→動物＞両生類、は虫類＞カエル＞アマガエル

アマゾン→自然・環境＞森、林＞熱帯雨林、ジャングル＞アマゾン

天の川、銀河系→星・宇宙・地球＞天の川、銀河系

アムールトラ、シベリアトラ→動物＞トラ＞アムールトラ、シベリアトラ

雨→自然・環境＞天気＞雨

アメンボ→動物＞昆虫類＞アメンボ

荒川→自然・環境＞川、河原＞荒川

アリ→動物＞昆虫類＞アリ

有明海→自然・環境＞海＞有明海

アルコール→科学・化学＞アルコール

アルコール依存症→社会・生活・暮らし＞病気、医療、衛生＞依存症＞アルコール依存症

アルゴリズム→情報・通信・メディア＞アルゴリズム

アルファベット、ローマ字→社会・生活・暮らし＞言葉、言語＞アルファベット、ローマ字

アロワナ→動物＞魚類、貝類＞アロワナ

アワビ→動物＞魚類、貝類＞アワビ

アンガーマネジメント→状況・行動・現象＞感情、心＞アンガーマネジメント

暗記→状況・行動・現象＞スキル、技＞暗記

アンケート→社会・生活・暮らし＞統計＞アンケート

暗号→状況・行動・現象＞不思議、謎、秘密＞暗号

暗号資産(仮想通貨)→社会・生活・暮らし＞経済、金融＞暗号資産(仮想通貨)

安全→社会・生活・暮らし＞安全

アントレプレナーシップ→社会・生活・暮らし＞思想、信仰、理念＞アントレプレナーシップ

イエティ→社会・生活・暮らし＞伝承、しきたり、伝説＞未確認生物、UMA＞イエティ

イオン→科学・化学＞イオン

怒り→状況・行動・現象＞感情、心＞怒り

生きづらさ→状況・行動・現象＞感情、心＞生きづらさ

生きる力→状況・行動・現象＞スキル、技＞生きる力

イグアナ→動物＞両生類、は虫類＞イグアナ

イグアノドン→恐竜・絶滅生物・古生物・古代生物＞イグアノドン

育児、子育て→社会・生活・暮らし＞育児、子育て

イグノーベル賞→社会・生活・暮らし＞世界的な賞＞イグノーベル賞

池→自然・環境＞池

いじめ→社会・生活・暮らし＞いじめ

いじめ防止対策推進法→社会・生活・暮らし＞憲法、法律＞いじめ防止対策推進法

異常気象→自然・環境＞気象、気候＞異常気象

イスラム教→社会・生活・暮らし＞宗教＞イスラム教

イセエビ→動物＞エビ＞イセエビ

依存→生物＞依存

依存症→社会・生活・暮らし＞病気、医療、衛生＞依存症

一揆→社会・生活・暮らし＞社会問題、国際問題＞一揆

遺伝、遺伝子→生物＞遺伝、遺伝子

イヌ→動物＞イヌ

イネ→生物＞植物、樹木、花＞イネ

イノシシ→動物＞イノシシ

命→生物＞命

祈り、礼拝、祈祷→社会・生活・暮らし＞祈り、礼拝、祈祷

イモムシ→動物＞昆虫類＞イモムシ

イリエワニ→動物＞両生類、は虫類＞ワニ＞イリエワニ

イルカ→動物＞イルカ

色→自然・環境＞色

インコ→動物＞鳥類＞インコ

飲酒→状況・行動・現象＞飲酒

インスタントラーメン→社会・生活・暮らし＞食べもの、食品＞インスタントラーメン

インターネット、ウェブ→情報・通信・メディア＞インターネット、ウェブ

インターネット依存症→社会・生活・暮らし＞病気、医療、衛生＞依存症＞インターネット依存症

インディアン→社会・生活・暮らし＞民族＞インディアン

インフレーション、デフレーション→社会・生活・暮らし＞経済、金融＞インフレーション、デフレーション

陰陽五行思想→社会・生活・暮らし＞思想、信仰、理念＞陰陽五行思想

飲料→社会・生活・暮らし＞食べもの、食品＞飲料

ウ→動物＞鳥類＞ウ

ウイルス、感染症、伝染病→社会・生活・暮らし＞病気、医療、衛生＞ウイルス、感染症、伝染病

ウェルビーイング→状況・行動・現象＞ウェルビーイング

ウサギ→動物＞ウサギ

ウシ→動物＞ウシ

宇宙→星・宇宙・地球＞宇宙

宇宙開発→星・宇宙・地球＞宇宙開発

宇宙科学→科学・化学＞自然科学＞宇宙科学

宇宙食→社会・生活・暮らし＞食べもの、食品＞宇宙食

宇宙人→星・宇宙・地球＞宇宙＞宇宙人

ウツボ→動物＞魚類、貝類＞ウツボ

うどん→社会・生活・暮らし＞食べもの、食品＞うどん

海→自然・環境＞海

ウミガメ→動物＞両生類、は虫類＞カメ＞ウミガメ

海辺→自然・環境＞海＞海辺

噂→状況・行動・現象＞噂

運転→状況・行動・現象＞運転

運動、体育→状況・行動・現象＞運動、体育

運動神経→生物＞機能＞神経＞運動神経

運動能力→状況・行動・現象＞スキル、技＞運動能力

ADHD→社会・生活・暮らし＞病気、医療、衛生＞発達障害＞ADHD

餌、えさ→生物＞餌、えさ

エシカル消費→自然・環境＞環境問題＞エシカル消費

SNS（ソーシャル・ネットワーキング・サービス）→情報・通信・メディア＞インターネット、ウェブ＞SNS（ソーシャル・ネットワーキング・サービス）

SDGs（持続可能な開発目標）→社会・生活・暮らし＞SDGs（持続可能な開発目標）

エゾモモンガ→動物＞モモンガ＞エゾモモンガ

エックス線、ガンマ線→科学・化学＞エネルギー、力＞放射線＞エックス線、ガンマ線

干支→社会・生活・暮らし＞暦、カレンダー＞干支

エナガ→動物＞鳥類＞エナガ

エネルギー、力→科学・化学＞エネルギー、力

エネルギー問題→社会・生活・暮らし＞社会問題、国際問題＞エネルギー問題

エピペン→物質・物体・資源＞薬＞エピペン

LGBTQ、性的マイノリティ→社会・生活・暮らし＞LGBTQ、性的マイノリティ

尾、しっぽ→生物＞体の部位、組織＞尾、しっぽ

大雨、豪雨、浸水、洪水→自然・環境＞災害＞大雨、豪雨、浸水、洪水

オオセンチコガネ→動物＞昆虫類＞オオセンチコガネ

オオメジロザメ→動物＞魚類、貝類＞サメ＞オオメジロザメ

お金→社会・生活・暮らし＞お金

おこづかい→社会・生活・暮らし＞お金＞おこづかい

推し活→社会・生活・暮らし＞推し活

おしゃれ→社会・生活・暮らし＞おしゃれ

オシロイバナ→生物＞植物、樹木、花＞オシロイバナ

お楽しみ会→社会・生活・暮らし＞教育、学習、学校生活＞お楽しみ会

オタマジャクシ→動物＞両生類、は虫類＞カエル＞オタマジャクシ

お茶→社会・生活・暮らし＞食べもの、食品＞飲料＞お茶

音、音声→社会・生活・暮らし＞音、音声

驚き→状況・行動・現象＞感情、心＞驚き

鬼→社会・生活・暮らし＞伝承、しきたり、伝説＞鬼

おにぎり、すし→社会・生活・暮らし＞食べもの、食品＞おにぎり、すし

鬼ごっこ→状況・行動・現象＞遊び＞鬼ごっこ

オノマトペ、擬音語、擬態語→社会・生活・暮らし＞言葉、言語＞オノマトペ、擬音語、擬態語

お花見→社会・生活・暮らし＞行事、イベント＞お花見

お弁当→社会・生活・暮らし＞食べもの、食品＞お弁当

お祭り→社会・生活・暮らし＞行事、イベント＞お祭り

思いやり、親切→状況・行動・現象＞感情、心＞思いやり、親切

重さ→科学・化学＞重さ

親子→社会・生活・暮らし＞家族、家庭＞親子

親孝行→社会・生活・暮らし＞家族、家庭＞親子＞親孝行

オランウータン→動物＞オランウータン

オリオン座→星・宇宙・地球＞星、星座＞オリオン座

温室効果ガス→科学・化学＞空気＞温室効果ガス

温泉→自然・環境＞温泉

温度→科学・化学＞温度

音読→状況・行動・現象＞読書＞音読

カ→動物＞昆虫類＞カ

ガ→動物＞昆虫類＞ガ

カーボンニュートラル→自然・環境＞環境保全＞カーボンニュートラル

皆既月食、月食→星・宇宙・地球＞月＞皆既月食、月食

外見、容姿、見た目→生物＞外見、容姿、見た目

外交→社会・生活・暮らし＞政治＞外交

外傷、けが→社会・生活・暮らし＞病気、医療、衛生＞外傷、けが

怪人、怪物→社会・生活・暮らし＞伝承、しきたり、伝説＞怪人、怪物

害虫、益虫→動物＞害虫、益虫
開発→状況・行動・現象＞開発
回復力、レジリエンス→状況・行動・現象＞スキル、技＞回復力、レジリエンス
買い物→社会・生活・暮らし＞買い物
海洋汚染→自然・環境＞環境問題＞海洋汚染
海洋観測→状況・行動・現象＞観察、調査、探査、観測＞海洋観測
海洋ごみ→社会・生活・暮らし＞ごみ＞海洋ごみ
海洋生物→生物＞海洋生物
外来生物→生物＞外来生物
カウンセリング→社会・生活・暮らし＞カウンセリング
カエル→動物＞両生類、は虫類＞カエル
顔→生物＞体の部位、組織＞顔
カカオ→生物＞植物、樹木、花＞カカオ
価格→社会・生活・暮らし＞経済、金融＞価格
科学、化学一般→科学・化学＞科学、化学一般
科学技術→科学・化学＞科学技術
化学反応→科学・化学＞化学反応
化学物質→科学・化学＞化学物質
カキ（牡蠣）→動物＞魚類、貝類＞カキ（牡蠣）
課金→情報・通信・メディア＞ゲーム＞課金
学級通信→社会・生活・暮らし＞教育、学習、学校生活＞学級通信
核実験→状況・行動・現象＞実験＞核実験
学習指導要領→社会・生活・暮らし＞教育、学習、学校生活＞学習指導要領
学習障害→社会・生活・暮らし＞病気、医療、衛生＞発達障害＞学習障害
学術探検→状況・行動・現象＞冒険、探検＞学術探検
学生運動→社会・生活・暮らし＞思想、信仰、理念＞政治思想、社会思想＞学生運動
革命→状況・行動・現象＞革命
火山、噴火→自然・環境＞火山、噴火
火事→自然・環境＞災害＞火事
菓子、スイーツ一般→社会・生活・暮らし＞食べもの、食品＞菓子、スイーツ＞菓子、スイーツ一般
数、数字→社会・生活・暮らし＞数、数字
火星→星・宇宙・地球＞火星
化石→自然・環境＞岩石、鉱物、化石＞化石
仮説→状況・行動・現象＞空想、仮定＞仮説
数え方→社会・生活・暮らし＞数え方
家族、家庭→社会・生活・暮らし＞家族、家庭
カタカナ→社会・生活・暮らし＞言葉、言語＞カタカナ
カタツムリ→動物＞カタツムリ

カタバミ→生物＞植物、樹木、花＞カタバミ

家畜→動物＞家畜

カツオクジラ→動物＞クジラ＞カツオクジラ

学級委員→社会・生活・暮らし＞教育、学習、学校生活＞学級委員

学校行事→社会・生活・暮らし＞行事、イベント＞学校行事

家庭教育→社会・生活・暮らし＞教育、学習、学校生活＞家庭教育

家庭経済→社会・生活・暮らし＞家庭経済

カトリック→社会・生活・暮らし＞宗教＞キリスト教＞カトリック

悲しみ→状況・行動・現象＞感情、心＞悲しみ

カナヘビ→動物＞両生類、は虫類＞トカゲ＞カナヘビ

カニ→動物＞カニ

カバ→動物＞カバ

カビ→生物＞菌、菌類＞カビ

カブ→生物＞植物、樹木、花＞野菜＞カブ

株式→社会・生活・暮らし＞経済、金融＞株式

カブトムシ→動物＞昆虫類＞カブトムシ

花粉→生物＞植物、樹木、花＞花粉

カマキリ→動物＞昆虫類＞カマキリ

かまぼこ→社会・生活・暮らし＞食べもの、食品＞かまぼこ

神、神様→社会・生活・暮らし＞伝承、しきたり、伝説＞神、神様

紙工芸→状況・行動・現象＞遊び＞紙工芸

雷→自然・環境＞天気＞雷

カムイサウルス、むかわ竜→恐竜・絶滅生物・古生物・古代生物＞カムイサウルス、むかわ竜

カメ→動物＞両生類、は虫類＞カメ

カメレオン→動物＞両生類、は虫類＞カメレオン

ガラス→物質・物体・資源＞ガラス

体の部位、組織一般→生物＞体の部位、組織＞体の部位、組織一般

カレイ→動物＞魚類、貝類＞カレイ

カレー→社会・生活・暮らし＞食べもの、食品＞カレー

カロリー→科学・化学＞エネルギー、力＞カロリー

川、河原→自然・環境＞川、河原

かわいい→状況・行動・現象＞かわいい

カワウソ→動物＞カワウソ

為替→社会・生活・暮らし＞経済、金融＞為替

カワセミ→動物＞鳥類＞カワセミ

環境問題一般→自然・環境＞環境問題＞環境問題一般

観察、調査、探査、観測→状況・行動・現象＞観察、調査、探査、観測

観察力→状況・行動・現象＞スキル、技＞観察力

感謝→状況・行動・現象＞感情、心＞感謝

鑑賞→状況・行動・現象＞鑑賞
感情、心一般→状況・行動・現象＞感情、心＞感情、心一般
感性、センス→状況・行動・現象＞感情、心＞感性、センス
岩石、鉱物、化石一般→自然・環境＞岩石、鉱物、化石＞岩石、鉱物、化石一般
観戦→状況・行動・現象＞運動、体育＞試合、レース＞観戦
完全数→社会・生活・暮らし＞数、数字＞完全数
簡単、シンプル→状況・行動・現象＞簡単、シンプル
感動、感激→状況・行動・現象＞感情、心＞感動、感激
関東大震災→自然・環境＞災害＞地震＞関東大震災
緩和ケア、緩和医療→社会・生活・暮らし＞病気、医療、衛生＞緩和ケア、緩和医療
気温→自然・環境＞気象、気候＞気温
飢餓、貧困、飢饉→社会・生活・暮らし＞社会問題、国際問題＞飢餓、貧困、飢饉
企画→状況・行動・現象＞企画
危機管理→社会・生活・暮らし＞危機管理
起業、独立→社会・生活・暮らし＞起業、独立
聞く力、傾聴力→状況・行動・現象＞スキル、技＞聞く力、傾聴力
危険生物→生物＞危険生物
気候変動→自然・環境＞気象、気候＞気候変動
儀式→社会・生活・暮らし＞儀式
気象、気候→自然・環境＞気象、気候
希少種、稀少種→生物＞希少種、稀少種
寄生植物→生物＞植物、樹木、花＞寄生植物
寄生生物、寄生虫→生物＞寄生生物、寄生虫
季節一般→自然・環境＞季節＞季節一般
義足→社会・生活・暮らし＞福祉、介護、ボランティア＞義肢＞義足
擬態→生物＞生態＞擬態
喫煙→状況・行動・現象＞喫煙
気づき→状況・行動・現象＞感情、心＞気づき
キツツキ→動物＞鳥類＞キツツキ
ギネス世界記録→状況・行動・現象＞記録＞ギネス世界記録
キバ→生物＞体の部位、組織＞キバ
疑問、質問、悩み→状況・行動・現象＞疑問、質問、悩み
虐待→社会・生活・暮らし＞社会問題、国際問題＞虐待
逆境、ピンチ→状況・行動・現象＞逆境、ピンチ
キャッチコピー→情報・通信・メディア＞広告、チラシ、ポスター＞キャッチコピー
キャリア教育→社会・生活・暮らし＞教育、学習、学校生活＞キャリア教育
キャンプ、アウトドア→状況・行動・現象＞キャンプ、アウトドア
ギャンブル→状況・行動・現象＞ギャンブル
求愛行動→生物＞求愛行動

休日、休暇→社会・生活・暮らし＞休日、休暇

救助→状況・行動・現象＞手助け、支援＞救助

給食→社会・生活・暮らし＞教育、学習、学校生活＞給食

牛乳→社会・生活・暮らし＞食べもの、食品＞飲料＞牛乳

教育、学習、学校生活一般→社会・生活・暮らし＞教育、学習、学校生活＞教育、学習、学校生活一般

教科、科目→社会・生活・暮らし＞教育、学習、学校生活＞教科、科目

教科書→社会・生活・暮らし＞教育、学習、学校生活＞教科書

共感→状況・行動・現象＞感情、心＞共感

教訓、生き方、教え→社会・生活・暮らし＞教訓、生き方、教え

行事、イベント→社会・生活・暮らし＞行事、イベント

共生→状況・行動・現象＞共生

行政→社会・生活・暮らし＞政治＞行政

共存→状況・行動・現象＞共存

きょうだい→社会・生活・暮らし＞家族、家庭＞きょうだい

協働→状況・行動・現象＞協働

郷土研究→状況・行動・現象＞発見、発明、研究＞郷土研究

郷土料理→社会・生活・暮らし＞食文化＞郷土料理

恐怖→状況・行動・現象＞感情、心＞恐怖

恐竜、絶滅生物、古生物、古代生物一般→恐竜・絶滅生物・古生物・古代生物＞恐竜、絶滅生物、古生物、古代生物一般

魚介、シーフード→社会・生活・暮らし＞食べもの、食品＞魚介、シーフード

虚数→社会・生活・暮らし＞数、数字＞虚数

魚卵→社会・生活・暮らし＞食べもの、食品＞魚介、シーフード＞魚＞魚卵

魚類、貝類一般→動物＞魚類、貝類＞魚類、貝類一般

キリスト教→社会・生活・暮らし＞宗教＞キリスト教

議論→状況・行動・現象＞意見＞議論

菌、菌類→生物＞菌、菌類

筋萎縮性側索硬化症（ALS）→社会・生活・暮らし＞病気、医療、衛生＞筋萎縮性側索硬化症（ALS）

キンギョ→動物＞魚類、貝類＞キンギョ

キングコブラ→動物＞両生類、は虫類＞ヘビ＞キングコブラ

近視→生物＞体の部位、組織＞目、眼＞視力＞近視

金属→物質・物体・資源＞金属

近代化→社会・生活・暮らし＞近代化

ギンナン→生物＞植物、樹木、花＞木の実＞ギンナン

筋肉→生物＞体の部位、組織＞筋肉

金融リテラシー→社会・生活・暮らし＞経済、金融＞金融リテラシー

筋力→生物＞体の部位、組織＞筋肉＞筋力

空間→社会・生活・暮らし＞空間

空気→科学・化学＞空気
空想、仮定→状況・行動・現象＞空想、仮定
茎→生物＞植物、樹木、花＞茎
くしゃみ→生物＞機能＞くしゃみ
クジラ→動物＞クジラ
薬→物質・物体・資源＞薬
癖→状況・行動・現象＞癖
果物一般→生物＞植物、樹木、花＞果物＞果物一般
クマ一般→動物＞クマ＞クマ一般
グミ→社会・生活・暮らし＞食べもの、食品＞菓子、スイーツ＞グミ
雲→自然・環境＞雲
クモ→動物＞クモ
クラウンローチ→動物＞魚類、貝類＞クラウンローチ
クラゲ→動物＞クラゲ
クラゲダコ→動物＞タコ＞クラゲダコ
クラブ活動→社会・生活・暮らし＞教育、学習、学校生活＞クラブ活動
クリスマス→社会・生活・暮らし＞行事、イベント＞クリスマス
CLIP STUDIO PAINT→情報・通信・メディア＞PCソフト＞CLIP STUDIO PAINT
苦しみ、苦労→状況・行動・現象＞感情、心＞苦しみ、苦労
グローバル化、グローバリゼーション→社会・生活・暮らし＞グローバル化、グローバリゼーション
クワガタムシ→動物＞昆虫類＞クワガタムシ
君主制、王制→社会・生活・暮らし＞政治＞政治体制＞君主制、王制
訓練→状況・行動・現象＞練習、トレーニング＞訓練
経営、商売→社会・生活・暮らし＞仕事＞経営、商売
経営管理→社会・生活・暮らし＞仕事＞経営、商売＞経営管理
経済、金融→社会・生活・暮らし＞経済、金融
刑法→社会・生活・暮らし＞憲法、法律＞刑法
啓蒙→社会・生活・暮らし＞教訓、生き方、教え＞啓蒙
経理→社会・生活・暮らし＞仕事＞経理
ゲーム→情報・通信・メディア＞ゲーム
血液→生物＞体の部位、組織＞血液
結婚→状況・行動・現象＞結婚
結晶→物質・物体・資源＞結晶
ゲノム→生物＞遺伝、遺伝子＞ゲノム
健康→社会・生活・暮らし＞病気、医療、衛生＞健康
元号、年号→社会・生活・暮らし＞紀年法＞元号、年号
健康観察→社会・生活・暮らし＞病気、医療、衛生＞健康＞健康観察
健康管理→社会・生活・暮らし＞病気、医療、衛生＞健康＞健康管理

健康法→社会・生活・暮らし＞病気、医療、衛生＞健康＞健康法

原子→科学・化学＞原子

幻獣、モンスター→社会・生活・暮らし＞伝承、しきたり、伝説＞幻獣、モンスター

検証、考証、考察→状況・行動・現象＞検証、考証、考察

減少、衰退→状況・行動・現象＞減少、衰退

元素→科学・化学＞元素

建築、工事→状況・行動・現象＞建築、工事

健脳法→社会・生活・暮らし＞病気、医療、衛生＞健康＞健脳法

憲法、法律→社会・生活・暮らし＞憲法、法律

権利、人権→社会・生活・暮らし＞権利、人権

恋人→社会・生活・暮らし＞人間関係＞恋人

校外学習→社会・生活・暮らし＞行事、イベント＞学校行事＞校外学習

好奇心、探求心→状況・行動・現象＞感情、心＞好奇心、探求心

口腔衛生、歯磨き、虫歯治療→社会・生活・暮らし＞病気、医療、衛生＞口腔衛生、歯磨き、虫歯治療

高原→自然・環境＞高原

高校化学グランドコンテスト→社会・生活・暮らし＞行事、イベント＞高校化学グランドコンテスト

高校受験→状況・行動・現象＞試験、受験＞高校受験

広告、チラシ、ポスター→情報・通信・メディア＞広告、チラシ、ポスター

校則→社会・生活・暮らし＞教育、学習、学校生活＞校則

交通安全→社会・生活・暮らし＞安全＞交通安全

交通事故→社会・生活・暮らし＞事故＞交通事故

交通ルール→社会・生活・暮らし＞ルール、マナー、モラル＞交通ルール

コウテイペンギン→動物＞鳥類＞ペンギン＞コウテイペンギン

行動力→状況・行動・現象＞スキル、技＞行動力

幸福の科学→社会・生活・暮らし＞宗教＞幸福の科学

広報→状況・行動・現象＞広報

コウモリ→動物＞コウモリ

攻略→状況・行動・現象＞攻略

高齢者福祉→社会・生活・暮らし＞福祉、介護、ボランティア＞高齢者福祉

氷→物質・物体・資源＞氷

五感、感覚→生物＞機能＞五感、感覚

ゴキブリ→動物＞昆虫類＞ゴキブリ

呼吸→生物＞機能＞呼吸

国際協力→社会・生活・暮らし＞国際関係＞国際協力

国際社会→社会・生活・暮らし＞国際関係＞国際社会

国際条約→社会・生活・暮らし＞国際関係＞国際条約

国際政治→社会・生活・暮らし＞政治＞国際政治

国際紛争→社会・生活・暮らし＞社会問題、国際問題＞国際紛争

国際連合憲章、国連憲章→社会・生活・暮らし＞国際関係＞国際条約＞国際連合憲章、国連憲章
国章→社会・生活・暮らし＞地理＞世界の地理＞国章
国鳥、県鳥→動物＞鳥類＞国鳥、県鳥
克服→状況・行動・現象＞感情、心＞克服
国防→社会・生活・暮らし＞国際関係＞国防
国民主権→社会・生活・暮らし＞権利、人権＞国民主権
心得→状況・行動・現象＞感情、心＞心得
個人情報→情報・通信・メディア＞情報＞個人情報
個性→社会・生活・暮らし＞個性
国家安全保障→社会・生活・暮らし＞国際関係＞国家安全保障
国会→社会・生活・暮らし＞政治＞国会
骨格→生物＞体の部位、組織＞骨＞骨格
国家資格、国家試験→社会・生活・暮らし＞資格、免許、検定＞国家資格、国家試験
国旗→社会・生活・暮らし＞地理＞世界の地理＞国旗
ごっこ遊び→状況・行動・現象＞遊び＞ごっこ遊び
ご当地キャラクター→社会・生活・暮らし＞マスコット＞ご当地キャラクター
ご当地グルメ→社会・生活・暮らし＞食べもの、食品＞ご当地グルメ
孤独→状況・行動・現象＞孤独
言葉、言語一般→社会・生活・暮らし＞言葉、言語＞言葉、言語一般
言葉遣い、敬語→社会・生活・暮らし＞言葉、言語＞言葉遣い、敬語
こども基本法→社会・生活・暮らし＞憲法、法律＞こども基本法
子どもの権利条約→社会・生活・暮らし＞権利、人権＞子どもの権利条約
木の実→生物＞植物、樹木、花＞木の実
小人→社会・生活・暮らし＞伝承、しきたり、伝説＞小人
困りごと→状況・行動・現象＞困りごと
ごみ→社会・生活・暮らし＞ごみ
コミュニケーション、触れ合い→状況・行動・現象＞コミュニケーション、触れ合い
コミュニケーション力→状況・行動・現象＞スキル、技＞コミュニケーション力
米→社会・生活・暮らし＞食べもの、食品＞米
コモドオオトカゲ→動物＞両生類、は虫類＞トカゲ＞コモドオオトカゲ
コレラ→社会・生活・暮らし＞病気、医療、衛生＞ウイルス、感染症、伝染病＞コレラ
献立→社会・生活・暮らし＞料理＞献立
昆虫類一般→動物＞昆虫類＞昆虫類一般
コンピュータ→情報・通信・メディア＞情報機器＞コンピュータ
コンピュータ・グラフィック→情報・通信・メディア＞情報機器＞コンピュータ・グラフィック
コンピュータ・リテラシー→情報・通信・メディア＞コンピュータ・リテラシー
昆布→生物＞植物、樹木、花＞海藻＞昆布
コンプレックス、劣等感→状況・行動・現象＞感情、心＞コンプレックス、劣等感

サービス→社会・生活・暮らし＞サービス
サーベルタイガー（剣歯虎）→恐竜・絶滅生物・古生物・古代生物＞サーベルタイガー（剣歯虎）
災害→自然・環境＞災害
サイカニア→恐竜・絶滅生物・古生物・古代生物＞サイカニア
細菌→生物＞菌、菌類＞細菌
再婚→状況・行動・現象＞結婚＞再婚
財政→社会・生活・暮らし＞政治＞財政
再生可能エネルギー→自然・環境＞環境保全＞再生可能エネルギー
栽培、園芸→状況・行動・現象＞育成、世話＞栽培、園芸
細胞→生物＞細胞
催眠、催眠療法、催眠術→社会・生活・暮らし＞病気、医療、衛生＞催眠、催眠療法、催眠術
探し方、採集→状況・行動・現象＞探し方、採集
魚一般→社会・生活・暮らし＞食べもの、食品＞魚介、シーフード＞魚＞魚一般
詐欺→社会・生活・暮らし＞犯罪、事件＞詐欺
作文→社会・生活・暮らし＞教育、学習、学校生活＞作文
サクラ→生物＞植物、樹木、花＞サクラ
酒→社会・生活・暮らし＞食べもの、食品＞飲料＞酒
サケ→動物＞魚類、貝類＞サケ
サステナビリティー、サステナブル→状況・行動・現象＞サステナビリティー、サステナブル
サソリ→動物＞サソリ
撮影→状況・行動・現象＞撮影
錯覚→状況・行動・現象＞錯覚
雑学→社会・生活・暮らし＞雑学
殺人→社会・生活・暮らし＞犯罪、事件＞殺人
雑草→生物＞植物、樹木、花＞雑草
さつまあげ→社会・生活・暮らし＞食べもの、食品＞さつまあげ
サナギ→動物＞昆虫類＞サナギ
サバイバル→状況・行動・現象＞サバイバル
寂しさ→状況・行動・現象＞感情、心＞寂しさ
サメ→動物＞魚類、貝類＞サメ
産業廃棄物、廃棄物処理→自然・環境＞環境問題＞産業廃棄物、廃棄物処理
サンゴ→動物＞サンゴ
酸素→科学・化学＞空気＞酸素
残念→状況・行動・現象＞感情、心＞残念
三葉虫→恐竜・絶滅生物・古生物・古代生物＞三葉虫
産卵→動物＞卵＞産卵
死→生物＞命＞死
試合、レース→状況・行動・現象＞運動、体育＞試合、レース
幸せ、幸福→状況・行動・現象＞感情、心＞幸せ、幸福

飼育→状況・行動・現象＞育成、世話＞飼育
GDP（国内総生産）→社会・生活・暮らし＞経済、金融＞GDP（国内総生産）
自衛隊→社会・生活・暮らし＞軍隊、兵力＞自衛隊
ジェンダー→社会・生活・暮らし＞ジェンダー
塩→社会・生活・暮らし＞食べもの、食品＞調味料＞塩
資格、免許、検定→社会・生活・暮らし＞資格、免許、検定
視覚障害→社会・生活・暮らし＞病気、医療、衛生＞身体障害＞視覚障害
時間→社会・生活・暮らし＞時間
時間知覚→生物＞機能＞時間知覚
色覚→生物＞機能＞五感、感覚＞視覚＞色覚
仕組み、成り立ち→状況・行動・現象＞仕組み、成り立ち
試験、受験→状況・行動・現象＞試験、受験
資源再利用（リサイクル）→自然・環境＞環境問題＞資源再利用（リサイクル）
事故→社会・生活・暮らし＞事故
思考力、考え方→状況・行動・現象＞スキル、技＞思考力、考え方
地獄、天国、極楽→社会・生活・暮らし＞宗教＞地獄、天国、極楽
自己啓発→社会・生活・暮らし＞自己啓発
自己肯定感→状況・行動・現象＞感情、心＞自己肯定感
仕事一般→社会・生活・暮らし＞仕事＞仕事一般
自己分析→状況・行動・現象＞スキル、技＞自己分析
資産形成、資産運用→社会・生活・暮らし＞経済、金融＞資産形成、資産運用
時事→社会・生活・暮らし＞時事
磁石、マグネット→物質・物体・資源＞磁石、マグネット
思春期→社会・生活・暮らし＞思春期
自助→社会・生活・暮らし＞自助
自信→状況・行動・現象＞感情、心＞自信
地震→自然・環境＞災害＞地震
姿勢→生物＞姿勢
自然、環境一般→自然・環境＞自然、環境一般
自然科学→科学・化学＞自然科学
自然災害→自然・環境＞災害＞自然災害
思想、信仰、理念→社会・生活・暮らし＞思想、信仰、理念
しつけ→社会・生活・暮らし＞育児、子育て＞しつけ
実験→状況・行動・現象＞実験
実語教→社会・生活・暮らし＞教育、学習、学校生活＞教科書＞実語教
失敗→状況・行動・現象＞失敗
児童買春、児童ポルノ→社会・生活・暮らし＞社会問題、国際問題＞児童買春、児童ポルノ
児童福祉→社会・生活・暮らし＞福祉、介護、ボランティア＞児童福祉

自閉症、自閉症スペクトラム→社会・生活・暮らし＞病気、医療、衛生＞発達障害＞自閉症、自閉症スペクトラム

資本主義→社会・生活・暮らし＞思想、信仰、理念＞政治思想、社会思想＞資本主義

島→自然・環境＞島

シマウマ→動物＞シマウマ

シマエナガ→動物＞鳥類＞シマエナガ

霜柱→物質・物体・資源＞氷＞霜柱

社会、生活、暮らし一般→社会・生活・暮らし＞社会、生活、暮らし一般

社会運動→社会・生活・暮らし＞思想、信仰、理念＞政治思想、社会思想＞社会運動

社会格差→社会・生活・暮らし＞社会問題、国際問題＞社会格差

社会病理→社会・生活・暮らし＞社会問題、国際問題＞社会病理

社会福祉→社会・生活・暮らし＞福祉、介護、ボランティア＞社会福祉

社会保障→社会・生活・暮らし＞政治＞社会保障

社会問題、国際問題一般→社会・生活・暮らし＞社会問題、国際問題＞社会問題、国際問題一般

写真部→社会・生活・暮らし＞教育、学習、学校生活＞部活＞写真部

ジャム→社会・生活・暮らし＞食べもの、食品＞ジャム

自由→状況・行動・現象＞自由

収穫→状況・行動・現象＞収穫

修学旅行→社会・生活・暮らし＞行事、イベント＞学校行事＞修学旅行

習慣、生活習慣→社会・生活・暮らし＞習慣、生活習慣

周期表→社会・生活・暮らし＞表、グラフ＞周期表

住居→社会・生活・暮らし＞住居

宗教一般→社会・生活・暮らし＞宗教＞宗教一般

自由研究→社会・生活・暮らし＞教育、学習、学校生活＞アクティブラーニング＞自由研究

就職活動→社会・生活・暮らし＞仕事＞就職活動

習性→状況・行動・現象＞特徴、性能＞習性

集中力→状況・行動・現象＞スキル、技＞集中力

重力→星・宇宙・地球＞重力

授業→社会・生活・暮らし＞教育、学習、学校生活＞授業

宿題→社会・生活・暮らし＞教育、学習、学校生活＞宿題

主権国家体制→社会・生活・暮らし＞政治＞政治体制＞主権国家体制

取材→状況・行動・現象＞取材

手術→社会・生活・暮らし＞病気、医療、衛生＞手術

出産→生物＞命＞出産

出入国管理→社会・生活・暮らし＞政治＞出入国管理

首都直下地震→自然・環境＞災害＞地震＞首都直下地震

寿命→生物＞命＞寿命

需要と供給→社会・生活・暮らし＞政治＞需要と供給

種類→社会・生活・暮らし＞種類

旬→自然・環境＞季節＞旬

循環→状況・行動・現象＞循環

準備→状況・行動・現象＞準備

消化→生物＞機能＞消化

障害者と仕事→社会・生活・暮らし＞仕事＞障害者と仕事

障害者福祉→社会・生活・暮らし＞福祉、介護、ボランティア＞障害者福祉

証拠、根拠、エビデンス→社会・生活・暮らし＞証拠、根拠、エビデンス

少子高齢化、高齢化→社会・生活・暮らし＞社会問題、国際問題＞少子高齢化、高齢化

小数→社会・生活・暮らし＞数、数字＞小数

衝動→状況・行動・現象＞感情、心＞衝動

情報、通信、メディア一般→情報・通信・メディア＞情報、通信、メディア一般

情報科学→情報・通信・メディア＞情報科学

情報管理→情報・通信・メディア＞情報管理

情報通信技術（ICT）→情報・通信・メディア＞情報通信技術（ICT）

情報倫理→情報・通信・メディア＞情報倫理

食育、栄養→社会・生活・暮らし＞食生活＞食育、栄養

食事、食生活→社会・生活・暮らし＞食事、食生活

食虫植物→生物＞植物、樹木、花＞食虫植物

職場・職業体験→社会・生活・暮らし＞仕事＞職場・職業体験

食品衛生→社会・生活・暮らし＞病気、医療、衛生＞食品衛生

食品成分表→社会・生活・暮らし＞食べもの、食品＞食品成分表

食品ロス→社会・生活・暮らし＞社会問題、国際問題＞食品ロス

植物、樹木、花一般→生物＞植物、樹木、花＞植物、樹木、花一般

食文化→社会・生活・暮らし＞食文化

植民地→社会・生活・暮らし＞社会問題、国際問題＞植民地

食物アレルギー→社会・生活・暮らし＞病気、医療、衛生＞アレルギー＞食物アレルギー

食物連鎖→生物＞食物連鎖

食糧問題、食糧危機→社会・生活・暮らし＞社会問題、国際問題＞食糧問題、食糧危機

触覚→生物＞体の部位、組織＞触覚

所有権→社会・生活・暮らし＞権利、人権＞所有権

調べ学習→社会・生活・暮らし＞教育、学習、学校生活＞アクティブラーニング＞調べ学習

自立→状況・行動・現象＞進化、成長、進歩＞自立

視力→生物＞体の部位、組織＞目、眼＞視力

シロクマ、ホッキョクグマ→動物＞クマ＞シロクマ、ホッキョクグマ

シロツメクサ→生物＞植物、樹木、花＞シロツメクサ

進化、成長、進歩→状況・行動・現象＞進化、成長、進歩

深海→自然・環境＞海＞深海

深海生物→生物＞深海生物

人権、差別、偏見→社会・生活・暮らし＞社会問題、国際問題＞人権、差別、偏見

人口→社会・生活・暮らし＞人口

人口減少→社会・生活・暮らし＞社会問題、国際問題＞人口減少

人工知能（AI）→情報・通信・メディア＞人工知能（AI）

人事→社会・生活・暮らし＞仕事＞人事

人種差別→社会・生活・暮らし＞社会問題、国際問題＞人権、差別、偏見＞人種差別

人身売買→社会・生活・暮らし＞社会問題、国際問題＞人身売買

身長、体長→生物＞身長、体長

心配→状況・行動・現象＞感情、心＞心配

新聞、新聞紙、雑誌→情報・通信・メディア＞新聞、新聞紙、雑誌

ジンベエザメ→動物＞魚類、貝類＞サメ＞ジンベエザメ

心理トレーニング、メンタルケア→状況・行動・現象＞感情、心＞心理トレーニング、メンタルケア

森林保護、自然保護→自然・環境＞環境保全＞森林保護、自然保護

人類→生物＞人類

進路、進学→社会・生活・暮らし＞教育、学習、学校生活＞進路、進学

巣→動物＞巣

図、図形→社会・生活・暮らし＞図、図形

スイートピー→生物＞植物、樹木、花＞スイートピー

水害→自然・環境＞災害＞水害

水質汚染→自然・環境＞環境問題＞水質汚染

水生生物→生物＞水生生物

水素→科学・化学＞元素＞水素

水道、下水道→社会・生活・暮らし＞水道、下水道

水難事故→社会・生活・暮らし＞事故＞水難事故

睡眠→社会・生活・暮らし＞睡眠

水溶液→科学・化学＞溶液＞水溶液

推理、ミステリー→状況・行動・現象＞推理、ミステリー

推論→状況・行動・現象＞スキル、技＞推論

好き→状況・行動・現象＞感情、心＞好き

スキル、技一般→状況・行動・現象＞スキル、技＞スキル、技一般

Scratch→情報・通信・メディア＞プログラミング＞コンピュータ言語、プログラミング言語、マークアップ言語＞Scratch

スケジュール→社会・生活・暮らし＞時間＞スケジュール

ススキ→生物＞植物、樹木、花＞ススキ

スズメ→動物＞鳥類＞スズメ

スズメバチ→動物＞昆虫類＞ハチ＞スズメバチ

スズラン→生物＞植物、樹木、花＞スズラン

スタートアップ→社会・生活・暮らし＞起業、独立＞スタートアップ

ストレス→状況・行動・現象＞感情、心＞ストレス

スマートフォン→情報・通信・メディア＞情報機器＞スマートフォン

スミロドン→恐竜・絶滅生物・古生物・古代生物＞サーベルタイガー（剣歯虎）＞スミロドン
スミレ→生物＞植物、樹木、花＞スミレ
駿河湾→自然・環境＞湾＞駿河湾
性→生物＞性
性格→生物＞性格
生活習慣病→社会・生活・暮らし＞病気、医療、衛生＞生活習慣病
生活保護→社会・生活・暮らし＞政治＞社会保障＞生活保護
生活保護法→社会・生活・暮らし＞憲法、法律＞生活保護法
性感染症→社会・生活・暮らし＞病気、医療、衛生＞ウイルス、感染症、伝染病＞性感染症
性器、生殖器官、生殖器→生物＞器官、臓器＞性器、生殖器官、生殖器
性教育→社会・生活・暮らし＞教育、学習、学校生活＞性教育
税金→社会・生活・暮らし＞税金
成功→状況・行動・現象＞成功
政策→社会・生活・暮らし＞政治＞政策
制作、製造→状況・行動・現象＞制作、製造
性差別→社会・生活・暮らし＞社会問題、国際問題＞人権、差別、偏見＞性差別
生産→状況・行動・現象＞生産
生産管理→社会・生活・暮らし＞仕事＞経営、商売＞生産管理
政治→社会・生活・暮らし＞政治
性質→生物＞性質
精神衛生、精神保健→社会・生活・暮らし＞病気、医療、衛生＞精神衛生、精神保健
生成AI→情報・通信・メディア＞人工知能（AI）＞生成AI
成績→社会・生活・暮らし＞教育、学習、学校生活＞成績
生息地、生息環境→生物＞生息地、生息環境
生存競争、生存戦略→生物＞生存競争、生存戦略
生態→生物＞生態
生態系→生物＞生態系
成虫→動物＞昆虫類＞成虫
製品計画→社会・生活・暮らし＞仕事＞経営、商売＞製品計画
生物一般→生物＞生物一般
生物多様性→生物＞生物多様性
生物生物多様性条約→社会・生活・暮らし＞国際関係＞国際条約＞生物生物多様性条約
性暴力→社会・生活・暮らし＞社会問題、国際問題＞性暴力
生理→生物＞生理
整理、収納、片付け→社会・生活・暮らし＞整理、収納、片付け
世界・国際情勢→社会・生活・暮らし＞国際関係＞世界・国際情勢
世界遺産条約→社会・生活・暮らし＞国際関係＞国際条約＞世界遺産条約
世界人権宣言→社会・生活・暮らし＞権利、人権＞世界人権宣言
世界の地理一般→社会・生活・暮らし＞地理＞世界の地理＞世界の地理一般

脊柱動物→動物＞脊柱動物

石油→物質・物体・資源＞資源、燃料＞石油

セキュリティ→情報・通信・メディア＞セキュリティ

摂食障害→社会・生活・暮らし＞病気、医療、衛生＞摂食障害

節足動物→動物＞節足動物

絶滅種、絶滅危惧種→生物＞絶滅種、絶滅危惧種

セミ→動物＞昆虫類＞セミ

ゼリー→社会・生活・暮らし＞食べもの、食品＞菓子、スイーツ＞ゼリー

セルフコンパッション→状況・行動・現象＞セルフコンパッション

セルフメンテナンス→社会・生活・暮らし＞病気、医療、衛生＞健康＞セルフメンテナンス

禅、禅宗→社会・生活・暮らし＞宗教＞仏教＞禅、禅宗

選挙→社会・生活・暮らし＞政治＞選挙

戦術→状況・行動・現象＞作戦＞戦術

戦争一般→社会・生活・暮らし＞社会問題、国際問題＞戦争＞戦争一般

選択→状況・行動・現象＞比較＞選択

洗礼→社会・生活・暮らし＞宗教＞キリスト教＞洗礼

ゾウ→動物＞ゾウ

躁うつ病（双極性障害）、うつ病→社会・生活・暮らし＞病気、医療、衛生＞躁うつ病（双極性障害）、うつ病

創価学会→社会・生活・暮らし＞宗教＞創価学会

葬儀、葬式→社会・生活・暮らし＞葬儀、葬式

造形力→状況・行動・現象＞スキル、技＞造形力

草原、草地→自然・環境＞草原、草地

掃除、清掃→社会・生活・暮らし＞掃除、清掃

想像力→状況・行動・現象＞スキル、技＞想像力

相談→状況・行動・現象＞相談

ソーシャルスキル→状況・行動・現象＞スキル、技＞ソーシャルスキル

測量→状況・行動・現象＞測量

素数→社会・生活・暮らし＞数、数字＞素数

祖父母→社会・生活・暮らし＞家族、家庭＞祖父母

空→星・宇宙・地球＞空

素粒子→科学・化学＞素粒子

タイ→動物＞魚類、貝類＞タイ

ダイオウイカ→動物＞イカ＞ダイオウイカ

ダイオウグソクムシ→動物＞ダイオウグソクムシ

体温→生物＞人間、人体＞体温

大会、コンテスト→社会・生活・暮らし＞行事、イベント＞大会、コンテスト

大学受験→状況・行動・現象＞試験、受験＞大学受験

体幹筋→生物＞体の部位、組織＞筋肉＞体幹筋

大気汚染→自然・環境＞環境問題＞大気汚染
体験、経験→状況・行動・現象＞体験、経験
ダイコン→生物＞植物、樹木、花＞野菜＞ダイコン
胎児→生物＞命＞妊娠＞胎児
大豆→社会・生活・暮らし＞食べもの、食品＞大豆
ダイズ→生物＞植物、樹木、花＞マメ＞ダイズ
対数→社会・生活・暮らし＞数、数字＞対数
第二次性徴→生物＞第二次性徴
台風、ハリケーン→自然・環境＞災害＞台風、ハリケーン
太陽→星・宇宙・地球＞太陽
太陽系→星・宇宙・地球＞太陽系
対立→状況・行動・現象＞対立
タカアシガニ→動物＞カニ＞タカアシガニ
焚き火→状況・行動・現象＞キャンプ、アウトドア＞焚き火
タコ→動物＞タコ
タスマニアデビル→動物＞タスマニアデビル
脱炭素社会→自然・環境＞環境保全＞脱炭素社会
脱皮→生物＞生態＞脱皮
竜巻→自然・環境＞災害＞竜巻
ダニ→動物＞ダニ
種、種子→生物＞植物、樹木、花＞種、種子
楽しさ、喜び→状況・行動・現象＞感情、心＞楽しさ、喜び
多文化共生→状況・行動・現象＞共生＞多文化共生
食べもの、食品一般→社会・生活・暮らし＞食べもの、食品＞食べもの、食品一般
たまご→社会・生活・暮らし＞食べもの、食品＞たまご
卵→動物＞卵
多様性→社会・生活・暮らし＞多様性
ダンゴムシ→動物＞ダンゴムシ
断食、ラマダーン、ラマダン→社会・生活・暮らし＞宗教＞イスラム教＞断食、ラマダーン、ラマダン
誕生、誕生日→状況・行動・現象＞誕生、誕生日
淡水生物→生物＞淡水生物
炭素→科学・化学＞元素＞炭素
段取り、手順→状況・行動・現象＞段取り、手順
タンポポ→生物＞植物、樹木、花＞タンポポ
断面図→状況・行動・現象＞断面図
地域紛争→社会・生活・暮らし＞社会問題、国際問題＞戦争＞地域紛争
チーズ→社会・生活・暮らし＞食べもの、食品＞乳製品＞チーズ
チームワーク、チームプレー→社会・生活・暮らし＞人間関係＞チームワーク、チームプレー

知恵、工夫→社会・生活・暮らし＞知恵、工夫

地球→星・宇宙・地球＞地球

地球温暖化→自然・環境＞環境問題＞地球温暖化

地球科学→科学・化学＞自然科学＞地球科学

稚魚、幼魚→動物＞魚類、貝類＞稚魚、幼魚

築城→状況・行動・現象＞建築、工事＞築城

地形→自然・環境＞地形

地産地消→社会・生活・暮らし＞地方創生、地域活性、地域社会＞地産地消

知識、教養→社会・生活・暮らし＞知識、教養

地質、地層→自然・環境＞地質、地層

治水→自然・環境＞災害＞水害＞治水

地中海→自然・環境＞海＞地中海

地底→自然・環境＞地底

知的障害→社会・生活・暮らし＞病気、医療、衛生＞知的障害

地方自治体→社会・生活・暮らし＞政治＞行政＞地方自治体

地方創生、地域活性、地域社会→社会・生活・暮らし＞地方創生、地域活性、地域社会

地名→社会・生活・暮らし＞名前＞地名

茶会→社会・生活・暮らし＞行事、イベント＞茶会

ChatGPT→情報・通信・メディア＞人工知能（AI）＞生成AI＞ChatGPT

中学受験→状況・行動・現象＞試験、受験＞中学受験

チューリップ→生物＞植物、樹木、花＞チューリップ

チュパカブラ→社会・生活・暮らし＞伝承、しきたり、伝説＞未確認生物、UMA＞チュパカブラ

腸→生物＞器官、臓器＞腸

チョウ→動物＞昆虫類＞チョウ

超音波→社会・生活・暮らし＞音、音声＞超音波

聴覚障害→社会・生活・暮らし＞病気、医療、衛生＞身体障害＞聴覚障害

鳥獣害→自然・環境＞災害＞鳥獣害

超能力→状況・行動・現象＞超能力

調理器具→社会・生活・暮らし＞料理＞調理器具

鳥類一般→動物＞鳥類＞鳥類一般

貯金→社会・生活・暮らし＞お金＞貯金

チョコレート→社会・生活・暮らし＞食べもの、食品＞菓子、スイーツ＞チョコレート

著作権→社会・生活・暮らし＞権利、人権＞知的財産権＞著作権

直感→状況・行動・現象＞スキル、技＞直感

地理一般→社会・生活・暮らし＞地理＞地理一般

治療→社会・生活・暮らし＞病気、医療、衛生＞治療

賃金→社会・生活・暮らし＞お金＞賃金

チンパンジー→動物＞チンパンジー

使い方→状況・行動・現象＞スキル、技＞使い方

月→星・宇宙・地球＞月

月の満ち欠け→星・宇宙・地球＞月＞月の満ち欠け

ツキノワグマ→動物＞クマ＞ツキノワグマ

作り方→状況・行動・現象＞スキル、技＞作り方

伝える力、表現力→状況・行動・現象＞スキル、技＞伝える力、表現力

土→自然・環境＞土

津波→自然・環境＞災害＞地震＞津波

ツノ→生物＞体の部位、組織＞ツノ

ツバメ→動物＞鳥類＞ツバメ

蕾→生物＞植物、樹木、花＞蕾

爪→生物＞体の部位、組織＞爪

強み、長所→社会・生活・暮らし＞強み、長所

つらら→自然・環境＞自然現象＞つらら

釣り→状況・行動・現象＞釣り

手洗い、消毒→社会・生活・暮らし＞病気、医療、衛生＞手洗い、消毒

DNA、デオキシリボ核酸→生物＞遺伝、遺伝子＞DNA、デオキシリボ核酸

低体温症→社会・生活・暮らし＞病気、医療、衛生＞低体温症

デイノニクス→恐竜・絶滅生物・古生物・古代生物＞デイノニクス

データ→情報・通信・メディア＞データ

データリテラシー→状況・行動・現象＞スキル、技＞データリテラシー

デートDV→社会・生活・暮らし＞社会問題、国際問題＞ドメスティック・バイオレンス（DV）＞デートDV

手形、足形→生物＞手形、足形

手紙→社会・生活・暮らし＞文章＞手紙

デザイン→社会・生活・暮らし＞デザイン

デジタル→情報・通信・メディア＞デジタル

手助け、支援→状況・行動・現象＞手助け、支援

テッポウウオ→動物＞魚類、貝類＞テッポウウオ

デモ（デモンストレーション）→社会・生活・暮らし＞社会問題、国際問題＞デモ（デモンストレーション）

テロ→社会・生活・暮らし＞犯罪、事件＞テロ

天気→自然・環境＞天気

電気、磁気→科学・化学＞電気、磁気

天気予報→自然・環境＞天気＞天気予報

テングノタチ→動物＞魚類、貝類＞テングノタチ

点検→状況・行動・現象＞点検

点字→社会・生活・暮らし＞福祉、介護、ボランティア＞点字

展示、発表、スピーチ、プレゼンテーション→状況・行動・現象＞展示、発表、スピーチ、プレゼンテーション

伝承、しきたり、伝説→社会・生活・暮らし＞伝承、しきたり、伝説

天職→社会・生活・暮らし＞仕事＞天職

天体観測→星・宇宙・地球＞天体観測

電池→物質・物体・資源＞電池

トイレ→社会・生活・暮らし＞トイレ

洞窟→自然・環境＞洞窟

統計→社会・生活・暮らし＞統計

登下校→社会・生活・暮らし＞教育、学習、学校生活＞登下校

投資→社会・生活・暮らし＞経済、金融＞投資

投票→社会・生活・暮らし＞政治＞選挙＞投票

豆腐→社会・生活・暮らし＞食べもの、食品＞豆腐

動物一般→動物＞動物一般

動物実験→状況・行動・現象＞実験＞動物実験

動物福祉→社会・生活・暮らし＞福祉、介護、ボランティア＞動物福祉

動物保護→自然・環境＞環境保全＞動物保護

冬眠→生物＞生態＞冬眠

トウモロコシ→生物＞植物、樹木、花＞トウモロコシ

トカゲ→動物＞両生類、は虫類＞トカゲ

トガリネズミ→動物＞ネズミ＞トガリネズミ

毒親→社会・生活・暮らし＞家族、家庭＞毒親

特産物、特産品、お土産→社会・生活・暮らし＞特産物、特産品、お土産

読書→状況・行動・現象＞読書

読書案内→状況・行動・現象＞読書＞読書案内

読書感想文→社会・生活・暮らし＞教育、学習、学校生活＞読書感想文

読書バリアフリー法→社会・生活・暮らし＞憲法、法律＞読書バリアフリー法

特徴、性能→状況・行動・現象＞特徴、性能

特別支援教育→社会・生活・暮らし＞教育、学習、学校生活＞特別支援教育

トゲ→生物＞植物、樹木、花＞トゲ

都市計画、まちづくり→社会・生活・暮らし＞都市計画、まちづくり

都市伝説→社会・生活・暮らし＞伝承、しきたり、伝説＞都市伝説

土砂災害→自然・環境＞災害＞土砂災害

読解力→状況・行動・現象＞スキル、技＞読解力

友達、仲間→社会・生活・暮らし＞人間関係＞友達、仲間

トラ→動物＞トラ

トラウマ→状況・行動・現象＞感情、心＞トラウマ

トラブル→状況・行動・現象＞トラブル

どら焼き→社会・生活・暮らし＞食べもの、食品＞菓子、スイーツ＞どら焼き

努力→状況・行動・現象＞スキル、技＞努力

ドロマエオサウルス→恐竜・絶滅生物・古生物・古代生物＞ドロマエオサウルス

ドングリ→生物＞植物、樹木、花＞木の実＞ドングリ

丼もの→社会・生活・暮らし＞食べもの、食品＞丼もの

流れ星、流星群→星・宇宙・地球＞星、星座＞流れ星、流星群

鳴き声→生物＞機能＞発声、声＞鳴き声

夏→自然・環境＞季節＞夏

納豆→社会・生活・暮らし＞食べもの、食品＞発酵食品＞納豆

ナノハナ→生物＞植物、樹木、花＞ナノハナ

名前→社会・生活・暮らし＞名前

習い事→社会・生活・暮らし＞教育、学習、学校生活＞習い事

南海トラフ地震→自然・環境＞災害＞地震＞南海トラフ地震

軟体動物→動物＞軟体動物

難民→社会・生活・暮らし＞社会問題、国際問題＞難民

匂い、香り→社会・生活・暮らし＞匂い、香り

肉一般→社会・生活・暮らし＞食べもの、食品＞肉＞肉一般

二酸化炭素（炭酸ガス）→科学・化学＞空気＞二酸化炭素（炭酸ガス）

虹→自然・環境＞天気＞虹

日米安全保障条約→社会・生活・暮らし＞国際関係＞国際条約＞日米安全保障条約

日食→星・宇宙・地球＞月＞日食

日本語→社会・生活・暮らし＞言葉、言語＞日本語

日本国憲法→社会・生活・暮らし＞憲法、法律＞日本国憲法

日本ジュニア数学オリンピック→社会・生活・暮らし＞行事、イベント＞日本ジュニア数学オリンピック

日本人→社会・生活・暮らし＞民族＞日本人

日本の地理一般→社会・生活・暮らし＞地理＞日本の地理＞日本の地理一般

日本列島→社会・生活・暮らし＞地理＞日本の地理＞日本列島

煮物→社会・生活・暮らし＞食べもの、食品＞煮物

入学式→社会・生活・暮らし＞行事、イベント＞学校行事＞入学式

入学試験→状況・行動・現象＞試験、受験＞入学試験

ニュース→社会・生活・暮らし＞ニュース

ニワトリ、ヒヨコ→動物＞鳥類＞ニワトリ、ヒヨコ

人間、人体一般→生物＞人間、人体＞人間、人体一般

人間関係→社会・生活・暮らし＞人間関係

妊娠→生物＞命＞妊娠

認知→生物＞認知

認知行動療法→社会・生活・暮らし＞病気、医療、衛生＞認知行動療法

認知症→社会・生活・暮らし＞病気、医療、衛生＞認知症

ネコ→動物＞ネコ

ネズミ→動物＞ネズミ

根っこ→生物＞植物、樹木、花＞根っこ

熱帯雨林、ジャングル→自然・環境＞森、林＞熱帯雨林、ジャングル

熱帯魚→動物＞魚類、貝類＞熱帯魚

熱中症→社会・生活・暮らし＞病気、医療、衛生＞熱中症

ネットショッピング→社会・生活・暮らし＞買い物＞ネットショッピング

ネットリテラシー→情報・通信・メディア＞インターネット、ウェブ＞ネットリテラシー

脳→生物＞器官、臓器＞脳

脳性麻痺→社会・生活・暮らし＞病気、医療、衛生＞脳性麻痺

ノウハウ、指南→状況・行動・現象＞ノウハウ、指南

ノート術→社会・生活・暮らし＞教育、学習、学校生活＞勉強、勉強法＞ノート術

ノーベル賞→社会・生活・暮らし＞世界的な賞＞ノーベル賞

ノコギリクワガタ→動物＞昆虫類＞クワガタムシ＞ノコギリクワガタ

歯→生物＞体の部位、組織＞歯

葉、葉っぱ→生物＞植物、樹木、花＞葉、葉っぱ

バードウォッチング→状況・行動・現象＞観察、調査、探査、観測＞バードウォッチング

ハーブ→生物＞植物、樹木、花＞ハーブ

バイアス→状況・行動・現象＞感情、心＞バイアス

バイオミメティクス→科学・化学＞科学技術＞バイオミメティクス

Python→情報・通信・メディア＞プログラミング＞コンピュータ言語、プログラミング言語、マークアップ言語＞Python

迫害→社会・生活・暮らし＞社会問題、国際問題＞迫害

ハス→生物＞植物、樹木、花＞ハス

パソコン→情報・通信・メディア＞情報機器＞コンピュータ＞パソコン

働き方→社会・生活・暮らし＞仕事＞働き方

ハチ→動物＞昆虫類＞ハチ

発芽→生物＞植物、樹木、花＞発芽

発掘→状況・行動・現象＞発見、発明、研究＞発掘

発見、発明、研究→状況・行動・現象＞発見、発明、研究

発酵→状況・行動・現象＞発酵

発声、声→生物＞機能＞発声、声

発想、アイデア→社会・生活・暮らし＞発想、アイデア

バッタ→動物＞昆虫類＞バッタ

発達障害→社会・生活・暮らし＞病気、医療、衛生＞発達障害

発達性協調運動症（DCD）→社会・生活・暮らし＞病気、医療、衛生＞発達障害＞発達性協調運動症（DCD）

発展途上国、開発途上国→社会・生活・暮らし＞政治＞発展途上国、開発途上国

発表会→社会・生活・暮らし＞行事、イベント＞学校行事＞発表会

バトル、戦い→状況・行動・現象＞バトル、戦い

鼻→生物＞体の部位、組織＞鼻

話し方→状況・行動・現象＞スキル、技＞話し方

鼻水→社会・生活・暮らし＞病気、医療、衛生＞鼻水

母親→社会・生活・暮らし＞家族、家庭＞母親

ハマグリ→動物＞魚類、貝類＞ハマグリ

ハムスター→動物＞ハムスター

速さ→科学・化学＞速さ

ハヤブサ→動物＞鳥類＞ハヤブサ

パラドックス、逆説→状況・行動・現象＞スキル、技＞思考力、考え方＞論理＞パラドックス、逆説

ハリセンボン→動物＞魚類、貝類＞ハリセンボン

春→自然・環境＞季節＞春

パレスチナ問題→社会・生活・暮らし＞社会問題、国際問題＞パレスチナ問題

バレンタインデー→社会・生活・暮らし＞行事、イベント＞バレンタインデー

ハロウィン→社会・生活・暮らし＞行事、イベント＞ハロウィン

パン→社会・生活・暮らし＞食べもの、食品＞パン

万国博覧会、国際博覧会→社会・生活・暮らし＞行事、イベント＞万国博覧会、国際博覧会

犯罪、事件→社会・生活・暮らし＞犯罪、事件

阪神・淡路大震災→自然・環境＞災害＞地震＞阪神・淡路大震災

反省→状況・行動・現象＞感情、心＞反省

パンダ→動物＞パンダ

判断力→状況・行動・現象＞スキル、技＞判断力

バンドウイルカ→動物＞イルカ＞バンドウイルカ

販売→社会・生活・暮らし＞仕事＞販売

ヒアリ→動物＞昆虫類＞アリ＞ヒアリ

ビーバー→動物＞ビーバー

比較→状況・行動・現象＞比較

東日本大震災→自然・環境＞災害＞地震＞東日本大震災

光→科学・化学＞光

ヒグマ→動物＞クマ＞ヒグマ

飛行→状況・行動・現象＞飛行

非常持出袋→社会・生活・暮らし＞防災＞非常持出袋

秘蹟→社会・生活・暮らし＞宗教＞キリスト教＞秘蹟

ヒッグス粒子→科学・化学＞素粒子＞ヒッグス粒子

ヒツジ→動物＞ヒツジ

ひとり親家庭→社会・生活・暮らし＞家族、家庭＞ひとり親家庭

避難、避難所→社会・生活・暮らし＞防災＞避難、避難所

被爆→社会・生活・暮らし＞病気、医療、衛生＞被爆

批判的思考、クリティカルシンキング→状況・行動・現象＞スキル、技＞思考力、考え方＞批判的思考、クリティカルシンキング

ヒマワリ→生物＞植物、樹木、花＞ヒマワリ

干物→社会・生活・暮らし＞食べもの、食品＞魚介、シーフード＞魚＞干物

表、グラフ→社会・生活・暮らし＞表、グラフ

氷河→物質・物体・資源＞氷＞氷河

病気、医療、衛生一般→社会・生活・暮らし＞病気、医療、衛生＞病気、医療、衛生一般
病気予防、けが予防→社会・生活・暮らし＞病気、医療、衛生＞病気予防、けが予防
平等→社会・生活・暮らし＞平等
標本→状況・行動・現象＞観察、調査、探査、観測＞標本
平仮名→社会・生活・暮らし＞言葉、言語＞平仮名
ヒラメ→動物＞魚類、貝類＞ヒラメ
ひらめき→状況・行動・現象＞スキル、技＞ひらめき
ヒルガオ→生物＞植物、樹木、花＞ヒルガオ
琵琶湖→自然・環境＞湖＞琵琶湖
ファシズム→社会・生活・暮らし＞思想、信仰、理念＞政治思想、社会思想＞ファシズム
不安、憂鬱→状況・行動・現象＞感情、心＞不安、憂鬱
不安症、不安障害→社会・生活・暮らし＞病気、医療、衛生＞不安症、不安障害
フィールドサイン→生物＞フィールドサイン
フィールドワーク→状況・行動・現象＞観察、調査、探査、観測＞フィールドワーク
風景、景色→状況・行動・現象＞風景、景色
フードテック→科学・化学＞科学技術＞フードテック
フードバンク→社会・生活・暮らし＞福祉、介護、ボランティア＞フードバンク
夫婦→社会・生活・暮らし＞家族、家庭＞夫婦
フェイクニュース、デマ→社会・生活・暮らし＞ニュース＞フェイクニュース、デマ
部活→社会・生活・暮らし＞教育、学習、学校生活＞部活
フグ→動物＞魚類、貝類＞フグ
福祉、介護、ボランティア→社会・生活・暮らし＞福祉、介護、ボランティア
複素数→社会・生活・暮らし＞数、数字＞複素数
腹痛→社会・生活・暮らし＞病気、医療、衛生＞腹痛
フクロウ→動物＞鳥類＞フクロウ
フクロオオカミ→恐竜・絶滅生物・古生物・古代生物＞フクロオオカミ
不公平、不平等→社会・生活・暮らし＞不公平、不平等
不思議、謎、秘密→状況・行動・現象＞不思議、謎、秘密
仏教→社会・生活・暮らし＞宗教＞仏教
復興→社会・生活・暮らし＞復興
不登校→社会・生活・暮らし＞教育、学習、学校生活＞不登校
冬→自然・環境＞季節＞冬
プライバシー→社会・生活・暮らし＞プライバシー
プライベートゾーン→生物＞体の部位、組織＞プライベートゾーン
プラスチック→物質・物体・資源＞プラスチック
プラスチックごみ→自然・環境＞環境問題＞プラスチックごみ
ブラック校則→社会・生活・暮らし＞教育、学習、学校生活＞校則＞ブラック校則
ブラックホール→星・宇宙・地球＞ブラックホール
プランクトン→生物＞ミクロ生物、微生物＞プランクトン

振り子→科学・化学＞振り子
プレート→自然・環境＞災害＞地震＞プレート
風呂→社会・生活・暮らし＞病気、医療、衛生＞風呂
プログラミング→情報・通信・メディア＞プログラミング
ブロッコリー→生物＞植物、樹木、花＞野菜＞ブロッコリー
糞、便、おなら、尿→生物＞糞、便、おなら、尿
文化祭→社会・生活・暮らし＞行事、イベント＞学校行事＞文化祭
分子→科学・化学＞分子
分布→状況・行動・現象＞分布
文法→社会・生活・暮らし＞言葉、言語＞文法
米軍基地問題→社会・生活・暮らし＞社会問題、国際問題＞米軍基地問題
平野→自然・環境＞地形＞平野
平和→社会・生活・暮らし＞平和
ベゴニア→生物＞植物、樹木、花＞ベゴニア
ペット→社会・生活・暮らし＞ペット
ペットボトル→物質・物体・資源＞プラスチック＞ペットボトル
ヘビ→動物＞両生類、は虫類＞ヘビ
勉強、勉強法→社会・生活・暮らし＞教育、学習、学校生活＞勉強、勉強法
ペンギン→動物＞鳥類＞ペンギン
偏差値→社会・生活・暮らし＞教育、学習、学校生活＞偏差値
変態→状況・行動・現象＞変態
保育→状況・行動・現象＞保育
方位、方角→社会・生活・暮らし＞方位、方角
放課後→社会・生活・暮らし＞教育、学習、学校生活＞放課後
冒険、探検→状況・行動・現象＞冒険、探検
防災→社会・生活・暮らし＞防災
放射性物質→物質・物体・資源＞放射性物質
放射線→科学・化学＞エネルギー、力＞放射線
宝石→自然・環境＞岩石、鉱物、化石＞宝石
ホウセンカ→生物＞植物、樹木、花＞ホウセンカ
防犯→社会・生活・暮らし＞防犯
暴力→社会・生活・暮らし＞社会問題、国際問題＞暴力
星、宇宙、地球一般→星・宇宙・地球＞星、宇宙、地球一般
星、星座→星・宇宙・地球＞星、星座
ポジティブ、前向き→状況・行動・現象＞感情、心＞ポジティブ、前向き
ホタル→動物＞昆虫類＞ホタル
POP→状況・行動・現象＞広報＞POP
哺乳類→動物＞哺乳類
骨→生物＞体の部位、組織＞骨

盆地→自然・環境＞地形＞盆地
マインクラフト→情報・通信・メディア＞ゲーム＞マインクラフト
マインドマップ→状況・行動・現象＞スキル、技＞思考力、考え方＞マインドマップ
マグマ→自然・環境＞マグマ
魔女→社会・生活・暮らし＞伝承、しきたり、伝説＞魔女
マッコウクジラ→動物＞クジラ＞マッコウクジラ
マナティー→動物＞マナティー
学び直し→社会・生活・暮らし＞教育、学習、学校生活＞学び直し
魔法、魔力→状況・行動・現象＞スキル、技＞魔法、魔力
マレーグマ→動物＞クマ＞マレーグマ
マングローブ→生物＞植物、樹木、花＞マングローブ
ミイデラゴミムシ→動物＞昆虫類＞ゴミムシ＞ミイデラゴミムシ
味覚→生物＞機能＞五感、感覚＞味覚
未確認生物、UMA→社会・生活・暮らし＞伝承、しきたり、伝説＞未確認生物、UMA
ミクロ生物、微生物→生物＞ミクロ生物、微生物
ミクロの世界、微視的世界→科学・化学＞ミクロの世界、微視的世界
ミジンコ→生物＞ミクロ生物、微生物＞ミジンコ
水→自然・環境＞水
ミズバショウ→生物＞植物、樹木、花＞ミズバショウ
水不足→自然・環境＞環境問題＞水不足
水辺→自然・環境＞水辺
密教→社会・生活・暮らし＞宗教＞仏教＞密教
ミツツボアリ→動物＞昆虫類＞アリ＞ミツツボアリ
ミツバチ→動物＞昆虫類＞ハチ＞ミツバチ
ミニトマト→生物＞植物、樹木、花＞野菜＞トマト＞ミニトマト
耳→生物＞体の部位、組織＞耳
ミミズ→動物＞ミミズ
名字→社会・生活・暮らし＞名前＞名字
未来、将来→社会・生活・暮らし＞未来、将来
民主主義→社会・生活・暮らし＞思想、信仰、理念＞政治思想、社会思想＞民主主義
民法→社会・生活・暮らし＞憲法、法律＞民法
虫一般→動物＞虫一般
無脊柱動物→動物＞無脊柱動物
目、眼→生物＞体の部位、組織＞目、眼
瞑想、マインドフルネス→状況・行動・現象＞瞑想、マインドフルネス
メジロ→動物＞鳥類＞メジロ
メダカ→動物＞魚類、貝類＞メダカ
メディアリテラシー→情報・通信・メディア＞メディアリテラシー
麺→社会・生活・暮らし＞食べもの、食品＞麺

猛獣→動物＞猛獣

盲導犬、聴導犬、介助犬→動物＞イヌ＞盲導犬、聴導犬、介助犬

目標達成、目標設定→状況・行動・現象＞目標達成、目標設定

モグラ→動物＞モグラ

文字→社会・生活・暮らし＞言葉、言語＞文字

モズ→動物＞鳥類＞モズ

桃太郎電鉄→情報・通信・メディア＞ゲーム＞桃太郎電鉄

モモンガ→動物＞モモンガ

模様、文様→状況・行動・現象＞模様、文様

森、林→自然・環境＞森、林

モルモット→動物＞ネズミ＞モルモット

モンシロチョウ→動物＞昆虫類＞チョウ＞モンシロチョウ

問題解決→状況・行動・現象＞疑問、質問、悩み＞問題解決

薬物乱用→社会・生活・暮らし＞社会問題、国際問題＞薬物乱用

役割→状況・行動・現象＞役割

やけど→社会・生活・暮らし＞病気、医療、衛生＞外傷、けが＞やけど

ヤゴ→動物＞昆虫類＞トンボ＞ヤゴ

野菜一般→生物＞植物、樹木、花＞野菜＞野菜一般

ヤシガニ→動物＞ヤドカリ＞ヤシガニ

野生動物→動物＞野生動物

野草→生物＞植物、樹木、花＞野草

山、里山→自然・環境＞山、里山

ヤマアラシ→動物＞ヤマアラシ

闇バイト→社会・生活・暮らし＞犯罪、事件＞闇バイト

ヤモリ→動物＞両生類、は虫類＞ヤモリ

やる気→状況・行動・現象＞感情、心＞やる気

有害、毒→状況・行動・現象＞有害、毒

勇気→状況・行動・現象＞感情、心＞勇気

有機物→科学・化学＞有機物

有袋類→動物＞有袋類

有毒生物→生物＞有毒生物

郵便、宅配→社会・生活・暮らし＞郵便、宅配

遊牧民→社会・生活・暮らし＞民族＞遊牧民

幽霊→社会・生活・暮らし＞伝承、しきたり、伝説＞幽霊

雪→自然・環境＞天気＞雪

ユニバーサルデザイン→社会・生活・暮らし＞デザイン＞ユニバーサルデザイン

夢→状況・行動・現象＞夢

由来→社会・生活・暮らし＞由来

ユリ→生物＞植物、樹木、花＞ユリ

妖怪→社会・生活・暮らし＞伝承、しきたり、伝説＞妖怪

幼児教育→社会・生活・暮らし＞教育、学習、学校生活＞幼児教育

幼虫→動物＞幼虫

養蜂→状況・行動・現象＞育成、世話＞飼育＞養蜂

ヨガ→状況・行動・現象＞運動、体育＞ヨガ

予習、復習→社会・生活・暮らし＞教育、学習、学校生活＞勉強、勉強法＞予習、復習

予測→状況・行動・現象＞予測

夜空→星・宇宙・地球＞空＞夜空

予防接種→社会・生活・暮らし＞病気、医療、衛生＞予防接種

夜、夜間→自然・環境＞夜、夜間

弱み、苦手、弱点→社会・生活・暮らし＞弱み、苦手、弱点

ラーメン→社会・生活・暮らし＞食べもの、食品＞麺＞ラーメン

ライオン→動物＞ライオン

ライバル→社会・生活・暮らし＞人間関係＞ライバル

ライフハック→状況・行動・現象＞スキル、技＞ライフハック

ラッコ→動物＞ラッコ

リーダーシップ→状況・行動・現象＞スキル、技＞リーダーシップ

陸→自然・環境＞地形＞陸

リクガメ→動物＞両生類、は虫類＞カメ＞リクガメ

理系→社会・生活・暮らし＞教育、学習、学校生活＞理系

離婚→状況・行動・現象＞結婚＞離婚

リスク→社会・生活・暮らし＞リスク

リデュース→自然・環境＞環境問題＞リデュース

理不尽→状況・行動・現象＞感情、心＞理不尽

リュウグウノツカイ→動物＞魚類、貝類＞リュウグウノツカイ

流行、ヒット商品→社会・生活・暮らし＞流行、ヒット商品

リユース→自然・環境＞環境問題＞リユース

両生類、は虫類一般→動物＞両生類、は虫類＞両生類、は虫類一般

料理→社会・生活・暮らし＞料理

緑茶、日本茶→社会・生活・暮らし＞食べもの、食品＞飲料＞お茶＞緑茶、日本茶

旅行、観光→状況・行動・現象＞旅行、観光

倫理、道徳→社会・生活・暮らし＞倫理、道徳

類語、言い換え→社会・生活・暮らし＞言葉、言語＞類語、言い換え

ルール、マナー、モラル→社会・生活・暮らし＞ルール、マナー、モラル

留守番→社会・生活・暮らし＞留守番

ルッキズム、外見至上主義→社会・生活・暮らし＞思想、信仰、理念＞政治思想、社会思想＞ルッキズム、外見至上主義

礼儀、礼儀作法→社会・生活・暮らし＞ルール、マナー、モラル＞礼儀、礼儀作法

レクリエーション→社会・生活・暮らし＞教育、学習、学校生活＞レクリエーション

レシピ→社会・生活・暮らし＞料理＞レシピ

レッサーパンダ→動物＞レッサーパンダ

レポート、論文→社会・生活・暮らし＞教育、学習、学校生活＞レポート、論文

恋愛→状況・行動・現象＞恋愛

練習、トレーニング→状況・行動・現象＞練習、トレーニング

労働→社会・生活・暮らし＞労働

労働時間→社会・生活・暮らし＞労働＞労働時間

労働法→社会・生活・暮らし＞憲法、法律＞労働法

朗読→状況・行動・現象＞読書＞朗読

ロジカルシンキング、論理的思考→状況・行動・現象＞スキル、技＞思考力、考え方＞論理＞ロ
ジカルシンキング、論理的思考

ロヒンギャ→社会・生活・暮らし＞民族＞ロヒンギャ

論理→状況・行動・現象＞スキル、技＞思考力、考え方＞論理

ワーキングメモリ→状況・行動・現象＞スキル、技＞記憶力＞ワーキングメモリ

ワークルール→社会・生活・暮らし＞仕事＞ワークルール

和菓子→社会・生活・暮らし＞食べもの、食品＞菓子、スイーツ＞和菓子

惑星→星・宇宙・地球＞天体＞惑星

ワスレナグサ→生物＞植物、樹木、花＞ワスレナグサ

ワニ→動物＞両生類、は虫類＞ワニ

笑い、笑顔→状況・行動・現象＞感情、心＞笑い、笑顔

テーマ・ジャンルからさがす
学習支援本2024①

社会・生活・暮らし/状況・行動・現象/科学・化学/自然・環境/
星・宇宙・地球/生物/動物/恐竜・絶滅生物・古生物・古代生物/
情報・通信・メディア/物質・物体・資源

2025年4月30日　第1刷発行

発行者	道家佳織
編集・発行	株式会社 D B ジャパン 〒151-0073 東京都渋谷区笹塚1-5-1
電話	03-6304-2431
ファクス	03-6369-3686
e-mail	books@db-japan.co.jp
装丁	D B ジャパン
電算漢字処理	D B ジャパン
印刷・製本	大日本法令印刷株式会社
制作スタッフ	D B ジャパン

不許複製・禁無断転載
〈落丁・乱丁本はお取り換えいたします〉
ISBN 978-4-86140-592-1
Printed in Japan